U0918197

解构与重构

刑法分则类型化研究

JIEGOU YU CHONGGOU:XINGFA FENZE LEIXINGHUA YANJIU

中国政法大学出版社

2018 · 北京

图书在版编目（ＣＩＰ）数据

解构与重构：刑法分则类型化研究/胡先锋著.—北京：中国政法大学出版社，2018.9
ISBN 978-7-5620-8491-4

Ⅰ.①解…　Ⅱ.①胡…　Ⅲ.①刑法—分则—研究—中国　Ⅳ.①D924.304

中国版本图书馆CIP数据核字(2018)第197593号

出版者　中国政法大学出版社
地　址　北京市海淀区西土城路25号
邮　箱　fadapress@163.com
网　址　http://www.cuplpress.com（网络实名：中国政法大学出版社）
电　话　010-58908435(第一编辑部)　58908334(邮购部)
承　印　固安华明印业有限公司
开　本　720mm×960mm　1/16
印　张　20.75
字　数　360千字
版　次　2018年9月第1版
印　次　2018年9月第1次印刷
定　价　56.00元

前　言

解构主义（Deconstructivism），是建构主义（Constructivism）的反义词。19世纪末，尼采（1844～1900）宣称“上帝死了”，并要求“重估一切价值”。他的叛逆思想从此对西方产生了深远影响。作为一股质疑理性、颠覆传统的思潮，尼采哲学成为解构主义的思想渊源之一。另外两股启迪和滋养解构主义的重要思想运动，分别是海德格尔（1889～1976）的现象学以及欧洲左派批判理论。1968年，一场激进学生运动席卷整个欧美资本主义世界。在法国，抗议运动被称作“五月风暴”。可悲的是，这场轰轰烈烈的革命昙花一现，转眼即逝。在随之而来的郁闷年代里，激进学者难以压抑的革命激情被迫转向学术思想深层的拆解工作。他们明知资本主义根深蒂固、难以摇撼，却偏要去破坏、瓦解它所依赖的强大发达的各种基础，从它的语言、信仰、机构、制度，直到学术规范与权力网络。解构主义在此背景下应运而生。为了反对形而上学、逻各斯中心，乃至一切封闭僵硬的体系，解构运动大力宣扬主体消散、意义延异、能指自由。换言之，它强调语言和思想的自由嬉戏，哪怕这种自由仅仅是一曲“戴着镣铐的舞蹈”。除了它天生的叛逆品格，解构主义又是一种自相矛盾的理论。用德里达的话说，解构主义并非一种在场，而是一种踪迹。它难以限定，无形无踪，却又无时无处不在。换言之，解构主义一旦被定义，或被确定为是什么，它本身就会随之被解构掉。解构的两大基本特征分别是开放性和无终止性。解构一句话、一个命题或一种传统信念，就是通过对其中修辞方法的分析，来破坏它所声称的哲学基础和它所依赖的等级对立。与此同时，我们必须看到，解构主义所运用的逻辑、方法与理论，大多是从形而上学传统中借用的。如此看来，解构主义不过是一种典型的权宜之计，或是一种以己之矛攻己之盾的对抗策略。

德里达（1930～2004）是20世纪后半期解构主义思潮的代表人物，也是哲学史上争议最大的人物之一。支持者认为他的理论有助于反对人类对理性的近乎偏执的崇拜，有助于打破形而上传统对真理、本体的僵化认识。反对者认为，既然德里达相信语言没有确定的意义，真理只是人的臆造，势必导致虚无主义和相对主义。德里达的理论确实充满了矛盾，也提供了多种解读的可能性。德里达用形而上的论证方法揭示出形而上传统自相矛盾的地方，从而实现反传统的目的。

本书使用“解构”或者“解构主义”等词语，并不是想制造一种刑法学领域的虚无主义和相对主义，也不是想制造一种刑法学领域的“重估一切价值”，而是想借用这些具有深刻反思性价值的哲学史词语，表达对现行刑法分则部分的解析，并通过对罪名关系的重读，对罪名体系的重构，对构成要件的重释，来实现解构不合理、不周延、不系统的罪名体系的目标。解构的方法包括：以常识、常理来解构繁琐的论证；以历史事实来解构现实的刑法规范的合理性；以案例解构立法；以个体化的解读解构判决；以辩护意见解构诉审意见；以其他领域的知识解构刑法知识；以语义来解构罪名；等等。在此基础上，希望建构更合理的刑法分则世界和罪名体系。

罪名与罪名之间的关系问题，是刑法学中最有魅力的部分之一。它足以连接起漫长中国刑法史研究成果的研究领域，也是现行刑法研究尚不充分的领域之一。现行刑法罪名体系如何既能够继承中国刑法的优秀传统，又能够接轨世界各国各地区的刑法文明并且开启未来的刑法世界和刑法气象，是个严肃的、令人焦灼的问题。罪名与罪名之间的关系问题，传统上是从法条竞合、想象竞合等研究角度加以关注的，但这还不够，也限制了研究的深化。如果从更微观的层面（如词语的内涵、语用、外延等）切入、比较、权衡，会有新的发现。

本书着力关注刑法修正案以来新设罪名与1997年《刑法》设置罪名的关系；着力关注经济犯罪（经济刑法）和妨害社会管理秩序罪（行政刑法）中不常用罪名与大陆法系常见罪名的关系；着力关注中国古代刑法史上传统的罪名与现行刑法新设置罪名的关系；着力关注社会生活实际与犯罪行为之间的关系，也就是语言学上的所指与能指的关系；着力关注不同罪名的构成要件中犯罪类型上的一致性和用语的不一致性，并且力图发现构成要件之间的上位、下位关系，如储存与存储，生产经营与财物，逃逸与拒不救助，投放与生产销售，提供与伪造，危险物质与危险物品，官员、公职人员与国家工作人员等；着力建构以上位构成要件、下位构成要件、上位罪名、下位罪名等为基础元素的罪名体系。语言裂变，观念日新，利益重组，这是时代的特征，也是罪名解构与重构的背景板。所以，解构也是建构，破坏也是新生。

刑法之美，离不开逻辑性与正义性的统一。不合逻辑的刑法规范和刑法罪名，谈不上刑法之美。同样，不具正义的、违背社会公众正义观念的刑法规范和刑法罪名，也谈不上刑法之美。刑法的解构浪潮的发生，不仅是由于刑法逻辑出现问题、刑法体系出现问题、刑法解释难以持续、构成要件不能首尾相顾等，而且也是由于非正义的刑法规范、非正义的个案判决、非正义的外力干扰。不得不说，今天，即便在多元主体的参与之下，一个具体案件的刑法判决未必就会得到最正义、最合理、最经得起历史检验的结论。

犯罪类型是有限的，是可以被认知的，增加的罪名都是有限犯罪类型的特例而已。人类刑法文化和刑法遗产建构出来的基本犯罪类型足够使用了。只要有了基本犯罪类型，一个个新的特例都可以被解构。而要解构一些罪名，就得先建构一些基本犯罪类型。建构与解构之间的平衡，需要刑法历史、刑法语言、刑法逻辑的融会贯通。

在笔者的心目中，这本书是关于刑法分则的大整理、大剖析、大切割和大统一，是以解构主义为出发点，以建构主义为落脚点，是个人刑法理想的文字阐述，是对犯罪现象的全面审视，是在刑法语言秘境之中的“杀进杀出”。

解构主义不是要取代结构主义或者形而上的传统，也取代不了。对待解构主义的最好态度是不要把它当成教条，而是把它当作一种反观传统的意识。

胡先锋

2018 年 6 月

目　录

第一章 罪名解构

一、罪名解构的现象与展开

当我们看着现行刑法一个个具体罪名名称的时候，那种超稳定的、熟悉的、容易感知的犯罪类型已经越来越难以寻觅了。触目所及，皆是古代所无、域外没有、典籍难寻、破空而来的“新罪名”、新表述、新名词，如金融工作人员以假币换取货币罪、吸收客户资金不入账罪、背信损害上市公司利益罪、徇私舞弊低价折股低价出售国有资产罪，等等。这不得不让人感叹：“罪名死了!”其实，“重估一切罪名”“质疑、颠覆、瓦解、破坏现有罪名”，就是对现有罪名的解构，就是罪名的解构主义浪潮。具体罪名的解构不仅会撼动刑法分则，也会触及刑法总则和刑法原理，涉及刑法基本范畴。罪名的解构主义浪潮，是刑法学完善和发展到一定阶段的产物，是学术自觉的产物，是学者主观观照的产物，是刑事立法者、刑事司法者以及相关主体始终参与的一个过程，也是对不科学的、不逻辑的、不够体系化、不具类型性的罪名体系的重新建构。

类型化思想以及在它指导下进行的罪名解构，是当代刑法学最有技术魅力的领域之一。类型化的努力从各个角度展开着：有学者是从法条竞合切入，有学者是从出罪、入罪切入，有学者是从分则体系的重构切入，有学者是从法条关系的协调切入，有学者是从古代犯罪类型的当代继承切入，有学者是从刑法用语切入，有学者是从具体罪名废除切入，有学者从法人犯罪否定论切入，洋洋大观，成果斐然，殊途同归，万川归海，最后都聚焦在了反思性质的解构主义和犯罪类型的建构主义。

从1979年《刑法》到1997年《刑法》，表面上是两部刑法典的差别和大量法条的增加，实际上是中国当代刑法的罪名体系经历了一次巨大的解构浪潮，尽管只有将近40年的时间（1979～2018）。例如，曾经的反革命杀人罪被废除、被解构，与故意杀人罪合二为一。曾经的反革命伤人罪被废除、被解构，与故意伤害罪合二为一。曾经的持械聚众叛乱罪被废除、被解构，成为武装叛乱罪。曾经的投机倒把罪被拆解、被废除，变为非法经营罪……只要看一看1997年《刑法》曾经出现过的那些罪名如今还剩几个，就知道这次罪名解构浪潮有多么惊人：在社会上传播淫秽物品罪，绑架妇女儿童罪，企业职工侵占财物罪，非法集资罪，诈骗贷款罪，等等。〔1〕

而这还只是个开始。1997年《刑法》以来，罪名解构的实践并未停止，解构既有类型化的实践并未停止。随着法条的增多，我们日益迷失，并不停自问：难道真的需要这么多法条和罪名吗？从1999年12月的第一个《刑法修正案》到2017年的《刑法修正案（十）》，刑法规范的修改数量已经达到了大约163处，这几乎是1997年《刑法》总条文数的1/3，涉及社会生活的领域是非常广阔的。罪名日益增多，“罪名GDP”高速增长，体现的是建构主义思想支配下的立法者的“有所作为”“大有作为”，是立法者对犯罪的积极介入，是做加法。而如果从解构主义角度看待这些立法行为，从基本犯罪类型、类型化犯罪的角度来观照、审视诸多新设置的罪名，罪名总的数量则是完全可以做减法的。1997年《刑法》颁布实施以来，历次刑法修正案涉及废除的刑法规范，数量很少，但是意义重大。在罪名数量上做减法，把性质相同的刑法规范进行合并，删除具体罪名中冗余的构成要件，对某些构成要件“提档升级”改变用语等，都表明了当代刑事立法者犯罪类型观念的生成。

（一）罪名解构的现象

1. 违法为关系人发放贷款罪。第一个被最高立法机关废除的罪名，是第186条第2款违法为关系人发放贷款罪，时间是2006年的《刑法修正案（六）》。废除后，违法为关系人发放贷款的行为构成违法发放贷款罪，从重处罚。违法向关系人发放贷款罪、违法发放贷款罪两个罪名，修改为“违法发放贷款罪”一个罪名，取消违法向关系人发放贷款罪，把金融机构的工作人员违反国家规定向关系人发放贷款的，依照违法发放贷款罪从重处罚。这是1997年《刑法》实施后首次减少罪名，表明立法机关对于犯罪定型的建构有了更加科学的认识——一味增加罪名不是最理想的刑事立法活动，只有建立在犯罪类型化基础上的罪名数量的

〔1〕 周其华、何苏民编著：《刑法补充规定适用》，中国检察出版社1995年版，第384、400、521、540、543页。

增减才是理性的、抽象的。取消“违法向关系人发放贷款罪”，意味着该罪不具有独立的意义，为它设置独立的罪名不值得、不必要、不经济、不效益。当然，笔者认为，违法发放贷款罪还可以进一步地类型化，以彻底废除这一罪名。从现代汉语来讲，因为违法发放贷款罪可以涵摄违法为关系人发放贷款罪，所以，违法为关系人发放贷款罪就被解构掉了，没有存在的必要了。罪名解构的背后，是以现代汉语为基石的类型化的刑法实践活动。旧的罪名被解构，其原有的规制范围被其他罪名所取代。旧的构成要件被解构，其原有的规制范围被其他构成要件所取代，由新的构成要件来承担。这明显是一种“语言游戏”。

2. 嫖宿幼女罪。第二个被最高立法机关废除的罪名是嫖宿幼女罪，时间是2015 年的《刑法修正案（九）》。这当然是具有历史意义的。首先，是具有对公众呼声及时回应的政治学意义，从 2012 年开始，废除嫖宿幼女罪的各界呼声越来越强，废除嫖宿幼女罪的刑法论文越来越多（笔者在知网检索到 318 篇），最终导致嫖宿幼女罪被《刑法修正案（九）》废除。其次，是具有刑事政策学的意义。最后，也是最重要的，废除嫖宿幼女罪具有犯罪类型化的意义。嫖宿幼女罪之所以被废除、被类型化为了强奸罪，是因为下面这一演绎过程毫无瑕疵：行为人在明知其年龄或者推知其年龄情况下，既然“和平地与幼女发生性行为构成强奸罪”（大前提），“卖淫幼女”也是幼女（小前提），那么“和平地与卖淫幼女发生性行为也构成强奸罪”（结论）。所以，嫖宿幼女罪这个所谓的罪名根本就不应该在这个演绎过程里面出现。刑法学家们和刑事立法者们曾经人为地、创造性地设立嫖宿幼女罪，无疑是罪名建构的成果，理应得到尊重。但是，更应该受到尊重的是上述强大的、周延的逻辑过程。

3. 出售、非法提供公民个人信息罪和非法获取公民个人信息罪。第三个被最高立法机关废除的罪名是第 253 条之一的出售、非法提供公民个人信息罪和非法获取公民个人信息罪两个罪名，时间是 2015 年的《刑法修正案（九）》，这两个罪名合并为一个侵犯公民个人信息罪。把出售、提供、获取等行为以“侵犯”作为上位构成要件，是一种正面的类型化的实践，但侵犯公民个人信息罪这一表述方式是否符合罪刑法定明确性的要求，还值得深究。一般而言，“侵犯”用于一类罪名为宜，像侵犯财产罪、侵犯知识产权罪、侵犯公民人身权利罪。个罪之中，也有使用“侵犯”的，例如侵犯通信自由罪，但是侵犯通信自由罪实际上是有具体的、明确的危害行为的（隐匿、毁弃、开拆他人信件），最高人民法院确定罪名的时候才成为侵犯通信自由罪。侵犯商业秘密罪也是如此，其构成要件的具体危害行为是非法获取、非法披露、非法使用权利人的商业秘密。

4. “强迫不满 14 周岁的幼女卖淫”。第四个被最高立法机关废除的是第 358 条强迫卖淫罪中的“强迫不满 14 周岁的幼女卖淫”。2015 年《刑法修正案（九）》删除了“强迫不满 14 周岁的幼女卖淫”这一强迫卖淫罪加重处罚情节的规定，非常正确。这是犯罪类型化观念的必然结果。“强迫不满 14 周岁的幼女卖淫”的性质，是强迫不满 14 周岁的幼女与他人发生性关系，无论是否获得对价，无论是否具有交易属性，都不能掩盖强奸罪的本质。即使不是强迫而是引诱不满 14 周岁的幼女与他人发生性关系，仍然是强奸罪。强迫不满 14 周岁的幼女与他人发生性关系，如果“他人”明知是幼女而与幼女发生性关系，则强迫人与“他人”都构成强奸罪。包括以下几种可能的情形：第一种情形，强迫人的强迫没有达到强奸罪所要求的程度，只构成强奸罪的帮助犯，“他人”构成强奸罪的正犯，成立强奸罪的共同犯罪。第二种情形，强迫人的强迫达到了强奸罪所要求的程度，构成强奸罪的正犯（因为他实施了强奸罪的手段行为），“他人”构成强奸罪的正犯（因为他实施了强奸罪的目的行为），各自构成强奸罪，不成立共同犯罪。第三种情形，强迫人的强迫达到了强奸罪所要求的程度，构成强奸罪的正犯（因为他实施了强奸罪的手段行为），“他人”构成强奸罪的正犯（因为他实施了强奸罪的目的行为），并且具有意思联络，则构成强奸罪的共同犯罪。第四种情形，“他人”对强迫人实施的强迫幼女的行为积极加以利用，双方有意思联络，则“他人”构成强奸罪的继承共犯，此时强迫人是先行为人，“他人”是介入者、后行为人，成立强奸罪的共同犯罪。按照这个逻辑发展下去，笔者认为，也应该废除第 359 条第 2 款引诱幼女卖淫罪。“引诱不满 14 周岁的幼女卖淫”实际上是“引诱不满 14 周岁的幼女与他人发生性关系”，引诱没有性承诺能力的人与他人发生性关系，应该解释为“强迫”，行为人的引诱行为应该解释为强奸罪的实行行为。这也是奸淫幼女处断为强奸罪的内在逻辑。有学者就认为，根据废除嫖宿幼女罪的逻辑，引诱幼女卖淫罪也会被处断为强奸罪，那么，引诱幼女卖淫罪就此陷入一种名存实亡的僵尸状态。[1]同理，组织不满 14 周岁的幼女卖淫的，也应该按照强奸罪处断。

综上所述，强迫不满 14 周岁的幼女卖淫、引诱不满 14 周岁的幼女卖淫、组

---

〔1〕 车浩：“刑事立法的法教义学反思——基于《刑法修正案（九）》的反思”，载《法学》2015 年第 10 期。

织不满14周岁的幼女卖淫、强迫不满14周岁的幼女与他人发生性关系、引诱不满14周岁的幼女与他人发生性关系、组织不满14周岁的幼女与他人发生性关系、引诱不满14周岁的幼女聚众淫乱与他人发生性关系等，只要行为人明知是幼女的，一律构成强奸罪。与幼女性交者，是强奸罪的正犯。强迫、引诱、组织、介绍者，都是强奸罪的教唆犯或者帮助犯。

5. 奸淫幼女罪。第一个被最高审判机关废除的罪名是奸淫幼女罪，时间是2002年3月15日《关于执行〈中华人民共和国刑法〉确定罪名的补充规定》，取消了奸淫幼女罪罪名。这是由最高审判机关而不是最高立法机关作出的罪名减少、废除。这仍然值得深究。从“奸淫”到“强奸”，罪名表述、用语选择和背后的刑法观念差距很大。从法条表述看，第236条的“奸淫”是没有使用暴力、胁迫等手段的，所以才会“以强奸论”。那么，第236条存在着一个重大疏漏——强奸不满14周岁女性（即刑法学的幼女）的——如何处断？因为，第236条第1款“以暴力、胁迫或者其他手段强奸妇女的”，处罚的是强奸已满14周岁女性（即刑法学意义的妇女）的，第236条第2款处罚的是奸淫不满14周岁女性（即刑法学意义的幼女）的，那么，强奸不满14周岁的幼女的情形实际上没有进行规定。当然，根据入罪举轻以明重的适用规则，既然强奸已满14周岁女性的构成强奸罪，那么，强奸不满14周岁女性（即幼女）的，当然也构成强奸罪。

笔者认为，问题其实没有那么简单。其一，第236条第1款中的“妇女”的外延问题。这里的“妇女”指的是不分年龄的所有“女性”还是刑法学界一般认为的“已满14周岁的女性”？也就是说，这里的“妇女”是《现代汉语词典》中的妇女还是刑法中的妇女？例如，全国妇联是中华全国妇女联合会的简称，官方网站是中国妇女网 http：//www. women. org. cn/。中华全国妇女联合会、中国妇女网中的“妇女”（women）当然包括所有年龄的女性，与“女性”是同义语。而与此矛盾的是，妇联机关内部的“妇女”又指的是“已满14周岁的女性”，“儿童”才涉及“不满14周岁的女性”。例如，全国妇联的内设机构有妇女发展部、儿童工作部、国务院妇女儿童工作办公室等。国务院妇女儿童工作办公室下设妇女工作处、儿童工作处等。其二，刑法典使用“妇女”明显在词语选择上不够合理，“妇女”是一个不精确的、不规范的词语。尽管刑法文本中“妇女”的使用是尊重语用的，符合约定俗成，但是一旦面临规范化的解释问题，这个普通用语的内涵就难以确定。其三，如果强奸不满14周岁的幼女构成强奸罪，就面临一个如何从重处罚的问题。因为法条规定了“奸淫不满14周岁的幼女的，以强奸论，从重处罚”，根据一般观念，强奸不满 14 周岁的幼女的，应该比奸淫不满 14 周岁的幼女的处罚更重。可是，这个结论预设的前提是：第 236 条第 1 款中的“妇女”指的是已满 14 周岁的女性，该款是基本犯，第 2 款是情节加重犯，那么，强奸不满 14 周岁的幼女就是情节加重犯的加重犯。可是，这个预设的前提——第 236 条第 1 款中的“妇女”指的是已满 14 周岁的女性——本身就是要证明的。其四，最高审判机关废除了奸淫幼女罪之后，以上三种情形（强奸妇女、强奸幼女、奸淫幼女）都属于强奸罪这个基本犯罪类型。其五，男性行为人使用暴力、胁迫等手段以性器官接触了幼女的性器官，是根据第 236 条第 1 款处断还是根据第 2 款处断？

6. 提供虚假证明文件罪。第一个被地方司法机关废除的罪名是提供虚假证明文件罪，发生在湖南长沙市中级人民法院一审的上市公司万福生科欺诈发行股票案中，时间是 2014 年 12 月 30 日。万福生科案一审判决：万福生科犯欺诈发行股票罪，湖南里程有限责任会计师事务所常德分所犯欺诈发行股票罪，万福生科原董事长龚某某犯欺诈发行股票罪和违规披露重要信息罪。

万福生科案的判决具有重大刑法学意义。其一，以往的证券虚假陈述大案，会计师事务所、会计师被判罪名一般是提供虚假证明文件罪，如银广夏案中，深圳中天勤会计师事务所的刘某某、徐某某以提供虚假证明文件罪被追究刑事责任。万福生科案的一审判决，从共犯原理上理清了类似案件的逻辑，纠正了以往判决的错误。其二，湖南里程有限责任会计师事务所常德分所犯欺诈发行股票罪，这是判决最有价值的地方，也是对以往类似案件判决的纠错。中介组织明知或者应知上市公司是在欺诈发行股票，仍然为其出具虚假证明文件，导致欺诈发行股票犯罪得逞，严重破坏了证券市场秩序，严重损害了投资者利益，构成欺诈发行股票罪。当然，这一判决同时还存在重大瑕疵。因为分所并无独立财产，也不是独立市场主体，不是适格被告，所以应该彻底否定单位犯罪。其三，龚某某犯欺诈发行股票罪和违规披露重要信息罪，两罪名之间有无牵连或者吸收关系？从证券犯罪规律看，行为人在欺诈发行股票得逞后，为了继续欺骗，势必继续造假或者继续隐瞒重要信息，所以，其后续的违规披露、不披露重要信息的行为是欺诈发行股票这一前行为的必然结果和自然延续，违规披露、不披露重要信息行为属于琐碎的不可罚的事后行为，因此，两罪名应该以一罪论处为宜。

7. 介绍贿赂罪、非法经营罪等多个罪名。被学者建议废除的罪名，应该首推介绍贿赂罪。[1]如果仅从1997年算起，迄今为止的20年间，陆续有学者建议废除、取消非法经营罪、行贿罪、恶意透支类型的信用卡诈骗罪、寻衅滋事罪、刑讯逼供罪等。[2]此外，还有第306条辩护人、诉讼代理人毁灭证据、伪造证据、妨害作证罪，律师界建议废除的呼声一直不断。总之，涉及的罪名范围越来越大、数量越来越多，一股解构罪名的浪潮正在形成。

8. “勾结敌人造谣惑众动摇军心”。2015年《刑法修正案（九）》把第433条第2款的“勾结敌人造谣惑众动摇军心”废除了。笔者认为，这一废除非常正确。理由是：

（1）修正前的第433条第1款、第2款的性质其实并不一样。第1款是“战时造谣惑众动摇军心”，性质上是军人违反职责的行为；第2款是“勾结敌人造谣惑众动摇军心”，性质上是投敌叛变或者是背叛国家的行为。从更抽象的犯罪类型看，第2款“勾结敌人造谣惑众动摇军心”绝不仅仅是单纯的“离去”——叛罪，而实际上是一种“反”罪，是一种通谋敌人、反对本国的犯罪。所以，第1款、第2款的性质不一样，本就不应该规定在一条中。

（2）修正前的第433条第2款法定最高刑是死刑，而危害国家安全罪中的投敌叛变罪或者是背叛国家罪也都是可以判处死刑的罪名。这样，即便“勾结敌人造谣惑众动摇军心”被废除了，但是“勾结敌人造谣惑众动摇军心”的行为可以按照投敌叛变罪或者是背叛国家罪来处断，所以也不会影响对于“勾结敌人造谣惑众动摇军心”的刑法规制力度。所以，“勾结敌人造谣惑众动摇军心”的废除是罪名类型化的积极成果，表明立法者的类型化观念逐渐成熟。

（3）也不能把“勾结敌人造谣惑众动摇军心”解释为“战时造谣惑众，动摇军心的，处3年以下有期徒刑；情节严重的，处3年以上10年以下有期徒刑；

---

〔1〕 张明楷：《刑法分则的解释原理》，中国人民大学出版社2004年版，第131页。另外，张明楷教授此处说：“我国新旧刑法均规定的介绍贿赂罪，源于《苏俄刑法典》。”笔者认为不妥，因为1960年《苏俄刑法典》只有“介绍行贿”，参见王增润译：《苏俄刑法典》，法律出版社1962年版，第61~62页。

〔2〕 主要论文有：魏涛：“论投机倒把罪的废除与取代”，载《法学评论》1993年第6期。徐松林：“我国刑法应取消‘非法经营罪’”，载《法学家》2003年第6期。赖早兴、张杰：“介绍贿赂罪取消论”，载《湖南社会科学》2004年第5期。薛强：“浅论刑讯逼供罪之废除”，载《法制与社会》2007年第11期。杨加明、杨小兰：“巨额财产来源不明罪应当废除”，载《社科纵横》2009年第2期。姜涛：“刑法中的聚众淫乱罪该向何处去”，载《法学杂志》2010年第6期。杜文俊：“聚众斗殴罪的成立及司法适用再探讨：兼评该罪的废除论”，载《政治与法律》2012年第5期。张训：“寻衅滋事罪该向何处去——从‘假和尚把妹案’说起”，载《刑事法判解》2013年第2期。姜涛：“废除行贿罪之思考”，载《法商研究》2015年第3期。桂亚胜：“再论恶意透支信用卡的刑法规制”，载《河南警察学院学报》2016年第5期。

情节特别严重的，处10年以上有期徒刑或者无期徒刑”中的“情节特别严重”。因为“勾结敌人造谣惑众动摇军心”未必是“战时造谣惑众，动摇军心”。即便是“战时勾结敌人造谣惑众，动摇军心”也不应该解释为上述“情节特别严重”，因为前已述及，“战时勾结敌人造谣惑众，动摇军心”属于投敌叛变罪或者是背叛国家罪，罪至死刑。

（4）“勾结敌人造谣惑众动摇军心”还有为敌所用、助敌资敌的成分，本质上属于危害国家安全的行为，所以应该到危害国家安全罪一章去找法。笔者初步认为应该把“勾结敌人造谣惑众动摇军心”解释为第102条背叛国家罪中的“勾结外国”或者“勾结境外机构、组织、个人”。也就是说，“勾结敌人造谣惑众动摇军心”是“勾结外国”或者“勾结境外机构、组织、个人”的一种具体表现而已。

（二）罪名解构的展开

为什么废除具体罪名的实例越来越多？这是偶然的、散在的、个别的刑法现象，还是具有必然性的、系统性的刑法现象？这是及时修正立法的疏漏、是修修补补，还是刑法分则“提质升级”所必需的、必经的？

笔者以为，罪名解构现象绝不是偶然的。从刑事立法而言，它是刑法分则罪名体系逐渐科学化、完善化的一种自救；从刑法学学术发展而言，它是刑法学术逐渐关注微观罪名与案例应用，而不仅只是过于关注刑法宏大理论的一种努力。而从更为宏观的角度来看，罪名解构现象的背后就是刑法类型化的思维和实践，罪名解构是在大量立法司法实践基础上的逻辑自觉和体系自觉。所以，罪名解构现象是刑法类型化的结果，刑法类型化的实现也必然离不开罪名解构和罪名重构。可以说，罪名解构现象的背后，是刑法类型化思维在起作用。无论是刑法研究者、刑事立法者还是刑事司法者，都无一例外遵从着刑法类型化思维，最终体现为刑法研究活动、刑事立法活动与刑事司法活动中的罪名解构与罪名重构。

罪名类型化、刑法分则类型化或者分则构成要件类型化，三者之间虽然仍有些微区别，但是本书认为，无论是什么提法、什么语言表述方式，其指向的事物的性质是一样的。也就是，尽管能指（语言外壳）有些区别，但是所指（事物本身）没有区别。所以，本书在大致相同意义上使用罪名类型化、刑法分则类型化或者分则构成要件类型化三种称谓。加上本书重点是刑法分则类型化而不是刑法总则类型化，所以，有时会直接使用“刑法类型化”一语来指代刑法分则类型化。

罪名的分合，无非就是类型化努力下的犯罪类型的变动。今天这样归类，明天那样归类；某个罪名今天属于这一类，明天属于那一类；某个犯罪行为今天可能属于这个罪名的规制范围，明天就可能属于另一个罪名的规制范围。在总的规制范围不变的前提下，剩下的就是怎么分配整个刑法罪名体系中每个罪名的具体任务、具体规制范围而已。如果随着社会发展，需要扩大或者缩小总的规制范围，也就是总的规制范围需要发生变化了，那实际是把犯罪化与非犯罪化的问题引进来了，如此一来，罪名的类型化自然就更复杂一些。

只要进行刑法类型化，就势必涉及罪名解构和罪名重构，就势必涉及应然罪名的建构和应然构成要件的建构，这是动态的刑事立法的常态，也是中国刑法史上的常态，已经成为中国刑法文化的标志性符号。没有罪名解构就不会有高质量的刑法类型化，高质量的刑法类型化一定是建立在罪名解构基础上的罪名建构和罪名重构。刑法类型化导致罪名解构，刑法类型化势必涉及罪名解构和罪名重构，刑法类型化的思维和实践总会伴随着具体罪名的分合。

当前，在刑法分则层面、罪名层面，刑法类型化的任务更为艰巨。本来，“太阳底下没有新鲜事”，可是，由于新罪名层出不穷，有的旧罪名逐渐消失，都会导致原有类型化行为、原有类型化构成要件被打破，不得不建构新的类型化行为、新的类型化构成要件。以下几个罪名，设置时间有早有晚，笔者试图进行解构，也是一种重构的尝试。

1. 战时拒绝、逃避服役罪的解构。要说清楚这个问题，必须弄清楚现代汉语体系中征召、征集、服役三者之间的关系，弄清楚“征”与“役”的关系，如此才能弄清楚第376条两个罪名的关系。

（1）第376条有两个罪名，一个是战时拒绝、逃避征召、军事训练罪，一个是战时拒绝、逃避服役罪。“征召”就是征兵、召兵。“召，《说文》，呼也。王逸：以手曰招，以言曰召。”〔1〕“征召”的“征”本作“徵”，“征召”本为“徵召”。《说文》：徵，召也。而“徵”与“征伐”之“征”原本是两个字，意义不同。现在“征”“徵”已经简化为一个字——“征”，但在字典里“征”仍然是有两个字头的，表明了“徵”“征”的不同。〔2〕古代汉语中，徵，就是召，“徵召”连用，现在简化为“征召”，这就是现代汉语“征召”一词的来源。所

〔1〕《康熙字典》，上海辞书出版社2008年版，第100页。
〔2〕《古代汉语词典》，商务印书馆1998年版，第2013页。

以，国家（政府、军队、君主都是国家的代表）无论是征召预备役人员还是征召普通公民，都可以使用“征召”“征募”“征役”“征戍”等词语，甚至“招募”等词语原本也是这个意思，只是现代汉语的“招募”使用的对象越来越宽泛而已，不仅是招募士兵，还用在招募员工等事项上。现行刑法典刻意加以区分，一个罪名使用“征召”，一个罪名使用“服役”，笔者认为，这种区分没有必要。因为，战时拒绝、逃避征召、军事训练罪，其实就是预备役人员战时拒绝、逃避服兵役的犯罪。

现代汉语之中的“征召”，就是征（兵）的意思[1]，并不涉及被征对象是否属于预备役。服役，就是服兵役，包括服现役和服预备役两大类。战时拒绝、逃避征召、军事训练罪中的“拒绝征召”就是拒绝征兵入伍、拒服兵役，战时拒绝、逃避服役罪中的“拒绝服役”就是拒绝服兵役，先有国家的征召、命令，后有公民的应征和服役。所以，在一般性的汉语语用之中，“拒绝征召”与“拒绝服役”理应是等价关系、同一关系，而非《刑法》第376条刻意设计好的并列关系。实际上，准确地说，“拒绝征召”应该是“拒绝被征召”。

把“征召”“服役”设计为并列关系，也违背了现代汉语的实际用法，是不当地创造了词语的新的用法。例如：“朝鲜战争越打到后来，因为美国需要征兵，很多年轻人要上战场，出现了这么一个很有意思的现象，很多大学生、年轻人宁肯在大学里延长大学时间，不毕业，也不服兵役，这实际上从另一个侧面反映出美国国内是很厌战的。”[2]这段话里，征兵就是让人服兵役，是同一关系。现行刑法把“征召”“服役”对称，人为设置为一种并列关系，也没有继承历史上的刑法遗产。例如《唐律·擅兴》中的“征人巧诈避役”，是“巧诈方便推避征役”，就是使用各种方法逃避服役、逃避服兵役的犯罪。“征”与“役”一体两面，国家实施的行为是“征”——征召，公民实施的行为则是“役”——服役。这就是为什么“征人巧诈避役”“巧诈方便推避征役”中“征”与“役”同时出现，甚至有“征役”的连用。或者，国家征召公民就是去服兵役的，“征召”与“服役”是先后关系。总之，言说角度的差别而已，所指则为一个事物。

而如果抛开法律语境，古代汉语之中的征召，则不限于征兵、征军[3]这一

---

〔1〕《现代汉语词典》，商务印书馆2012年版，第1658页。

〔2〕电视节目“档案”之“朝鲜停战谈判始末（1951～1953）”中，上海交通大学历史系教授邓峰的话。

〔3〕程树德：《九朝律考》，商务印书馆1955年版，第265页。

项，而是泛指所有官府的命令、职责，《周礼·天官·宰夫》“掌百官府之征令辨其八职”，“有官府则有征令”〔1〕，“凡诸徵发，租调百役，皆有稽停，而不以军兴论”〔2〕，等等。从这个意义上看，古代汉语的“征”的外延大于“徵”，“征”指的是所有的政府命令，而“徵”只是与军事命令有关。这也就是在使用“征”“徵”时刻意加以区别的原因：“徵军”用的是“徵”、是戍边、是军兴，而“凡诸征发，租调百役”用的是“征”。不管怎样，现行刑法典中的“征”（征兵、征召、征收、征用）是暗含强迫、命令的意思，是政府和国家的命令和要求，是命令公民服役、命令公民响应、服从国家的召唤，实际上不容商量和讨价还价，不论愿不愿意，因为军事利益就是最重要的国家法益，《唐律·擅兴·乏军兴》有“兴军征讨国之大事”，可见征讨之际公民个人的自由和财产都退居其次、成为较小的法益，国家和公民此时并非平等主体的关系，而是上对下的关系。所以，凡是拒绝国家或者军队强行征人、征物、征粮、征钱、征税的行为，由于危害了更大的、更重要的法益，都被立法者规定为犯罪行为，这很正常。“征”之中具有的“强征”“强迫”这一暗含的意思表明，被征的人是没有意志自由的，必须服从政府的征集，否则，拒绝、逃避就是不作为的犯罪，古今中外，概莫能外。

（2）从汉语文字渊源来考察，“服役”的“役”，指的就是兵役。如《说文解字》解释“役”为“戍边也”。《诗经·小雅·采薇》序有“遣戍役，以守卫中国”〔3〕，以及“出征战士久役归来”〔4〕等表述，都证明“服役”的“役”指的是兵役，是公民对国家在军事、国防上的义务。明代刑法也有个实例，“佐贰榜白戍边”“佐贰以下榜一白，免死，为军远方”〔5〕，即对罪犯杖州一白后充军服役（服兵役）。以上这些其实就是如今我国《兵役法》所说的每个适龄公民的“保卫祖国抵抗侵略”的义务的历史渊源。

至于“役”后来衍生出来的另一个义项“使役”，则是包括劳役或者徭役〔6〕等在内的名目繁多的公民对于国家的义务。例如清代的丁役，也就是人口税、人

〔1〕王安石语，转引自杨天宇：《周礼译注》，上海古籍出版社2004年版，第42页。

〔2〕程树德：《九朝律考》，商务印书馆1955年版，第265页。

〔3〕《康熙字典》，上海辞书出版社2008年版，第310页。

〔4〕袁愈荌译诗、唐莫尧注释：《诗经全译》，贵州人民出版社1981年版，第212页。

〔5〕王伟凯：《〈明史·刑法志〉考注》，天津古籍出版社2005年版，第143页。

〔6〕徭役，统治者强迫人民承担的无偿劳动。参见《现代汉语词典》（汉英双语），外语教学与研究出版社2002年版，第2229页。各代徭役具体项目均不相同，秦代徭役有力役和兵役，汉代徭役有正卒、戍边、更卒，明代徭役有里甲役、均徭、杂泛。

头税，本来是劳务性质的“士民一体当差”，是人人皆需履行的法定义务，后来逐渐演变为可以出钱顶替，才成为一种税收。而按照现行刑法的规定，由于第376条战时拒绝、逃避服役罪属于危害国防利益罪一章，所以，该罪名构成要件中的“服役”只能限制解释为“服兵役”。况且，当前我国公民对于国家的人身性质的义务（强制性的义务）也仅剩下服兵役这一项，并没有任何兵役之外的劳役的义务。征兵、征召就是让公民服兵役，而不能把现行刑法作为构成要件的“服役”解释为包括服兵役、服劳役等广义的“服役”。顺便提及，我国的征兵、服役原来包括中国人民解放军征兵和武警部队征兵两大类，而随着武警部队的改革，两大类征兵今后将不再有任何区别，成为一个统一的征兵。那么，服兵役人员也就是一个统一的服兵役，即保家卫国、维护国防。

（3）进一步地，《刑法》第381条战时拒绝军事征收、征用罪与第376条合二为一，高度类型化为一个“战时拒绝军事征召、征收、征用罪”或者“战时拒绝军事征集罪”或者“战时拒绝军事征发罪”岂不更好？前已述及，凡是战时拒绝国家或者军队强行征人、征物、征粮、征钱、征税的行为，都严重危害军事法益，理应同等对待。

征集，有两个义项，其中一个是征募。征募，意思是招募（兵士）[1]，也就是征召、征兵的意思。我国各地发布的兵役登记公告中的“征集”“征集义务兵”等语，可作为证明。例如，2017年武汉市武昌区人民政府征兵办公室发布的《兵役登记公告》中规定：“属于武昌区征集范围的武汉大学、武汉理工大学、湖北大学、湖北美术学院、武汉音乐学院、武汉航海职业技术学院、湖北财税职业学院、武汉科技职业学院、湖北幼儿师范高等专科学校等9所普通高等学校全日制就读高职（专科）和本科以上学历放宽至23岁和24岁。”再如，2017年湖北省高等学校招生委员会、湖北省人民政府征兵办公室《关于做好2017年招收定向培养士官试点工作的通知》中规定：“报考定向培养士官的考生须为2017年参加全国普通高校招生统一考试的普通高中毕业生……其政治和身体条件按照征集义务兵的规定执行。”而征发，旧时指政府征集民间的人力和物资。[2]因为征发涉及人的征集和物资的征集，所以可以涵摄征兵、征收、征用。

所以，笔者把《刑法》第376条、第381条都解构掉，重新建构一个新罪名

〔1〕《现代汉语词典》，商务印书馆2012年版，第1658页。
〔2〕《现代汉语词典》，商务印书馆2012年版，第1657页。

"战时拒绝军事征召、征收、征用罪"或者"战时拒绝军事征集罪"，这个刑法罪名的类型化过程既是解构原有罪名的过程，也是建构新罪名、重构罪名的过程。这个过程既要使用语义解释方法，也要使用历史解释（沿革解释）方法。而历史解释（沿革解释）方法不仅局限于1979年《刑法》之后的历史材料，还要上溯至该犯罪类型的起源和语源，再结合现实，得构成要件在一个真实具体案件中的具体意义。有学者认为，历史解释比较接近法律的形式正义，当历史解释占有的资料比较丰富时，历史解释是很有说服力的，并以寻衅滋事罪暗含的"流氓动机"这个构成要件为例，精彩阐释了其主张。[1]

（4）需要注意的是，《刑法》第376条两个罪名中的"拒绝""逃避"是同一关系、等价关系，拒绝就是逃避，逃避就是拒绝，都是违反义务性规范的纯正不作为犯。拒绝与逃避没有本质区别，都表现为不接受征召和不参加军事训练，[2]其实都是不服兵役。根据我国的义务兵（征兵制）与志愿兵（募兵制）相结合的兵役制度，"拒绝""逃避"的行为人都实施了违背兵役义务的行为，都是在征兵阶段的犯罪行为。而在募兵阶段，由于是军人自愿转为志愿兵，所以并不会涉及"拒绝""逃避"。了解了义务兵役制（征兵制）与志愿兵役制（募兵制）的区别，就会知晓第376条的两个罪名的犯罪主体只能是非军人，军人不可能构成。[3]而非军人的范围，一是预备役人员，一是普通公民。如果是军人在战时拒绝征召、逃避服役，拒不上战场或者拒绝军事勤务、军事训练等军事任务，则应该解释为不作为的战时临阵脱逃罪，根据现行《刑法》第424条的规定，最高可至死刑。

（5）在我国，平时逃避征召和战时逃避征召性质是不同的。平时的征兵在《兵役法》中称为"平时征集"，战时则称为"战时兵员动员"。"平时征集"是适龄青年自愿报名来应征。而战时的征兵是强制性质的、必须应征，这是刑法罪名设置的社会背景。《兵役法》第50条规定："在国家发布动员令以后，各级人民政府、各级军事机关，必须迅速实施动员：①现役军人停止退出现役，休假、探亲的军人必须立即归队；②预备役人员、国防生随时准备应召服现役，在接到通知后，必须准时到指定的地点报到；③机关、团体、企业事业单位和乡、民族

〔1〕刘延和：《刑法解释与适用研究》，法律出版社2016年版，第45页。

〔2〕张明楷：《刑法学》，法律出版社2011年版，第1042页。

〔3〕史仲文、胡晓林主编：《新编世界军事史》（下），中国国际广播出版社1996年版，"世界当代军事史"部分，第87页。

乡、镇的人民政府负责人，必须组织本单位被征召的预备役人员，按照规定的时间、地点报到；④交通运输部门应当优先运送应召的预备役人员、国防生和返回部队的现役军人。”第51条规定：“战时根据需要，国务院和中央军事委员会可以决定征召36周岁至45周岁的男性公民服现役，可以决定延长公民服现役的期限。”第66条规定：“有服兵役义务的公民有下列行为之一的，由县级人民政府责令限期改正；逾期不改的，由县级人民政府强制其履行兵役义务，并可以处以罚款：①拒绝、逃避兵役登记和体格检查的；②应征公民拒绝、逃避征集的；③预备役人员拒绝、逃避参加军事训练、执行军事勤务和征召的……战时有本条第1款第2项、第3项或者第3款行为，构成犯罪的，依法追究刑事责任。”虽然《兵役法》中的逃避征集是针对公民而言，逃避征召是针对预备役人员而言，但是《刑法》第376条对于公民却并未使用“征集”，《兵役法》和《刑法》在这一点上并未保持高度的一致。由于《刑法》第374条接送不合格兵员罪中，有“在征兵工作中”的表述，笔者认为，战时拒绝、逃避服役罪可以替换为战时拒绝、逃避征兵（征集）罪，而这正是与唐律中的“征人巧诈避役”一脉相承的。从语言实际使用习惯而言，把征集、征召、服役、征兵等不同用语视为刑法学意义上的等价关系，是合乎常理的事情。

（6）不仅如此，《刑法》第376条战时拒绝、逃避征召、军事训练罪仍然是不周延的立法。根据《兵役法》的规定，除了军事训练外，“军事勤务”也是预备役人员的一项义务：“预备役人员必须按照规定参加军事训练、执行军事勤务，随时准备参军参战，保卫祖国。”战时预备役人员拒绝、逃避参加军事训练、执行军事勤务和征召的都被《兵役法》认定为犯罪行为。[1]那么，如果把战时拒绝、逃避执行军事勤务的行为，解释为战时拒绝、逃避征召、军事训练罪是不妥当的，违背了罪刑法定原则。笔者认为，从应然角度而言，“征召”应该是军人服役、军事作战、军事训练和军事勤务等的共同上位构成要件，是更为抽象的构成要件，而军人服

〔1〕《兵役法》第66条第1款规定：有服兵役义务的公民有下列行为之一的，由县级人民政府责令限期改正；逾期不改的，由县级人民政府强制其履行兵役义务，并可以处以罚款：①拒绝、逃避兵役登记和体格检查的；②应征公民拒绝、逃避征集的；③预备役人员拒绝、逃避参加军事训练、执行军事勤务和征召的。第2款规定：有前款第2项行为，拒不改正的，不得录用为公务员或者参照公务员法管理的工作人员，2年内不得出国（境）或者升学。第3款规定：国防生违反培养协议规定，不履行相应义务的，依法承担违约责任，根据情节，由所在学校作退学等处理；毕业后拒绝服现役的，依法承担违约责任，并依照本条第2款的规定处理。第4款规定：战时有本条第1款第2项、第3项或者第3款行为，构成犯罪的，依法追究刑事责任。

役、军事作战、军事训练和军事勤务等都属于“征召”的具体内容。

根据《兵役法》第66条的规定，有服兵役义务的公民在战时有下列行为之一，构成犯罪的，依法追究刑事责任：应征公民拒绝、逃避征集的；预备役人员拒绝、逃避参加军事训练、执行军事勤务和征召的。也就是说，《兵役法》第66条与《刑法》第376条的规定使用的词语并不一致。2001年《征兵工作条例》第51条的规定与《兵役法》是一致的，使用的是“征集”而不是“服役”：“有服兵役义务的公民拒绝、逃避兵役登记和体格检查的，应征公民拒绝、逃避征集的，依照兵役法和有关法规的规定予以处罚。”同时，也可得出结论：《刑法》第376条第2款中的“公民”不是指任何公民，而应限制为“应征公民”或者“有服兵役义务的公民”，具体而言指的是22周岁以前可以被征集服现役、普通高校毕业生24周岁以前可以被征集服现役、35周岁以前可以被征集服预备役。同时还要注意，“应征公民”的“应”读为“yīng”，是“应该被征集、被征召”的意思。[1]

所以，对于《刑法》第376条战时拒绝、逃避服役罪中的构成要件“服役”应该解释为《兵役法》的“服兵役”“征集”或者“兵役征集”而不能包括别的什么“役”。对于第376条战时拒绝、逃避征召、军事训练罪中的构成要件“征召或者军事训练”应该解释为包括军事作战、军事训练和军事勤务等。所以可以得出结论：构成要件中的“军事训练”只是“征召”的下位概念，“军事训练”与“征召”不应该并列在一个罪名之中。

战时拒绝、逃避服役罪中的犯罪主体是预备役人员，包括士兵预备役、军官预备役两类，也只有两类。根据《预备役军官法》第63条规定，预备役军官拒绝或者逃避登记、军事训练，经教育拒不改正的，由当地人民政府强制其履行兵役义务。在战时，预备役军官拒绝、逃避征召或者军事训练，情节严重的，依法追究刑事责任。根据《兵役法》第66条规定，有服兵役义务的公民有下列行为之一的，由县级人民政府责令限期改正；逾期不改的，由县级人民政府强制其履行兵役义务，并可以处以罚款：拒绝、逃避兵役登记和体格检查的；应征公民拒绝、逃避征集的；预备役人员拒绝、逃避参加军事训练、执行军事勤务和征召

---

〔1〕 有的教材未对《刑法》第376条第2款战时拒绝、逃避服役罪的构成要件“公民”“服役”等进行任何解释，如张明楷：《刑法学》，法律出版社2011年版，第1042页。有的教材解释了“服役”但是没有解释“公民”，如周光权：《刑法各论》，中国人民大学出版社2016年版，第538页。有的教材则解释了“服役”和“公民”，如谢望原、赫兴旺主编：《刑法各论》，中国人民大学出版社2016年版，第558~559页。

的。国防生违反培养协议规定，不履行相应义务的，依法承担违约责任，根据情节，由所在学校作退学等处理；毕业后拒绝服现役的，依法承担违约责任，并依照本条第2款的规定处理。战时下列行为，构成犯罪的，依法追究刑事责任：应征公民拒绝、逃避征集的；预备役人员拒绝、逃避参加军事训练、执行军事勤务和征召的；国防生毕业后拒绝服现役的。

（7）战时拒绝、逃避征召、军事训练罪和战时拒绝、逃避服役罪，类型化为一个“战时拒绝军事征召、征收、征用罪”或者“战时拒绝军事征集罪”或者“战时拒绝军事征发罪”之后，还可以进一步类型化、“高度类型化”。根据《说文》，徵者，召也。召者，呼也。呼者，召也。以手曰招，以言曰召。可见，国家明令、国家命令就是召、征召。而公民对于国家（或者君主）的命令和要求，天然具有服从和奉献的义务，这是来自于臣民的忠诚义务，来自于保家卫国、人人有责的自然法的义务，根本无需复杂地加以证明。所以，如果臣民不这样，不听国家的、国家机关的、军队的、政府的、领袖的“招呼”，不服从“命令”“政令”“军令”，“不从召唤”，实际是背叛国家，是“叛”，是拒绝、逃避和离去，是亡命山泽之意。正是由于这一点，战时拒绝、逃避征召、军事训练罪和战时拒绝、逃避服役罪与军人违反职责罪一章中的逃离部队罪、投降罪等一样，属于“叛”这一更抽象、更古老的犯罪类型。

总之，战时拒绝、逃避服役罪的解构与类型化可以分三步。第一步，废除战时拒绝、逃避服役罪，《刑法》第376条两个罪名可以合二为一，成为“战时拒服兵役罪”，实现低度类型化。第二步，第381条战时拒绝军事征收、征用罪与第376条可以合二为一，成为“战时拒绝军事征召、征收、征用罪”或者“战时拒绝军事征集罪”，实现高度类型化。第三步，“战时拒绝军事征召、征收、征用罪”或者“战时拒绝军事征集罪”属于“叛”，即“不从追唤”之罪。这第三步恐怕已经是比较激进的过度类型化了。笔者认为，如果中庸而不激进，既要符合罪刑法定的要求，又要实现高度类型化，类型化到第二步足矣。

2. 拒不支付劳动报酬罪的解构。侵占罪的结构是“合法占有非法所有”，行为人“必须存在表明横领意思的客观的处分行为”[1]。处分行为既可以是作为方式，也可以是不作为方式。作为方式，有出卖、赠予、交换、质权设定、债务清偿、进行存款、使用掉、私吞、扣留、挪用保管资金等；不作为的方式，有拒绝

[1] [日] 大塚仁：《刑法概说（各论）》，冯军译，中国人民大学出版社2003年版，第295页。

返还。[1]拒不支付劳动报酬罪、恶意透支类型的信用卡诈骗罪等实际上都属于"拒不归还"，属于不作为的侵占罪类型。此外，《刑法》第394条"拒不交公型贪污罪"：国家工作人员在国内公务活动或者对外交往中接受礼物，依照国家规定应当交公而不交公，数额较大的，也属于侵占罪类型。行为人接受礼物是合法占有，转而拒不交公，则是非法所有，完全符合侵占罪的构成要件，目前只是由于犯罪主体特殊身份的缘故，才被现行刑法贪污罪所涵括。这种涵括是否特别科学，还值得进一步深究。分述如下。

（1）拒不支付与拒不退还——拒不支付劳动报酬罪与侵占罪。为了严厉打击建筑等领域的拖欠、长期拖欠农民工工资的违法行为，打击恶意欠薪、恶意赖账等犯罪，刑法增加了拒不支付劳动报酬罪，这完全符合侵占罪的构成要件。行为人产生支付义务之时，劳动报酬所有权已经属于劳动者，行为人对此劳动报酬可以解释为是合法占有他人财产，行为人能够支付、应当支付而基于侵占意思而不支付之时，就是从"合法占有"转变为"非法所有"之时，就是侵占罪的实行行为着手之时，此时，行为人的不支付行为已经"紧迫危害财产法益"，也就是紧迫性地侵害了劳动者的财产所有权了。由于侵占罪并无未遂形态[2]，所以，拒不支付劳动报酬罪也没有未遂形态。实践中，行为人逃匿之时、转移财产之时等，就是"表明横领意思的客观的处分行为"，即实行行为着手之时。拒不支付劳动报酬罪实质为纯正不作为方式的侵占罪而已，一般表现为私吞、不返还、不交出。由于构成要件特别增加了"经政府有关部门责令支付仍不支付"，所以，责令支付期限届满之时是本罪既遂之时。这也意味着，本罪是特殊的侵占罪，从行为人产生横领意思（侵占意思）之时到责令支付期限届满之时，是着手到既遂，既遂后行为人实行行为仍在持续。案例如下：

2014年12月29日，罗某等数十名劳动者向汉川市劳动保障监察局投诉，反映该市银河商贸发展有限公司新河洗涤分公司拖欠工资，经查，银河商贸发展有限公司法人代表与新河洗涤分公司负责人同为周某，周某已于2014年12月23日前后失联，其失联前共拖欠罗某等97名职工工资42.3万元。汉川市人社局在多次联系周某无果的情况下，于2015年1月8日依法在银河商贸发展有限公司

---

〔1〕［日］大塚仁：《刑法概说（各论）》，冯军译，中国人民大学出版社2003年版，第295页以下。［日］大谷实：《刑法各论》，黎宏译，法律出版社2003年版，第220页。

〔2〕［日］大塚仁：《刑法概说（各论）》，冯军译，中国人民大学出版社2003年版，第290页。

经营地点以张贴形式向周某下达《限期改正指令书》，责令其限期支付所拖欠劳动者工资，周某逾期未予支付。2015 年 1 月 14 日，汉川市人社局依法将此案移送至汉川市公安局。公安机关于 4 月 10 日将周某从外地抓捕归案。8 月 10 日，汉川市检察院以周某犯拒不支付劳动报酬罪提起公诉。汉川市人民法院经审理认为：被告人周某以逃匿的方式拒不支付劳动者劳动报酬，且数额较大，经人力资源和社会保障部门责令支付而仍不支付，其行为已构成拒不支付劳动报酬罪，被告人当庭自愿认罪，案发后，积极变卖资产支付了部分拖欠职工的劳动报酬，可从轻处罚。9 月 2 日，汉川市人民法院以周某犯拒不支付劳动报酬罪判处有期徒刑 1 年 6 个月，并处罚金 50 000 元。[1]

（2）恶意透支与拒不退还——信用卡诈骗罪与侵占罪。"恶意透支"这一表述容易引起误解。因为行为人构成恶意透支型的信用卡诈骗罪，包括有归还能力的拒不归还，也包括没有归还能力的无力归还。两种类型的信用卡诈骗罪，其实前者才是真正的恶意透支；后者只是缺乏民事上的清偿能力，不应该入罪。换句话说，《刑法》第 196 条第 2 款的"恶意透支，是指持卡人以非法占有为目的，超过规定限额或者规定期限透支，并且经发卡银行催收后仍不归还的行为"，并不区分"仍不归还"的原因，无论是真的赖账，还是真的无力归还，都被解释为了"仍不归还"，并且推定为行为人透支时就是恶意的。笔者认为，其实不然。至少有一部分所谓的"恶意透支"，行为人在透支的时候不是恶意的，只是在后来出现超过规定限额或者规定期限透支，那么，这种行为应该属于"善意透支"，属于合法透支、合法占有使用银行资金，但是事后无力归还。所以，刑法典中的一部分"恶意透支"，符合侵占罪构成要件；另一部分所谓的"恶意透支"，只是行为人没有偿还能力而不归还，是合同纠纷性质，构成合同违约，不属于犯罪。

恶意透支类型的信用卡诈骗罪，其实符合侵占罪类型。行为人应还能还而不归还透支款项之时，其行为已经"紧迫危害法益"，也就是紧迫性地侵害了银行的财产所有权了。透支之时属于合法占有，拒不还款之时（即处分之时）属于非法所有，所以，恶意透支行为完全符合侵占罪的犯罪类型。例如，犯罪嫌疑人李承某于 2012 年 8 月 8 日在中国银行股份有限公司青海省分行银行卡部申请办理信用卡一张。期间，该信用卡恶意透支 10 万余元，经银行多次催缴，李承某拒不履行还款，且下落不明。经立案侦查，于 2016 年 1 月 26 日将涉嫌信用卡诈

---

〔1〕"汉川：老板逃匿拒不支付员工工资被判刑"，载 http://hb.ifeng.com/a/20160118/4206872_0.shtml.

骗犯罪嫌疑人李承某抓获。[1]“下落不明”即逃匿、隐匿、跑路，征表出行为人的非法所有意思，即侵占的意思。

如何认定恶意透支犯罪中行为人的非法占有目的？最高人民法院、最高人民检察院《关于办理妨害信用卡管理刑事案件具体应用法律若干问题的解释》规定：有以下情形之一的，应当认定为《刑法》第196条第2款规定的“以非法占有为目的”：①明知没有还款能力而大量透支，无法归还的；②肆意挥霍透支的资金，无法归还的；③透支后逃匿、改变联系方式，逃避银行催收的；④抽逃、转移资金，隐匿财产，逃避还款的；⑤使用透支的资金进行违法犯罪活动的；⑥其他非法占有资金，拒不归还的行为。也就是说，无法归还、逃避还款（逃避归还）、拒不归还三种情形本质上都是非法所有——无法归还属于是客观上已经非法所有了，逃避归还、拒不归还则属于是主观上已经具有非法所有意图。司法解释中，指明了侵占罪处分行为的动词是：大量透支、肆意挥霍、逃匿、抽逃、转移、隐匿等。

（3）拒不执行判决、裁定罪与侵占罪。如果从侵害司法机关活动这一法益角度看，拒不执行判决、裁定罪属于妨害司法活动的犯罪。而如果从行为人（包括被执行人、协助执行人）逃避清偿债务的角度看，实则为赖账行为、老赖行为，侵害了执行申请人（也就是债权人）的财产权，所以，涉及债务清偿的拒不执行判决、裁定罪也属于侵占罪类型。民事纠纷中的债权债务关系，一旦得到司法确认，债务人所欠债务就已经成为非法占有的他人财物，假如进一步符合应该清偿、能够清偿而拒不清偿这个行为模式、行为结构，那么债务人构成不作为侵占罪。债务清偿是执行中涉及的主要内容，支付令、公证债权文书都属此类。当然，少数判决、裁定的内容并不涉及财产利益，例如婚姻、家庭、监护、收养等，那么行为人实施的拒不执行判决、裁定行为就不能解释为侵占罪了。

（4）上述的几个“拒不”罪名，尽管在罪名表述上，有的使用了“拒不”，有的使用了“逃避”，但实质上都是赖账行为、老赖行为，都可以归入现行刑法侵占罪类型。有的是赖账不给劳动者工资、劳动报酬，有的是赖账不缴税、不缴欠税，有的是赖账不清偿生效裁判文书所确定的债务，有的是赖账不归还银行透支款，有的是赖账拒不归还他人错误转账（包括错误充值、错误缴费）到自己

---

〔1〕“青海湖南商会原副会长透支信用卡950万元后逃匿”，载 http：//china. huanqiu. com/article/2016－02/8492389. html.

账户的款项，等等。

（5）现行刑法侵占罪的特点是始终只有一个占有关系，是从起初的合法占有转变为最终的非法占有（非法所有），占有关系始终不变，没有设定新的占有关系，上述几个“拒不”罪名，都符合这一特征。作为方式的侵占罪，以作为的处分行为作为特征，处分行为是积极维持旧的占有关系。而不作为方式的侵占罪，则是以拒不返还作为特征，拒不返还是拒绝设定新的占有关系，消极维持旧的占有关系。几个“拒不”罪名中，行为人拒绝把自己起初的合法占有变为他人的合法占有，拒绝设定新的合法占有关系，“此项违反义务之不作为，足使人由外部认定被告有占有意思之强有力表征”〔1〕，产生返还义务后而拒不返还，产生支付义务后而拒不支付，产生交公义务后而拒不交公，都征表出行为人非法所有意思，其行为都是不作为侵占性质，这就是构成要件中的“拒不退还”“拒不交出”“不交公”的实质。例如，把款项错误打入行为人的账户，行为人明知而拒不归还，这叫做错误转账，错误充值、错误缴费、错误刷卡、错误支付等都是错误转账的具体表现形式。如果受益人应还、能还而“拒不归还”，属于拒绝设定新的占有关系，是维持旧的占有关系的行为，构成不作为侵占罪。

相比之下，盗窃罪的行为模式是把他人的合法占有变成自己的非法占有，行为人排除合法占有、设定另一个新的非法占有关系，这种设定新的占有关系的理论就是所谓的空间禁忌理论。该理论对于盗窃罪与侵占罪的区分具有一定意义，是否存在破坏他人空间禁忌的情况，成为区分两罪的判断标准。〔2〕既然要破坏他人空间禁忌，就必须以积极作为的方式。而拒不支付劳动报酬罪、拒不缴纳税款罪、恶意透支类型的信用卡诈骗罪等三个罪名，究其实质，都没有设定新的占有关系，也就是拒绝设定新的合法的占有关系，既然如此，当然都没有破坏他人空间禁忌。不仅如此，与空间禁忌理论有关的分配领域标准也认为，占有遗失物只能成立侵占罪，而占有遗忘物则可能成立盗窃罪。〔3〕上述拒不支付劳动报酬罪、拒不缴纳税款罪、恶意透支类型的信用卡诈骗罪等罪名，也都类似于遗失物而不

---

〔1〕［日］泷川幸辰：“不作为之侵占罪”，载洪福增译：《日本刑法判例评释选集》，汉林出版社1977年版，第50～51页。

〔2〕Vgl. Haffke, Mitgewahrsam, Gewahrsamsgehilfenschaft und Unterschlagung, GA 1972, S. 226. 转引自马寅翔：“占有概念的规范本质及其展开”，载《中外法学》2015年第3期。

〔3〕Vgl. Haffke, Mitgewahrsam, Gewahrsamsgehilfenschaft und Unterschlagung, GA 1972, S. 226. 转引自马寅翔：“占有概念的规范本质及其展开”，载《中外法学》2015年第3期。

是遗忘物，债权人（分别为拒不支付劳动报酬罪中的劳动者、拒不缴纳税款罪中的税务机关和恶意透支类型的信用卡诈骗罪中的银行）并不现实地占有标的财产，这些标的财产处在犯罪行为人的分配领域，其拒不偿还的行为是“占而所有”，是拒绝设定新的合法的占有关系，所以理应构成侵占罪。债权人对主张的标的财产并未遗忘，只是因为一直处于行为人占有之下而对其失去控制。而正是因为债权人对标的财产并未遗忘，才会主张权利，希望改变行为人的非法占有关系，行为人拒绝改变非法占有关系。

“拒不”系列罪名具有如下特点：①征表出了行为人非法所有的意图；②属于不移转占有的取得行为；③“拒不”之时就是实行行为的着手之时。所以，“拒不”都是侵占罪。

（6）不过，难以证明的一点就是，普通类型的侵占罪都具有：行为人占有之前，犯罪对象都处于他人占有之下，而“拒不”类型侵占罪的犯罪对象却始终处于行为人占有之下，缺乏“占有脱离”。笔者目前可以找到的解释理由是：

第一，普通类型的侵占罪都是侵犯他人已得财产利益的行为，“拒不”类型的侵占罪都是侵犯他人应得财产利益的行为。如拒不支付劳动报酬罪是侵犯劳动者应得报酬的行为，拒不缴纳税款罪是侵犯国家应得税收收入的行为，“拒不交公型贪污罪”是侵犯国家应得礼物的行为，等等。

第二，普通类型的侵占罪是行为人应当归还而不归还，“拒不”类型的侵占罪是行为人应当给付而不给付。

第三，《刑法》第307条之一虚假诉讼罪规定：“以捏造的事实提起民事诉讼，妨害司法秩序或者严重侵害他人合法权益的，处3年以下有期徒刑、拘役或者管制，并处或者单处罚金；情节严重的，处3年以上7年以下有期徒刑，并处罚金。”“有第1款行为，非法占有他人财产或者逃避合法债务，又构成其他犯罪的，依照处罚较重的规定定罪从重处罚。”笔者认为，“非法占有他人财产或者逃避合法债务”，表明了“非法占有他人财产”与“逃避合法债务”的等价性，这对于解释拒不支付劳动报酬罪等价于侵占罪是极好的支撑理由。立法者对于虚假诉讼罪作如此规定，表明行为人“逃避合法债务”是对他人财产法益的侵害行为。而拒不支付劳动报酬，就是逃避支付劳动者工资这一合法债务的行为，就是“逃避合法债务”。按照双方约定的时间、约定的数额、约定的支付形式等支付劳动者报酬，是劳动合同的主要内容，也是行为人的合同义务，行为人在时间届至后的拒不支付行为，属于合同违约，遂产生了债务清偿的义务。拒不支付，就是逃避合法债务，等价于非法占有劳动者财产。

第四，“拒不”系列罪名是一种不作为的侵占罪类型，这一类型侵占罪的犯罪对象始终处于行为人占有之下，而且行为人不肯改变这种非法的占有事实，触犯了构成要件“拒不退还”“拒不交出”“拒不交公”“拒不缴纳”等。而作为的侵占罪类型，包括“委托物侵占”“脱离物侵占”，则要求犯罪对象开始是处于被害人占有之下，后来才处于行为人占有之下，而且行为人不肯改变这种非法的占有事实，触犯了构成要件“拒不退还”“拒不交出”“拒不交公”“拒不缴纳”等。

顺便提及的是，有的教材认为以转移财产、逃匿等方法逃避支付是以作为方式拒不支付劳动报酬。[1]对此，笔者认为是错误的，因为拒不支付劳动报酬罪的实行行为是纯正不作为，转移财产、逃匿并不是实行行为，“逃避支付”才是实行行为，所以谈论转移财产、逃匿是作为方式毫无意义。因此，“本罪的客观方面表现为一种对劳动报酬支付义务的不作为”[2]。

3. 非法使用窃听、窃照专用器材罪的解构。在此理清一下《刑法》第283条非法生产、销售专用间谍器材、窃听、窃照专用器材罪与第284条非法使用窃听、窃照专用器材罪的关系。

（1）非法使用专用间谍器材的性质。非法使用专用间谍器材，根据行为目的不同，可能触犯多个罪名，如间谍罪，为境外窃取、刺探、收买、非法提供国家秘密、情报罪，组织考试作弊罪，侵犯商业秘密罪，等等。正因如此，刑法典没有单独规定“非法使用专用间谍器材罪”。

（2）非法使用窃听、窃照专用器材罪的设置有无必要？非法使用窃听、窃照专用器材，根据行为目的的不同，可能触犯多个罪名，例如为了考试作弊而使用窃听、窃照专用器材的，会触犯组织考试作弊罪、代替考试罪、非法获取国家秘密罪等罪名；为了窃取商业秘密而使用窃听、窃照专用器材的，会触犯侵犯商业秘密罪；为了间谍目的、危害国家安全目的而使用窃听、窃照专用器材的，会触犯间谍罪等；为了窃取个人隐私、个人信息而使用窃听、窃照专用器材的，会触犯侵犯公民个人信息罪；等等。

例如，2014年6月，小柯报考了全国一级建造师资格考试。9月，小柯在一

---

〔1〕周光权：《刑法各论》，中国人民大学出版社2016年版，第149页。

〔2〕谢望原、赫兴旺主编：《刑法分论》，中国人民大学出版社2016年版，第292页。

名网友的介绍下，购买了一套“作弊神器”。这套“作弊神器”主要由两部分组成：发射器和接收器。其中，接收器就是一块伪装成橡皮样子的接收模块，上面有块显示屏；发射器则是一个像手提箱一样的设备，上面还带有一根天线。9月20日，全国一级建造师资格考试开考。进场前，小柯让女友在考场外面接收卖家发来的答案，然后再通过“作弊神器”转发给他。小柯女友的异常举动引起了巡查人员的怀疑，巡查人员发现，她非法使用无线电设备发送考试答案，于是，将她移送至派出所。在对小柯的考试答案来源进行调查时发现，2014年10月，参加高等教育自学考试的阿凯（化名）和小斌（化名）也购买了考试答案用于作弊。阿凯和小斌都是扬州某学校的学生，阿凯组织同班级的30多名同学，以每门科目考试答案500元的价格，向一名网友购买了3门科目的答案。经江苏省教育考试院认定，阿凯和小斌购买到的3门考试答案与2014年10月国家高等教育自学考试的参考答案一致，这些答案在启用前均为绝密级国家秘密。经侦查，阿凯和小斌购买答案的上线卖家和小柯的上线卖家系江西籍男子符某。11月7日，将符某抓获，后抓获向符某提供考试答案的徐某、“作弊神器”销售商徐某某。据交代，几年前，徐某某建了一个助考QQ群，主要用于交流考试答案、代考等信息。2014年初，徐某某把该群交给徐某。在管理该群期间，徐某看到了“商机”，他决定通过买卖考试答案，从中赚取差价。此后，徐某在群里以每门100元的价格购买成人考试、自学考试等的答案，然后以每门300～500元不等的价格卖出，并通过短信、飞信、QQ等方式发送答案。在把群转让给徐某后，徐某某开始销售与“助考”相关的作弊器材，而符某则是他的中介之一。经鉴定，徐某、符某等人销售的试题答案在启用前均为绝密级国家秘密；徐某某所销售的作弊器材具备通过无线加密发射、隐蔽获取考试答案的功能，属于“暗藏式窃听专用器材”，具有专用间谍器材的技术特征和功能。邗江区法院认为，符某的行为已构成故意泄露国家秘密罪、非法销售间谍专用器材罪；徐某的行为构成故意泄露国家秘密罪；徐某某的行为构成非法销售间谍专用器材罪；阿凯和小斌的行为构成非法获取国家秘密罪。[1]本案中，非法使用窃听、窃照专用器材的阿凯和小斌构成非法获取国家秘密罪，无需处断为非法使用窃听、窃照专用器材罪。

---

〔1〕“扬州首审‘非法销售间谍器材’案”，载 http：//jsnews2. jschina. com. cn/system/2015/08/12/025888167. shtml.

（3）不仅如此，非法使用窃听、窃照专用器材罪设置之后，未解决立法上要求的周延问题——非法使用窃听、窃照专用器材之外的器材的如何处断？笔者认为，就像非法使用枪支、非法使用管制刀具的行为无需立法者设立罪名一样（因为上述行为其实就是杀人罪、伤害罪、聚众斗殴罪等），非法使用窃听、窃照专用器材的行为也无需设置单独罪名。根据行为人非法使用窃听、窃照专用器材的具体情形，按照触犯的其他罪名处断即可。同样，根据行为人非法使用专用间谍器材的具体情形，按照触犯的其他罪名处断即可。使用行为显然是手段行为，而目的行为已经成为其他罪名的实行行为，这样，手段行为就不应该再成为实行行为。

4. 战时残害居民罪的解构。刑法用语不应创造出缺乏类型化与明确性的构成要件或者罪名，如果随意选用词汇，就是失败的类型化。例如，残害、迫害等犯罪就不是新的有价值的犯罪类型，试图建构残害犯罪或者迫害犯罪都是反类型化的。

《刑法》第446条战时残害居民罪的“残害”是什么意思？内涵外延如何？稍早时期有学者认为，“残害”仍然无非是“奸淫”“殴伤”“杀害”〔1〕等犯罪行为。晚近时期有学者认为，“残害”是指对军事行动地区的无辜居民进行伤害、杀伤、放火、奸淫、毁坏财物等残暴行为。〔2〕对上述两种观点，笔者都表示反对。《现代汉语词典》解释“残害”是“伤害或杀害”〔3〕，不涉及财产犯罪，也不涉及性犯罪。这个外延是小于上述刑法学者给出的“残害”外延的。“残害”不是新的犯罪类型，只是特别强调了犯罪的情节、手段而已。现行刑法典建构出来的战时残害居民罪的“残害无辜居民”，是一个反类型化的尝试，不仅得不到类型化，反倒失去了罪刑法定原则要求的明确性。我们不可能知道当初立法之时，立法者心中的战时残害居民罪的“残害”，是不是并非简单的“奸淫”“杀害”“伤害”？我们也不可能知道，立法者心中的战时残害居民罪的“残害”，是不是特指《唐律·贼盗·残害死尸》中的“残害”——肢解、焚烧、割绝、弃尸水中？战时残害居民罪的“残害”，是不是必须“残忍”“残酷”“凶残”“残虐”“反人道”“惨无人道”？犯罪行为人如果只是枪杀、活埋无辜居民是不

---

〔1〕周其华、何苏民等：《刑法补充规定使用》，中国检察出版社1995年版，第161页。

〔2〕高铭暄、马克昌主编：《刑法学》，北京大学出版社、高等教育出版社2010年版，第781页。张明楷：《刑法学》，法律出版社2011年版，第1131页。

〔3〕《现代汉语词典》，商务印书馆2012年版，第124页。

是属于构成要件的“残害”？

从惩治战争犯罪的历史看，二战结束后，远东国际军事法庭审判的日本战犯松井石根因为“没有设法制止残害战俘与和平居民”[1]被判有罪，涉及的无非是杀人、伤害、强奸、虐待等犯罪类型。纽伦堡国际军事法庭审判的德国战犯涉及“杀害和虐待战俘”“杀害和虐待平民”[2]，法庭并未使用“残害”进行评价，如被告人弗兰克曾经担任波兰占领区总督，在波兰实行恐怖主义，对波兰进行经济榨取，把波兰人输送到德国作为奴隶性劳工等，其罪行被表述为：违警罪简易法庭命令“公开枪杀波兰人”“普遍枪杀人质”“实施犹太人杀害犹太人的计划”[3]等。两个国际军事法庭的用语选择虽然不尽相同，但是指向的罪行应该是相同的。可见，“残害”只是在表达一种犯罪的“量”或者反映裁判者的情感，而其犯罪的“质”或者“犯罪的类型”与“杀害”“杀人”“伤害”没有什么不同。

所以，违背“残害”的基本语义，随意扩张其外延，弊端良多。根据上述有限的历史文献的用语，笔者以为，“残害”只能包括伤害、杀人和虐待，而不能包括放火、奸淫、毁坏财物等行为，否则，“残害”是什么就是模糊的，是不可能被把握和被描述的，当然就不可能被规范地进行评价，不可能成为一个刑法所能够解决的问题。2013 年最高检和解放军总政治部颁布实施的《军人违反职责罪案件立案标准的规定》中，把“强奸无辜居民”和“故意损毁无辜居民财物”规定为战时残害居民罪的情形，与残害一词具有的“伤害或杀害”这一基本语义相左。《军人违反职责罪案件立案标准的规定》以及有的学者的错误解读，其根源在于对于“残害”的类型化错误。有学者认为，“军人战时在军事行动地区杀害无辜居民的，一般情况下只是处 5 年以下有期徒刑”，“究其原因……军人在战场上非常容易产生恐慌、焦虑心理，当军人的自我保全感与军人的政治信念、纪律约束等发生冲突时，前者往往占了上风。此种情况下，不管是行为的

[1]［苏］米·尤·拉金斯基、［苏］斯·雅·罗森布立特：《日本首要战犯的国际审判》，萨大为、李世楷、方蔼如、王庶译，世界知识出版社 1955 年版，第 233 页。

[2]《国际军事法庭审判德国首要战犯判决书》，汤宗舜等译，世界知识出版社 1954 年版，第 74、79 页。

[3]《国际军事法庭审判德国首要战犯判决书》，汤宗舜等译，世界知识出版社 1954 年版，第 164～167 页。

违法性还是有责性都大大降低，再在刑法上对之苛责，荒谬之处毋庸置言”〔1〕。这段缺乏刑法基本常识的话令人不敢苟同。论者的错误之所以如此明显，是因为把杀人等类型置于战时残害居民罪中的基本犯中，而实际上，该罪法定刑的限制使得只应该把杀人置于“情节特别严重”这一情节加重犯之中。同时，战时残害居民罪这个罪名的设置令人以为这是一个新的犯罪类型，也可能会误导学者的判断。

类似的用语还有1981年《惩治军人违反职责罪暂行条例》的虐待、迫害部属罪中的“迫害”一词。这个词语除了带有史上政治运动的遗迹外，更不妥的是，让人难以把握到底什么是“迫害”。好在现行《刑法》中的第443条虐待部属罪的构成要件已经删掉了“迫害”。即便是“虐待”这个比较规范化、类型化的构成要件，也有进一步类型化的空间。

虐待被监管人这一犯罪，古已有之。近代以来的立法实践，似乎在不断摸索如何描述这一古老的犯罪类型。1907年《大清刑律草案》第143条规定：“凡行裁判或检查、警察、监狱、其余行政之职务，或为补助者，当行其职务时，对于被告人、嫌疑人或关系人为暴行或凌虐之行为者，处三等以下有期徒刑。”〔2〕1910年《修正刑律草案》第147条规定：“凡膺审判、检察、警察、监狱及其余行政之职务，或为其佐理者，当行其职务时，对于被告人、嫌疑人或关系人有暴行、凌虐之行为者，处三等至五等有期徒刑。”〔3〕1911年《钦定大清刑律》第144条规定：“审判或检察、巡警、监狱及其他行政官员或其佐理当执行公务时，对被告人、嫌疑人或关系人有强暴、凌虐之行为者，处三等至五等有期徒刑。”〔4〕这是试图以暴行、强暴、凌虐等来描述这一古老的犯罪类型。

中华人民共和国成立后，1979年《刑法》使用的是“体罚虐待”一词。及至现行1997年《刑法》，使用的是“殴打或者体罚虐待”一词。我国台湾地区“刑法”使用的是“凌虐”一词。不管如何，以上所有的立法例，都在有意无意地回避“伤害”一词。笔者认为，无论是暴行、凌虐、强暴、殴打、体罚、虐待，还是唐律中的“殴伤”，“打人”和“伤害”这两个现代汉语常用的词语始

---

〔1〕冉巨火：“论法条竞合与想象竞合的区分及其适用原则——兼论军职罪中封闭的特权条款”，载《法学杂志》2016年第4期。

〔2〕高汉成主编：《〈大清新刑律〉立法资料汇编》，社会科学文献出版社2013年版，第87页。

〔3〕高汉成主编：《〈大清新刑律〉立法资料汇编》，社会科学文献出版社2013年版，第517页。

〔4〕高汉成主编：《〈大清新刑律〉立法资料汇编》，社会科学文献出版社2013年版，第737页。

终是绕不过去的。历次的立法者们，无一不是想把虐待被监管人这一犯罪中的殴打、体罚、暴行、折磨、凌虐等与"打人""伤害"区别开来，可是，公众脑海中最容易浮现出来的还是"打人"和"伤害"。所以，这些努力似乎是徒劳的，倒不如直接扩大"伤害"的外延，把所有的、不分轻重的"打人"都算成"伤害"，把治安法中的"轻微伤"也算成"伤害"，再根据不同结果分别规定法定刑。当然，现行刑法的"虐待"除了"打人"，还包括诸如冻、饿、晒、烤、熏、泡、蒸、累、烫、刺、扎、吊、闷、挤、压、照明、噪声、电击、抚摸、挠痒等极为多样化的犯罪行为，这是另一个问题了。

《刑法》第446条战时残害居民罪、战时掠夺居民财产罪中的"无辜居民"，与生活语言距离较大。一般而言，战时在军事行动地区涉及的对象一种是武装人员，一种是平民，所以，笔者揣测，"无辜居民"应该指的就是不参战的平民。立法者为何不使用"平民"或者"无辜平民"？同时，使用"残害"这个普通用语，导致难以规范评价"残害"指的是何种犯罪行为，是杀害、伤害、虐待、殴打？如果这种残害是杀害，就是杀人罪。如果这种残害是伤害，就是伤害罪。如果这种残害是虐待，就是暴行罪（现行刑法暂时没有此罪名）或者虐待平民罪（现行刑法暂时没有此罪名）。如果这种残害是性暴力，就是强奸罪、强制猥亵侮辱罪等。如果这种残害是有官方背景的大规模的人道主义犯罪行为，就是反人类罪。总之，战时残害居民罪不应该成为一个独立的罪名，根据行为的具体情形处断为杀人罪、伤害罪、强奸罪、强制猥亵侮辱罪等即可。

二、类型化视野下罪名解构的路径

解构就是建构，解构一个旧的罪名，意味着创生出一个新的罪名[1]，所以，罪名解构就是罪名建构。这种建构的基本路径有两个。一是减少具体罪名的构成要件的数量，以增强罪名的涵摄力、扩大罪名的规制范围。这是在构成要件数量上做减法。二是使用更为概括性、抽象性的刑法用语、语言外壳，把下位构成要件替换为上位构成要件。这是在构成要件内涵上做减法。1997年《刑法》至今，历次修正案总有增强罪名涵摄力的实例。这既是刑法解释学，也是刑法技术学、刑法语言学和刑法逻辑学。无论是哪一种减法，其实质都是围绕危害行为对上位罪名的建构，这就是刑法分则的类型化。

〔1〕 新的罪名也许是新增设的，也许是内涵、外延改变了的原有罪名（如违法发放贷款罪）。

以《刑法》第111条为境外窃取、刺探、收买、非法提供国家秘密、情报为例。《反间谍法》已经明确把为境外窃取、刺探、收买、非法提供国家秘密、情报的行为定性为“间谍行为”，这不仅符合间谍的原始语意，也符合立法历史，回归了立法传统，所以是完全正确的。因此，现在问题的症结，一是现行刑法对于间谍罪的规定显得不合时宜，必须修改；二是对于所有“间谍行为”的整合与构成要件的重构。固守现行《刑法》第110条间谍罪的构成要件是不能实现这种整合和重构的。要实现这种整合和重构，从立法技术和刑法用语上，一是应该减少、删除现存的一些构成要件——如第110条中的“为敌人”与第111条中的“为境外”——才能达到效果，这是在构成要件数量上做减法，是减少构成要件的数量。二是把过于具体的构成要件改成涵摄力大的构成要件，如把“指示轰击目标”改成“提供、传递国家秘密、情报”，因为“轰击目标”实际是一种具体的秘密、情报，“指示”实际是一种“提供”或者“传递”的具体方式。缩小一个具体构成要件的内涵才能扩大这一具体构成要件的外延，这是在构成要件内涵上做减法，是缩小构成要件的内涵。

除此之外，还可以运用一些刑法原理如共犯原理对旧的罪名进行解构，以实现罪名类型化目标。

（一）罪名解构的路径之一：减少构成要件数量

通过直接减少构成要件数量，以扩张某罪名的规制范围，更大范围地保护法益。包括：舍弃、去掉主观要件中的犯罪目的、犯罪动机；舍弃、去掉客观要件中的犯罪时间、犯罪地点；舍弃具体行为方式；等等。

1. 不再规定犯罪目的。目的犯是刑法分则所有罪名中数量颇大的一类。据学者研究和统计，截至2004年，刑法明文规定的目的犯数量大约是19个。[1]而如果加上隐含的目的犯和所谓的“非法定的目的犯”，数量就更多了。例如财产犯罪中的取得罪包括盗窃罪、抢夺罪、侵占罪、敲诈勒索罪、诈骗罪等都是目的犯——具有非法所有目的或者取得意图。所以，以非法使用为目的的“使用盗窃”就不构成现行刑法的盗窃罪。删去主观目的这一构成要件，就能够扩大罪名的规制范围，实现一定程度上的类型化，例如，把“使用盗窃”与盗窃罪整合为一个犯罪类型，就可以通过删除犯罪目的的方法来实现。今后，无论行为人是

---

〔1〕陈兴良：“目的犯的法理探究”，载陈兴良：《当代中国刑法新径路》，中国人民大学出版社2006年版，第381页以下。

以永久占有目的非法占有他人财物，还是以一时占有目的非法占有他人财物，都构成盗窃罪。通过不再规定犯罪主观目的，直接减少了一个构成要件，达到了扩张某罪名的规制范围的效应。这是一种常用的立法技术。

从罪刑法定原则角度看，隐含的目的犯和所谓“非法定的目的”犯当然应该法定化、成文化，这是人权保障的基本要求，也是法律主义的基本要求。但是同时，任何立法者和司法者绝对不会单纯强调人权保障，在日益复杂的犯罪态势面前，如何尽可能地追诉犯罪、维护社会治安，在隐含的目的犯和所谓的“非法定的目的犯”上面，可能就会出现一个现象——把作为构成要件的目的置之不理。笔者认为，如果目的已经是一个罪名中明确存在的构成要件，就不应该置之不理，而应该走立法之路，通过正当的立法程序删掉目的，以便达到最大限度追诉犯罪、保护法益的效应。

“目的犯理论的提出和发展是类型思维的产物。”[1]刑法学者对于目的犯的研究主要就是类型化的研究。例如，《刑法》第345条非法收购盗伐、滥伐的林木罪，将原有“在林区”“以牟利为目的”两个构成要件删去，该罪变成了非法收购、运输盗伐、滥伐的林木罪，涵摄力变大。第187条把原有“以牟利为目的”删去，该罪变成了吸收客户资金不入账罪，涵摄力变大。由于原有的罪状中有“将资金用于非法拆借、发放贷款”，现在尽管这个罪状已经被删除，但是行为人吸收资金不入账一定具有非法使用的目的，因此，第187条是一种特殊的挪用罪。

2. 不再规定犯罪动机。《刑法》第276条破坏生产经营罪中的“由于泄愤报复或者其他个人目的”实际上是犯罪动机，是行为人实施危害行为的内心起因，先有内心起因，后有危害行为，最终达到侵害他人财产权的目的。如果去掉“由于泄愤报复或者其他个人目的”，虽然实质上并不影响本罪的涵摄范围、规制范围，但是至少在形式上是扩大了打击范围的。所以，不再规定“由于泄愤报复或者其他个人目的”这个犯罪动机，无论是基于个人目的还是公共目的，只要是实施了破坏生产经营行为的，都构成本罪。

3. 不再规定犯罪地点。舍弃犯罪地点，减少一个客观方面的构成要件，以增强罪名涵摄力。典型例证是修正前的第345条第3款中的“在林区”。《刑法修正案（四）》直接将“在林区”删掉，舍弃了构成要件中的犯罪地点，罪名成为

---

〔1〕 欧阳本祺：“类型思维下的目的犯——真正非法定目的犯概念之提倡”，载《华东政法大学学报》2007年第4期。

非法收购、运输盗伐、滥伐的林木罪，比起修正前，涵摄力增强。再如，《刑法》第444条遗弃伤病军人罪，构成要件“在战场上”就是犯罪地点，如果行为人不是在战场上遗弃伤病军人，而是在战场外遗弃，就不构成本罪。笔者以为，把“在战场上”改为“战时”能够更好地保护法益，涵摄力更强。

需要注意的是，《刑法》第250条出版歧视、侮辱少数民族作品罪中的“在出版物中刊载歧视、侮辱少数民族的内容”一句，“在出版物中”并非犯罪地点。最高人民法院确定罪名是把法条的“在出版物中刊载”直接转换成了罪名的“出版”。那么，反过来，根据出版歧视、侮辱少数民族作品罪这个罪名，可以调整目前罪状的语言表述方式，不如把罪状直接改为“出版歧视、侮辱少数民族的作品，情节恶劣，造成严重后果的”，或者“出版刊载歧视、侮辱少数民族内容的作品，情节恶劣，造成严重后果的”。因为，“在出版物中刊载”就是“出版”。

4. 不再规定犯罪时间。不再规定犯罪时间，把犯罪时间从构成要件中去掉，同样能够增强罪名的涵摄力。例如，军职罪一章中的“战时”，是许多罪名的构成要件。战时造谣惑众罪、战时自伤罪、战时违抗命令罪（战时违抗军令罪）等，都有这一构成要件。如果不再规定犯罪时间“战时”，罪名的涵摄力会大大增强。

顺便提及，比较而言，军职罪一章中，“在战场上”是犯罪地点，“战时”是犯罪时间，“在战场上”发生的犯罪行为肯定是能够解释为“战时”的，而反过来，“战时”发生的犯罪行为却不一定能够解释为“在战场上”，“战时”发生的犯罪行为也可能发生在战场之外，发生在后方，所以，“战时”外延更大，完全可以涵摄“在战场上”。也可以从另一种形式逻辑的角度来确定两者的关系：“战时”分为“战时在战场上”和“战时在战场外”；而“在战场上”只有“战时在战场上”的情形，却不可能具有“非战时在战场上”的情形，因为“在战场上”本身具有“战时”的内涵。这样的话，“在战场上”内涵大外延就小，“战时”内涵小外延就大，“战时”是“在战场上”的上位构成要件。

同时，《刑法》第446条战时残害居民、掠夺居民财物罪中的“在军事行动地区”也是犯罪地点。“军事行动地区”外延大于“战场上”。笔者认为，“战时”与“军事行动地区”是交叉关系，因为“军事行动”包括联演、维和、反恐、护航、救援[1]，当然还包括作战。“军事行动地区”包括战时的“军事行

〔1〕国防部网站“军事行动”栏目。

动地区”和平时的“军事行动地区”。“战时”包括战时的“军事行动地区”和战时的非“军事行动地区”。“战时”可以涵摄“战场上”。“军事行动地区”包括非战场的军事行动地区和战场的军事行动地区，所以，“军事行动地区”同样可以涵摄“战场上”。

5. 不再规定具体行为方式。不再规定具体行为方式，而是使用“违规”或者“违法”等抽象的行为表述方式，这实际上是扩大了罪状的指称范围，表面上看，罪名“纹丝不动”，实则解构了原有罪名，重构了一个新罪名。例如，《刑法》第337条妨害动植物防疫、检疫罪，原有的“逃避动植物检疫”这一不作为方式被删除，构成要件的行为变为“违反有关动植物防疫、检疫的国家规定，引起重大动植物疫情……”把原有的不作为行为的具体方式去除之后，作为、不作为皆可，大大增强了本罪的涵摄力。当然，本罪还增加了“违反动植物防疫的国家规定”，变成“违反有关动植物防疫、检疫的国家规定”，而原来只有“违反进出境动植物防疫法的规定”，这当然也会扩大打击范围。

（二）罪名解构的路径之二：缩小构成要件的内涵

这包括两大类，一类是改变刑法用语、缩小构成要件用语的内涵，以增强构成要件涵摄力；一类是不改变刑法用语，同样缩小构成要件用语的内涵，以增强构成要件涵摄力。

1. 改变刑法用语。改变刑法用语以增强构成要件涵摄力，这是缩小构成要件的内涵以增强构成要件涵摄力的主要表现形式。具体说来，有下列几种情形：

第一种情形，改变形容词或者形容词 + 名词。

例如，2002年《刑法修正案（四）》对第344条进行了修改，把非法采伐、毁坏珍贵树木罪改为非法采伐、毁坏国家重点保护植物罪。从“珍贵树木”变为“重点保护植物”，改变了刑法用语，缩小构成要件的内涵，相应就扩大了构成要件的外延，增强了罪名的涵摄力。因为，“重点保护植物”不仅包括珍贵的植物，还包括不珍贵的植物，只要是受到重点保护的植物即可，这主要是指具有历史意义、纪念意义、文化意义的不珍贵植物等。

再如，2001年《刑法修正案（二）》对第342条非法占用耕地罪进行了修改，把“耕地”改为了“耕地、林地等农用地”，构成要件从“耕地”改为“农用地”，增强了犯罪对象这一构成要件涵摄力，扩大了本罪的规制范围。今后，仍可以循此路径进一步把“农用地”扩张为“农牧用地”“农林牧用地”，乃至扩张为“农林牧渔用地与水面”等，以便加强对土地资源、水面资源的保护。增强构成要件涵摄力是一个动态的立法行为，这个过程可以逐步实现某一具体犯罪构成要件“高度类型化”的目标，还可以实现多个具体罪名合成的某一犯罪类型“高度类型化”的目标。

再如，把限定范围较小的定语改成限定范围较大的定语以增强构成要件涵摄力。例如，现行《刑法》第316条第2款劫夺被押解人员罪与日本刑法的夺取被羁押者罪的区别。现行刑法中的被押解人员限定为“押解途中的罪犯、被告人、犯罪嫌疑人”，假如把“押解途中的”改成限定范围较大的定语“押解途中或狱中的”，就成为日本刑法的夺取被羁押者罪。劫夺被押解人员罪涉及的是狱外的被押解人员，聚众持械劫狱罪涉及的是狱中的被押解人员。所以，劫夺被押解人员罪和聚众持械劫狱罪两个罪名完全可以合并为一个罪名、一个涵摄力更大的罪名，我国刑法历史上叫做“劫囚”，日本刑法上叫做夺取被羁押者罪，笔者称之为“劫狱罪”，这里是把“狱”外延扩大，包括有形的狱和无形的狱，有形的狱指的是高墙、电网、狱警和武警所看守的监狱或者看守所等情形，无形的狱指的是没有高墙电网但是有人员、警车、押送车、警械戒具所看守的情形。

顺便提及，司法实践中，“劫夺被押解人员”的范围似乎逐渐在扩大，这不利于保障人权。例如，随意解释“劫夺”，把犯罪嫌疑人亲属妨害公务行为（简单的暴力）、阻挠押解、推搡执法者等皆视为“劫夺”，或者把只是处于押解起点（一般是犯罪嫌疑人住所地、工作地、藏身地等）的嫌疑人解释为“押解途中的罪犯、被告人、犯罪嫌疑人”。立法者规制“劫夺押解途中的罪犯、被告人、犯罪嫌疑人”，并将之作为重罪处理，就是因为“押解途中”意味着已经处于国家强制力完全控制之下，而在押解起点发生的双方的争夺、拉扯行为，其社会危害性尚不足以被评价为性质更严重的劫夺被押解人员罪，尤其是嫌疑人亲属对抗司法机关不使嫌疑人被带走的暴力阻挠行为，一般情况下只能被评价为妨害公务罪。

“押解途中”可不可以换为“押解中”？笔者认为，“押解中”的涵摄力高于“押解途中”。“押解途中”必须是踏上路途、踏上押解之路的意思，假如尚未出发，只是在起点实施的夺取行为，恐怕难以解释为“押解途中”。同样，劫法场的行为，劫夺死刑犯的场合，根据现行刑法，解释为劫夺“押解途中”的劫夺被押解人员罪不太合适，因为法场毕竟已经不是“押解途中”，而是已经抵达押解的终点了。如果解释为聚众持械劫狱罪，不谈聚众和持械，单说法场或者死刑执行之处（枪决一般不在狱中进行）是不是能够解释为“狱”就是个大问题。笔者认为，监狱之外的行刑场所不是“狱”。那么，劫夺被押解人员罪和聚众持械劫狱罪都无法规制劫法场的行为、劫夺死刑犯的场合。这是立法本身的疏漏。要解决这个问题，只要把“押解途中”这个修饰“罪犯、被告人、犯罪嫌疑人”的定语去掉就可以了。

还要注意，确定罪名“劫夺被押解人员罪”的表述未至尽善。在现代汉语中，“押解”意思是“押送犯人或俘虏”〔1〕。被押解人员，除了罪犯、被告人、犯罪嫌疑人，理论上还包括俘虏，因此，“劫夺被押解人员罪”中使用“被押解人员”这个上位概念用来指称下位的事物——罪犯、被告人、犯罪嫌疑人，不是很妥当的用法。

不仅如此，“解”是“解送”，是“押送（财物或犯人）”。〔2〕“解”，发也。〔3〕也就是发送的意思，“解送”“拔解”“解发”“解额”等词汇来自于古代的选举制度。所以，“押解”就是“押送”“押运”的意思，指的是使用武力进行运送，当今银行运钞或者军事领域也有“武装押运”“融信押运”等用法。至于行为对象是运送人员还是财物，都是可以使用“押解”这一词语的。现代汉语词典的解释，其外延是大于刑法典的。也就是说，刑法用语在使用现代汉语词汇的时候，有时会缩小其规制范围，但这并不能使得刑法典的“押解”成为一个规范用语或者专门用语，它仍然是一个普通用语。不过，从目前的语用来看，似乎押运钱款或者物品的，使用“押运”较为多见；而押运人员的，使用“押解”较为多见。如新闻报道“打击跨境电信网络诈骗犯罪44名嫌疑人从马来西亚押解回国”〔4〕等。

再如，《刑法》第253条之一侵犯公民个人信息罪的构成要件，从“国家机关或者金融、电信、交通、教育、医疗等单位的工作人员将在履行职责或者提供服务过程中获得的公民个人信息”修改为“将在履行职责或者提供服务过程中获得的公民个人信息”，把能够获得公民个人信息的具体单位全部删去，实际上是把犯罪主体的限定语（形容词）——“国家机关或者金融、电信、交通、教育、医疗等单位的”——删去了，缩小了犯罪主体这一构成要件的内涵。

第二种情形，改变动词。

---

〔1〕《现代汉语词典》（汉英双语），外语教学与研究出版社2002年版，第2193页。

〔2〕《现代汉语词典》（汉英双语），外语教学与研究出版社2002年版，第1002页。

〔3〕《康熙字典》，上海辞书出版社2008年版，第1117页。

〔4〕中央电视台2017年8月25日《新闻30分》。

改变动词，把相对具体的动词改成相对抽象的动词以增强构成要件涵摄力。相对抽象、相对不明确的动词，有危害、侵犯、破坏、妨害等。众所周知，侵犯人身权利罪、侵犯民主权利罪、性侵犯（这是犯罪学或者新闻报道更经常使用的）、危害国家安全罪、危害公共安全罪、危害国防利益罪，等等，都是某一章或者某一节的称谓。假如立法或者修法的时候把危害、侵犯、妨害等动词用于某个具体罪名，必定造成该罪名构成要件仍然需要进一步明确，侵犯公民个人信息罪就是个典型例证。危害、侵犯、妨害、破坏等词语具有高度概括性、模糊性，具体罪名中应该慎用。例如，《刑法》第306条辩护人、诉讼代理人妨害作证罪，罪状是“威胁、引诱证人违背事实改变证言或者作伪证”，这个罪状完全可以定性为“辩护人、诉讼代理人伪证罪（单独教唆犯）”或者称为“辩护人、诉讼代理人教唆伪证罪”，无须使用“妨害”这一模糊度较高的动词。再如，出售、非法提供公民个人信息罪和非法获取公民个人信息罪两个罪名的废除路径是通过“侵犯”公民个人信息来涵摄“出售”“提供”“获取”，是替换动词的方法。当然，也有相反的操作，如第350条第2款制造毒品罪的共犯，“提供”改为了现在的“生产、买卖、运输”。

改变动词，把涵摄力小的动词改成涵摄力大的动词。两种都是相对具体的动词。例如，现行刑法的间谍罪有“为敌人指示轰击目标”，其涵摄力就不如新中国刑法史上的“为敌人指示攻击目标”。因为，现代汉语中的“轰击”是不可能包括手枪、步枪的射击的，一般指的是飞机、大炮、舰船、导弹等的射击。所以，如果想增大间谍罪的涵摄力，就可以把“为敌人指示轰击目标”改回我国刑法史上的“为敌人指示攻击目标”。

第三种情形，直接去掉定语、状语等限定性词语以增强构成要件涵摄力。包括两类。

一类是去掉状语。诸如：为亲友、为关系人、在林区、为敌人、为境外，等等。有的已经成为刑事立法实际，如违法为关系人发放贷款罪中的为关系人，非法收购、运输盗伐、滥伐的林木罪中的在林区。有的则是可能的修改方向，如为亲友非法牟利罪中的为亲友，间谍罪中的为敌人，为境外窃取、刺探、收买、非法提供国家秘密、情报罪中的为境外，等等。也有学者把这些状语转化为构成要件中的主观要件[1]，笔者表示赞同。在已经被废除的罪名中，违法为关系人发放贷款罪的

〔1〕陈兴良：“目的犯的法理探究”，载陈兴良：《当代中国刑法新径路》，中国人民大学出版社2006年版，第382页。

废除路径是把“为关系人”这个状语去掉了，也就是减少了一个构成要件。

一类是去掉定语。例如，嫖宿幼女罪的废除，其机理是把“不良幼女”的限制性定语“不良”去掉，从而把一切与不满14周岁的幼女发生性关系的行为都作为强奸罪，也就是强奸罪的犯罪对象的扩张。再如，《刑法修正案（七）》把第337条中的“违反进出境动植物检疫法的规定”改为“违反有关动植物防疫、检疫的国家规定”，直接去掉“进出境”这个定语，大大扩张了本罪名的成立范围——不再限定为是进出境动植物检疫，而是包括任何违反动植物检疫、防疫规定的情形。例如，2017年10月10日，广西横县法院立案受理首例妨害动植物防疫、检疫案。2016年7月26日，被告人苏某某与刘某某、覃某某到江苏省徐州市丰县购进233只未经检疫的山羊，三人在未办理相关审批手续的情况下将山羊运至横县马岭镇苏某某经营的广西某山羊有限公司进行养殖。在养殖过程中发生重大动物疫病，截至2016年8月16日，共死亡130只山羊。经抽样送中国动物卫生与流行病学中心检验，确认引起疫病的是小反刍兽疫。经广西壮族自治区重大动物疫病防治指挥部办公室认定，该疫情为II级重大疫情。2016年8月20日，横县动物卫生监督所对余下染疫的山羊进行了无害化处理。公诉机关认为，被告人苏某某违反国家有关动植物防疫、检疫的规定，引起重大动物疫情，其行为触犯了《刑法》第337条第1款，应当以妨害动植物防疫、检疫罪追究其刑事责任。[1]顺便提及，在《刑法修正案（七）》之前，确定罪名是“逃避动植物检疫罪”，现在则是“妨害动植物防疫、检疫罪”。笔者认为，修正前的罪名应该是“逃避进出境动植物检疫罪”而不是“逃避动植物检疫罪”。

第四种情形，改变名词。

改变名词，对动词宾语（犯罪对象）或者动作的发出者（犯罪主体）等进行合并、抽象，以增强构成要件涵摄力，可以看作是立法者对名词性构成要件的“提档升级”。把《刑法》第237条强制猥亵、侮辱妇女罪改为强制猥亵、侮辱罪，不再把犯罪对象限定为妇女，就是把妇女改为他人。这一修改明显增强了该罪名的涵摄力。如果把现行《刑法》中的第240条拐卖妇女、儿童罪改回1979年《刑法》的拐卖人口罪，同样也会增强罪名的涵摄力，其实就是把妇女、儿童改为他人（人口）。把犯罪对象外延进行扩张，能够合并的合并，暂时不能合

〔1〕“横县首例涉嫌妨害动植物防疫、检疫罪被公诉”，载广西法院网，http://gxfy.chinacourt.org/article/detail/2017/10/id/3014926.shtml.

并的就概括。

再如，2001 年《刑法修正案（三）》，把第 125 条第 2 款非法买卖、运输核材料罪，改为了非法制造、买卖、运输、储存危险物质罪。从核材料到危险物质，是从一个非常具体而明确的构成要件“核材料”变成一个高度抽象的构成要件“危险物质”，立法者的意图就是为了扩大打击范围，希望尽可能多地涵摄一类犯罪现象。这种涵摄力思维是非常科学的，也是对此前罪名设置过于细化的纠偏。当然，废除了下位构成要件——核材料，使用了上位构成要件——危险物质，随之而来的课题就是“危险物质”的界定与厘清。

再如，《刑法》第 152 条走私废物罪，在 2002 年的《刑法修正案（四）》之前，只处罚“逃避海关监管将境外固体废物运输进境”，现在则扩大到了“逃避海关监管将境外固体废物、液态废物和气态废物运输进境”，实际上是把下位构成要件的“固体废物”改为了“废物”。

再如，《刑法》第 350 条非法生产、买卖、运输制毒物品、走私制毒物品罪。修改前，使用的是“数量大的”（这是罪状），修改后为“情节较重”（这是罪状）、“情节严重”（法定刑升格的条件）和“情节特别严重”（法定刑升格的条件），把“数量大”这一构成要件改为了“情节较重”，很明显，修改后构成要件的涵摄力大于修改前，缩小了概念的内涵，更有利于对此犯罪的规制和打击。“情节较重”属于上位构成要件，而“数量大”“后果严重”等，则属于下位构成要件。同时要注意，有的法条中的“情节较重”不属于构成要件，而只是法定刑升格的条件，此时就不应称之为上位构成要件。

再如，修正前的重大责任事故罪中的“工厂、矿山、林场、建筑企业”，是典型的下位构成要件。相对于“工厂、矿山、林场、建筑企业”而言，“企业、事业单位”或者“用人单位”就是上位构成要件。如今，“工厂、矿山、林场、建筑企业”改为了“在生产作业中”，实际上是不再列举具体的生产、作业场所，把下位构成要件改为了上位构成要件，这是很正确的。《刑法》第 338 条污染环境罪中的“向土地、大气、水体排放、倾倒或者处置”被删除，实际上是不再列举具体的被污染对象或者被污染环境，也就是废除下位构成要件，改变名词性质的构成要件。

2. 不改变刑法用语。不改变刑法用语以增强构成要件涵摄力，实质上是缩小内涵、扩大外延，增强构成要件所使用的语词的涵摄力，这就是所谓的“词语新释”“语词新释”。这当然需要结合历史解释方法，尊重刑法用语与构成要件的历史基础，不可武断划一。

在生活领域，存在着不改变刑法用语却缩小词语涵摄力的情形。例如，营业员、售货员、服务员、销售员这一类术语，在改革开放前，是涵摄了“收钱”“收银”工作内容的，也就是，一个商店或者小卖部的营业员、售货员不仅向顾客卖货，还要从顾客那里收款，售货和收钱是一个人完成。改革开放后，南风劲吹，“收银员”也逐渐引进、推广，成为现代汉语新词汇，于是“收银员”这一岗位逐渐从营业员、售货员中独立出来。现在，实体店铺的营业员、售货员、销售员等岗位与收银员大多已经是两个岗位，属于并列关系。这只需要看看现在商业企业的招聘广告就知道，售货员、收银员、理货员、防损员等岗位都是独立的。现在的营业员、售货员已经基本不可能“贪污营业款”了。营业员、售货员名称未变，但是内涵外延变了。

在构成要件中，学者们经常使用扩大解释方法，有意缩小某一构成要件的内涵，赋予该构成要件以更大的外延，达到入罪目的。这就是表面上不改变刑法用语，维持刑法文本的稳定性而“悄悄地”改变了罪名、构成要件，改变了罪名、构成要件的指称范围，实际是解构了构成要件，也就是实质上解构了罪名。

例如，快递业的高速发展，使得社会生活逐渐变化，通过快递发送违禁品的现象也不少，因此，《刑法》第 125 条中的非法邮寄枪支、弹药、爆炸物罪中的“邮寄”，就应该结合当今的社会事实，解释为不仅限于“邮政寄递”“中国邮政寄递”，也应包括非邮政渠道的“快递”“快运”。

再如，在不改变“强奸”这一刑法用语的情况下，即可解构嫖宿幼女罪、奸淫幼女罪等罪名。嫖宿幼女罪的废除路径是把“嫖宿幼女”类型化为“强奸”，是依靠着动词“强奸”的涵摄力的增强。奸淫幼女罪的废除路径是把“奸淫幼女”类型化为“强奸”，也是依靠着动词“强奸”的涵摄力的增强。这些都是在不改变动词“强奸”的基础上来实现的。把并未使用暴力手段的“嫖宿幼女”“奸淫幼女”类型化为“强奸”，肯定需要实质解释“强奸”。可以说，现在的强奸罪已经不是原来的强奸罪，强奸罪的涵摄范围“悄悄地”扩大了。

同样，在不改变“强制猥亵”这一刑法用语的情况下，即可解构猥亵儿童等罪名。既然奸淫幼女的行为现在已经都按照强奸罪处断了，那么，猥亵儿童的行为现在也可以按照强制猥亵、侮辱罪处断，《刑法》第 237 条第 2 款猥亵儿童罪这个罪名完全可以被废除、被解构。这是因为，刑法中的猥亵儿童，其本质就是强制猥亵儿童，是符合强制猥亵、侮辱罪的构成要件的。可是为什么现存的罪名是强奸罪，强制猥亵、侮辱罪，猥亵儿童罪三个，而不是强奸罪，强制猥亵、侮辱罪两个？其实，众所周知，奸淫幼女的行为最初是构成奸淫幼女罪的，后来才被废除，一律处断为强奸罪，这经历了一个过程。而强制猥亵、侮辱罪在《刑法修正案（九）》之前是强制猥亵、侮辱妇女罪，那时猥亵儿童的行为与强制猥亵、侮辱妇女罪毫无交叉。现在则不同了，猥亵儿童的行为现在也可以按照强制猥亵、侮辱罪处断。即便第237条第1款仍然保留了“侮辱妇女”，但是第237条第1款“强制猥亵他人”这个表述已经足以涵摄“猥亵儿童”。

现行刑法的猥亵都指的是强制猥亵，所以强制猥亵是强制猥亵，猥亵也是强制猥亵。在刑法学特定语境下，“强制猥亵”竟然涵摄了“猥亵”。这当然是通常的形式逻辑无法解释的。根据通常的形式逻辑，根据现代汉语的基本知识，“猥亵”这一行为可以分为强制猥亵和非强制猥亵（公然猥亵），前者是犯罪行为，后者是一般违法行为，所以，“猥亵”肯定是涵摄“强制猥亵”的。但是，刑法学语境和刑法学知识体系下的结论正好相反——“强制猥亵”涵摄了“猥亵”。

当然，在不改变刑法用语语言外壳的情形下重释刑法用语，以增强构成要件涵摄力，有时是会“冒犯”语词的，有时得出的结论是难以令人接受的。曾经有学者把组织卖淫罪中的“卖淫”重新解释，试图通过这种努力来规制同性卖淫等现象，这种不改变刑法用语以增强构成要件涵摄力的努力，因为是跟语言“作对”，也就是跟约定俗成“作对”，难度之大可想而知，所以是很难成功的。这就是新闻报道等语境中对于同性卖淫行为，为什么一般不直接称为“卖淫”而是会称为“同性卖淫”的理由，因为新闻报道不敢“冒犯”语词。是不改变用语、仍旧以“卖淫”来指称司法实践中的“同性卖淫”行为，还是以“同性卖淫”这个新词来指称司法实践中的“同性卖淫”行为？答案是明确的。当我们使用“同性卖淫”这个语言的时候，就意味着已经改变了刑法用语的语言外壳了。在“卖淫”之前加上“同性”两个字，就意味着解释者自己对于以“卖淫”来涵摄“同性卖淫”的不自信，就意味着解释者自己也是置身于现代汉语语料库、语言场的制约中，不得不尊重“卖淫”的文义——女子出卖肉体[1]。

再如，《刑法》第263条中的“冒充军警人员抢劫”，有学者认为冒充包括“假冒和充当”[2]，试图通过这样的解释来涵摄真正的军警人员实施抢劫的情形。

---

〔1〕《现代汉语词典》，商务印书馆2012年版，第868页。

〔2〕张明楷：《刑法学》，法律出版社2011年版，第864页。

这是根本不顾及现代汉语词汇基本语义的个人化尝试，不值得提倡。毕竟，现代汉语中的“冒充”并没有“充当”的义项，冒充就是“假的充当真的”[1]，假冒就是冒充[2]。真的军警人员实施抢劫当然不是“假的充当真的”实施抢劫。解释者自己难道不是置身于现代汉语语料库、语言场的制约之下的一个普通的使用汉民族共同语的人吗？如此强硬的解释，连解释者自己都不自信地说“或许可以认为，冒充不等于假冒”[3]。所以笔者认为，军警人员实施抢劫，可以按照“入罪举轻以明重”的原则，比照“冒充军警人员抢劫”从重处罚即可。

总之，在不改变刑法用语语言外壳的情形下缩小其内涵，重释刑法用语，以增强构成要件涵摄力，应当十分慎重。既不能违背现代汉语约定俗成的文义和使用习惯，也不能生造语词的新文义来强行解释构成要件，以免堕入类推解释、任意入罪的境地，这恐怕也是罪刑法定之明确性的精神实质。日本刑法史上，大审院 1934 年把行为人捕获的三只山鸟（湖岸陆鸟）解释为“湖上水禽”，进而处断为非法狩猎犯罪，就遭到后世学者的批判。[4]毕竟，不改变构成要件用语“湖上水禽”的情况下，难以涵摄三只山鸟（湖岸陆鸟），否则，“湖上水禽”的客观文义就被随意突破了。晚近以来，日本学者也对日益流行的扩大解释表示担忧：“随着新技术的出台，出现了立法者根本没有预想到的危害社会的行为时，日本的裁判所具有如下倾向，即以保护法益和该行为的当罚性为由，对于原有的构成要件进行目的论的扩张解释而处罚该行为。”“在德国用立法来寻求具体妥当的结论，在日本判例则企图用‘灵活的解释’来妥当地解决。”[5]“对于现代社会给我们提出的现代课题，虽说刑法理论不能袖手旁观，但是，将立法的缺陷转嫁给被告人承担，随便用解释论的方法对其进行弥补，反而会引起更大的问题。”[6]

（三）罪名解构的路径之三：运用共犯原理

运用共犯原理解构现有罪名，是一种较好的思路。例如，介绍贿赂罪的废除

[1]《现代汉语词典》，商务印书馆 2012 年版，第 878 页。

[2]《现代汉语词典》，商务印书馆 2012 年版，第 624 页。

[3] 张明楷：《刑法学》，法律出版社 2011 年版，第 864 页。

[4] 陈朴生、洪福增：《刑法总则》，五南图书出版公司 1982 年版，第 10～11 页。

[5]［日］坂口一成：“罪刑法定主义的局限性在日本——以关于日本刑法第 175 条的判例为题材”，载赵秉志主编：《刑法评论》（第 5 卷），法律出版社 2004 年版，第 259 页。

[6]［日］曾根威彦：《刑法学基础》，黎宏译，法律出版社 2005 年版，第 18 页。

路径，就是将其解释为行贿罪或者受贿罪的共犯。有学者把煽动军人逃离部队罪解释为逃离部队罪的教唆犯，认为可以不规定煽动军人逃离部队罪，也是具有启发性、类型化的解释思路。〔1〕有很多刑法罪名，其实是把共犯行为（教唆行为或者帮助行为）单独设置为一个罪名的。

1. 为他人提供书号出版淫秽书刊罪。学者们一般认为，《刑法》第 363 条第 2 款为他人提供书号出版淫秽书刊罪是过失犯，如果明知他人用于出版淫秽书刊而提供书号的，则应该处断为出版淫秽物品牟利罪。〔2〕笔者认为，法条的规定是“明知他人用于出版淫秽书刊而提供书号的，依照前款的规定处罚”，而不是依照前款的规定定罪处罚，因此，为他人提供书号出版淫秽书刊罪既可能是过失犯，也可能是故意犯。

比较第 363 条第 1 款和第 2 款，为他人提供书号出版淫秽书刊罪的过失犯的法定刑与第 1 款基本犯居然是一样的，很不合理。所以，当本罪是过失犯时，似乎进行行政处罚即可，入罪是否合适还值得商榷。当本罪是故意犯时，为他人提供书号出版淫秽书刊的行为人，显然与“他人”构成出版淫秽物品牟利罪的共同犯罪或者传播淫秽物品罪的共同犯罪，前者是以牟利为目的的，后者是不以牟利为目的的。于是，为他人提供书号出版淫秽书刊罪的故意犯并无独立设置的必要。在这一共同犯罪中，行为人是正犯，“他人”不可能是共同正犯（因为他人不可能提供书号只能是获得书号），只能是教唆犯或者帮助犯。

综上所述，为他人提供书号出版淫秽书刊罪的过失犯进行行政处罚即可。为他人提供书号出版淫秽书刊罪的故意犯可以处断为出版淫秽物品牟利罪的共同犯罪或者传播淫秽物品罪的共同犯罪。这个罪名可以被解构掉。

2. 为亲友非法牟利罪。为亲友非法牟利罪的行为人，与“亲友”构成共同犯罪。在这一共同犯罪中，行为人是正犯，“亲友”不可能是共同正犯（因为不可能非法牟利只能是非法获利），只能是教唆犯或者帮助犯。

3. 为境外窃取、刺探、收买国家秘密、情报罪。为境外窃取、刺探、收买

〔1〕 陈兴良：《刑法疏议》，中国人民公安大学出版社 1997 年版，第 606 页。按：笔者认为，煽动未必等于共同犯罪中的教唆，需要结合案情具体分析。如果是单独教唆犯，则煽动军人逃离部队本身就是实行行为，不可能是教唆行为。

〔2〕 张明楷：《刑法学》，法律出版社 2011 年版，第 1032 页。周光权：《刑法各论》，中国人民大学出版社 2016 年版，第 453 页。谢望原、赫兴旺主编：《刑法分论》，中国人民大学出版社 2016 年版，第 453 页。

国家秘密、情报罪的行为人，与“境外的人或机构”构成共同犯罪。在这一共同犯罪中，行为人是正犯，“境外的人或机构”不可能是共同正犯，只能是教唆犯或者帮助犯。由于受到刑法空间效力的限制，对于“境外的人或机构”也难以进行刑事追究。

4. 违法为关系人发放贷款罪。违法为关系人发放贷款罪，就是“为关系人违法发放贷款罪”，其结构是：为了某某 + 违法（或者非法） + 动宾结构表示的实行行为，这与前述为他人提供书号出版淫秽书刊罪，为亲友非法牟利罪，为境外窃取、刺探、收买国家秘密、情报罪完全一致。“为关系人违法发放贷款罪”的行为人，与“关系人”构成共同犯罪。在这一共同犯罪中，行为人是正犯，“关系人”不可能是共同正犯（因为关系人不可能发放贷款只能是获得贷款），只能是教唆犯或者帮助犯。

为了某某，具体到各个罪名中，其实质都是为了他人：亲友是他人，关系人是他人，境外（境外的人或者机构）也是他人，所以，这几个罪名都是为了他人实施的犯罪。在犯罪模式上，是典型的犯罪共生。在侦查角度上，侦查机关试图找到犯罪行为人的社会关系人，这往往是案件的侦查方向和突破口。而“为了他人实施的犯罪”，从另一个角度来看，是目的犯的另一种语言表述，也就是说，“为了他人实施的犯罪”，是以实现他人利益为目的的犯罪，这恰恰是前述“不再规定犯罪目的”的意涵。

5. 妨害作证罪。《刑法》第 307 条第 1 款妨害作证罪罪状是：以暴力、威胁、贿买等方法阻止证人作证或者指使他人作伪证的……显然，包括两种情形。

第一种情形，行为人指使他人作伪证。这可以处断为伪证罪的教唆犯，双方构成伪证罪的共同犯罪。

第二种情形，以暴力、威胁、贿买等方法阻止证人作证。这可以分别处断为大陆法系的强制罪、胁迫罪、对非国家工作人员行贿罪。所以，妨害作证罪可以废除。

两种情形，一种是阻止证人作证，一种是指使证人作伪证，其实质都是干扰证人作证的行为，进而妨害刑事司法的正常秩序。有没有一种表述方式可以涵摄这两种情形？笔者以为，行为人阻止证人作证，是意欲证人不作为、不陈述；而指使证人作伪证，是意欲证人虚假作为、虚假陈述，两种情形的目的行为是相同的，仅仅是手段行为不同，一个是阻止、一个是指使。或者，一个是使用各种手段指使证人不作证，一个是使用各种手段指使证人虚假作证、作伪证。假如证人不作证与证人作伪证能够具有等价性，那么，行为人指使证人不作证与指使证人虚假作证（作伪证）之间也具有等价性。甚至，无需证明证人不作证与证人作伪证具有等价性，也可直接认定行为人指使证人不作证与指使证人虚假作证之间具有等价性。

6. 聚众阻碍解救被拐卖的妇女、儿童罪。《刑法》第 242 条第 2 款聚众阻碍解救被拐卖的妇女、儿童罪的首要分子，可以解释为妨害公务罪（教唆犯）。行为人有组织众人实施阻碍解救被拐卖的妇女、儿童的行为，他虽然只是“聚众”，并未使用暴力或者胁迫，但是其“聚众”就是“造意”行为，是教唆性质，能够解释为妨害公务罪（教唆犯）。或者，其“聚众”就是一种“暴力”行为，能够解释为妨害公务罪（实行犯）。

7. 代替考试罪。《刑法》第 284 条之一第 3 款，代替他人考试或者让他人代替自己考试的，被确定罪名表述为“代替考试罪”，这明显属于归纳不当：让他人代替自己考试怎么成了“代替考试罪”？既然罪名是“代替考试罪”，实行行为只能是“代替考试”——代替他人参加考试[1]。反过来说，由于本罪的实行行为不只有“代替考试”，还有“让他人代替自己考试”，罪名归纳与法律规定之间不符（名实不符）。

让他人代替自己考试，应该处断为代替考试罪的教唆犯，或者组织考试作弊罪的帮助犯，或者代替考试罪的帮助犯（例如提供资金、身份信息等），不应该被评价为“代替考试罪”。这里的“让”与强令违章冒险作业罪实际案例中的“让”的性质是一样的，“让”就是指使、“指事使人”，也就是教唆、教令、唆使的意思。司法实践中，多个案件都把“让”“命令”操作人员违章作业（即教唆指使）解释为“强令”违章冒险作业。例如，上海市彭某某明知雷某某无吊车操作证，仍让雷某某操作吊车，造成现场施工人员孙某某触电死亡，另一名施工人员触电受伤。[2]再如，陈某平作为现场管理人员，明知绞车存在安全隐患，在绞车司机实现安全制动的情况下仍让工人冒险使用绞车，因而发生重大伤亡事故，已构成强令违章冒险作业罪。[3]

如果换一种语言表述方式，罪状中的“代替他人参加考试”就是“为他人

---

〔1〕 代替他人参加考试，即代试、代斸，行为人叫做代试者。参见《白居易集（第四册）·卷第67》，中华书局 1979 年版，第 1416 ~ 1417 页。也称代笔。

〔2〕 上海市奉贤区人民法院刑事判决书（2009）奉刑初字第 414 号。

〔3〕 河南省济源市人民法院刑事判决书（2009）济刑初字第 130 号。

考试”，罪状中的“让他人代替自己参加考试”就是“让他人为自己考试”。为他人的人和为自己的人都触犯了刑法。

（四）罪名解构的路径之四：运用二行为犯原理

1. 复合行为犯是完整的二行为犯。复合行为犯实际上是二行为犯的同义语。典型的复合行为犯有强奸罪、抢劫罪等。对于复合行为犯可以进行多种分类。一种分类是，复合行为犯分为以特定目的作为构成要件的复合行为犯和不以特定目的作为构成要件的复合行为犯。以特定目的作为构成要件的复合行为犯，有抢劫罪等。不以特定目的作为构成要件的复合行为犯，有强奸罪等。需要注意的是，抢劫罪的特定目的只能是非法占有财物的目的，而不能时而是非法占有财物的目的，时而是抗拒抓捕、毁灭罪证、窝藏赃物。[1]另一种分类是，复合行为犯分为非结合犯的复合行为犯和结合犯的复合行为犯。非结合犯的复合行为犯，指的是行为加行为或者行为加罪名复合而成的复合行为犯。结合犯的复合行为犯，指的是罪名加罪名复合而成的复合行为犯。现行刑法只有非结合犯的复合行为犯，日本刑法有结合犯的复合行为犯如强盗强奸罪。

在全部罪名之中，总有这样的现象：某个罪名是另一个罪名的一部分，或者某个罪名是由几个其他罪名复合而成，或者某个罪名与别的某个罪名有交叉的部分。这涉及罪名的属种关系，涉及部分犯罪共同说，涉及复合行为犯、结合犯。举例而言：叛为反之半[2]，吸收客户资金不入账罪为挪用犯罪之半，伪造文书为提供虚假证明文件罪之半，侵占为盗窃之半，非法拘禁罪为绑架罪之半，伪造身份为招摇撞骗罪之半，强制罪为抢劫罪、强奸罪、强制猥亵罪之半，强盗罪和强奸罪是日本刑法中强盗强奸罪这个结合犯罪名之半，等等。也就是说，某些单行为犯罪名是某些复合行为犯罪名的“一半”。之所以用“一半”，是受到“户为门之半”的启发，未必特别准确，只是说明这种客观现象。

很明显，由于逻辑上的不周延，上述的罪名有的并非实定法上的罪名，而只是笔者设想的罪名。例如挪用罪，实定法上有挪用公款罪、挪用资金罪、挪用特定款物罪，并无挪用罪。但是，挪用公款罪加上挪用资金罪，其外延就是挪用罪。吸收客户资金不入账罪的行为人，根据其是否属于国家工作人员，分别触犯了挪用公款罪和挪用资金罪，处断为挪用公款罪（未完成形态）和挪用资金罪

---

〔1〕 欧阳本祺：《目的犯研究》，中国人民公安大学出版社2009年版，第39～40页。

〔2〕《说文》：反者叛之全，叛者反之半。

(未完成形态)。与此同时，吸收客户资金不入账这一实行行为，是纯正不作为犯，应该解释为应该入账而没有入账，也就是不作为的挪用罪（未完成形态)。吸收客户资金不入账就是不作为的“挪”，吸收客户资金不入账罪就是不作为的“挪用罪”的一半。该挪进账而没有挪进账是“挪”，不该挪出账而挪出账也是“挪”。

那么，单行为犯是基本罪名、基本类型，复合行为犯就可以被解构，把复合行为犯处断为单行为犯 + 单行为犯——数罪并罚。反之亦可，即复合行为犯是基本罪名、基本类型，把单行为犯处断为复合行为犯的未完成形态。

2. 单行为目的犯是短缩的二行为犯。有时，立法者会把行为人意欲但尚未实施的客观行为（目的行为）这一构成要件变为主观目的要件，此为目的犯。例如，以出卖为目的的拐卖、收买、中转、接送、绑架行为，构成《刑法》第240条拐卖妇女、儿童罪，不要求实施了出卖行为。再如，绑架罪也是如此，不要求实施了勒索财物的行为，只要求有勒索财物的目的或者作为人质的目的。再如，《刑法》第112条中的为境外窃取、刺探、收买国家秘密、情报罪中，立法者实际上表达的是“以非法提供为目的的窃取、刺探、收买国家秘密、情报”，不要求实施了非法提供行为。所以，为境外窃取、刺探、收买国家秘密、情报罪，可以重释为“非法提供国家秘密、情报罪”的未完成形态。可见，目的犯就是把目的行为变为主观目的（保留手段行为作为实行行为)，就是把完整的二行为犯转变为单行为目的犯、短缩的二行为犯。拐卖妇女、儿童罪，绑架罪，都是单行为目的犯。

例如，《刑法》第288条扰乱无线电通讯管理秩序罪。罪状中，擅自设置、使用无线电台（站）的危害性不是因为行为人的擅自设置，而是因为擅自设置后的使用，而这种使用的实质仍然是“擅自使用无线电频率”“擅自使用无线电台（站)”，进而扰乱无线电通讯秩序，所以，可以把“擅自使用无线电台(站)”的行为类型化为“擅自使用无线电频率”，也就是说，可以删除“擅自设置、使用无线电台（站)”，只保留“擅自使用无线电频率”即可。也就是说，如果行为人仅仅只是擅自设置无线电台（站)，但尚未使用无线电频率的时候，因为不会“干扰无线电通讯秩序”，并无实质的社会危害性，就不应该构成本罪。罪状可以表述为“违反国家规定，擅自使用无线电频率，干扰无线电通讯秩序，情节严重的”，罪名就可以概括为“擅自使用无线电频率罪”。这相对于“扰乱无线电通讯管理秩序罪”，优势很明显——既指出了明确的犯罪行为，也简练。所谓的“扰乱无线电通讯管理秩序罪”的实行行为，并不是“扰乱”，而是“擅自使用无线电频率”，“扰乱无线电通讯管理秩序”或者“扰乱无线电通讯秩序”[1]是本罪侵害的法益，这一点很重要。也就是说，“擅自设置无线电台（站）”的可罚性来自于“擅自使用无线电台（站）”“擅自使用无线电频率”。如果在立法者心目中，“擅自设置无线电台（站）”具有刑事可罚性，那么也是“使用目的”的“擅自设置”，即擅自设置无线电台（站）罪是一个一行为目的犯（单行为目的犯）。

再如，《刑法》第221条损害商业信誉、商品声誉罪中的“捏造并散布虚伪事实”，好像是一个复合行为犯，仅有捏造而无散布的，不构成本罪，也不构成本罪的未遂或中止形态。其实不然。“捏造并散布虚伪事实”中的“捏造虚伪事实”并非实行行为，而是预备行为。所以，本罪并非复合行为犯，而是单行为犯，其实行行为只是“散布虚伪事实”。同理，第246条诽谤罪中的“捏造事实诽谤他人”，也好像是一个复合行为犯，仅有捏造而无诽谤的，不构成本罪，也不构成本罪的未遂或中止形态。其实不然。“捏造事实诽谤他人”中的“捏造”并非实行行为，而是预备行为。所以，本罪并非复合行为犯，而是单行为犯，其实行行为只是“散布虚伪事实”或者“诽谤他人”。正因此，第221条损害商业信誉、商品声誉罪俗称为商业诽谤罪，在行为结构上与诽谤罪应该是一致的。

这与我国台湾地区“刑法”是不同的，其第310条第1款规定：“意图散布于众，而指摘或传述足以毁损他人名誉之事者，为诽谤罪，处1年以下有期徒刑、拘役或500元以下罚金。”这是把该罪规定为单行为目的犯——以散布为目的的指摘或传述行为。这给我们的启发是：现行刑法诽谤罪实际上是“以损害他人声誉为目的的散布虚假事实的行为”，现行刑法损害商业信誉、商品声誉罪实际上是“以损害他人商誉为目的的散布虚假事实的行为”。无论如何，都是单行为犯。

目的犯又称意图犯，其中的间接目的犯就是缩短的二行为犯。[2]从罪名解构的角度，我们发现了单行为犯与复合行为犯之间的过渡是可能的：把复合行为犯进行缩短，把目的行为改为目的，可以构造出一行为目的犯（单行为目的犯）。进一步地，把一行为目的犯（单行为目的犯）进行缩短，把目的删除，可以构造出以手段行为为实行行为的纯粹单行为犯。例如，1991年《关于严惩拐卖、

〔1〕 从确定罪名看，本罪法益是“扰乱无线电通讯管理秩序”。从罪状看，本罪法益则是“扰乱无线电通讯秩序”或者“干扰无线电通讯秩序”，虽仅仅是一个词语“管理”的差别，但能够显示出司法者与立法者观念的差异。

〔2〕 陈兴良：“目的犯的法理探究”，载《法学研究》2004年第3期。

绑架妇女、儿童的犯罪分子的决定》增设的绑架勒索罪，“绑架人质与勒取赎金均属本罪实行行为”〔1〕，对其进行缩短，把目的行为“勒索财物”改为目的，保留手段行为（绑架），就构造出单行为目的犯，即现行刑法绑架罪。再把“勒索财物”目的删除，就构造出以手段行为为实行行为的纯粹的单行为犯——非法拘禁罪或者掳人罪。从这一点说，目的行为可以转换为目的，手段行为则不能转换为目的。因为目的行为兼有“目的”与“行为”的双重可能性，这就为立法者的立法修法提供了操作空间。

3. 把完整的二行为目的犯变为单行为犯。把完整的二行为目的犯变为单行为犯，指的是立法者将原有法条中的犯罪目的、二行为等构成要件，删除目的和其中一个行为，仅保留一个行为，修改为单行为犯，以提高罪名涵摄力的修法模式，这是极为特殊的。例如，《刑法》第187条把原有的“以牟利为目的”“将资金用于非法拆借、发放贷款”“吸收客户资金不入账”三个构成要件删除两个，仅保留“金融机构工作人员吸收客户资金不入账”这一个行为，罪名从用账外客户资金非法拆借、发放贷款罪变为吸收客户资金不入账罪，大大提高了罪名的涵摄力。“将资金用于非法拆借、发放贷款”原来是目的行为，“吸收客户资金不入账”原来是手段行为，现在仅保留手段行为作为实行行为。吸收客户资金不入账罪是一种特殊的挪用罪，是挪用罪的一半。而挪用罪是一时占有意图的财产犯罪。

总之，类型化视野下罪名的结构与解构是一体两面的。罪名作为一种犯罪的类型，是“要素之有机结合”〔2〕，这个“要素”当然就是构成要件要素。具体罪名的生生灭灭与改头换面，都是能够找到微观的构成要件要素的影子的。正因如此，有学者认为，借着若干要素的全然消退、新的要素的加入或居于重要地位，一种类型会交错地过渡到另一种类型。〔3〕上述第187条吸收客户资金不入账罪就是伴随着两个要素的消退和一个要素居于重要地位而成为一个新的犯罪类型的。随着构成要件要素的加加减减、进进出出，一个个罪名发生着不同的意义关联，有并列关系的意义关联，有属种关系的意义关联，有交叉关系的意义关联，等等。需要思考和研究的是，哪些构成要件要素或者基本构成要件要素具有这样

〔1〕 赵秉志、吴振兴主编：《刑法学通论》，高等教育出版社1993年版，第671～672页。

〔2〕 杜宇：“基于类型思维的刑法解释的实践功能”，载《中外法学》2016年第5期。

〔3〕 ［德］卡尔·拉伦茨：《法学方法论》，陈爱娥译，五南图书出版公司1996年版，第386页。

的功能呢?

（五）罪名解构的路径之五：运用间接正犯原理

1. 利用影响力受贿罪。《刑法》第388条之一利用影响力受贿罪包括两种情形。一种是："国家工作人员的近亲属或者其他与该国家工作人员关系密切的人，通过该国家工作人员职务上的行为，或者利用该国家工作人员职权或者地位形成的便利条件，通过其他国家工作人员职务上的行为，为请托人谋取不正当利益，索取请托人财物或者收受请托人财物，数额较大或者有其他较重情节的"，这一情形可以解释为受贿罪的间接正犯。行为人是"利用"不知情的人实施构成要件的行为，被利用的人（国家工作人员）不知行为人实施权力与财物的交换行为，不构成犯罪。如果被利用的人（国家工作人员）明知，则双方成立共犯。

还有一种是："离职的国家工作人员或者其近亲属以及其他与其关系密切的人，利用该离职的国家工作人员原职权或者地位形成的便利条件实施前款行为的，依照前款的规定定罪处罚。"这一情形只能解释为行为人利用的是"权力的余威"或者"权力的自然延续"——原职权或者地位形成的便利条件，是虚拟的受贿罪。之所以是虚拟的受贿罪，一是因为犯罪主体不属于国家工作人员，一是因为原职权或者地位形成的便利条件尽管不是真正的权力，但可以解释为"权力的余威"或者"权力的自然延续"。当然，这是我国特殊国情所致，自然是特殊的受贿罪、虚拟的受贿罪。因为本书是否定任何拟制规定的，因此，利用影响力受贿罪的第二种情形，实际上是离职的国家工作人员必须通过其他国家工作人员才能实施的，那么，有几种可能。如果其他国家工作人员不知情，则离职的国家工作人员构成利用影响力受贿罪，处断为受贿罪的间接正犯。如果其他国家工作人员知情，则离职的国家工作人员与其构成受贿罪的共犯。

2. 法人犯罪。所有的法人犯罪，都可以解释为自然人利用法人实施的犯罪，法人只是其实施犯罪的工具罢了。法人是"不知情"的机构，法人是一个犯罪的中介而已，不具有犯罪能力，这是极为朴素的公理。自然人是间接正犯。即，直接负责的主管人员、直接责任人员利用法人实施犯罪，侵害法益。自然人主体利用无意志的单位实施犯罪，与利用无意志的自然人、无责任能力的自然人，应该一样看待。如果把单位作为自然人主体这一间接正犯的犯罪工具，只处罚自然人，不处罚单位，既可以解决单位犯罪主体责任的承担难题，也拓宽了间接正犯理论的适用范围。

例如，单位受贿罪是单位的自然人利用单位实施的受贿罪。单位行贿罪是单位的自然人利用单位实施的行贿罪。顺便提及，在立法体例上，这是刑法中仅有的罪名中出现“单位”的情形。刑法中，并没有单位生产假药罪、单位销售假药罪、单位高利转贷罪等罪名。这恐怕也应修改，以便保持一致体例。

第二章　刑法类型化与刑法分则类型化

一、古代刑法类型化

对具体犯罪的分类、分型进行研究，其实古已有之。对具体犯罪的分类、分型以语言名之，则为罪名。犯罪类型（或者犯罪的类型化）的建构和解构应该建立在实际的具体罪名的基础上，应该建立在刑法语词之间的不同涵摄力的基础上，因此，它是具体罪名增减和罪状修改的背后力量和逻辑基础。

从历史上考察，犯罪类型化的建构与新罪名的确立是相伴的，新罪名总是从古老罪名中滋生而出的，而古老罪名往往是较为概括的类型。“以最常见的盗窃罪概念变化为例，在自然经济和半自然经济社会之中，经济关系单纯，极少流转，盗窃罪构成是单一的，即秘密窃取，首先并主要是侵犯占有权。并不侵犯占有权的侵占行为，由于财产流转现象很少或极少发生，在早期刑法中一般不以犯罪论处，没有‘侵占’罪名。诈骗，由于是被害人‘自愿’（尽管仅为表象）交出财物，仿佛不侵犯占有权（像盗窃那样），所以西方早期刑法中诈骗一般没有独立成罪。遇有需要惩罚的侵占行为或诈骗行为则以盗窃罪论处。侵占和诈骗从盗窃罪概念中分离出来，是商品经济发展、财产流转现象频繁出现的结果。”〔1〕侵占罪罪名的确立过程就是一种新的财产犯罪的类型——不移转占有的取得罪——建构完成的过程。在当代的大陆法系中，侵占罪作为不移转占有的取得罪，与移转占有的取得罪（盗窃罪等）已经完全区别开来，成为各自独立的犯罪类型、罪名，侵占罪与盗窃罪没有交叉重合之处。

---

〔1〕 许发民：“论犯罪界定中的社会经济政治因素”，载《国家检察官学院学报》2002 年第 1 期。

古代刑法的类型化成果，体现在“出现了盗贼之类概括犯罪类型的章节”[1]，自《法经》到清代，都是《法经》体例的延续和发展。古代刑法的类型化成果，体现在古老罪名、罪名分类、比附援用等刑事立法、刑事司法实践中，蔚为大观。古代刑法的类型化思想，衍生出了古老的犯罪类型——古老罪名，并且为现代犯罪类型的确立打下了基础。

（一）古老罪名

犯罪类型观念由来已久，并体现为一个个具体的古老罪名。夏朝的罪名有：“夏刑三千条，决关梁……降、畔、寇、贼、劫略、夺攘、挢虔者，其刑死。”[2]其中，降，就是现行刑法的投降罪的源头。叛，是现行刑法的投敌叛变罪、叛逃罪等的源头。寇，大致相当于今天国际刑法的战争罪和我国台湾地区“刑法”的外患罪。贼，大致相当于今天的杀人罪、抢劫罪，或者历史上的反罪。劫，掠夺、抢劫。略，掠夺、掳掠、掳人，与抢劫、绑架、拐卖、海盗、拐骗等大致相当。夺，夺取，大致相当于今天的抢夺罪。攘，意思是偷盗、窃取，和侵夺、夺取。[3]矫，意思是“诈称”，大致相当于今天的冒充身份或者伪造一类的犯罪。

商代的罪名除了承袭夏代部分罪名，又有所发展。除了攘、窃、三风十愆等之外，可作为现行刑法某些罪名源头的有：起信险肤大致是编造传播虚假信息犯罪的源头，弃灰于道大致是污染环境犯罪的源头，协比谗言大致是诽谤罪的源头，等等。[4]

延续到后世的重罪十条、十恶之罪、谍、贿纵等，皆为古老的犯罪类型、古老罪名。《大清律例》中的贿纵[5]，是指国家工作人员受贿而徇私舞弊的行为，大致上可以涵摄现行刑法因为受贿而徇私舞弊的多个罪名，尤其是渎职罪一章中的多个“徇私舞弊”罪名，都是贿纵犯罪类型。

如果仅从封建刑法代表的唐律看，反、叛、十恶、斗杀、戏杀、奸、赃、私度、越度、劫囚、窃囚、间谍、资敌等罪名，承前启后，并且在大量刑事司法经验的基础上，总结、完善、固定了很多对后世极有价值的中国刑法历史的基本犯

---

〔1〕 蔡枢衡：《中国刑法史》，中国法制出版社2005年版，第100页。笔者按：蔡枢衡所言犯罪类型，指的是刑律的章节，这与本书所说的犯罪类型不同。

〔2〕《尚书大传》。转引自胡留元、冯卓慧：《夏商西周法制史》，商务印书馆2006年版，第62~63页。

〔3〕《现代汉语词典》，商务印书馆2012年版，第1309页。

〔4〕 胡留元、冯卓慧：《夏商西周法制史》，商务印书馆2006年版，第64页以下。

〔5〕《大清律例·兵律·关津·私出外境及违禁下海》（第3册），中华书局2015年版，第102页。

罪类型，奠定了中国刑法基本犯罪类型的基石，一直沿用至今。古老罪名是一种历史经验和历史遗产，刑法规范的历史变迁摆脱不掉古老罪名，古老罪名是中华刑法发展中宝贵的历史经验和立法财富。兹举几例。

例如，“贼”有多个义项：杀、强盗、敌人、害、残忍。[1]与犯罪类型有关的义项是杀、强盗、敌人。也就是说，贼，涉及现代刑法的杀人罪、抢劫罪和反罪。有历史学就认为，“贼之本义为毁，于法专指倡乱、杀人等行为”[2]。《唐律·贼盗》中，首当其冲的，是叛乱一类的罪，包括谋反、谋大逆、谋叛。其次才是害人的巫蛊之罪、杀人罪等。这其实是现代汉语中一些词汇的基本意思，如“卖国贼”是出卖祖国的叛徒[3]，取的是贼的敌人（反叛）这个义项，“贼”与“叛国”具有义项的连接点与重合性。“贼寇”，指的是强盗或者入侵的敌人[4]，“入侵的敌人”表明“贼”与“寇”在反叛这一点上具有义项的连接点与重合性。而“乱臣贼子”，又表明危害国家的时候，“贼”与“乱”在反叛这一点上是具有义项的连接点与重合性。每个义项都是类型的要素，反叛、敌人等就是构成《唐律·贼盗》的基本元素。

又如，别籍、异财。《唐律·户婚》规定：“诸祖父母、父母在，而子孙别籍、异财者，徒三年。别籍、异财不相须，下条准此。若祖父母、父母令别籍及以子孙妄继人后者，徒二年；子孙不坐。诸居父母丧，生子及兄弟别籍、异财者，徒一年。”无论是子孙别籍、异财，还是令子孙别籍、异财（此时子孙不坐），都属一个犯罪类型。无论是祖父母、父母在的情况下的子孙别籍、异财，还是居父母丧的情况下的子孙别籍、异财，都属一个犯罪类型。

又如，殴打。什么才是殴打？《明清御批案》中，媳妇出于自卫而抵住婆婆的脖子，被法官解释为不属于“殴打婆婆”。[5]自卫当然不是殴打。自卫是防守行为，殴打则属于进攻行为，二者性质明显不同。“殴打”或者“殴打婆婆”这个犯罪类型的稳定，需要很多人的维护，需要通过司法实践加以维护。古代法官的这次解释就是对“殴打”这一犯罪类型最好的维护，就是对法律最大的贡献，通过这来实现法律的价值——公平正义。

---

〔1〕《古代汉语词典》，商务印书馆1998年版，第1988页。

〔2〕刘俊文：《唐律疏议笺解》，中华书局1996年版，第1235页。

〔3〕《现代汉语词典》，商务印书馆2012年版，第867页。

〔4〕《现代汉语词典》，商务印书馆2012年版，第1628页。

〔5〕中央电视台“法律讲堂”《明清御批案·婆婆盯上媳妇的嫁妆》，南开大学柏桦主讲。

再如，冒名顶替罪（人身伪造罪）的建构。人身伪造行为在我国日益泛滥，刑法制裁却迟迟没有跟上。现实中，冒名顶替上大学，冒名顶替参军，冒名顶替招工，冒名顶替体检，冒名顶替讲课（研究生替老师讲课），冒名顶替考试，冒名顶替坐诊（学生替老师坐诊），冒名顶替办信用卡，冒名顶替办理电信卡、入网卡，秘书顶替领导写作（代笔），领导顶替秘书署名，冒充残疾人乞讨，冒充僧尼要钱，高考移民（实际就是冒籍），等等，冒名顶替行为侵害到各个领域。冒名顶替（人身伪造）已经严重侵害社会主义的价值诚信和基本道德底线，严重侵害宪法性法益。但是已经入罪的仅占少数，如现行刑法的代替考试罪，招摇撞骗罪，冒充军人招摇撞骗罪，抢劫罪中的冒充军警人员抢劫。古代刑法，有冒籍、诈伪、诈称、冒代等罪，属于基本犯罪类型。在此基础上，与其他要素结合，再成为具体法条或具体罪名。例如，《公羊传·何注》："诈称曰矫"。[1]唐律就有诈称官捕人，就是冒充官人、谎称奉官司派遣、谎称是官人、冒名顶替其他官人，性质是"政治诈骗"。[2]唐律中的宿卫冒名相代、宫殿门无籍冒名入、为婚妄冒、征人冒名相代等罪，其基本要素都是"冒充"。现行刑法中的招摇撞骗罪、冒充军人招摇撞骗罪、代替考试罪的犯罪类型就是"矫"。现行刑法中的冒充军警人员抢劫，可谓是"矫"与"攘"（或"夺"）两种古老罪名复合而形成的一种犯罪类型。

再如，降、叛。降、叛是夏朝就有的古老罪名。现行《刑法》第 423 条投降罪第 1 款，就属于降罪，也是叛罪。而投降罪第 2 款（投降后为敌人效劳的）则是降、叛已经不能评价的行为了，因为为敌人效劳会危害社稷，性质应该属于反罪。所以，投降后为敌人效劳的是"叛罪 + 反罪"，或者"降罪 + 反罪"。第 108 条投敌叛变罪虽然不是投降，而是主动投奔敌人营垒，但是方向是"去"，所以其性质仍然是叛罪。"招降纳叛"一词，也揭示出了降、叛的内在联系。

降、叛、反、寇、贼、略、夺、攘、矫等古老罪名，实际是现行刑法中的犯罪类型的要素，可以很好地解释现行刑法的很多具体罪名。基本犯罪类型与古老罪名可谓是一体两面、无法分割的。而如果从现代刑法学视角看，基本犯罪类型就是稳定的类型化的犯罪类型，是普通法条规定的罪名或者是上位罪名。无论是

〔1〕 程树德：《九朝律考》，法律出版社 1955 年版，第 55 页。
〔2〕 刘俊文：《唐律疏议笺解》，中华书局 1996 年版，第 1724 页。

从人类早期的摩西十诫确立的罪名类型——盗窃、杀人、奸淫、伪证等，还是中国的法经六篇确立的罪名类型——盗、贼、网（或囚）、捕、杂，都是人类对于犯罪类型的观念化的产物。到了集封建刑法之大成的《唐律疏议》，犯罪类型化观念支配和指导下的罪名体系形成和固定，类型化观念既是刑法典编纂不可或缺的基础性观念，也是司法实践不可或缺的基础性观念。历次刑法修正案形成的罪名外延式的扩张，假如有犯罪类型化观念的支配和指导，那么罪名体系中的基础性罪名与派生性罪名之间的关系就非常清晰。所以，杀、伤、奸、略、诱、盗、贼、赃、滥、污、渎等封建犯罪类型的继承、重新阐释以及与当代犯罪的紧密结合，不仅要"目光不断往返于规范与事实之间"，同时也要"目光不断往返于规范与规范之间"、往返于古老规范与现实规范之间。例如，历史学者就常常直接把唐律中非常具体的犯罪行为进行类型化，对我们认识古今刑律之间的本质联系大有帮助。例如讲到唐律的"征讨告贼消息"，直言："此条规定资敌罪……之刑罚。"[1]讲到唐律的"证不言情及译人诈伪"，直言："此条规定证译诈伪罪之刑罚……此类行为即今所谓之伪证罪。"[2]

随着社会生活范围的日益扩大，犯罪类型化观念逐渐让位于封建统治阶级为了因应一时一地犯罪的突击性立法和权宜性立法，律外有例、律敕并行，到了《大清律例》篇幅浩繁，司法官员不仅检法日益艰难、检法任务日益繁重、从业难度大大增加，客观上也为胥吏玩弄刑法规范、重重轻轻、出入人罪埋下隐患。"断狱""检法"等职官名称与官署名称的存在，征表了"律文深深""上下其手""翻手为云覆手为雨"的刑事司法实际，这不仅是封建刑法的积弊，也是我国当代刑法不得不警惕的。千万不要忘记了基本的犯罪类型，否则会迷失在日益膨胀的法条和罪名中。

而基本犯罪类型的确立，在以下各个命题上应该形成共识：

第一，基本犯罪类型不一定是具体条文。

第二，基本犯罪类型不一定是具体罪名。

第三，基本犯罪类型不一定是章节标题所指的犯罪。古代刑法在一章之中、一卷之内的犯罪，今日观之，未必是一个犯罪类型。例如，唐律的"诈伪卷"，包括了诈陷人至死伤、保任不如所任、证不言情及译人诈伪、主司承诈等纷繁芜

〔1〕 刘俊文：《唐律疏议笺解》，中华书局1996年版，第1191页。

〔2〕 刘俊文：《唐律疏议笺解》，中华书局1996年版，第1768页。

杂的法条，今日观之，分属杀人罪、伤害罪、诈骗罪（或者诈骗罪共犯）、伪证罪、徇私枉法罪（或者枉法裁判罪）。但是也有属于一个基本类型的章节标题，例如，日本1881年发布的《陆军刑法》第八章"逃亡"，包括了"军人擅离职役或屯营本队""军人在战时军中或合围之地擅离职役或屯营本队""军人在敌前擅离职役或屯营本队""军人4人以上共犯逃亡""军人在战时军中或合围之地4人以上共犯逃亡""军人在敌前4人以上共犯逃亡""军人奔敌"七种情形。[1]都是去也，都是"叛"这一古老罪名的具体情形。如果按照今天的视角，这七种情形大致上分别属于我国现行刑法的逃离部队罪、擅离军事职守罪、战时临阵脱逃罪、投敌叛变罪等。"逃亡"这个章节标题基本上属于基本犯罪类型，即"叛"。

（二）比附援用

比附是刑事司法的基本思维方法。比附，比照适用，就是刑事类推适用，就是对刑法上没有直接加以规定的危害社会的行为，可以比照刑法最相类似的条文进行审判和判决。[2]《荀子·大略》曰："有法者以法行，无法者以类举，以其本知其末，以其左知其右，凡百事异理而相守也。"汉律有《决事比》。晋律有"若无正文，依附名例断之"。北魏有"律无正文，准傍依定罪"。现代刑法往往将比附与类推适用画等号，根据罪刑法定原则对其加以严厉批判和禁止。现行《刑法》对于1979年《刑法》的巨大突破之一就是彻底否定了比附和类推，但是现行刑法的"宜细不宜粗"并未解决刑事司法中经常遭遇的立法疏漏和立法空白，于是，强行解释、"意在深文"[3]频出，这是"法官以出罪为诫""失出则便获大罪"[4]的积弊与惯性。

笔者认为，类型化，就是一种分类的逻辑思维模式。类，比，类比，离不开比较、分类。有的时候，并不是无法可行，而是无一事一法的那个法，此时司法者如果稍微有一点类型化思想，只要找到上位构成要件并把上位构成要件与案件事实加以比照，即可适法而行。《大清律例》中的"比引律条"有个例子，把卖猪羊肉灌水行为比照为官盐插和沙土处断[5]。笔者认为这个比附是很合理的解

---

〔1〕 南洋公学译书院初译、商务印书馆编译所补译校订、李秀清点校：《新译日本法规大全》（第二卷），商务印书馆2007年版，第554页。

〔2〕 张晋藩等：《中国刑法史新论》，人民法院出版社1992年版，第261~262页。

〔3〕 马建石、杨育棠注释：《旧唐书刑法志注释》，群众出版社1984年版，第32页。

〔4〕 马建石、杨育棠注释：《旧唐书刑法志注释》，群众出版社1984年版，第28页。

〔5〕《大清律例·总类卷四十七·比引律条》（第6册），中华书局2015年版，第509~510页。

释，原因就是二者有一个共同的上位行为，属于一个类型——“掺杂使假”，就是生产、销售伪劣商品。假如司法者眼睛总是盯着下位构成要件，案情稍一变化，就认为没有下位构成要件与案件事实对应，就认为无法适用，就认为没有明文规定，这是机械执法、僵硬司法的思维。而司法实践的习惯是，当产生这一思维之后，为了及时判决案件、为了“便称好吏”[1]，司法者则往往强行解释刑法的下位构成要件，试图将下位构成要件与案件事实挂起钩来，这当然会造成一种刑事司法解释的恶性循环。

刑法学界提到法无正条的比附、提到类推解释、提到不合理的扩大解释时，否定的态度是坚决的。但是，假如不纠结于这些刑法术语的语言外壳，专注于类型化的观点和类型化的方法，那么，只要解释结论符合正义观念，类推解释和合理的扩大解释难道有什么本质区别吗？有的法制史学者就没有严格区分古代刑法中的类推解释和扩大解释，都算成了类推解释，并持有赞赏的态度。[2]如果进行比附类推得出的结论是正义的，难道不可以吗？既肯定自然解释，肯定“入罪举轻以明重”、肯定“出罪举重以明轻”这样的逻辑推理及其结论，又否定无正条的比附类推制度[3]，将其作为封建刑法的大恶进行挞伐，笔者认为，这本身是带有简单化和标签化意味的。早有学者指出：“不加区分地将是否适用类推作为罪刑擅断主义与罪刑法定主义的分野，则是不尽科学的。”[4]

（三）“以某某论”“依某某论”或者“以某某罪论”

“以某某论”“依某某论”或者“以某某罪论”等语言表述方式反映出古代确实存在犯罪类型化思想。

1. “以某某论”。例如，南朝陈律：军人恐胁侵掠皆以劫论。[5]

2. “依某某论”。例如，《唐律·斗讼》：“诸保辜者，手足殴伤人限十日，以他物殴伤人者二十日，以刃及汤火伤人者三十日，折跌支体及破骨者五十日。限内死者，各依杀人论；其在限外，及虽在限内以他故死者，各依本殴伤法。”《唐律·诈伪》：“诸诈陷人至死及伤者，以斗杀伤论。”《唐律·断狱》：“诸囚在

---

〔1〕 马建石、杨育棠注释：《旧唐书刑法志注释》，群众出版社1984年版，第32页。

〔2〕 周少元：《中国近代刑法的肇端——〈钦定大清刑律〉》，商务印书馆2012年版，第178页。

〔3〕 葛遵礼：《中华民国新刑律集解》，上海会文堂1914年版，第14页。转引自周少元：《中国近代刑法的肇端——〈钦定大清刑律〉》，商务印书馆2012年版，第115～116页。

〔4〕 张晋藩等：《中国刑法史新论》，人民法院出版社1992年版，第265页。

〔5〕 程树德：《九朝律考》，商务印书馆1955年版，第337页。

禁，妄引人为徒侣者，以诬告罪论。”

3. “以某某罪论”。例如，《宋刑统·诈伪·检验病死伤不实》：“若实病死及伤，不以实验者，以故入人罪论。”这大体上相当于法医等人虚假鉴定，意图使他人受到刑事追究的犯罪，触犯的是现行刑法的伪证罪、帮助犯罪分子逃避处罚罪、徇私枉法罪、诬告陷害罪（帮助犯）等罪名。“以故入人罪论”，指的是根据行为人的目的行为——故入人罪——进行定罪。比较而言，现行刑法把很多同属于故入人罪的行为，往往根据手段行为单设罪名，导致罪名数量多，类型化程度很低。例如，伪证罪中的“意图陷害他人”，诬告陷害罪中的“陷害他人”，徇私枉法罪中的“明知是无罪的人而使他受追诉”，目的都是相同的。伪证罪中的“意图隐匿罪证”，帮助犯罪分子逃避处罚罪中的“帮助犯罪分子逃避处罚”，目的都是相同的。

（四）罪名分合

罪名分分合合，忽而这样分类，忽而那样分类，背后都是类型化思维的支撑。罪名分合是中国刑法史不可忽视的重要成果。“盖《法经》六篇、明清律三十篇，不过总括之或细别之而已。古代刑法，悉为此篇各部所网罗。后世增加之条例，亦有皆应其类而编入于各篇以为常矣。”[1]古代刑法的超稳定法典编纂体例和立法技术，特别应该加以继承。

1. 杀人罪的分型。从今日刑法观之，我国古代的谋杀、戏杀、斗杀的分类结果只是犯罪学的分类或者分型，还没有完成刑法学的类型化进程，只有进步到了今日的故意杀人罪，把谋杀、戏杀、斗杀进一步抽象为故意杀人罪，类型化进程才算完成。这可能是古代刑法的历史局限性所致，也可能是当时的刑法观念所致而并非历史局限性。

2. 反罪的分型。《旧唐书·刑法志》：“然则反逆有二：一为兴师动众，一为恶言犯法。”[2]从今日刑法原理解析这句话就是，兴师动众的反逆属于反罪的实行行为（反），而恶言犯法的反逆属于反罪的预备行为（谋反），反与谋反仍然属于同一个犯罪类型——反罪，只是“轻重有差”[3]罢了。这是很科学的。

3. 诽谤的分型。从以行为为核心而非以法益为核心建构罪名的角度，清末

〔1〕［日］浅井虎夫：《中国法典编纂沿革史》，陈重民译，中国政法大学出版社2007年版，第264页。
〔2〕马建石、杨育棠注释：《旧唐书刑法志注释》，群众出版社1984年版，第13页。
〔3〕马建石、杨育棠注释：《旧唐书刑法志注释》，群众出版社1984年版，第13页。

的立法中的一些具体规定还是很值得借鉴的。例如，把诽谤与商业诽谤规定在一起，诽谤与商业诽谤属于一个犯罪类型。1907 年《大清刑律草案》第 341 条规定："凡流布虚伪之风说，或用其余伪计，而损他人或其业务之信用者，处四等以下有期徒刑、拘留或三百元以下罚金。" 1910 年《修正刑律草案》第 359 条规定："凡散布流言或用其余伪计，损害他人或其业务之信用者，处五等有期徒刑、拘役或一百元以下罚金。" 1911 年《钦定大清刑律》第 359 条规定："散布流言或以诈术损害他人或其业务之信用者，处五等有期徒刑、拘役或一百元以下罚金。"[1]众所周知，现行刑法中，诽谤罪与商业诽谤罪（即损害商业信誉、商品声誉罪）分立。比较而言，似乎清末立法的类型化更科学。

二、我国当代刑法的类型化

（一）当代刑法类型化的文献

现代刑法学中有关刑法类型化的研究，其实由来已久。但是我国刑法学界以"类型化"或者"类型性"作为语言外壳和一个独立术语，则并不是很早的事情，大致出现于 1997 年《刑法》颁布之后。刑法类型化研究是受到一些重要域外著作的启发而产生的一个刑法学研究热点，尤其是卡尔·拉伦茨的《法学方法论》和亚图·考夫曼的《类推与事物本质——兼论类型理论》翻译引进后，大大推动了刑法的类型化研究。

1. 论文。有关刑法类型化的论文主要有：杨书文："刑法规范的模糊性与明确性及其整合机制"，载《中国法学》2001 年第 3 期；刘艳红："刑法类型化概念与法治国原则之哲理——兼论开放的构成要件之存在根据"，载《比较法研究》2003 年第 3 期；杜宇："再论刑法上之'类型化'思维——一种基于'方法论'的扩展性思考"，载《法制与社会发展》2005 年第 6 期；王昭振："类型思维：刑法中规范构成要件要素存在的法理根据"，载《法制与社会发展》2009 年第 1 期；潘庸鲁："刑法分则中的'胁迫'解读与类型化分析"，载《福建警察学院学报》2009 年第 3 期；齐文远、苏彩霞："刑法中的类型思维之提倡"，载《法律科学》2010 年第 1 期；杜宇："刑法规范的形成机理——以'类型'建构为视角"，载《法商研究》2010 年第 1 期；杜宇："刑法解释的另一种路径：以

---

〔1〕 高汉成主编：《〈大清新刑律〉立法资料汇编》，社会科学文献出版社 2013 年版，第 158、571～572、764 页。

‘合类型性’为中心”，载《中国法学》2010年第5期；罗猛：“对我国刑法‘类型化’不足之思考”，载《国家检察官学院学报》2010年第6期；马荣春：“警醒刑法学中的过度类型化思维”，载《法律科学》2012年第2期；郝方昉：“刑法司法解释的类型化及其意义”，载《甘肃政法学院学报》2012年第2期；陈晨：“故意杀人罪构成要件类型化之尝试：以主观方面的实证分析为切入点”，载《理论界》2012年第1期；马荣春：“刑法类型化思维：一种‘基本的’刑法方法论”，载《法治研究》2013年第12期；马荣春：“刑法类型化思维的概念与边界”，载《政治与法律》2014年第1期；赵春玉：“罪刑法定的路径选择与方法保障：以刑法中的类型思维为中心”，载《现代法学》2014年第3期；赵春玉：“刑事立法的类型化逻辑与路径”，载《甘肃政法学院学报》2014年第5期；曾庆云：“绑架罪及其类型化分析”，载《西南民族大学学报（人文社科版）》2014年第6期；王军明：“利用POS犯罪之类型化研究”，载《当代法学》2013年第4期；王军明：“身份犯的本质及其类型化问题研究”，载《东北大学学报（社会科学版）》2014年第5期；沈绿野、赵春喜：“水污染犯罪危险犯初探——以环境犯罪类型化为视角”，载《西部法学评论》2015年第3期；蔡道通：“特别法条优于普通法条适用——以金融诈骗罪行为类型的意义为分析视角”，载《法学家》2015年第5期；孙运梁：“刑法中‘致人死亡’的类型化研究”，载《政法论坛》2016年第1期；蔡中军：“论行贿罪受贿属性的类型化”，载《广西政法管理干部学院学报》2016年第2期；杜宇：“基于类型思维的刑法解释的实践功能”，载《中外法学》2016年第5期；于志刚、李源粒：“大数据时代数据犯罪的类型化与制裁思路”，载《政治与法律》2016年第5期；王志远：“论我国刑法各罪设定上的‘过度类型化’”，载《法学评论》2018年第2期；等等。

硕士论文有：王哲“论刑法类型化”，河南大学2012年；钟祥福“侮辱罪中侮辱行为的类型化研究”，华侨大学2016年；等等。

2. 著作。主要有：［德］卡尔·拉伦茨：《法学方法论》，陈爱娥译，五南图书出版公司1996年版；［德］亚图·考夫曼：《类推与事物本质——兼论类型理论》，吴从周译，台湾学林文化事业公司1999年版；陈兴良：《刑法疏议》，中国人民公安大学出版社1997年版；侯国云、白岫云：《新刑法疑难问题解析与适用——兼记新刑法中的矛盾与缺陷》，中国检察出版社1998年版；刘艳红：《罪名研究》，中国方正出版社2000年版；刘树德：《罪状解构——刑事法解释的展开》，法律出版社2002年版；刘树德：《阅读刑法典——罪状建构的若干比较》，人民法院出版社2004年版；欧阳本祺：《目的犯研究》，中国人民公安大学出版社2009年版；张莉琼：《集合犯研究》，中国人民公安大学出版社2011年版；张建军：《刑法中不明确概念类型化研究》，法律出版社2016年版；王政勋：《刑法解释的语言论研究》，商务印书馆2016年版；等等。

（二）当代刑法类型化的观点

1. 学界的几种观点。现有文献中呈现出的关于刑法类型化的观点，大致可以分成以下几种：

第一种，把类型化视为构成要件或者罪名，认为类型化就是构成要件的建构，就是罪名的建构。

例如，有学者认为，刑法上的类型就是指构成要件，行为类型就是指构成要件。并认为封闭的构成要件和开放的构成要件都是符合罪刑法定主义的。[1]该论者是以实然的犯罪构成要件作为类型化，并不是把具体罪名构成要件的概括性和涵摄力作为类型化的题中应有之意。并且，该论者始终没有对"类型化"进行术语上的厘定。与此相似的是，有学者认为，刑法中的构成要件都是"不法类型"，并把利用POS犯罪类型化为非法经营罪。[2]这些都是把某一类犯罪事实或者犯罪现象与实定刑法规范建立联系，属于构成要件符合性判断阶段，也就是初次类型化。

还有学者的研究集中于对犯罪现象的归纳式研究，集中于对新型犯罪的刑法评价问题，认为类型化主要是对新型犯罪的类型化的刑法评价，类型化是对犯罪现象的规范化评价而已，这大致上只是停留在规范类型的建构阶段，距离高度类型化的要求尚远。如："可以将大数据对刑法体系提出的挑战归结于两方面：其一，大数据究竟带来了哪些可以具体化的特别危险；其二，这些具体化了的危险所侵害的法益应当如何评判并予以类型化，即数据法益侵害的本质特征如何与传统法益保护法律体系对应和衔接。"还提出大数据时代应对刑法危险应形成以"非法获取网络数据罪"和"非法获取数据罪"为双核心罪名的整体思路。[3]笔者认为，"非法获取网络数据罪"和"非法获取数据罪"的设计思路还没有实现

〔1〕刘艳红："刑法类型化概念与法治国原则之哲理——兼论开放的构成要件之存在根据"，载《比较法研究》2003年第3期。

〔2〕王军明："利用POS犯罪之类型化研究"，载《当代法学》2013年第4期。

〔3〕于志刚、李源粒："大数据时代数据犯罪的类型化与制裁思路"，载《政治与法律》2016年第5期。

刑法类型化的要求，完全可以走得更远，建构一个涵摄力更强的“非法获取数据罪”。类似的类型化研究成果还有：沈绿野、赵春喜的《水污染犯罪危险犯初探——以环境犯罪类型化为视角》，潘庸鲁的《刑法分则中的“胁迫”解读与类型化分析》，等等。这都不是本书所指的类型化。这些研究属于初次类型化，也就是把犯罪现象进行分类归类，再与实定刑法规范的构成要件相对应。

还有的认为，构成要件是犯罪类型的轮廓，犯罪是类型化的违法有责行为。这是新康德主义刑法思想最集中的构成要件理论的核心表述。[1]显然，这仍然是把类型化与构成要件等同的主张。笔者认为，这实质上还是从社会生活（犯罪现象）到刑法用语（具体罪名的刑法用语）的第一次类型化、初次类型化，是凭借刑法用语来类型化、规范化地表述与指称社会生活和犯罪现象。

还有的认为，设立罪名就是类型化，并对这种立法进行了批评：刑法各罪的类型化设定过程，不是对象的事实性白描，而是对其意义规范的评价性阐释过程。这一原则在逻辑上允许立法者根据特定规范目的和现实需要，将同质行为分立设罪。我国现行刑法分则当中“同质分立”现象非常普遍，引发了一定的实践难题。就其本质而言，“同质分立”忽视了具有统领作用的整体性范畴，属于立法上的类型化过度。[2]

还有的认为，罪状是对构成要件的类型化表述，罪状是对构成要件的类型化。[3]该学者同样没有对“类型化”进行术语上的厘定。

总的来看，把罪名、构成要件或者罪状与类型化同等看待，是第一种观点的共同之处。这是以尊重立法为前提的，也是严守各个罪名构成要件底线的做法，其实质是以实然刑法规范为分析出发点，体现的是一种建构主义的刑法思想。

第二种，把类型化作为一种思维方法，在方法论意义上进行界定和研究。

将类型方法引入社会学的是马克斯·韦伯，将类型思维引入法学的是拉德布鲁赫。[4]有学者认为，刑法立法的类型化思维便是提高刑法立法的概括性的必要方法。这里所说的类型化主要指的是犯罪行为表现包括犯罪手段或犯罪方式与犯

---

〔1〕 王安异：“往返实证主义与自然法之间：贝林刑法思想研究”，载《台北大学法学论丛》2007年第62期。

〔2〕 王志远：“论我国刑法个罪设定上的‘过度类型化’”，载《法学评论》2018年第1期。

〔3〕 刘树德：《空白罪状——界定·追问·解读》，人民法院出版社2002年版，第24、71页。

〔4〕 徐育安：《刑法上类推禁止之生与死》，第62页。转引自欧阳本祺：《目的犯研究》，中国人民公安大学出版社2009年版，第126页。

罪对象的类型化，而类型化的手法又主要是指在条文表述中宜采用上位概念或属概念，如将现行《刑法》第 147 条中的“农药”“兽药”“化肥”“种子”代之以“农用物资”，以应对生产、销售假劣农机具、塑料薄膜、蚕种及其他养殖物种、植物等犯罪；又如将该条中的“生产”“销售”代之以“经营”，以应对存储、运输假劣农用物资的犯罪；再如现行《刑法》第 121 条所规定的劫持航空器罪与第 122 条所规定的劫持船只、汽车罪，本应类型化为“劫持交通工具罪”而使得劫持火车的行为不发生定罪疑难，至于劫持不同类型的交通工具的危害性大小问题，则可通过设置罪刑阶梯来予以解决。[1]该论者强调类型化涉及上位概念或属概念，也就是构成要件、刑法用语的涵摄力与概括性问题。

有学者认为，类型化是一种思维方法。类型思维无论在刑法立法还是刑法适用与刑法解释中都会找到施展的舞台；类型思维缓和了刑法立法上明确性与模糊性的矛盾，调适了刑法适用上安定性与灵活性的紧张关系，并使“目的解释”成为最重要的刑法解释方法。类型思维应当成为我国刑法立法、刑法适用与刑法解释上的重要思维方式。[2]

有学者认为，类型化思考是犯罪构成要件建构的重要方法论。刑法中对犯罪的规定不再是一些单纯的概念，例如杀人、放火、强奸、抢劫，都是一种犯罪类型。犯罪构成之作为一种法律模型，恰恰是类型化思考的结果。[3]该论者是把类型化思考方法贯穿于犯罪构成要件、犯罪类型、犯罪模型的整个过程中。笔者认为，对犯罪的规定既是概念也是类型，二者并无矛盾的地方，也不存在孰高级孰低级的问题。恰恰相反，概念就是类型，都需要以语词加以呈现，然后成为可感知、可描述、可交流的东西。笔者主张的类型化，是在现有概念、类型的基础上进一步类型化，是对概念的进一步类型化思考。或者说，概念也有不同层级的区分，杀人、放火、强奸、抢劫等是一种概念，同样，重大责任事故罪、交通肇事罪也是一种概念。不是所有罪名（所有概念）都是类型化的，不是所有罪名（所有概念）都是法律模型，刑法类型化就是对概念的进一步类型化，或者说是对已有类型的进一步类型化。

有学者虽然从多个角度使用了“类型化”这一概念，但基本上仍然可以认

---

〔1〕 马荣春：“刑法类型化思维——一种‘基本的’刑法方法论”，载《法治研究》2013 年第 12 期。

〔2〕 齐文远、苏彩霞：“刑法中的类型思维之提倡”，载《法律科学》2010 年第 1 期。

〔3〕 陈兴良：“刑法教义学方法论”，载陈兴良：《当代中国刑法新径路》，中国人民大学出版社 2006 年版，第 220 页以下。

为其是把“类型化”作为一种思维方法，代表性学者是杜宇，他的多篇论文都是研究类型化思维或者类型化方法的。[1] 从方法论角度、刑法规范的建构角度以及刑法解释学角度涉及了类型化问题，可见，类型化实际上是刑法各个环节都运用的方法和思维习惯，无论是立法还是解释，无论是司法还是语言。

第三种，把类型化与模糊性等同。

有学者认为，类型思维是刑法中规范构成要件要素存在的法理根据。[2]笔者认为，类型思维不仅是刑法中规范构成要件要素存在的法理根据，同样是选择记叙性的构成要件要素时必须采用的思维方法。仅仅把类型化思维局限于规范构成要件要素范围内，未免低估了其意义。另有学者认为，规范的构成要件体现了模糊性犯罪构成。[3]笔者认为，无论是记述的构成要件还是规范的构成要件，都需要类型化，而绝不能把记述的构成要件与类型化对立起来。正如论者自己所言，语言的模糊性、模糊语义学等的适用，是对一切语言而言的，刑法语言都具有模糊性，也就是都需要不断解释、不停解释，以便最终能够解释好一个个具体案件。但是无论多么模糊，只要符合现代汉语可言说的一种类型化的事物或者类型化的行为，刑法语言的使用就不违背罪刑法定主义。

第四种，把类型化与明确性等同。

有学者所使用的类型化，实际上是指刑法的明确性。如有论者在“刑法明确性问题的类型化探讨”一章，下设四节，分别是“空白罪状的明确性”“规范的构成要件要素的明确性”“定量因素的明确性”“兜底条款的明确性”，[4]完全没有涉及类型化。该学者的所谓类型化，实际上指的是“刑法明确性问题的分类探讨”或者“刑法明确性问题的分别探讨”，与本书所讲的类型化无关。

第五种，把类型化作为规范动态的建构。

---

〔1〕 包括：“刑法视域中‘类型化’方法的初步考察”，载《中外法学杂志》2002 年第 4 期。“再论刑法上之‘类型化’思维——一种基于方法论的扩展性思考”，载《法制与社会发展》2005 年第 6 期。“刑法上之‘类推禁止’如何可能？——一个方法论上的悬疑”，载《中外法学杂志》2006 年第 4 期。“刑法规范的形成机理：以‘类型’建构为观察视角”，载《法商研究》2010 年第 1 期。“刑法解释的另一种路径：以‘合类型性’为中心”，载《中国法学》2010 年第 5 期。“基于类型思维的刑法解释的实践功能”，载《中外法学》2016 年第 5 期。

〔2〕 王昭振：“类型思维：刑法中规范构成要件要素存在的法理根据”，载《法制与社会发展》2009 年第 1 期。

〔3〕 杨书文：“刑法规范的模糊性与明确性及其整合机制”，载《中国法学》2001 年第 3 期。

〔4〕 张建军：《刑法中不明确概念类型化研究》，法律出版社 2016 年版。

这种观点强调的是立法的不断类型化，强调刑法规范的动态类型化，类型化过程实际就是刑法规范不断完善的过程。有学者认为，类型化是刑法规范形成机理全过程的重要特点，从事实类型的发现、规范类型的建构、规范类型的补足到规范类型的检验，类型与规范惊人相似。[1]笔者认为，该论者的角度非常值得重视。刑法规范的立法也好，刑事司法活动的展开也好，都不可能离开类型化，这是法律活动的定性特点所决定了的。一个犯罪类型的建构不是一次就能够完成的，有的历时很长。例如，抢夺罪这个犯罪类型的建构，始于 1979 年《刑法》第 151 条："盗窃、诈骗、抢夺公私财物数额较大的，处 5 年以下有期徒刑、拘役或者管制。" 1997 年《刑法》第 267 条第 1 款是："抢夺公私财物，数额较大的，处 3 年以下有期徒刑、拘役或者管制，并处或者单处罚金……"《刑法修正案（九）》修改为："抢夺公私财物，数额较大的，或者多次抢夺的，处 3 年以下有期徒刑、拘役或者管制，并处或者单处罚金……" 仅仅在基本犯中增加了"多次抢夺"，也就是集合犯色彩的抢夺罪。换句话说，立法开始承认单次数额很小的抢夺行为属于无罪，集合多次之后才值得入罪，这是理性的做法，是尊重司法实践和抢夺犯罪规律的务实之举。那么，抢夺罪这个犯罪类型的建构，从 1979 年的《刑法》到 2015 年的《刑法修正案（九）》，历经 36 年，才得以基本完成。

再如危险驾驶罪的建构。第 133 条之一危险驾驶罪是 2011 年《刑法修正案（八）》新增的，2015 年《刑法修正案（九）》又做了大幅改动，新增了严重超载乘员型、严重超速型、违规运输危化品型三种危险驾驶罪："在道路上驾驶机动车，有下列情形之一的，处拘役，并处罚金：①追逐竞驶，情节恶劣的；②醉酒驾驶机动车的；③从事校车业务或者旅客运输，严重超过额定乘员载客，或者严重超过规定时速行驶的；④违反危险化学品安全管理规定运输危险化学品，危及公共安全的。"不仅如此，还增加了"机动车所有人、管理人对前款第 3 项、第 4 项行为负有直接责任的，依照前款的规定处罚"。笔者初步认为，危险驾驶罪这一在现行刑法中较新的犯罪类型的建构任务还没有最终完成，可能还会继续增加道路上的其他超限运输、超载运输、吸毒后驾驶等行为。例如，2016 年 12 月，交通运输部部长李小鹏说："建议加快研究推进将货车严重超限超载违法运输行为列入危险驾驶罪的范畴，追究有关人员的刑事责任，提高违法成本，形成

---

〔1〕 杜宇："刑法规范的形成机理——以'类型'建构为视角"，载《法商研究》2010 年第 1 期。

强大震慑力，从而遏制严重违法违规超限超载的行为，提高道路交通运输水平。”[1]今后，还有可能增加不是校车业务或者旅客运输，但是同样是严重超过额定乘员载客的危险驾驶行为，如公司通勤车、机关班车、公交车、私家车等。之所以如此考虑，是因为“校车业务”“旅客运输”与“乘客”的关系，是下位与上位概念的关系，而非同一关系、等价关系。我国语境中的旅客不等于乘客，校车也不等于学校的车。校车，一般指的是接送学生的车辆，属于面很窄的社会现象，接送教职工的公共车辆能不能叫做“校车”？旅客运输显然是从事运营的，但是公交车运营一般不叫“旅客运输”。公司通勤车、机关班车的运行一般也不会叫做“旅客运输”，叫做“乘客运输”是可以的。总之，目前，严重超员型危险驾驶罪的规制范围是受到限定的，这当然不利于保护法益，今后势必继续扩大规制范围，将企事业单位通勤车、机关班车、公交车、私家车等的严重超载乘员行为也类型化为危险驾驶罪。笔者认为，危险驾驶罪应该继续类型化，最终按照以危险方法危害公共安全罪处断：没有造成任何实害结果，也没有具体危险的危险驾驶，构成以危险方法危害公共安全罪未遂犯或者中止犯（这就是现行刑法的危险驾驶罪）。有具体危险的，构成以危险方法危害公共安全罪既遂犯、基本犯。如果造成该当的实害结果的（一死或者三重伤以上），根据主观心态的不同，分别处断：其一，如果是间接故意，构成以危险方法危害公共安全罪既遂犯、法定刑升格。其二，如果是过失，构成交通肇事罪，或者构成过失以危险方法危害公共安全罪。因为，笔者认为，故意的心态下，危险驾驶罪是以危险方法危害公共安全罪的“短缩”“截断”而已，二者属于一个犯罪类型，现行刑法目前的罪名格局是立法者当初没有预见到的。过失心态导致实害结果的情形下，危险驾驶行为属于交通肇事罪，或者过失以危险方法危害公共安全罪。目前《刑法》第133条之一，属于以危险方法危害公共安全罪这个类型。

例如，公交车与小汽车因抢道发生纠纷，互不服气的两司机在长江大桥上相互追逐、别车，最终酿成5车相撞、6人受伤的事故，涉嫌以危险方法危害公共安全罪，肇事两司机被武汉市汉阳区检察院批准逮捕。2015年7月11日上午，陈某驾驶小汽车载着生病的家人急匆匆地赶往武昌就医，行驶至长江大桥汉阳引桥段时，与梁某驾驶的541路公交车相遇。陈某本想从公交车右侧抢道，却被公

[1] 李小鹏：“建议将货车严重超限超载列入危险驾驶罪”，载 http：//news. ifeng. com/a/20161224/50470050 _0. shtml.

交车挡住，他因此怀恨在心。待车流松动后，陈某成功超车。为报复公交司机，陈某不顾车上家人的安危，将车驶至公交车左前方并故意向右挤靠，逼得公交车急刹车。随后，两司机开起了斗气车，相互追逐、别车。行至长江大桥中段时，气急了的梁某猛地往左打方向盘，公交车头重重地撞在了小汽车的右侧车身上。这一撞，也使得小汽车失控转向对面车道，与对向行驶的 3 辆车发生碰撞。车被撞停了，两位司机依然不服气，跳下车又扭打在一起，后被群众扯开，民警赶至现场后将两人控制。陈某的行为使他的母亲因碰撞导致肋骨骨折，儿子被玻璃划伤。[1]本案陈某、梁某的危险驾驶，虽然导致了实害结果，但是不属于该当的实害结果（一死或者三重伤以上），而且属于间接故意，所以，构成以危险方法危害公共安全罪既遂犯、基本犯法定刑，也就是 3 年以上 10 年以下有期徒刑。可见，建构一个犯罪类型是一种重大的立法活动，如果太草率就会招致频繁修法，失去刑法规范的秩序价值。建构一个犯罪类型是技术性、逻辑性、经验性都很强的智力活动，不是随随便便头脑一热就可以完成的好的事情。

论者主要集中于刑法规范形成也就是集中于刑事立法行为，没有对于具体犯罪类型的深究，没有深入构成要件的内部和深层，也没有结合一个具体的构成要件语词进行展开。实际上是对于刑事立法的“屈从”，而非对于刑事立法的解构。而且这一观点仍然局限于实定刑法规范阶段，局限于单个的“规范类型的建构”，尚未超越一个个具体法条。

第六种，把类型化用于具体构成要件的分类和分型的场合。

这实际指的是分则构成要件的分类和分型，即刑法分则中具体构成要件的具体分类，是一种具体化而不是抽象化。例如：“造成我国网络服务提供者刑事责任边界不确定性的重要原因之一在于，目前网络服务提供者类型化规定和理念的缺失。网络服务提供者这一概念本身是极为宽泛的，如不对其进行进一步的类型化区分，其责任认定必然难以精确。在诸多的类型化标准中，以技术功能作为区分标准是较好的选择。”[2]对于分则构成要件的分类和分型当然是一种类型化活动，但是类型化活动不限于分则构成要件的分类和分型，也应包括总则构成要件的分类和分型，如国家工作人员、司法工作人员、首要分子、从事公务，等等。

---

〔1〕“公交车与小汽车斗气‘别车’引 5 车相撞肇事司机被批捕”，载 http://hb.ifeng.com/news/fygc/detail_2015_09/09/4326270_0.shtml.

〔2〕王华伟：“网络服务提供者的刑法责任比较研究”，载《环球法律评论》2016 年第 4 期。

2. 本书的观点。从上述已有文献来进行一个简单的评价，可以发现，学者们对于类型化（或者刑法类型化）这一问题所思考的角度各异，甚至有的根本不在一个平台上论述“类型化”，例如有的把类型化与明确性结合，而有的把类型化与模糊性结合，正好是截然相反的观点。但是，对于“类型化”的理解仍然有逐渐趋于一致的势头。本书认为：

第一，类型化具有方法论的意义。类型化作为一种思维方法或者方法论，既不是规范构成要件的专有权利，也不是明确性的专属要求或者模糊性的专属要求。类型化是刑法规范形成机理全过程的重要特点。方法论解决的是“怎么办”。类型化方法也是如此。

第二，明确刑法类型化的任务。一个是对现有规范的完善、单个罪名的完善。这是基础和前提，包括具体语词的选择，法条罪状表述的技巧，罪名所属章节的调整，等等。一个是对罪名之间关系的完善与数理，进而对犯罪分类、上位罪名、上位构成要件进行建构，最终实现上下位罪名、上下位构成要件层次性的建构，实现概括性与明确性的高度统一。不少学者已经在进行这方面工作，如马荣春的《刑法类型化思维——一种“基本的”刑法方法论》，杜宇的《基于类型思维的刑法解释的实践功能》，等等。

第三，类型化还具有本体论的价值。罪名是类型或者类型的结合，或者反过来说，类型或者类型的结合就成为罪名。如果把构成要件作为类型，构成要件的结合就产生罪名。所有的犯罪类型是在基本要素的材料上建构起来的“语言建筑物”，类型化就是概念化，就是凭借语言的概念化。也就是说，通过类型化来实现类型化，通过类型化思维来获得类型化罪名、类型化构成要件、类型化语词、类型化概念等。

第四，类型化与刑法语言的一致性。目前，刑法学界尚未把类型化与刑法语言进行更紧密的联系和更深层的研究。作为以语言为交流介质的思维活动、刑法思维活动，类型化是刑法语言的内在属性。众所周知，人类的思维是以语言作为载体、以语言作为物质外壳的，所以语言天然与类型化结缘——因为语言本身就是对人类思维的一种概括和抽象。刑法语言活动和刑法思维活动已经内蕴了类型化本身，研究刑法语言、研究刑法的构成要件，绝对不可能绕开类型化问题。反之，研究类型化的实质也就是研究刑法语言及其涵摄性、指称范围。当前我们需要做的，是把刑法语言类型化、刑法类型化的研究继续深化和细化，把刑法类型化进一步细化为刑法构成要件类型化、罪名类型化、犯罪类型类型化、动词性构成要件类型化、名词性构成要件类型化、形容词性构成要件类型化等具体问题，这样有助于对竞合问题、法条适用问题、刑法解释问题等的研究。刑法类型化既是一个宏观的研究领域，更是一个微观的研究领域，需要刑法学者对于社会生活（包括犯罪现象、犯罪行为在内）与刑法语言的双向深刻把握。特别是在翻译的时候，域外的类型化成果、类型化行为、类型化语言等如何运用在中国刑法中，不是简单的事情。

第五，类型本身的分型。类型分为三种，分别是经验类型、规范类型和理想类型。[1]本书的类型化是以经验类型、规范类型为基础而建构出来的理想类型。也就是以实然的犯罪类型为基础，建构出应然的犯罪类型。在这个过程中，既要考察现行刑法的规范类型，也要认真对待古代刑法和域外刑法的规范类型，同时也会结合经验类型（即经验语言或者生活语言指称的类型）。

（三）当代刑法类型化分类

笔者认为，简单地说，刑法类型化就是使用刑法语言对犯罪的分类、分型活动。具体而言，刑法类型化就是使用刑法语言对犯罪类型和构成要件的分类、分型活动。对犯罪的分类、分型活动进行研究，古已有之。但是在现代刑法理论指导下，在大陆法系刑法原理指导下，对现行刑法所有约470个罪名（截至《刑法修正案（十）》）及其构成要件进行分类、分型研究，仍然是刑法学界的重要任务。这里有必要首先对刑法类型化进行简单的分类，以便确定本书研究范围和研究对象。

1. 初次类型化与再次类型化。有学者是从构成要件、犯罪构成意义上来理解和定义类型化或者犯罪类型的，如“刑法立法犯罪化的过程实际上是设置犯罪行为类型的过程”，“在学理上，犯罪行为类型的规范性仰赖于严格的犯罪构成，从这个意义上说，犯罪构成也可以理解为学者对犯罪行为类型的构造所做的分解推演与再次构建”。[2]这一观点认为构成要件就是一种类型化，认为构成要件都是“不法类型”，这当然是不错的。但是，这种主张是静态的，并认为现实的构成要件、实然的构成要件是合理的，似乎问题只是如何解释。笔者认为，立法者设立罪名及其构成要件（该学者称为“犯罪行为类型的立法设置”[3]），属于初

---

〔1〕［德］卡尔·拉伦茨：《法学方法论》，陈爱娥译，商务印书馆2003年版，第337页以下。

〔2〕陈璐：“犯罪行为类型的立法设置问题研究”，载赵秉志主编：《刑法论丛》（第36卷），法律出版社2013年版。

〔3〕陈璐：“犯罪行为类型的立法设置问题研究”，载赵秉志主编：《刑法论丛》（第36卷），法律出版社2013年版。

次类型化。而对这种初次类型化有必要进一步完善抽象、进一步类型化，就是再次类型化，这是建立在应然的类型化基础上的、动态的类型化，是对已经初次类型化的立法设置进行的解构与重构活动。

例如，学理上对罪名的分类就是在初次类型化基础上的再次类型化，而不同学者的再次类型化往往是有巨大差别的。有的学者把故意毁坏财物罪、破坏生产经营罪、拒不支付劳动报酬罪三个罪名类型化为“毁坏、拒付型财产罪”[1]，有的学者则把这三个罪名类型化为“毁损、拒付型财产罪”[2]，有的学者则把这三个罪名类型化为“破坏型”和“恶意欠薪型”[3]。由于对财产犯罪罪名的认识还不够深入，导致有的学者的分类明显前后矛盾、逻辑混乱，如有的学者前面认为财产犯罪分为取得罪、挪用罪和毁坏罪三大类，后面又把拒不支付劳动报酬罪列入“毁损、拒付型财产罪”[4]。这个所谓的、横空出世的“拒付型”难道是第四大类？财产犯罪到底是分为几类？上述三种观点的相同之处是，都把拒不支付劳动报酬罪作为独立的一种类型，笔者初步认为，这没有必要，拒不支付劳动报酬罪仍然属于财产犯罪中的取得罪，该罪名完全可以被解构掉。[5]

也可以说，初次类型化是对某一类犯罪现象的类型化，是形成一个具体犯罪的构成要件，或者说是对犯罪学上的某一类犯罪的刑法学评价，是对犯罪行为类型的建构。而再次类型化是对已有刑法规范的类型化、是对“不法类型”的类型化。学者们在使用“类型化”一词的时候，有的是在初次类型化意义上使用，有的则是在再次类型化意义上使用。本书主要是在再次类型化意义上使用。也就是在初次类型化已经完成、罪名设置已经完成的基础上，对于已有罪名、已有构成要件的再次类型化。

我国社会转型尚未完成，确立一个犯罪类型的过程必将是长期的、艰巨的。立法者对同一法条一次次修改完善，属于再次类型化。刑法罪名完善的历史，在某种意义上是不断寻找、发现、接近和确立理想犯罪类型的过程，是犯罪类型的建构历史。自然犯如此，行政犯的犯罪类型的建构何尝不是如此？例如，《刑法》第182条从操纵证券、期货交易价格罪演变为操纵证券、期货市场罪，行为

---

〔1〕 张明楷：《刑法学》，法律出版社2011年版，第910页以下。

〔2〕 周光权：《刑法各论》，中国人民大学出版社2016年版，第147页以下。

〔3〕 谢望原、赫兴旺主编：《刑法分论》，中国人民大学出版社2016年版，第259页以下。

〔4〕 周光权：《刑法各论》，中国人民大学出版社2016年版，第83、147页。

〔5〕 胡先锋：《刑法教学的宏旨与技术》，中国政法大学出版社2016年版，第116页。

方式的改动和目前呈现的罪名罪状，就是确立犯罪类型的过程。我国证券市场极度不完善，第182条操纵证券、期货市场罪应该还会继续修改、完善、变化，这个罪名的类型化过程并未结束。比如，操纵汇价的犯罪行为，操纵金价的犯罪行为，操纵房价和房地产市场的犯罪行为等，也可以尝试着与操纵证券、期货市场罪进行整合，以建构更具涵摄力的犯罪类型，更好地完善市场经济的制度基础。市场经济中，操纵现货期货价格、操纵现货期货交易量等犯罪的本质，就是垄断市场，打击竞争对手，欺骗投资者等市场主体。行政犯（法定犯）与自然犯（刑事犯）相比，具有罪状之空白性、社会危害性之较大变易性等特征，其犯罪类型的建构更加困难。第182条操纵证券、期货市场罪中的“以其他方法操纵证券、期货市场”就包括了“抢帽子”等新型犯罪方法，这足以证明行政犯犯罪类型的建构不是一次就能完成的。所以，立法者殚精竭虑、苦心孤诣建立的犯罪类型如果不能适应、概括瞬息万变的社会现实，往往瞬间就会形同虚设甚至土崩瓦解。我国1997年《刑法》实施以来的刑法修改历史和日本近年的刑法修改历史都证明了这一点。[1]众所周知，有的法条已经多次被修改，但是仍然难称完善，立法者对于一个个稳定的犯罪类型的摸索还在持续中，再次类型化就成为很常见的现象。

2. 构成要件类型化与犯罪类型类型化。从具体罪名的类型化和罪名之间的类型化角度分类，前者是构成要件的类型化，后者是犯罪类型的类型化。前者主要是立法行为，是历史性的行为。后者主要是学者行为，是逻辑性行为。前者是从事实类型的发现到规范类型的建构，后者是从一个个具体的规范类型的建构到规范类型之间关系的重构、新构、再造。例如，《刑法》第412条第1款商检徇私舞弊罪、第413条第1款动植物检疫徇私舞弊罪，曾经有学者建议分别表述为“伪造商检结果罪”“伪造动植物检疫结果罪”。[2]笔者非常赞同这一主张。两罪名的客观构成要件是“伪造商检文书”“伪造动植物检疫文书”，这是一种构成要件类型化，“伪造”完全能够涵摄“舞弊”。如果把该两罪名与其他罪名结合起来、通盘考察（如提供虚假证明文件罪等），则会建构出一个古老的、传统的犯罪类型——伪造文书犯罪，这就是犯罪类型的类型化。根据现有的确定罪名的表述方式——商检徇私舞弊罪、动植物检疫徇私舞弊罪，是难以确定罪名的实行行为的——徇私舞弊到底是什么行为？语焉不详，难以捉摸，云山雾罩，大而无

〔1〕 张明楷译：《日本刑法典》，法律出版社2006年版，代译序第15～16页。
〔2〕 刘艳红：《罪名研究》，中国方正出版社2000年版，第168页。

当，缺乏构成要件应有的明确性。

犯罪类型类型化包括具体罪名的类型化（下位犯罪类型的类型化）、中位犯罪类型类型化、上位犯罪类型类型化。众所周知，犯罪类型可大可小，最小的是具体罪名，具体罪名本身就是一个犯罪类型，如非法种植毒品原植物罪。之所以一个具体罪名本身就是一个犯罪类型，是因为语言本身就是对社会生活的概括性框定。每一个实然规范实际都是一个最具体的犯罪类型。中位犯罪类型，一种是立法者建构起来的小类，是具体罪名之上的小类，如非法种植毒品原植物罪属于毒品犯罪这个小类，也就是刑法典的毒品犯罪那一节；一种是学者们建构起来的小类，这可能是跨越不同章节的，如“伪造商检结果罪”“伪造动植物检疫结果罪”与伪造公文、证件、印章罪的整合。再向上，就是上位犯罪类型，也有两种。一种是立法者建构起来的，即刑法典的大章、大节，这是最抽象的犯罪类型。例如，军人违反职责罪实际就是军人渎职罪，所以，渎职罪是军职罪的上位概念、上位犯罪类型，今后如果修改刑法，可以把军职罪纳入渎职罪一章。笔者认为，目前的这样的犯罪类型可以暂时予以维持、保持稳定，但是，从长远看，还是应该以危害行为作为划分犯罪类型的主要依据，而逐渐改变以犯罪客体作为划分犯罪类型的主要依据。一种是学者建构起来的犯罪类型，如背信罪、掳人罪、强制罪等，主要是大陆法系的基本犯罪或者中国刑法史的经典犯罪。

3. 解构主义视角下的类型化和建构主义视角下的类型化。显然，二者之间存在重大分野。解构主义视角下的刑法类型化，着眼于怀疑、否定既有的行为类型，致力于应然的刑法类型化的建构与完善。例如，把乘人之危、利用女性被害人患病、昏迷、认识错误等状态与其性交构成的犯罪从现行刑法强奸罪中分离出去，认为这些情形并不属于“强”，就是解构主义视角下的刑法类型化、解构主义类型化。如果换个角度来审视，解构主义类型化是另一种建构。而建构主义视角下的刑法类型化、建构主义类型化，着眼于肯定、维护实定刑法规范，致力于实然刑法类型化的稳定。同样，把典型的强奸罪和大陆法系准强奸罪合二为一的做法，就是建构主义视角下的刑法类型化。笔者认为，很多法域的刑事立法严格区分准强奸罪和强奸罪，表明这些立法不仅关注“违背妇女意志”，更关注“暴力胁迫”的含义的确定性，这种区分是有科学性的。而我国现行刑法，并不区分准强奸罪和强奸罪，建构出来的强奸罪类型，只关注“违背妇女意志”而不论是否存在“暴力胁迫”，并不一定科学。因为，强奸罪的犯罪模式、行为模式是：通过“暴力胁迫”这一手段行为达到“违背妇女意志与其性交”这一目的行为，两个行为缺一不可。而准强奸罪只有一个目的行为，而没有手段行为，所以并不符合强奸罪的犯罪模式、行为模式。因此，基于解构主义视角下的刑法类型化，笔者赞同将强奸罪与准强奸罪进行分立。

对于实然的刑法规范的截然相反的态度，导致类型化的步子是大还是小，是“打碎刑法的镣铐”还是“戴着镣铐跳舞”，是“立法值得嘲笑”还是“立法不是嘲笑的对象”，也决定了进行刑法解释的时候，采取的解释方法和最终的解释结论的不同。在时机不成熟的时候（立法资源不充足、法条设置不齐全、罪名关系不清楚等），对于实然的刑法规范不宜进行过于激进的刑法类型化，不如进行解构主义视角下的刑法类型化，宁可类型化步子小一点。而在时机成熟的时候，进行建构主义视角下的刑法类型化，步子可以大一点。

刑法类型化是对应然刑法的建构。刑法类型化是对应然刑法的理想化建构。实然刑法与应然刑法之间的对立，是一种客观现象。刑法学应该研究实际的立法还是应然的规范，在不同时期、不同地域，回答不同。除了必要的对于实然刑法规范的解构，类型化特别应该建立在应然刑法的基础上。特别对于我国，研究应然刑法是非常必要的。因为无论从刑法观念还是立法技术，无论从逻辑周延还是用语选择，我国现行刑法规范（也就是实然刑法规范）还远远算不上尽善尽美、垂范久远。在大力发展刑法解释学的同时，刑法立法学也必须发展，犯罪类型的建构、类型化的建构当然是其中的重大问题。犯罪类型的建构离不开对于犯罪本质的追问，离不开对于犯罪行为所属类型的追问，千万不能迷失在日益细密的刑法规范中而失去对于罪名背后的宏观类型的深刻领会。如果没有对于犯罪行为所属类型的追问，一切“例”“敕”“令”“式”性质的刑法规范都会令人糊涂。而怎样才能准确把握犯罪行为所属类型，无疑不是纯技术问题，而是刑法历史、刑法传统和刑法文化问题，是刑法血脉延续、传承的基本问题，是刑法语言为表现形式的语言逻辑问题，更是现代人权、民主、自由等价值与刑法类型化之间深度融合的问题。

在外国刑法中，这种变化首先表现为对刑法与宪法关系的再认识。“……意大利刑法学界在刑法的基本理念问题上开始抛弃法律技术学派‘对一切文化前提均漠不关心’的‘泛哲学的态度’，由绝对的法律至上，千方百计地为现有刑法规定的合理性辩护的立场，逐渐转移到了宪法维护的基本价值或者宪法规定的基本人权至上，用宪法规定来批判性地审视现实中刑法规范的立场上……于是，我们不仅看到‘应然’的刑法很自然地复归刑法学的殿堂，对犯罪本质的探索重新在刑法理论中获得重要的地位。‘犯罪化、非犯罪化预防和镇压犯罪以及刑事制裁制度的改革等问题，都同传统刑法的那些基本问题一样在刑法学中有举足轻重的地位’，刑法学与犯罪学、刑事政策学、刑事立法学等刑事科学的结合很自然地成为意大利刑法学者‘日益关注的中心’；同时，我们还看到，即使是对‘实然’的刑法规范的研究，人们也抛弃了仅仅通过对刑法规范的逻辑结构和字面含义的分析来再现立法者的思维过程，以立法者的原意来诠释刑法规范应有含义的传统做法。”〔1〕可见，如果立法者的原意违背了“应然”的价值，违背了宪法的精神，那么，刑法规范的含义也毫无意义。如果不“嘲笑”旧的实定规范，怎会有理想的、更好的新的实定规范？这种以逻辑结构、客观文义、自然法则加上现代民主自由的对于刑法规范含义的多重制约，无疑会给我国当前的刑事立法实践、刑法解释实践和刑事司法活动以借鉴。而只有建立在犯罪类型化基础上的具体刑法规范，才是可以被很好解释、被很好执行、被很好遵守的。

前已述及，有学者认为，类型化是刑法规范形成机理全过程的重要特点，从事实类型的发现、规范类型的建构、规范类型的补足到规范类型的检验，类型与规范惊人相似。〔2〕可见，目前刑法学界对于类型化还是侧重于建构主义的视角，笔者认为，这未免低估了类型化的意义。

4. 适度类型化与过度类型化。适度类型化，指的是既有抽象性也有明确性的类型化。过度类型化，指的是只有抽象性但是缺乏明确性的类型化。何为适度？既是刑事立法技术问题，也是刑事立法指导思想问题。总的来看，现行刑法是在“宜细不宜粗”立法思想指导下的产物，所以一般而言并不存在过度类型化现象。但是也需要警惕频频使用“侵犯”“危害”“妨害”等构成要件含义不明确词语的现象。现行刑法亟需通过提高抽象性以实现适度类型化。例如，亟需把各种情形的拟制杀人罪、拟制伤害罪类型化到杀人罪和伤害罪之中，亟需把各种特别的背信罪（以及虽未使用背信但实质为背信的罪名）类型化为统一的背信罪，亟需把间谍罪，为境外窃取、刺探、收买、非法提供国家秘密、情报罪等类型化为统一的间谍罪，等等。

但是，如果进一步把背信犯罪和诈伪犯罪进行类型化，设置诈伪罪，就属于

---

〔1〕［意］杜里奥·帕多瓦尼：《意大利刑法学原理》，陈忠林译评，中国人民大学出版社2004年版，译者序，第34页以下。

〔2〕杜宇：“刑法规范的形成机理——以‘类型’建构为视角”，载《法商研究》2010年第1期。

高度类型化了，因为尽管存在着“背信藏巧谓之诈”的古老观念，但是在现行刑法学学科体系之下，诈伪罪的构成要件难以清晰，容易陷入过度类型化之中，与罪刑法定原则日益疏远。在现行刑法学学科体系之下，诈财与非诈财属于不同的法益，一为财产犯罪，一为非财产犯罪（又包括扰乱社会秩序犯罪、经济犯罪、妨害司法犯罪等大类），难以融合。所以，试图把诈骗罪、各种背信罪、高利贷犯罪、伪造犯罪、虚假陈述犯罪、招摇撞骗罪等各种类型的诈伪犯罪类型化为一个诈伪罪，就是试图过度类型化。同样的道理，我国《反间谍法》规定的间谍行为，把策反行为也作为间谍行为的一种，就是过度类型化，因为这打乱了间谍罪和投敌叛变罪（教唆犯）的界限，违背了间谍罪的真实含义与客观文义。“策动、引诱、收买国家工作人员叛变”的确是间谍实施的一种行为，但这不是间谍罪的实行行为。

这里，笔者的过度类型化并不等于某些学者批评的那种排斥概念式思维的过度类型化。无论是概念式思维还是类型化思维，都是具体的思维手段和思维方法，其最终目的都是构建出属种关系明确、层级清晰的构成要件系统。例如，有学者以南京市的李某组织男性从事同性性交易一案来批评过度类型化：

就组织卖淫罪的刑法规定而言，刑法并没有将同性之间的卖淫“除斥”在外，那么其作为属概念自然包括“同性卖淫”这个种概念。虽然“同性卖淫”是“异性卖淫”之后才出现的社会现象，但卖淫早以其自身的“质”而为“同性卖淫”准备了外延空间。因此，将本案定性为组织卖淫罪无需借助所谓的“立法精神”，而只需借助卖淫概念的属种关系即可。也就是说，借助概念的内涵和外延，便可直接解决本案的定性问题……要进一步指出的是，当强调“立法精神”和运用“类比推理”时如果超出了规范用语的“可能含义”，其所走向的就是类推。而问题是，过度类型化思维恰恰容易使得“立法精神”和“类比推理”的运用超出概念的“可能含义”，即超出概念的框定作用。由于是否超出“可能含义”是从概念的内涵和外延两个方面来把握的，故概念式思维对于节制类型化思维，从而防止类推，进而确保罪刑法定原则的贯彻，最终保障刑事法治和整个法治是有着直接的和根本的“界限”或“防护墙”作用的。可以这么说，有了概念式思维的“前卫性”节制，类型化思维就不会由扩张解释“危险地”跨入类推解释。[1]

---

〔1〕 马荣春：“警惕刑法学中的过度类型化思维”，载《法律科学》2012年第2期。

笔者以为，即便是“概念式思维”也可能超出概念的“可能含义”，因为一个具体的概念或者一个具体的构成要件，其“可能含义”“文义射程”“可能的文义范围”是什么，并非天然确定的、拿来即用的，恰恰是需要运用各种解释方法来确定的。如果批评“过度类型化”会导致类推的泛滥，那么，运用“概念式思维”也会出现不合理扩大解释的结论。“借助概念的内涵和外延，便可直接解决本案的定性问题”的不妥之处在于——概念的内涵和外延恰恰是要证明的结论而不是证明的前提。卖淫的内涵和外延恰恰是要证明的结论而不是证明的前提。《现代汉语词典》解释“卖淫”为“妇女出卖肉体”〔1〕，既然卖淫与嫖娼总是相提并论，那么，女性对男性的行为是卖淫，男性对女性的行为是嫖娼。假如上述案件中出卖肉体的男性的行为也被解释为“卖淫”，那么男性对男性的买淫行为是不是可以解释为“嫖娼”呢？当然不可以。从语用看，构成要件中的“卖淫”一词，其内涵和外延恰恰是要结合新的社会事实加以证明的，“卖淫”未必就是学者所言的“自然包括‘同性卖淫’这个种概念”的一个属概念。在构成要件还没有从“卖淫”改为“性交易”或者“性服务”的时候，恐怕还不能随意冒犯现代汉语语词的尊严，不能擅自把“卖淫”一词的“可能含义”“文义射程”“可能的文义范围”进行扩张来规制“同性卖淫”行为。假如非要强行赋予“卖淫”新的意义，那么就必须赋予与其有关联的“嫖娼”等新的意义，显然，这是牵一发动全身的，没有那么简单。而《刑法》第358条组织卖淫罪，能不能规制与涵摄南京市的李某一案？笔者认为，组织卖淫罪的真实含义是组织女性向男性出卖肉体的犯罪，组织卖淫罪恐怕不能解决该案问题。所以，本案最佳的解决方案，还是应该修法，通过采用新的刑法语言、选择新的语料来建构一个新的犯罪类型，把本罪从“组织卖淫罪”改造为、升级为“组织性服务罪”“组织性买卖罪”或者“组织性交易罪”。

在域外刑法典之中，有些很好的刑法分则适度类型化的实例。如瑞士刑法，有外交上的叛国、军事上的叛国之分。〔2〕还有政治谍报机构、军事谍报机构、经济谍报机构之分。〔3〕还有武器帮助、庇护敌人（即“非武器的帮助”如物品、贷款等）之分。〔4〕

〔1〕《现代汉语词典》（汉英双语），外语教学与研究出版社2002年版，第1296页。
〔2〕徐久生、庄敬华译：《瑞士联邦刑法典》，中国方正出版社2004年版，第84、167页。
〔3〕徐久生、庄敬华译：《瑞士联邦刑法典》，中国方正出版社2004年版，第85~86页。
〔4〕徐久生、庄敬华译：《瑞士联邦刑法典》，中国方正出版社2004年版，第168页。

有学者使用的“过度类型化”，与本书正好相反：刑法各罪的类型化设定过程，不是对象的事实性白描，而是对其意义规范的评价性阐释过程。这一原则在逻辑上允许立法者根据特定规范目的和现实需要，将同质行为分立设罪。我国现行刑法分则当中“同质分立”现象非常普遍，引发了一定的实践难题。就其本质而言，“同质分立”忽视了具有统领作用的整体性范畴，属于立法上的类型化过度。为有效予以规范，立法者应当以行为的“一般社会生活意义”为基准，对过度分立的罪名予以统合。[1]可见，其所指“过度类型化”与罪名统合正好是对立的立法行为，其所指“过度类型化”与过度分立的罪名是一个意思。笔者认为，这一观点批评了过于细密的立法现象，批评了过于细密的类型化，是正确的。但是，这恰恰不是好的类型化，而是类型化、抽象化不够，是对于同质犯罪行为没有进行同质评价。所以，不应该称之为“过度类型化”，而应该称之为“低度类型化”或者“类型化不足”。

5. 低度类型化与高度类型化。低度类型化，指的是类型化程度较低的类型化，例如《刑法修正案（六）》把违法为关系人发放贷款罪解构掉、废除掉，类型化为违法发放贷款罪。笔者认为，这仅仅是低度类型化的实践。违法发放贷款罪这个罪名，还可以进一步进行高度类型化。再如，有学者已经意识到故意毁坏财物罪和破坏生产经营罪之间的某种内在一致性，于是将它们都作为财产犯罪一章中的“毁坏型犯罪”[2]，但是却没有进一步深究“财物”和“生产经营”之间的关系，没有意识到“泄愤报复或者其他个人目的”这一构成要件实际上是包括了所有目的，本罪并非目的犯，没有意识到机器设备、耕畜就是财物，没有意识到毁坏机器设备、残害耕畜就是毁坏财物，没有意识到破坏生产经营本质上也是符合故意毁坏财物罪的构成要件的行为，没有意识到破坏生产经营罪可以被故意毁坏财物罪所涵摄。这种囿于立法规定而无法突破的类型化，只是一种低度类型化思维和低度类型化实践。再如，除了自然人作为犯罪主体外，法人犯罪主体也成为学理实际，但是，“法人”还不够高度类型化，于是就出现了“单位”这一构成要件。需要注意，刑法典之中只有“单位”，是没有“法人”的。那么，可以认为，从自然人到法人到单位，再到一个学术术语——犯罪主体，这个过程就是一个高度类型化的过程。这是具体的一个构成要件的高度类型化的

〔1〕王志远：“论我国刑法个罪设定上的‘过度类型化’”，载《法学评论》2018年第1期。

〔2〕姚建龙主编：《刑法学分论》，北京大学出版社2016年版，第315~316页。

过程。

高度类型化，是类型化程度较高的类型化，指的是涵摄力较大的罪名及其构成要件的建构。例如把所有的责任事故类犯罪类型化为业务过失致死伤罪。把所有的越狱、劫狱行为类型化为一个“越狱劫狱罪”[1]。高度类型化与过度类型化的界限是什么，特别值得研究。什么是“高度类型化”，也是难以精确衡量的。如果不能兼顾刑法规范的抽象性和明确性，不能兼顾刑法规范的概括性和安定性，那么，高度类型化可能会滑向过度类型化。例如，把走私普通货物、物品罪进一步类型化为偷税罪、逃税罪，是高度类型化还是过度类型化？笔者认为，从维持现行刑法分则体系的基本稳定的出发点而言，这属于过度类型化。而如果从犯罪行为本身及其法益而言，这属于高度类型化，是指明罪名之间内在一致性的良性的、科学的、逻辑的类型化。再如，把历史上的奸淫幼女罪、嫖宿幼女罪等行为类型化为现行刑法的强奸罪就是高度类型化，也是适度类型化，并非过度类型化。今后，强奸罪仍然会进一步类型化，把任何强迫性的性进入行为都作为强奸罪予以处断，包括把女性强奸男性、男性强奸男性、女性强奸女性等一律类型化为强奸罪或者叫做强制性交罪。

欲实现“高度类型化”，势必要不断进行罪名解构和罪名重构。所以，罪名解构，解构的只是罪名，而不是解构罪名所指称的犯罪行为。罪名解构之后，那些理应犯罪化的行为的刑法评价的任务势必交给其他罪名来承担，这个“其他罪名”可能是别的既有罪名，也可能是重新建构的罪名。无论是哪一种，都具备更大的涵摄力和概括性。刑法类型化的任务和目标，不是为了解构而解构，而是为了达到更强的逻辑上的涵摄力，达到语词的更强的涵摄力，最终是建构出“高度类型化”而不是“过度类型化”的罪名。所以，无论是罪名的“高度类型化”，还是构成要件的“高度类型化”，必须兼顾刑法规范的抽象性和明确性、兼顾刑法规范的概括性和安定性，以便进行良善正义的刑法解释和刑事司法，进而实现道义与法律冥合。

需要指出，即使是刑事立法规范及其体系已经实现了高度类型化，也未必就能解决所有的案件的定性问题，也未必就能解决行为人的入罪、出罪问题。社会生活和犯罪事实如此复杂，刑事立法是不可能穷尽的，这也正是“春秋决狱”的历史价值和刑法文化价值所在。笔者认为，至少在出罪这一点上，“春秋决

〔1〕 米良译：《越南刑法典》，中国人民公安大学出版社2005年版，第38页。

狱”是具有正面意义的刑法思想：当法无正条之时，引入儒家经典所秉持的法理、人情、法感觉、法常识，为行为人出罪，不正是与如今所倡导的法律不避人情、法律不应该违背人性等原则一脉相通吗？

需要指出，即使刑事立法规范及其体系已经实现了高度类型化，也未必就能把极个别的罪名归属于类型化的罪名之中，应该允许保留那些难以类型化的特殊罪名。例如，1937 年在陕甘宁边区公审的许某友等人“拖枪逃跑案”（组织拖枪逃跑出去打游击），六被告组织拖枪逃跑罪名成立（未遂），许某友被判有期徒刑一年半。[1]即便在今天的刑法典和军事法中，这个历史上的行为也是很难被归属于任何一个罪名中的：逃离部队罪？战时违抗命令罪？军人叛逃罪？战时临阵脱逃罪？都不准确。再如，历史上的妖言罪、妄称祥瑞罪等，同样很难被归属于现行刑法任何一个罪名中。

如果以现行刑法叛逃罪作为基础犯罪类型的话，现行刑法投敌叛变罪就是叛逃到敌方（内敌外敌均可），现行刑法背叛国家罪就是叛逃到敌方（只能是外敌）。历史上，汪伪政权之所以不是内敌而是外敌，是因为汪精卫与日寇勾结，属于共犯罪，当然是外敌。如此观之，电视连续剧《亮剑》第 9 集中，国军军官楚云飞单枪匹马追赶投靠汪伪的钱伯钧（楚云飞所部），斥其“叛国投敌当汉奸”。钱伯钧的行为绝非叛逃罪，而是投敌叛变罪，是背叛国家罪。而国共内战时期（解放战争时期）因为双方互为内敌，所以发生的双向的投敌叛变行为，不是背叛国家，只是背叛各自的政权，所以只能定性为现行刑法投敌叛变罪，这就是（叛逃到内敌的）投敌叛变罪。叛逃到外敌的行为，同时触犯了投敌叛变罪和背叛国家罪，属于想象竞合犯。根据背叛国家罪的规定，外敌并不限于外国，境外的机构、组织、个人也可以成为外敌。背叛国家罪、投敌叛变罪和叛逃罪这三个罪名，如果进行高度类型化的操作话，都源自叛罪，属于叛罪。也就是说，反罪（“来也”），包括投敌叛变罪和背叛国家罪等，也是在叛罪（“去也”）的基础上发展出来的。高度类型化的结果就是——叛，这来源于忠诚观念，来源于尽忠效忠的古代道德观念，来源于爱国忠君的基本家国观念。叛贼、逆子、反贼、反逆、逆臣、叛匪、乱匪等语的出现，就是这些古老观念的产物。封建社会农民起义被政权掌握者斥为“乱匪”“叛贼”，无疑也是正统法制观念的产物。

---

〔1〕 周健：《军事法的精神》（第 5 卷），法律出版社 2015 年版，第 220 页。

6. 刑法总则类型化与刑法分则类型化。刑法总则类型化包括总则行为的类型化、故意的类型化、犯罪主体的类型化、既遂犯的类型化，等等。例如，总则行为类型化指的是刑法总则规定的行为也是一种类型化的行为，如教唆、严重危及人身安全的暴力犯罪、贩卖毒品等。分则行为类型化，指的是刑法分则规定的行为也是一种类型化的行为，如教唆、虐待、侵占、徇私舞弊、偷越国（边）境等。再如，既遂犯的类型化。既遂犯的分类，一般分为结果犯的既遂和举动犯的既遂。而如果从具体罪名角度来研究既遂犯的分类，还可以采取更多样化的分类方法，以便更好地进行刑法教学，比如既遂犯可以分为实行终了的既遂和未实行终了的既遂，前者是常态，后者则较为罕见。未实行终了却已经既遂主要是在继续犯中存在，像绑架罪、非法拘禁罪、窝藏罪等罪名，当犯罪既遂之后，行为人的实行行为仍在继续之中。

（1）刑法分则类型化包括罪名类型化与构成要件类型化两大类。

第一，罪名类型化。罪名类型化涉及对罪名的归纳，学者的归纳，最高法院的归纳，最高检察院的归纳，等等，孰优孰劣，需要鉴别、比较得出。例如，有学者曾经把《刑法》第 169 条之一表述为“掏空上市公司罪”。笔者认为不妥。“掏空上市公司罪”不仅与后来的确定罪名“背信损害上市公司利益罪”差距很大，远不如“背信损害上市公司利益罪”这一类型化表述，而且忽视了对刑法学历史经验的继承，完全是非常感性化的、生造的罪名表述。

第二，构成要件类型化。构成要件类型化则是对构成要件的语词框定，是对具体构成要件的语言表述方式。例如，军警人员作为一类类型化的国家工作人员，与司法工作人员是不同的。而军警人员这一类型化的语言表达方式，是建立在军人、警察两种国家工作人员基础上的，军人、警察也是一种类型化的语言表达方式，而军人则建立在人民解放军军人和武警部队军人基础上。可见，在我国社会生活实际背景下，现行刑法的局部已经形成了具体构成要件的层次性和位阶性。

（2）刑法总则类型化与刑法分则类型化的协调。

第一，应该关注刑法中的兼语这一语法现象。从汉语语法角度来分析，教唆者与被教唆者、利用者与被利用者、强令者与被强令者的关系，具有相同的结构与模式。在语法上，它们都是“甲让乙实施危害行为”这个结构，其中，“乙”既是“让”的宾语，也是“实施危害行为”的主语，“乙”是语法中的兼语。

从各自行为与法益侵害结果或者危险的因果关系角度来分析，从构成要件符合性阶段，教唆者、利用者、强令者的行为都是条件，被教唆者、被利用者、被强令者的行为都是原因，这是经验法则，即被教唆者、被利用者、被强令者的行为与结果或者危险之间存在盖然性。

从主观心态角度来分析，教唆者与被教唆者是故意与故意叠加，共同实施犯罪。利用者与被利用者是故意与无责（不知情或者年龄不够）叠加，共同实施犯罪，具备构成要件符合性。强令者与被强令者是过失与过失叠加，实施犯罪。它们的一致之处，都是共同惹起法益侵害结果或者危险。

所以，兼语的刑法学意义就是亲自实施符合构成要件行为的人，根据不同情形，分别是被教唆者、被利用者、被强令者，其行为与法益侵害结果或者危险之间是因果关系。我们在考察一个具体罪名的类型化的时候，需要结合刑法总则类型化，这样，才会有内在一致的刑法学体系。

第二，应该关注表达实行行为的动词。表达实行行为的动词，不单单是刑法分则类型化的事情，也需要考虑总则与分则的衔接，尽力做到不冲突、内在一致。例如，危险驾驶罪的实行行为是危险驾驶，而在法条中，则分别使用了追逐竞驶、驾驶、运输、载客、行驶等多个动词。那么，这些动词是否都具有刑法总则上的一致性呢？众所周知，危险驾驶罪是一个继续犯〔1〕，而上述多个动词中，运输、载客则不是继续犯所要求的延续性动词（如运输毒品罪就不是继续犯），而是瞬间性行为。确定罪名使用危险驾驶罪，并不能完全涵摄法条中的罪状。但是，危险驾驶罪这个罪名的表述并不存在问题，那么反过来就应该考虑对法条罪状适当改造，以体现继续犯的特点。例如，把“违反危险化学品安全管理规定运输危险化学品”改为“违反危险化学品安全管理规定驾驶车辆”；把“严重超过规定时速行驶”改为“严重超过规定时速驾驶车辆”；把“严重超过额定乘员载客”改为“严重超过额定乘员驾驶车辆”；等等。

（四）刑法学界的类型化努力

从罪名到构成要件，从总则到分则，刑法学者的类型化努力始终未停止过。例如，把信用卡进一步类型化为“电子支付卡”〔2〕；把提供枪支的行为类型化为

〔1〕 柯耀程：《变动中的刑法思想》，中国政法大学出版社2003年版，第404页脚注。张明楷：《刑法学》，法律出版社2011年版，第417页。

〔2〕 刘艳红、许强：“论《刑法修正案（五）》对信用卡犯罪的立法完善”，载《法学评论》2006年第1期。

符合故意杀人罪构成要件的行为[1]；把徇私舞弊型渎职犯罪的“徇私”类型化为徇个人私情、私利（这也是司法解释的观点）[2]；把非法经营罪中的具体列举事项和非法从事外汇、出版物、电信业务类型化为“未经批准或未按要求从事某种专营业务”[3]；等等。

1. 当面销毁电子证据构成转化的抢劫罪。刑法用语需要不断超越原有的涵摄性，但是这并不等于强行提高构成要件的涵摄力，强行类型化。当解释结论或者解释路径违背历史沿革和大众期待（公众认同）的时候，这样的“超越”应该被否定。例如，有学者认为：“其实这里的当场使用暴力或者以暴力相威胁很容易发生于网络空间如微博中，例如在电子游戏中盗窃、诈骗他人的游戏装备，或者盗窃、诈骗他人账户资金，然后在被害人眼看着的情形下利用技术优势销毁电子证据。”[4]论者的观点是此时成立转化的抢劫罪。笔者以为这个观点是错误的。因为“当场使用暴力或者以暴力相威胁”必须是针对人身权利的犯罪行为，“在被害人眼看着的情形下利用技术优势销毁电子证据”虽然是毁灭罪证，却不是为了毁灭罪证而对他人使用暴力或者以暴力相威胁。即便行为人在微博中立即对被害人用言语、用暴力进行威胁，也不属于构成要件中的“当场”，因为“当场”具有“当面”的内涵，行为人在微博中不可能“当面”、不可能当着被害人的面，所以不成立转化的抢劫罪。

2. 指使肇事人逃逸构成窝藏罪。类型化是一种严肃的语言活动，体现在学者不同观点之间的“语言对抗”“词语对抗”。为了准确定性犯罪性质，理性甄别学术见解，就应该考察哪种观点更符合类型化。例如，2000年最高人民法院《关于审理交通肇事刑事案件具体应用法律若干问题的解释》规定：“交通肇事后，单位主管人员、机动车辆所有人、承包人或者乘车人指使肇事人逃逸，致使被害人因得不到救助而死亡的，以交通肇事罪的共犯论处。”这一规定肯定了过失的继承共犯，曾经引起广泛质疑。那么，这四种人有无刑事责任？如果有，怎样解决四种人的刑事责任呢？对此，有学者提供了自己的分析路径，认为成立窝藏罪：“窝藏一般以有形的方式实施，如为被告人化装、换衣服、提供逃走的资

[1] 刘明祥：“间接正犯概念之否定——单一正犯体系的视角”，载《法学研究》2015年第6期。

[2] 苗有水、宋伟岩：“《全国法院审理经济犯罪案件工作座谈会纪要》适用解读（下）”，姜伟主编：《刑事司法指南》（总第19集），法律出版社2004年版，第170页。

[3] 齐文远、苏彩霞：“刑法中的类型思维之提倡”，载《法律科学》2010年第1期。

[4] 于志刚、郭旨龙：《网络刑法的逻辑与经验》，中国法制出版社2015年版，第93页。

金、提供伪造的身份证、假扮本犯站在司法机关追捕罪犯所必经的场所等。但是，无形的方法也可以构成窝藏，例如，指使、劝告、怂恿犯罪人逃避的，将搜查的形式告知逃避中的犯罪者，对欲告发犯罪的第三人施加压力，也可以构成窝藏。交通肇事后，单位主管人员、机动车辆所有人、承包人或者乘车人指使肇事者逃逸，致使被害人因得不到救助而死亡的，就是属于无形的窝藏行为。”[1]并认为，可以把窝藏扩大解释为“藏匿或者隐避”[2]。

笔者认为，四种人指使交通肇事人逃逸构成窝藏罪的观点，未必符合人们观念中窝藏罪的犯罪定型。理由如下：

第一，窝藏罪是明知是犯罪的人而予以庇护、掩护的行为，要求窝藏对象是犯罪的人或者已经实施了犯罪行为的人。如果事后不认为窝藏对象构成犯罪的，窝藏行为人也就不构成犯罪。也就是说，只有交通肇事行为本身已经构成犯罪、达到追诉标准了，四种人指使肇事人逃逸，才是窝藏罪。而在交通肇事逃逸的情况下，交通肇事行为本身不一定已经构成犯罪、达到追诉标准，例如交通肇事行为致一人重伤、轻伤，但是负事故同等责任、主要责任、全部责任的，此时并没有人“犯罪”，肇事者也不是“犯罪的人”。因此，四种人指使肇事人逃逸，致使被害人因得不到救助而死亡的，并不是一律符合窝藏罪的犯罪定型。

第二，不能任意扩大“窝藏”一词的外延、涵摄范围。因为，一个词语的外延应该结合该词语在所有法条中的含义来进行整体性的考察，随意扩大解释会造成“意义的崩塌”。在《刑法》第379条战时窝藏逃离部队军人罪中，“窝藏”的含义只限于“战时明知是逃离部队的军人而为其提供隐蔽处所、财物”，其“文义射程”只有“提供处所”“提供财物”两种情形，并不包括明知是逃离部队的军人而指使、唆使逃离部队的军人逃逸、逃跑的行为。因此，四种人指使交通肇事行为人逃逸，按照窝藏罪处断，扩大了窝藏一词的外延、涵摄范围，未必合理。况且，隐避的意思是隐藏躲避。[3]显然这是行为人才能实施的行为，其他人对其庇护，岂能论以隐避？从现代汉语来说，指使逃逸既不是窝藏，也不是隐避，强行解释只会弄巧成拙。

第三，明知是犯罪的人而为其指示逃跑路线可以解释为窝藏罪，但是明知是

---

〔1〕 周光权：“指使交通肇事者逃逸应当以窝藏罪定性”，载《人民检察》2005年7月（下半月刊）。
〔2〕 周光权：“指使交通肇事者逃逸应当以窝藏罪定性”，载《人民检察》2005年7月（下半月刊）。
〔3〕《现代汉语词典》，商务印书馆2012年版，第1556页。

犯罪的人而指使其逃逸则未必是犯罪。指示逃跑路线与指使逃逸相比，前者显然具有更大的社会危害性，二者不能进行相同评价。笔者认为，只有对肇事者有明确的帮助、便利行为的，才能评价为窝藏罪。窝藏罪法条中的“帮助其逃匿”，不能被忽视，也不应任意解释。从历史传统看，只有实施了具体“过致资给”行为如“指授道途”“送过险处”“助其运致”“资给衣粮”〔1〕等行为的，才是窝藏罪。试问：指使肇事者逃逸难道是给了肇事者什么具体的帮助吗？如果此时将指使逃逸处断为窝藏罪，属于刑法评价过度。

第四，一般而言，指使一个故意犯罪行为人逃逸尚且不构成窝藏罪，何况是指使一个过失犯罪行为人逃逸？当然，司法解释评价的是“指使肇事者逃逸，致使被害人因得不到救助而死亡”，不是单纯的逃逸。笔者认为，四种人指使肇事人逃逸本身不构成犯罪，没有触犯任何罪名。司法解释的重点是“指使肇事者逃逸，致使被害人因得不到救助而死亡”。这也是窝藏罪不能涵摄的。论者把司法解释中的“致使被害人因得不到救助而死亡”置之不理，自然得不出妥当的结论。那么，“指使肇事者逃逸，致使被害人因得不到救助而死亡”的评价问题的前提是逃逸本身值得非难，只有这样，指使逃逸才有可罚的根据。

第五，要想解决交通肇事逃逸的问题，必须把肇事行为和逃逸行为分开评价。肇事行为构成的是交通肇事罪，如果逃逸行为致人死亡（因果关系）的，应该处断为不作为的故意杀人罪或者遗弃罪。〔2〕四种人并没有实施交通肇事罪的构成要件行为，也谈不上交通肇事罪的教唆行为和帮助行为，该司法解释却评价其为交通肇事罪，当然不妥。肇事者逃逸，致使被害人因得不到救助而死亡，是一种不救助行为（不作为）与死亡结果的因果关系，其不作为的义务来源是明确的。而四种人指使其逃逸，指使其不救助，是对不救助行为的教唆，该行为与死亡结果是有条件关系的。但是即便如此，“指使肇事者逃逸，致使被害人因得不到救助而死亡”构成的绝不应是交通肇事罪共犯，而应该是故意犯罪的共犯。如有学者认为，应视具体情形分别处断为窝藏罪（正犯）、遗弃罪（教唆犯）、杀人罪（教唆犯）。〔3〕这三个罪名显然都是故意犯罪。在这一点上，笔者是赞成的。可见，“指使肇事者逃逸，致使被害人因得不到救助而死亡”最多也只能构

---

〔1〕 刘俊文：《唐律疏议笺解》，中华书局1996年版，第2004页以下。刘俊文认为“过致资给”构成包庇罪。

〔2〕 是构成不作为的故意杀人罪还是遗弃罪，本身就是个解释难题。

〔3〕 张明楷：《刑法学》，法律出版社2011年版，第636页。

成故意犯罪的共犯。至于是何种故意犯罪，也是争论不休的难题。

第六，司法解释认为“以交通肇事罪的共犯论处”，但是属于何种共犯，并不清楚，也未指出，这意味着问题实际上是悬而未决的。这里进行排列组合如下：①构成交通肇事罪的教唆犯，但是行为人并未对其交通肇事行为进行教唆。②构成交通肇事罪的帮助犯，但是行为人并未对其交通肇事行为进行帮助。③构成交通肇事罪的共同正犯，但是行为人并无交通肇事行为。④构成交通肇事罪的共谋共同正犯，但是行为人并共谋行为。可见，司法解释认为“以交通肇事罪的共犯论处”的结论，毫无意义。

第七，也许正因如此，曾经认为“指使肇事者逃逸致使被害人因得不到救助而死亡的属于无形的窝藏行为”的学者，后来似乎已经不再明确坚持这一观点了：“此时，对指使者能否以窝藏罪定罪，也是需要考虑的问题。”〔1〕笔者认为，“指使肇事者逃逸致使被害人因得不到救助而死亡的”，处断为窝藏罪（正犯），是不恰当的。因为被评价的事实是“因为指使逃逸致人死亡”，侵害的是生命权，而窝藏罪（正犯）怎么可能侵害生命权？换句话说，如果是由于窝藏罪（正犯）行为导致了一个死亡结果，这样的因果关系是如何产生的？这样的因果关系如何能够符合经验法则？

最后，综上所述，无论是从客观文义还是从刑法史遗产，无论是从因果关系还是从刑法逻辑，该司法解释的结论都不妥当，学者的类型化尝试都不尽完善。

3. 性贿赂构成渎职罪。曾经有学者认为，性贿赂可以按照渎职罪来解释。其核心理由是：“就具体的规范解释而言，应当受到刑罚处罚的‘性贿赂’行为在我们国家的现行刑法足以做到有法可依。首先，从历史的角度来看，清朝将‘枉法娶人妻妾及女’的行为以《职制律》中的‘枉法罪’论处的解释有传承和借鉴意义。我们通过转换思维，完全可以将‘性贿赂’的定性问题从贪污贿赂罪的类罪转移到渎职罪的类罪中来。”〔2〕可是，论者前面所言明明是“现行刑法足以做到有法可依”，后面所言却突然变成了“清朝”“枉法娶人妻妾及女”。论者前面所言明明是“性贿赂”，后面所言却突然变成了“枉法娶人妻妾及女”，“性贿赂”怎么和“娶人妻妾及女”画上等号了？

---

〔1〕 周光权：《刑法各论》，中国人民大学出版社2016年版，第192页。

〔2〕 周详、齐文远：“论‘性贿赂’可以用渎职罪来规范——一个文化解释的视角”，载中国法学会刑法学研究会2005年学术年会论文集。

笔者认为，这样的刑法分则类型化的努力不妥。理由如下：

第一，刑法分则类型化需要严谨的刑法解释，而不是简单的“转移”“类比”，这是非常轻率的，也是毫无意义的。

第二，“性贿赂可以按照渎职罪来解释”本身就是个伪命题。国家工作人员接受性贿赂本身与渎职无关。行为人必须还另外实施了具体的渎职行为，才可能被处断为渎职罪中的具体罪名。接受性贿赂的行为是一个行为，接受性贿赂之前或之后的渎职行为、徇私舞弊行为是另一个行为，不可混为一谈。即便是犯罪学上两个行为一般会都发生，但毕竟不是一个行为。接受性贿赂未必都渎职。

第三，渎职罪本身不是一个犯罪类型，而只是一章的标题。将接受性贿赂的行为处断为渎职罪中的那个罪名，是必须予以正面回答的。而论者并未触及这个最关键的问题。那么，“性贿赂可以按照渎职罪来解释”就不符合刑法学的基本解释规范。

第四，论者认为，对于“性贿赂”中提供“性服务”的一方，其刑事责任可以依据渎职罪中具体的犯罪的共犯论处，但不宜将单纯被利用者作为共犯处理。[1]可是，对提供“性服务”的一方以哪一类共犯处理呢？是教唆犯还是帮助犯？如果按照教唆犯处理，就必须查明提供性服务的人实施了教唆渎职的行为。如果按照帮助犯处理，就必须查明提供性服务的人实施了“便利”渎职的行为，这更不符合逻辑：难道一个提供性服务的人的“陪睡”行为就是便利了渎职的行为吗？

第五，渎职罪既有故意犯，也有过失犯。论者所指应该是渎职罪中的故意犯。例如，接受性贿赂之后徇私舞弊不征、少征税款，构成徇私舞弊不征、少征税款罪。显然，接受刑法评价的行为是徇私舞弊不征、少征税款，而不是接受性贿赂。接受性贿赂只是行为人实施徇私舞弊不征、少征税款的内心起因——犯罪动机而已。刑法不可能处罚犯罪动机。从形式逻辑来看，处罚提供性贿赂还是处罚接受性贿赂，是完全不一样的。如果是处罚接受性贿赂本身的话，该行为的构成要件是什么都不容易说清楚。如果是处罚提供性贿赂本身的话，司法实践几乎是找不到任何真实案例的。如果处罚接受性贿赂之后的渎职行为的话，现行刑法已经有渎职罪一章了。

---

〔1〕 周详、齐文远：“论‘性贿赂’可以用渎职罪来规范——一个文化解释的视角”，载中国法学会刑法学研究会2005年学术年会论文集。

最后，“性贿赂可以用渎职罪来规范”，实际指的是“接受性贿赂可以用渎职罪来规范”。这是把接受性贿赂的行为混同于接受性贿赂之后的渎职行为，本身就是错误的。需要得到刑法评价的是显然是接受性贿赂行为本身的性质。笔者认为，除非立法新增“接受性贿赂罪”或者“收受性贿赂罪”专门予以打击，否则，接受性贿赂行为暂时不能处断为任何罪名。

4. 倒卖车票、船票构成诈骗罪或非法经营罪。在中国刑法史上，曾经两次把倒卖车票、船票行为处断为诈骗罪。笔者认为，这是比较新颖的刑法类型化尝试和努力，应该得到刑法学界的重视，对于我们类型化地把握现行《刑法》第227条第2款倒卖车票、船票罪的性质，有借鉴的意义：

第一次是1945年司法院的解释：“轮船票贩自己既不乘船而套购船票，高价转售渔利，自系以诈术取得财产上不法之利益，应成立刑法第339条第2项之罪。”〔1〕

第二次是1948年司法院的解释：“来函所述情形，应以甲说为当（参照院解字第2920号解释）。附交通部原公函：人民贩卖黑市车（船）票从中图利，究否犯罪？计有下列二说：甲说：谓人民向车（船）站套购车（船）票目的在于牟利，佯言车（船）票如何不易购得，乃索高价售予旅客以遂利欲，是其行为不仅为欺罔，并利用人之错误而使其为财物之交付，自应认为刑法上之诈欺罪。乙说：谓此种行为纯为图利，并无有致陷人于错误而使其将财物交付之行为，且买受人之多价购买亦系出于情愿，显无受诈欺之可言，是其行为除有另犯运输机关或其他规章外，自难认为刑法上之处罪。本是以观，究以何说为当，事关法律上之疑义。”〔2〕

笔者认为，对现行《刑法》第227条第2款倒卖车票、船票罪所规制的犯罪行为，应该进行适度类型化，处断为诈骗罪或者非法经营罪都是可以尝试的思路。

第一，如果尊重中国刑法史的历史遗产，考虑到基本犯罪类型的强大涵摄力，可以将部分倒卖车票、船票的行为直接处断为诈骗罪这一基本犯罪类型。具体而言：如果行为人“佯言车（船）票如何不易购得”而使得购买者受骗、支

〔1〕［解释字号］院解字第2920号，［解释日期］1945年6月14日，载《司法院解释汇编》（第4册），第2560页。

〔2〕［解释字号］院解字第3808号，［解释日期］1948年1月14日，载《司法院解释汇编》（第5册），第3244页。

付高价的，就处断为诈骗罪。如果行为人并无“佯言车（船）票如何不易购得”等事实，并无诈术，纯粹是利用票源紧张的时机事先抢到、买到车票、船票、机票等，再出售给急需的旅客或者购票者，而使得旅客或者购票者支付高价的，就处断为非法经营罪。此时，车（船）票应被解释为非法经营罪中的“限制买卖的物品”。

第二，如果处断为诈骗罪，其着手应该为行为人对购买者使用诈术之时。现行刑法倒卖车票、船票罪的实行行为应该是开始高价出卖之时（倒买之时）。而如果处断为非法经营罪，则实行行为应该是开始高价出卖之时。从着手这一角度来看，倒卖车票、船票处断为非法经营罪，倒卖车票、船票罪与非法经营罪二罪名的着手是一致的。而如果处断为诈骗罪，倒卖车票、船票罪与诈骗罪二罪名的着手是不一致的，这如何协调倒是个问题。笔者初步认为，为了使三个罪名实行行为的着手保持一致，可以考虑把着手提前到行为人购买车票、船票之时，因为这一行为不仅对于市场秩序有紧迫危险性，也对急需的旅客或者购票者的法益有紧迫危险性。行为人自己没有出行计划而套购车票、船票，是在欺骗运输企业，套购车票、船票之时，对于运输企业的法益产生紧迫危险性。但是这是否能够解释为诈骗运输企业，侵害其财产权，仍不够妥当。当前我国的倒卖车票、船票行为，实际上往往与诈骗罪无关，因为高价购买者往往并非因为受到行为人的欺骗而处分财产，而是因为急着回家非买不可。所以，当前我国的倒卖车票、船票行为，处断为非法经营罪更为合理。那么，着手时点为从运输企业购买之时，也就是倒买倒卖行为的倒买之时，也就是从运输企业购买、套购之时。民国时期的倒卖车票、船票行为，与今天的倒卖车票、船票行为，具有不同的性质和犯罪模式，不能等量齐观，所以，当时可以处断为诈骗罪，现在则应该处断为非法经营罪。

第三，倒卖车票、船票罪，可以重新表述为倒买倒卖车票、船票罪。倒买倒卖行为始于倒买，而不是始于倒卖。但是由于刑法的谦抑性，对于尚处于倒买阶段的行为，刑法一般将其解释为本罪的预备行为，不认为对法益有紧迫危险性。但是实践中，也有反面的例子。例如，有的烟草专卖局在查处无证经营烟草行为时，把大量进货卷烟的人抓获，在其仓库里起获大量卷烟，定性为非法经营罪。而此时，囤货的行为人并未开始倒卖香烟，只是在为倒卖创造条件，也就是尚处于倒卖香烟的预备阶段而已。笔者认为，烟草专卖领域是非法经营罪中打击最严厉的，至少比打击倒买倒卖车票、船票严厉得多。所以，烟草专卖局对于非法经营行为的干预最早。而打击倒买倒卖车票、船票，不仅有季节性，也没有非法经营烟草制品那么大的社会危害性。因此，把倒卖车票、船票罪理解为倒买倒卖车票、船票罪，把倒买认定为本罪的着手。

第四，倒卖车票、船票罪中的“卖”，可以解释为“贩卖”，而“贩卖”的实行行为的着手是买进、购入之时。我国台湾地区有判例持此观点：所谓贩卖行为，并不以贩入之后复行卖出为要件，只要以营利为目的，将禁药购入或卖出，有一于此，其犯罪即为完成。上诉人既以贩卖图利之意思购入速赐康，虽于出售与某某时，已议定价格尚未交付之际，即被当场查获，仍属犯罪既遂。[1]那么，可以认为，倒卖车票、船票罪的着手是开始买入之时，既遂是成功买入之时。因此，当该犯罪被破获之时，一般而言，倒卖车票、船票罪已经既遂。所以，处断为非法经营罪的既遂是准确的。非法经营罪的既遂是行为人买进“限制买卖的物品”行为完成之时。

5. 投放危险物质罪新解。笔者初步认为，《刑法》第114条中的投放危险物质罪是一个涵摄力很强的上位罪名，“投放”是一个概括性很强的构成要件，可以覆盖掺入、添加、生产、销售、排放、倾倒等多个构成要件，投放危险物质是一切向环境、市场、人体或者产品中增加危险物质的行为。现代汉语中的“投放”一词有两个义项，第一个义项是投下去；放进。第二个义项是工商企业向市场供应商品。[2]有了投放危险物质罪，足以解构其他罪名——污染环境罪，生产、销售有毒、有害食品罪，传播性病罪，等等。

（1）投放危险物质罪可以涵摄的情形包括：

第一，环境犯罪行为人超标排污的，应视具体情形处断为向环境中投放危险物质，构成投放危险物质罪。行为人非法倾倒垃圾（俗称“倒野渣”），根据倾倒的垃圾的种类、成分等来具体判断是否属于危险物质，不能仅仅根据建筑垃圾、生活垃圾、工业垃圾、化工垃圾、医疗垃圾等大类别来判断是否属于危险物质，因为建筑垃圾中也可能含有石材、涂料、油漆、胶水等毒害性、放射性等危险物质，生活垃圾之中腐烂变质的厨余垃圾也可能随着时间推移温度上升等原因产生危险物质，生活垃圾中的电池、电子产品等可能含有铅、汞、镉等有毒重金属。例如，2016年6月犯罪行为人使用船只把混合垃圾从上海宝山偷运至江苏省

---

〔1〕《“最高法院”刑法判例要旨》，［判例字号］67台上2500。

〔2〕《现代汉语词典》，商务印书馆2012年版，第1313页。

海门市国营江心沙农场耕地的事件已经刑事立案，混合垃圾含有生活垃圾、砖渣、印染垃圾等。再如，2017 年 7 月到 2018 年，某市郧西县魏多成养猪专业合作社未按照相关环保要求，处理养殖污物和落实环保“三同时”制度，仅人工开挖三个未采取任何防渗漏措施的简易渗坑，在养殖过程中将产生的猪粪、猪尿，采取水冲式方式直接冲入渗坑，而后通过与之相邻的河堤底部的两个排污口直接排入干沟河，最终流入天河汇入汉江。经检测，其排放的废水中化学需氧量、总磷、氨氮、粪大肠菌群均严重超标，造成了环境污染，严重侵害了社会公益。[1]本案中的粪大肠菌群中如果含有霍乱弧菌、伤寒杆菌、痢疾杆菌等，则属于传染病病原体，行为人的排污行为应该解释为投放危险物质罪中的投放含有传染病病原体的物质。由于水体和大气是流动的，土壤则不能流动（沙丘则例外），所以，向水体和大气投放危险物质的社会危害性更大。堆放垃圾等于倾倒垃圾。投放危险物质罪可以涵摄部分涉及危险物质的污染环境罪。

第二，食品、药品生产者故意添加危险物质的，属于向食品、药品中投放危险物质，例如在保健食品中添加西布曲明、格列本脲、二甲双胍等药物成分的，应该解释为生产有毒有害食品罪，同时处断为投放危险物质罪。食品、药品销售者故意向市场中投放含有危险物质的食品或者药品的，应该解释为向市场投放危险物质罪。也就是说，添加可以解释为投放，销售也可以解释为投放。生产者故意添加危险物质的，属于向食品、药品中投放危险物质；销售者明知是添加了危险物质的食品、药品而销售的，属于向市场中投放危险物质，这使用的是“投放”的第二个义项。投放危险物质罪可以涵摄部分涉及危险物质的食品药品犯罪。

第三，体校、运动队、教练员等给运动员集体注射兴奋剂“以提高成绩”，幼儿园给幼儿服用病毒灵“以防止感冒”，医疗机构给患者注射过期疫苗或者无冷链保护的疫苗，应该解释为向人体中投入、投放危险物质。

第四，养殖户向动物饲料、动物饮用水中添加危险物质（瘦肉精等），属于向食品、食品用动物中投放危险物质，构成生产有毒、有害食品罪，同时处断为投放危险物质罪。养殖户明知自己的食品用动物中含有危险物质（瘦肉精等），向市场中投放、进入流通环节，构成销售有毒、有害食品罪，同时处断为投放危

---

〔1〕“养猪户将猪粪便直排入河　被判赔偿 40 余万元”，载 http：//hb. ifeng. com/a/20180527/6608323 _0. shtml.

险物质罪。

第五，行为人故意在露天焚烧有毒垃圾如塑料、油漆、电池等，故意无防护措施而使用有毒胶水涂料等喷涂交通标线等行为，根据涉及的物质的具体成分和具体危险，可能也属于向环境中投放，处断为投放危险物质罪。

第六，纺织品企业、服装企业及其工作人员明知使用的染料会致癌，明知是禁止使用的染料而故意添加的，属于向纺织产品中投放危险物质，可以处断为投放危险物质罪。例如，武汉市久品商贸有限公司生产的全棉童枕、武汉宝嘉莉家纺有限公司生产的活性磨绒三件套，以及武汉真鑫床上用品有限公司生产的全棉斜纹印花三件套均被检出可分解芳香胺染料严重超标，并经多次省级、市级监督抽查不合格。可分解芳香胺染料价格低廉、色牢度高，很多中小纺织服装生产企业应用。因可分解芳香胺的毒性和致癌性远强于甲醛，且无色无味不溶于水，芳香胺从纺织品外观无法分辨，只有通过技术检验才能发现，而且无法消除，通过皮肤接触就可吸收致癌，是国家明令禁止使用的染料。[1]投放危险物质罪可以涵摄部分涉及危险物质的生产、销售伪劣产品罪。

第七，向人体投放传染病病原体等危险物质。《刑法》第360条传播性病罪是明知自己患有严重性病而卖淫、嫖娼的行为，因为淋病、梅毒、艾滋病等属于法定传染病中的乙类传染病，所以，传播性病行为可以解释为：患有严重性病的行为人故意向不特定他人人体投放乙类传染病病原体，危害了公共安全法益，而这就是一种投放危险物质罪，也是一种以危险方法危害公共安全罪，这使用的是“投放”的第一个义项，是通过肉体接触、通过卖淫嫖娼实现的危险物质的“投放”。这是比较典型的危害公共卫生的犯罪，立法者将本罪放置在妨害社会管理秩序罪一章，并不准确。在罪名认定上，大致分为以下情形：①严重性病行为人如果采取保护措施（使用安全套等）而卖淫、嫖娼，造成法定传染病传播，其主观上是过于自信的过失，应处断为过失以危险方法危害公共安全罪或者过失投放危险物质罪。②严重性病行为人如果未采取保护措施（未使用安全套等）而卖淫、嫖娼，造成法定传染病传播，其主观上是间接故意，应处断为以危险方法危害公共安全罪或者投放危险物质罪。③严重性病行为人如果未采取保护措施（未使用安全套等），基于报复社会心理而卖淫、嫖娼，造成法定传染病传播，

---

〔1〕“武汉16家企业质量失信上‘黑榜’3企业床品检出致癌染料”，载 http://hb.ifeng.com/a/20160722/4786404_0.shtml.

其主观上是直接故意，应处断为以危险方法危害公共安全罪或者投放危险物质罪。④如果尚不能判断是否造成法定传染病传播的后果，则直接处断为传播性病罪，因为根据罪状这是一个行为犯。⑤明知自己患有严重性病而卖淫、嫖娼的行为人构成投放危险物质罪包括直接故意和间接故意。构成过失投放危险物质罪则不可能存在疏忽大意的过失。

2017 年，全国乙类传染病报告发病数居前 5 位的病种依次为病毒性肝炎、肺结核、梅毒、淋病、细菌性和阿米巴性痢疾，占乙类传染病报告发病总数的 92.78%；报告死亡数居前 5 位的病种依次为艾滋病、肺结核、病毒性肝炎、狂犬病和人感染 H7N9 禽流感，占乙类传染病报告死亡总数的 98.81%。其中，梅毒报告发病数 475 860 例，淋病报告发病数 138 855 例，艾滋病报告发病数 57 194 例。[1]

所以，患有法定传染病的患者故意实施献血、性交等行为的，都应考察是否符合投放危险物质罪的构成要件。投放危险物质罪可以涵摄涉及传染病病原体的犯罪——传播性病罪。

（2）危险化学品定义为：具有毒害、腐蚀、爆炸、燃烧、助燃等性质，对人体、设施、环境具有危害的剧毒化学品和其他化学品。[2]行为人的投放，可能是对人体投放，也可能是对设施进行投放，对环境进行投放。作为一个动词，“投放”有较大的外延，刑法用语中的“投放”也从来没有被限定在对于人体的投放，例如“此处严禁投放垃圾”等指的就是对环境投放。恶意排污的行为，属于对于环境投放危险物质（是否属于危险物质需要进行规范层面的认定）。笔者认为，在刑法解释中，“设施”也可以被解释为“环境”。也就是说，危险化学品是对人体以及人体之外的任何物体物质具有危害的化学品。人体、设施、环境属于三分法；人体和环境（非人体）属于二分法。

投放、添加、掺入之间的关系。《刑法》第 114 条投放危险物质罪中的“投放”，可以解释为向环境、水体、土壤中添加了危险物质，由于该行为的实施，一定是使得环境、水体、土壤中增加了某种物质。第 140 条生产、销售伪劣产品罪中的“掺”（掺入），可以解释为在产品中投放或添加了杂质或者异物。第 144

〔1〕“2017 年全国法定传染病疫情概况”，载 http://www.moh.gov.cn/jkj/s3578/201802/de926bdb046749-abb7b0a8e23d929104.shtml.

〔2〕《危险化学品目录》(2015 版)“说明”。

条生产销售有毒、有害食品罪中的“掺入”，可以解释为在食品中投放或添加了有毒、有害的非食品原料。

（3）行为人向环境中投放、堆放、排放爆炸性物质的，构成爆炸罪（既遂形态或者未遂形态），而不是投放危险物质罪。行为人向环境中投放、堆放、排放易燃性物质的，构成放火罪（既遂形态或者未遂形态），而不是投放危险物质罪。理由如下：

第一，投放危险物质罪源自投毒罪，基本意思指的是投放毒害性物质，改为投放危险物质罪之后，限制为毒害性、放射性和传染病病原体三大类，如果要扩张到爆炸性和易燃性，则容易和爆炸罪、放火罪混淆，至于能否扩张到腐蚀性，则应该根据具体物质的性质，把腐蚀性物质力争解释为毒害性，例如有机废物、含砷的废物、强酸、强碱等。

第二，危险物质的外延的确定，有约定俗成的社会观念作为基础——有毒有害的化学性物质或者细菌病毒等物质。

第三，如果爆炸性和易燃性物质在爆炸或者燃烧后的产物具有毒害性、放射性或者腐蚀性，则可以解释为毒害性、放射性或者腐蚀性物质——危险物质。爆炸性物质、易燃性物质与毒害性物质、放射性物质、腐蚀性物质之间的界限应该不是绝对清晰的。

（4）根据刑法条文之间的关系，以危险方法危害公共安全罪这个罪名，实际上应该表述为“以其他危险方法危害公共安全罪”，也就是以放火、决水、爆炸、投放危险物质等方法之外的危险方法实施的危害公共安全罪。但是如果坚持使用以危险方法危害公共安全罪这个罪名，那么，以危险方法危害公共安全罪就是一个涵摄了放火罪、决水罪、爆炸罪、投放危险物质罪、污染环境罪、破坏交通工具罪、破坏交通设施罪等罪名的上位罪名，是一个基本犯罪类型。因为，危害公共安全罪这一章的罪名肯定是以某种危险方法危害公共安全的犯罪。笔者认为，这个基本犯罪类型应该还能够涵摄故意超标排污、故意污染土壤水体大气等公共环境、传染病患者故意献血、严重性病患者故意卖淫嫖娼、故意出售瘟病死鸡、故意生产销售毒胶囊（俗称“破鞋胶囊”）、故意生产销售医疗垃圾制成的毒餐具、故意生产销售有毒有害食品、故意非法行医、故意传播恐怖信息等危害公共安全的犯罪行为。

（5）污染环境类的案件中，如果行为人排放、倾倒、处置、堆放、燃烧的具体物质达到了“危险物质”的质与量，则应该按照投放危险物质罪处断。例如，胡某标、丁某生故意排放有毒物质构成投放危险物质罪一案中，胡某标、丁某生明知其公司在生产过程中所产生的废水含有苯、酚类有毒物质的情况下，仍然直接或间接地向其公司周边的河道大量排放，放任危害不特定多数人的生命、健康和公私财产安全结果的发生，使公私财产遭受重大损失，构成投放危险物质罪，且属共同犯罪。[1]对于没有达到“危险物质”的质与量的污染环境行为、直排行为、超标排污行为等，则应该按照以危险方法危害公共安全罪处断，此时，以危险方法危害公共安全罪与污染环境罪存在竞合。笔者初步认为，相对而言，污染环境罪比投放危险物质罪的罪质要轻。

第一，是否为“危险物质”，既是污染环境罪与投放危险物质罪的区别点，也是限制投放危险物质罪这个重罪名成立范围的关键构成要件。例如，可以考虑把列入《重点环境管理危险化学品目录》的都作为“危险物质”，行为人故意将这些“危险物质”排放、倾倒到环境中的，直接处断为投放危险物质罪。而列入《重点环境管理危险化学品目录》的包括：①具有持久性、生物累积性和毒性的；②生产使用量大或者用途广泛，且同时具有高的环境危害性和（或）健康危害性；③属于需要实施重点环境管理的其他危险化学品，包括《关于持久性有机污染物的斯德哥尔摩公约》《关于汞的水俣公约》管制的化学品等，一共是84种，包括汞、砒霜、百草枯、氯氰菊酯等。[2]

第二，如果行为人将“危险物质”置于水源、水库、耕地、养殖场、果园、草场、林地等直接关涉农产品安全或者人身安全之环境中，则倾向于定性为投放危险物质罪。如果行为人将“危险物质”置于一般河道、废弃厂房、垃圾场、空闲场地等并非直接关涉农产品安全或者人身安全之环境中，则倾向于暂时定性为污染环境罪。待立法时机成熟后，则将一切投放、排放、倾倒危险物质于领域内（包括领陆、领水和领空）的犯罪处断为投放危险物质罪。

第三，如果行为人是在生产、作业过程中排污、排废而将危险物质置于环境中，则倾向于污染环境罪。如果行为人是直接将危险物质置于环境中，则倾向于投放危险物质罪。

---

〔1〕 最高人民法院、最高人民检察院于2013年6月公布的第一批四个环境污染典型案例之一。笔者认为，这一批案例中，云南澄江锦业工贸有限公司的砷污染案，属于毒害性物质造成的污染，符合投放危险物质罪中的构成要件“毒害性物质”，所以也应处断为投放危险物质罪。污染环境罪中的“有毒物质”与投放危险物质罪中的“毒害性物质”存在重合部分，“有毒物质”当然是“毒害性物质”。

〔2〕 参见2014年环保部组织制定的《重点环境管理危险化学品目录》“说明”。

（6）以危险方法危害公共安全罪、以其他危险方法危害公共安全罪、投放危险物质罪、污染环境罪这四个罪名的涵摄力依次减小，前罪名分别是后罪名的上位罪名。“以危险方法”包括“以危险物质为介质的方法”和“不以危险物质为介质的方法”，前者指的是涉及危险物质的危害公共安全罪如投放危险物质罪、爆炸罪、污染环境罪、传播性病罪等，后者指的是不涉及危险物质的危害公共安全罪如放火罪、决水罪等。从逻辑上看，传播性病罪只是传播传染病病原体众多行为中的一种，是通过卖淫、嫖娼实现的传染病病原体行为。如果行为人使用其他方法传播传染病病原体，则应该处断为投放危险物质罪或者以危险方法危害公共安全罪。

过失以危险方法危害公共安全罪中的方法，是失火罪、过失决水罪、过失爆炸罪、过失投放危险物质罪之外的方法。笔者认为，传染病菌种、毒种扩散罪，采集、供应血液、制作、供应血液制品事故罪等，符合过失以危险方法危害公共安全罪的构成要件，也符合过失投放危险物质罪的构成要件。

三、刑法总则类型化与刑法分则类型化

（一）刑法总则类型化

1. 教唆行为的类型化。教唆行为，是一个总则行为，是上位构成要件。表达刑法总则“教唆”含义的刑法分则构成要件大致有：强令、命令、指使、唆使、授意、策动、鼓动、勾引、引诱、收买、贿买、强迫、欺骗、劝说等，都属于“教唆”的具体下位构成要件。司法实践中，在表达具体案情的文书中，还会使用“安排”“要求”“让”“拉下水”“鞭策”“威胁”“怂恿”等。如《刑法》第307条第1款妨害作证罪：“以暴力、威胁、贿买等方法阻止证人作证或者指使他人作伪证的……”包括两种情形，一种是阻止证人作证，一种是指使证人作伪证。而“指使证人作伪证”就应该理解为“以暴力、威胁、贿买等方法指使证人作伪证”[1]，这是因为，“指使证人作伪证”就是教唆证人作伪证，教唆的手段不限，所以，以暴力、威胁、贿买、命令等方法指使证人作伪证都属于“指使证人作伪证”。[2]进一步地，“指使证人作伪证”，只能包括两种情形：一

---

〔1〕把“指使证人作伪证”理解为“以暴力、威胁、贿买等方法指使证人作伪证”或理解为“以任何方法指使证人作伪证”实际上是一样的。“以暴力、威胁、贿买等方法”仅仅修饰“阻止证人作证”，还是同时修饰“指使他人作伪证”，并不影响构成要件的解释结论。

〔2〕“教唆犯使用的方法，可以有种种：请求、劝诱、收买、威吓等。”参见苏联司法部全苏法学研究所主编：《苏联刑法总论（下册）》，彭仲文译，大东书局1950年版，第449页。

是伪证罪的教唆失败，这是伪证罪的单独教唆犯。一是伪证罪的教唆成功，这是伪证罪的共犯教唆犯。显然，“指使证人作伪证”的刑法评价问题无须单设一个妨害作证罪来完成，使用伪证罪进行规制即可。在表达教唆这一总则行为的时候，域外法典也经常分别使用多个具体动词。例如，2013 年生效的《匈牙利刑法典》第十四章战争罪中的“命令杀害幸存者”，翻译者分别使用了“命令”“指示”以及“指导”三个词语。[1]

当然，教唆犯的问题要复杂得多，尤其是共犯从属性说、共犯独立性说的争论。如果坚持共犯从属性说，作为共犯形态之一的教唆犯是依附于正犯的，那么，没有正犯行为的时候，就不应该处罚教唆犯，因而不应该处罚没有正犯的教唆未遂。反之，如果坚持共犯独立性说，那么，对于所谓的单独教唆犯（教唆未遂）就可以定罪、处罚。[2]在我国刑法典中，单独教唆犯受到处罚的例子有煽动分裂国家罪、煽动颠覆国家政权罪、煽动暴力抗拒法律实施罪、引诱吸毒罪、引诱卖淫罪、引诱幼女卖淫罪等。笔者认为，作为共犯教唆犯对立面出现的所谓的单独教唆犯，当被立法者规定为独立的正犯的时候，应该名之为“正犯教唆犯”更为准确。这是因为，教唆未遂也好，教唆失败也好，单独教唆犯也好，都没有形成标准的、完整的共犯关系，都是以共犯从属性说为前提的，而法典规定的上述例子很明显是以共犯独立性说为前提的，并不考虑共犯关系的有无，直接将教唆犯行为正犯化。可是，立法者既然如此规定了，学者们还有何必要使用“共犯独立性”这个概念呢？“共犯”与“独立性”本就是互斥的、不应该共存的概念：既然是“共”，就不是独立的行为，而是“共同”的行为，是“一起”犯罪。既然是“独立”，就不是“共同”的行为。

2. 暴力犯罪的类型化。现行刑法规定了多种暴力犯罪，包括无限防卫中涉及的严重危及人身安全的暴力犯罪，部队处置突发性暴力事件时以战时论，危害公共安全罪中的恐怖活动（恐怖袭击或恐袭），妨害公务罪中的暴力袭击，一共四种。除此之外，抢劫罪、强奸罪、暴力危及飞行安全罪等多个罪名中也使用了“暴力”。

《刑法》第 20 条规定：“对正在进行行凶、杀人、抢劫、强奸、绑架以及其

---

〔1〕［匈牙利］珀尔特·彼得博士主编：《匈牙利新〈刑法典〉述评》（第 3～4 卷），中国社会科学院法学研究所欧洲刑事法研究中心组织翻译，上海社会科学院出版社 2016 年版，第 47、65 页。

〔2〕［日］西原春夫：《犯罪实行行为论》，戴波、江溯译，北京大学出版社 2006 年版，第 225 页。

他严重危及人身安全的暴力犯罪，采取防卫行为，造成不法侵害人伤亡的，不属于防卫过当，不负刑事责任。”《刑法》第56条规定：“对于故意杀人、强奸、放火、爆炸、投毒、抢劫等严重破坏社会秩序的犯罪分子，可以附加剥夺政治权利。”可以认为，“严重危及人身安全的暴力犯罪”是属于上位犯罪类型，而行凶、杀人、抢劫、强奸、绑架属于下位犯罪类型。再往下，典型的强奸罪和准强奸罪是强奸罪的下位犯罪类型，等等。“严重危及人身安全的暴力犯罪”的认定需要注意几个问题：

第一，准强奸罪（乘机性交罪）不属于“严重危及人身安全的暴力犯罪”。因为乘机性交的行为构成的准强奸罪，行为人只是利用被害人患病、昏迷、认识错误等状态实施性交行为，根本没有使用暴力。

第二，强制猥亵、侮辱罪是“危及人身安全的暴力犯罪”，危及的是性自决权。但是，强制猥亵、侮辱罪是否是“严重危及人身安全的暴力犯罪”，不能一概而论。根据学者的研究，本罪包括直接猥亵被害人、迫使被害人对他人实施猥亵、强迫被害人自行猥亵、强迫被害人观看他人的猥亵行为四种。[1]四种情形未必都属于“严重危及人身安全的暴力犯罪”。例如，行为人使用强制手段，让被害人观看其性器官，构成强制猥亵、侮辱罪，就不能解释为“严重危及人身安全的暴力犯罪”。司法实践中也是这样处理的。例如，在于某刺死辱母者一案中，讨债者脱下裤子露出下体强迫苏某霞观看，已经构成本罪，但是这不属于“严重危及人身安全的暴力犯罪”。即便案情是“把生殖器放在苏某霞的脸上”，也不属于“严重危及人身安全的暴力犯罪”。但如果案情是“把生殖器放在苏某霞的嘴巴里”或者“某某把生殖器放在苏某霞的肛门里”，就可以解释为“严重危及人身安全的暴力犯罪”。如果是“把生殖器放在苏某霞的性器官里”，即为强奸罪，当然属于“严重危及人身安全的暴力犯罪”。

第三，强奸罪和强制猥亵、侮辱罪都属于“危及人身安全的暴力犯罪”，危及的是人身安全中的性自决权。把性自决权归属于“人身安全”是必要的，是符合立法原意的。但是，典型的强奸罪才是“严重危及人身安全的暴力犯罪”。特别严重的强制猥亵、侮辱罪才是“严重危及人身安全的暴力犯罪”。“把生殖器放在苏某霞的脸上”，属于刑法语境下的流氓行为，即便现在刑法观念进步了，也不宜过于激进地把这一行为解释为“严重危及人身安全的暴力犯罪”。但是，

---

〔1〕张明楷：《刑法学》，法律出版社2011年版，第785页。

刑法的发展趋势是将强奸罪和强制猥亵、侮辱罪等量齐观，所以，在可以预见的将来，随着公众法律意识和权利意识的提高，随着整个社会对于猥亵行为容忍度的下降，立法者和司法者应该把“把生殖器放在苏某霞的脸上”认定为“严重危及人身安全的暴力犯罪”。

第四，“严重危及人身安全的暴力犯罪”即“危及人身安全的严重暴力犯罪”。中心词是“犯罪”，需要考察与评价的定语包括“严重”“暴力”“危及人身安全”三个，缺一不可。必须具体考察每个案件中的具体行为是不是同时满足这三个定语，才能得到妥当的结论。于某刺死辱母者一案中的关键点正在于此：满足了“暴力”和“危及人身安全”，但是不满足“严重”。换句话说，要证明于某实施的是无限防卫行为，必须先论证讨债者的强制猥亵、侮辱行为和非法拘禁行为属于“严重危及人身安全的暴力犯罪”。笔者初步认为，应该把强制猥亵、侮辱罪中的“严重”类型（如直接猥亵被害人）解释为“严重危及人身安全的暴力犯罪”，也应该把非法拘禁罪中的“严重”类型（如持续时间很长）解释为“严重危及人身安全的暴力犯罪”。

第五，突发性暴力事件、暴力袭击、严重危及人身安全的暴力犯罪、恐怖活动（恐怖袭击或恐袭）的区别。

新增的与恐怖活动（恐怖袭击或恐袭）有关的罪名，首先应该确定什么是恐怖活动（恐怖袭击或恐袭）？它们与暴力袭击的关系是什么？恐怖活动（恐怖袭击或恐袭）是暴力袭击这一构成要件的下位概念，恐怖活动（恐怖袭击或恐袭）是一种特殊的暴力袭击，是具有分裂主义、极端主义和宗教极端主义（宗教极端势力）色彩或者背景的暴力袭击。突发性暴力事件包括对人的暴力和对物的暴力。如果仅仅是打砸财物，可以解释为突发性暴力事件，但是不能解释为严重危及人身安全的暴力犯罪、恐怖活动、暴力袭击。严重危及人身安全的暴力犯罪、恐怖活动、暴力袭击三种，必须是针对人身安全或者不特定人的公共安全或者多数人的公共安全。暴力袭击、恐怖活动（恐怖袭击或恐袭）都是危及人身安全的暴力犯罪；恐怖活动（恐怖袭击或恐袭）是严重危及人身安全的暴力犯罪中的一种特殊类型。从语言表达角度对这四种重新表述如下：突发性暴力事件是危及人身安全或者财产安全的暴力犯罪；暴力袭击是危及人身安全的暴力犯罪；严重危及人身安全的暴力犯罪是“严重”危及人身安全的暴力犯罪；恐怖活动（恐怖袭击或恐袭）是有分裂主义、极端主义或恐怖主义背景的严重危及人身安全的暴力犯罪。因此，从涵摄力大小来排列，突发性暴力事件外延最大，暴力袭击其次，严重危及人身安全的暴力犯罪再其次，恐怖活动（恐怖袭击或恐袭）最小。

为什么得出上述结论呢？为什么暴力犯罪不一定就是恐怖活动（或暴恐犯罪）呢？

首先，运用归纳的方法，悉数这些年来欧洲发生过的恐怖袭击：

2003 年 11 月，伊斯兰恐怖分子在 5 天里对伊斯坦布尔连续发起多次恐怖袭击，造成 58 人死亡，600 多人受伤。11 月 15 日，伊斯坦布尔城中一座犹太教堂门前发生两起汽车炸弹爆炸，事发当时刚好是大量信徒前往教堂做礼拜的时间。5 天后，恐怖分子又在英国银行和英国领事馆分别制造了一起袭击事件。被抓获的恐怖分子于 2007 年受到司法判决。

2004 年 3 月 11 日，马德里发生西班牙史上最为严重的恐怖袭击，191 人在这场袭击事件中遇难，1800 多人受伤。事件发生时 4 辆火车和地铁发生爆炸。

2005 年 7 月 7 日早晨交通高峰期，伦敦城内几乎同时发生 4 起自杀性爆炸。3 辆地铁和 1 辆双层公共汽车发生爆炸，造成 52 人死亡，其中也包括 4 名自杀式袭击者。这一事件被看作是英国史上最为严重的由伊斯兰恐怖分子发动的恐怖袭击。

2010 年 12 月 11 日，瑞典首都斯德哥尔摩一条繁华的商业街发生两起爆炸，两名路人受伤。作案人是一名 28 岁的伊拉克青年，他本人在爆炸中死亡。

法国讽刺漫画杂志《查理周刊》遭到袭击。一位不明身份者向杂志社编辑部扔进一个燃烧瓶。所幸没有人受伤。法国警方直到今天也并没有抓到这位扔燃烧瓶的凶犯。这件事发生前，杂志社已多次受到过威胁。

2012 年 3 月 11 ~22 日，法国发生多起袭击事件。先是一名男子枪杀了两名士兵。几天后，他又杀死了一所学校的 3 名学生和一名教员。3 月 22 日，警察冲进凶犯的家，将其逮捕。

2014 年 5 月 24 日，一名持枪者闯入位于布鲁塞尔的犹太博物馆，打死 4 人。凶犯是一名法国人，作案后逃回法国，后来被抓获并被移交给比利时警方。

2014 年 9 月，一起针对欧盟委员会的恐怖袭击在布鲁塞尔被挫败。安全问题专家们表示，欧洲境内依然存在着遭受伊斯兰恐怖袭击的危险。大量曾在叙利亚和伊拉克与“伊斯兰国”有关的欧洲人返回欧洲，这些人可能对安全构成威胁。

2015 年 1 月，12 人在针对法国讽刺漫画杂志《查理周刊》的枪击案件中遇难。凶手在逃，他们的作案动机不明。专家们分析认为凶犯应该带有极端恐怖组织背景。法国总统奥朗德将这起恐怖袭击事件称作“不同寻常的野蛮行径”。

2016年7月22日傍晚，德国巴伐利亚州首府慕尼黑市一家购物中心发生枪击案，一名拥有德国和伊朗双重国籍的18岁男子枪杀9人、打伤30余人后，饮弹自杀。7月24日夜，德国巴伐利亚州安斯巴赫市发生一起爆炸事件，造成爆炸制造者本人死亡，另有12人受伤，其中3人伤势严重。7月26日中午，德国柏林市西南施泰格利茨区一所医院发生枪击案，造成包括凶手在内的2人死亡。8月15日凌晨，德国西部城市科隆发生一起持械伤人事件，造成1人受伤。12月19日晚，一辆货车冲进德国柏林西部城区繁华地带一个圣诞市场的人行道，造成12人死亡，数十人受伤，次日德国政府认定这起事件为恐怖袭击，极端组织“伊斯兰国”宣称对这起事件负责。12月19日，一名枪手潜入瑞士最大城市苏黎世市中心一座清真寺内，并随机向正在进行祈祷的人群开枪，造成至少3人受伤。

2017年3月22日，英国议会大厦附近发生驾车冲撞行人及持刀伤人的恐怖袭击事件，造成5人死亡，40多人受伤，死者中包括袭击者本人。4月3日，俄罗斯圣彼得堡地铁发生爆炸事件，造成包括袭击者在内的十余人死亡，近50人受伤，与“基地”组织疑似有关联的团体宣称对此次事件负责。4月7日，瑞典首都斯德哥尔市中心发生货车撞向人群的恐怖袭击，造成至少4人死亡，15人受伤。4月20日，法国巴黎最为繁华的香榭丽舍大道遭袭击，导致警察一死两伤，袭击者被击毙，“伊斯兰国”宣布对此次袭击负责。5月22日，美国女歌手亚丽安娜·格兰迪在英国曼彻斯特体育馆举办演唱会时，一名恐怖分子发动自杀式爆炸袭击，造成至少22人死亡，数十人受伤。6月3日晚，在英国伦敦泰晤士河上的伦敦桥附近，有人驾驶货车冲撞行人并持刀伤人，造成8人死、48人受伤。6月6日，法国巴黎圣母院前广场发生一名男子持锤子袭击警察事件，造成一名警察受伤，该男子被警察开枪制服。6月18日，在英国和欧盟正式启动脱欧谈判前夕，英国伦敦芬斯伯里公园附近再次发生货车冲撞人群事件，导致1人死亡、10人受伤。6月19日，法国巴黎香榭丽舍大街发生驾车袭警事件，袭击者被警方当场击毙。6月20日，一名身着自杀式爆炸腰带的男子在比利时布鲁塞尔中央火车站引爆之后，被执勤士兵当场开枪击中，由于爆炸威力不大，未造成其余人员伤亡，比利时警方稍后指出该起事件应被视作“恐袭”。8月9日，一辆汽车在巴黎郊区冲撞隶属于反恐行动的巡逻队，导致6名士兵受伤，其中3人伤势严重，13时30分左右，来自里尔市和鲁昂市两地的特警部队联手行动，在西北部城市加莱和滨海布罗涅市之间的高速公路上拦截一辆黑色“宝马”汽车，车上嫌疑人在逃逸过程中继续冲撞警车，并疑似做出掏枪动作，警方当即开火将其制服，该男子身中5枪，伤势严重，被紧急送院治疗。行动中，一名警员腿部受伤，反恐部门介入调查。[1]

其次，是演绎的方法。恐怖活动（恐怖袭击、恐袭）是暴力袭击这一构成要件的下位概念，也可以说，恐怖活动（恐怖袭击、恐袭）是一种特殊的暴力袭击，是具有分裂主义、极端主义和宗教极端主义（宗教极端势力）色彩或者背景的暴力袭击。不是所有的暴力袭击和人肉炸弹都是恐怖活动（恐怖袭击、恐袭），只有针对特定人（人群）的暴力袭击或者特定人（人群）实施的暴力袭击才能定性为恐怖活动（恐怖袭击、恐袭），包括但不限于针对军政目标、军警人员。不是所有的暴力袭击和人肉炸弹都是恐怖活动，只有具备分裂主义、极端主义和宗教极端主义（宗教极端势力）背景的暴力袭击才能定性为恐怖活动（恐怖袭击、恐袭），包括但不限于基地组织、伊斯兰国、塔利班、极右翼、极左翼、邪教、圣战等背景。

最后，结论。2014年我国昆明火车站发生的“3·1”暴恐案、2011年挪威极右翼分子布雷维克在于特岛的连续杀人犯罪，都是恐怖主义犯罪。

3. 片面帮助犯的类型化。现行刑法中的片面帮助犯有三处，分别是：《刑法》第350条第2款（明知他人制造毒品而为其生产、买卖、运输制毒物品）构成的制造毒品罪（共犯），第287条之二帮助信息网络犯罪活动罪，第120条之一帮助恐怖活动罪。这三处立法可以分为两类，一类是第350条第2款制造毒品罪（共犯），没有为片面帮助行为设置独立罪名。行为人实施并不是制造毒品罪的实行行为，行为人并不是在制造毒品而是在提供制毒所需的原料、配剂。另一类是为片面帮助行为设置独立罪名——帮助网络犯罪活动罪、帮助恐怖犯罪活动罪。笔者以为，从保持刑事立法体例一致的角度出发，应该把第350条第2款规定的犯罪改为帮助制造毒品罪，作为一个独立设置的罪名规定。

类型化是一种严肃的语言活动，不可随意解释片面帮助。例如，有人认为，明知是编造的恐怖信息而故意传播是对编造恐怖信息的片面帮助，传播恐怖信息是编造恐怖信息罪的片面帮助犯。笔者以为不妥。首先，片面帮助犯的成立需要立法的明确规定。其次，片面帮助犯的成立还受到刑法语言的制约。此处既没有

---

[1] “悉数这些年来欧洲发生过的恐怖袭击”，载 http://www.chinanews.com/gj/2017/08-10/8300859.shtml.

立法的明确规定，也不能把传播恐怖信息解释为帮助编造恐怖信息，不能把传播恐怖信息解释为编造恐怖信息罪的片面帮助犯。虽然似乎可以把编造恐怖信息解释为帮助传播恐怖信息，是传播恐怖信息的片面帮助犯，即上游犯罪可能是下游犯罪的片面帮助犯。但是反过来，下游犯罪不可能是上游犯罪的片面帮助犯，传播恐怖信息（下游犯罪）不可能是编造恐怖信息罪（上游犯罪）的片面帮助犯。因为，既然上游犯罪已经实行终了，在时间上晚于上游犯罪的下游犯罪还怎么对上游犯罪进行帮助呢？上述三个片面帮助犯，无论是对下游犯罪事前的帮助还是事中的帮助，都是上游犯罪对下游犯罪的片面帮助犯。

需要注意的是，如果上游犯罪是继续犯性质，那么，即便是上游犯罪已经既遂，但是由于上游犯罪的实行行为仍然处于继续之中，此时，下游犯罪可能是上游犯罪的继承的共犯。例如，法国电影《飓风营救》（第一部）中，圣嘉利犯罪集团明知上游的马考犯罪集团实施了拐卖妇女罪（继续犯），仍为其拍卖处女，就是事中的介入，成立拐卖妇女罪的继承的共同正犯；如果圣嘉利集团只是为马考集团寻找买家，则构成拐卖妇女罪的继承的帮助犯。

4. 纯正不作为犯的类型化。纯正不作为犯的各个罪名中，分别使用了不、拒不、拒绝、逃避、隐瞒等表达方式来指称不作为犯罪。例如遗弃罪的拒绝扶养，拒不支付劳动报酬罪的逃避支付和不支付，拒不执行判决、裁定罪的拒不执行，隐瞒境外存款罪的隐瞒不报，贪污罪的不交公，等等。因此，可以认为，不作为是一个刑法理论、刑法总论中存在的上位构成要件，而不、拒不、拒绝、逃避、隐瞒等刑法分则用语属于其下位构成要件。

（二）刑法分则类型化中的罪名类型化

刑法分则类型化包括两类：一类是罪名类型化，一类是构成要件类型化。二者密不可分。罪名类型化是以构成要件类型化为基础的，构成要件类型化又是以罪名类型化为目标的。罪名类型化，是意图建构涵摄力较大的罪名，例如，在强迫交易罪、操纵证券市场罪、串通投标罪等具体罪名的基础上，可以尝试建构一个类型化罪名“把持行市罪”[1]或者“把持市场罪”，这是侵害正当竞争市场秩序的犯罪。

1. 以“反罪”和“叛罪”为例。罪名类型化程度越高，罪名总的数量越少。

---

[1]《明律·卷第十·户律七》，（清）薛允升：《唐明律合编》，法律出版社1999年版，第737页。

反之，如果类型化程度越低，则罪名总的数量越多。到底是宜粗不宜细，还是宜细不宜粗？从1979年刑法典到现行刑法的40年，经历了宜粗不宜细，体会到了其利弊，也经历了宜细不宜粗，同样体会到了其利弊。所以，单纯偏重某一方面，都是不合适的。只有建立起罪名的上下位层次关系，罪名类型化的任务才算最终完成。

我们以现行刑法中所有的“反罪”和“叛罪”为例，来说明罪名类型化。根据古代的刑法观念，“背国投伪”“背本朝投蕃国”“亡命山泽不从追唤”背叛国家、投降敌国是叛。“危社稷”“有逆心害君父”是反。[1]反与叛的区别是：“反逆事关宗社，叛则不系安危也。又，反者，来也。叛者，往也。故叛为反之半。观此可以知反叛之轻重矣。”[2]

（1）如果我们以“反罪”“叛罪”作为基本类型来解读相关罪名，结论如下：危害国家安全罪一章中，背叛国家罪属于危害社稷的反罪，分裂国家罪属于反罪，煽动分裂国家罪属于反罪，武装叛乱、暴乱罪属于反罪，颠覆国家政权罪属于反罪，煽动颠覆国家政权罪属于反罪，资助危害国家安全犯罪活动罪属于反罪（反罪的共同犯罪），投敌叛变罪属于反罪，叛逃罪属于叛罪，间谍罪属于反罪，为境外窃取、刺探、收买、非法提供国家秘密、情报罪属于反罪，资敌罪属于反罪。军职罪一章中，投降罪第1款（在战场上贪生怕死自动放下武器投降敌人）属于叛罪，投降罪第2款（投降后为敌人效劳的）属于反罪+叛罪，战时临阵脱逃罪属于叛罪，军人叛逃罪属于叛罪，为境外窃取、刺探、收买、非法提供军事秘密罪属于反罪，逃离部队罪属于叛罪，战时自伤罪属于叛罪。

叛罪是“背叛国家，投降敌国”[3]，叛与降属于一个意思。投降罪第1款，属于叛罪。投降罪第2款（投降后为敌人效劳的）属于反罪+叛罪。

如果以叛逃罪作为基础犯罪类型的话，投敌叛变罪、背叛国家罪等都是“往也”又“来也”的反罪。抗战时期，汪伪政权之所以不是内敌而是外敌，是因为汪精卫与日寇勾结进行共同犯罪，当然是外敌。电视连续剧《亮剑》中投靠汪伪的国军军官钱伯钧“叛国投敌当汉奸”绝非叛逃罪，而是投敌叛变罪、背叛国家罪，是反罪。

---

〔1〕 刘俊文：《唐律疏议笺解》，中华书局1996年版，第1250页以下。

〔2〕（明）杨简之：《明律集解》，转引自（清）薛允升：《唐明律合编》，法律出版社1999年版，第454页。

〔3〕 刘俊文：《唐律疏议笺解》，中华书局1996年版，第1255页。

（2）武装叛乱罪与武装暴乱罪有罪质上的差异，但是具体是什么差异，学者们的观点不尽一致。例如，“叛乱具有叛变或投奔境外的性质，而暴乱则完全是在境内实施的烧杀抢夺等破坏行为”[1]。“叛乱具有叛变或投奔境外的性质，而暴乱则完全是在境内实施的烧杀抢夺等破坏行为”[2]。显然，这两种观点完全一样，都把武装叛乱罪定性为叛罪而不是反罪。“叛乱有与国外、境外的敌对势力相勾结，借助于外在的精神力量或者物质支援增强实力的因素，还有叛变之后或者投奔境外的性质。而暴乱只是境内暴乱分子集结在一起实施烧杀抢夺等破坏行为”[3]。这种观点明显是把武装叛乱罪定性为背叛国家罪性质的反罪。

笔者认为，首先，构成要件的行为分别是武装叛乱和武装暴乱，而不是叛乱和暴乱。那么，“武装”二字就具有十分重要的意义。仅仅持有棍棒、管制刀具、自制枪支炸药等进行暴力活动等，一般只能定性为骚乱、暴乱，而尚不足以被评价为武装暴乱或者武装叛乱。“武装”的意思是特定的，它有三个义项，一个是军事装备，一个是用武器来装备，一个是用武器装备起来的队伍、军队。[4]所以，认定武装叛乱和武装暴乱要特别严谨。1979 年《刑法》的持械聚众叛乱罪中的“持械”不等于现行刑法的“武装”。其次，既然“武装”有三个义项，那么，武装叛乱和武装暴乱有两种解释。一种是用武器来实施的叛乱和暴乱，一种是用武器装备起来的队伍实施的叛乱和暴乱。总之是离不开“武器”的。再次，区别武装叛乱和武装暴乱，主观要素很关键。也就是说，行为人的叛乱意思或者暴乱意思的区别不是“乱”，而是是否存在着“叛”或“反”的意思。只要有反或者叛的意思的，就是武装叛乱罪。因此，上述三种观点都缩小了武装叛乱罪的外延。再次，实际的案例几乎没有，这为解释构成要件制造了困难。搜索中国裁判文书网，只有一个陶某平武装暴乱案，而且是武装暴乱罪（预备），并无武装叛乱罪：陶某平于 1995 年 5 月经赵某怀（在逃）介绍加入武装暴乱组织“西南总站”，先后担任“古蔺分站治安队长”“交通部副部长”“古蔺分站委员会常务委员”“副委员长”，1997 年 4 月被提拔到总站工作后，先后担任总站“第三处处长”“后勤部部长”等职务。其本人在参加“西南总站”武装暴乱组织期间，向该组织捐款 1620 元，并且积极组织、筹划其分管的古蔺分站为“西

[1] 张明楷：《刑法学》，法律出版社 2011 年版，第 596 页。
[2] 谢望原、赫兴旺主编：《刑法分论》，中国人民大学出版社 2016 年版，第 15 页。
[3] 周光权：《刑法各论》，中国人民大学出版社 2016 年版，第 531 页。
[4] 《现代汉语词典》，商务印书馆 2012 年版，第 1382 页。

南总站”捐资、筹粮。陶某平属于积极参加者，在案发后，能坦白认罪。[1]最后，武装叛乱罪属于推翻现政权（即唐律所谓“本朝”）的犯罪。武装暴乱罪则是不推翻现政权，但是也危害了国家安全。正因如此，1989 年暴乱、1990 年巴仁乡暴乱都被定性为暴乱而不是叛乱。

（3）如果我们以“内乱罪”“外患罪”作为基本类型来解读相关罪名，结论如下：第一个层次，内乱罪和外患罪。第二个层次，把内乱罪分为反罪与叛罪。第三个层次，把反罪分为一般主体的反罪和特殊主体的反罪。把叛罪分为一般主体的叛罪和特殊主体的叛罪。一般主体的反罪，包括颠覆国家政权罪、资敌罪、武装叛乱罪、武装暴乱罪、投敌叛变罪等。特殊主体的反罪（主要是军职罪），包括“投降后为敌人效劳”，为境外窃取、刺探、收买、非法提供军事秘密罪。现行刑法叛罪都是特殊主体构成的，包括叛逃罪、逃离部队罪、军人叛逃罪、战时自伤罪、战时违抗命令罪、战时临阵脱逃罪、投降罪、违令作战消极罪等。

2. 以“掳人罪”为例。现行刑法中的拐卖妇女、儿童罪，拐骗儿童罪，绑架罪，非法拘禁罪等多个罪名，具有共同性，其交叉与重合部分就是“掳人”。

古代刑法中，汉律就有了略人法和卖人法，唐律几乎是沿袭不改。[2]时至今日，在现代刑法观念下，认为都是实施了非法控制他人人身自由的犯罪行为，由于具体犯罪目的的不同，分别构成不同罪名：以勒索财物为目的的，构成绑架罪；作为人质的，也构成绑架罪；以出卖为目的的，构成拐卖妇女、儿童罪（1979 年《刑法》拐卖人口罪）；以被害人脱离监护为目的（即致使合法抚养人无法抚养）的，构成拐骗儿童罪；以行为人“自用”为目的的，构成收买被拐卖的妇女、儿童罪[3]；等等。当然，这些罪名在逻辑上仍然无法周延，在司法实践中仍然无法打击所有的犯行。例如，拐骗妇女、自己“使用”（做老婆）

---

〔1〕“罪犯陶青平减刑裁定书”，载 http://wenshu.court.gov.cn/content/content? DocID = 0a0b58fc - ef72 - 440f - bb78 - a846012426ea&KeyWord = % E6% AD% A6% E8% A3% 85% E6% 9A% B4% E4% B9% B1% E7% BD% AA.

〔2〕刘俊文：《唐律疏议笺解》，中华书局 1996 年版，第 1422 页以下。

〔3〕这里的收买，就是购买。如果与赃物犯罪所使用的词语进行类比，收买被拐卖的妇女、儿童罪也就是购买被拐卖的妇女、儿童罪，或者收购被拐卖的妇女、儿童罪。行为人把被害人当做商品，无论是自用还是转手，无论是收买还是出卖，本质上并无任何不同。所以，收买被拐卖的妇女、儿童罪与拐卖的妇女、儿童罪作为对合犯，有必要等量齐观，而紧紧抓住二罪名的重合部分——非法控制他人人身自由，则是问题的关键。

的，既不构成绑架罪，也不构成拐卖妇女罪，也不构成拐骗儿童罪，也不构成收买被拐卖的妇女罪，只能解释为非法拘禁罪。再如，偷盗婴幼儿“自用”（自己抚养）的，一般会处断为拐骗儿童罪，但是行为人的行为实际上既没有拐也没有骗，只是在盗窃，以拐骗儿童罪评价实在是名实不符，语言与事实不符。再如，山西黑砖窑案中，之所以对赵某兵等人如此恶劣的犯行仅评价为很轻微的罪名（非法拘禁罪），正是因为立法不周延导致的适用罪名的无奈——既不构成拐卖妇女、儿童罪，也不构成拐骗儿童罪，也不构成收买被拐卖的妇女、儿童罪，也无法处断为刑法没有的奴隶罪。而立法不周延的根源在于没有统筹考虑对于人口的掳掠，这是一个上位的犯罪类型。问题的关键在于：设置这么多的目的犯，实际上是缩小了人口犯罪的犯罪圈，实际上是有特别法条而无普通法条。因此，既然这些罪名有相同的危害行为，有重合的部分，就可以尝试在这个部分设置基本犯罪类型。

在唐代，上述拐骗妇女“自用”的，偷盗婴幼儿“自用”的，都会被处断为“略人”，即掳掠人口。山西黑砖窑案如果发生在唐代，也会被处断为掳掠人口。古今对照一下，在我们对人身犯罪分型如此细密的情况下，仍然存在刑法规制疏漏的实际。

所以，笔者认为，在非法拘禁罪[1]或者“掳掠人口罪”（包括暴力的和非暴力的）观照之下，即可覆盖涵摄上述各个罪名。对于不同主观目的的行为，设置不同的法定刑即可。出于勒索财物目的的，是掳人勒赎罪（绑架勒索罪）；出于自己养育目的的，是掳人；出于出卖目的的，是掳人略卖罪即拐卖罪；出于讨债目的的，是掳人索债罪；出于奴隶目的的，是掳人劳动罪（奴隶罪或者奴役罪）；等等。“掳人”可谓是上位罪名。正因如此，我国台湾地区“刑法”将绑架罪称为“掳人勒赎罪”，另有“掳人勒赎结合罪”“意图勒赎而掳人”等法条，在强盗结合罪和准海盗罪中也专门规定了“掳人勒赎”的情形。瑞士刑法也把剥夺自由和诱拐作为一条加以规定。[2]

我国历史上典型的掳人犯罪，当属倭寇对东南沿海百姓的掳掠。掳掠一词，也写成虏掠、卤掠、虏略。[3]掳，抢劫、夺取。掳，掠也，获也。[4]劫财和劫人

---

〔1〕 越南刑法称为“非法拘留罪”，参见米良译：《越南刑法典》，中国人民公安大学出版社 2005 年版，第 123 条。

〔2〕 徐久生、庄敬华译：《瑞士联邦刑法典》，中国方正出版社 2004 年版，第 62 页。

〔3〕 《古代汉语词典》，商务印书馆 1998 年版，第 1009 页。

〔4〕 《康熙字典》，上海辞书出版社 2008 年版，第 405 页。

都可以使用“掳”。《说文》曰：掠，夺取也。掠，通略、剠、擽。可见，掳、掠同义。当前，劫持人质已经是一种国际犯罪行为。尽管国际刑法中的劫持人质与掳掠尚有区别，但是如果仅考虑犯罪行为的话，都属于对于他人人身自由的控制和侵夺。

顺便提及，唐律中的持质罪，是指为勒索财物或逃避追捕之目的，而劫持人质之行为。就是今天的劫持罪。[1]劫持罪或者持质罪的称呼，足以表明这是一个继续犯，是持有人质的犯罪行为。持有类型的犯罪都是继续犯。[2]假如在此基础上建构上位罪名，无论何目的，也无论是作为人质还是其他用途，凡是非法“持有他人”（掳人）的，都是一类相同的犯罪，也能得出前面的结论。

德国刑法中的敲诈性绑架罪，客观行为是绑架或者掳劫。所谓绑架，是指违反被害人意志将其带至其他场所，并且使其处于行为人的控制之下。所谓掳劫，是指获得对被害人的持续性的身体支配。但是与绑架行为不同，掳劫并不要求场所的变化。[3]现代汉语中，绑架是用强力把人劫走，[4]与场所无关。所以，从现代汉语的视角来看，绑架与掳劫不应进行区分。这也许是语言翻译的原因。笔者认为，以实力支配与控制他人人身的行为可以涵摄德国刑法的绑架与掳劫，也就是说，笔者建构的“掳人罪”足以涵摄。“掳人罪”之所以涵摄力强，是因为其不涉及主观要素，也不涉及场所变化，也不涉及持续犯[5]持续时间长短，“掳人罪”这个概念的内涵很小，相应地，导致这一犯罪类型外延很大、涵摄力很大。有趣的是，建构这样一个罪名，上述翻译者使用的是掳、劫，掳是掳人，劫也是上述“用强力把人劫走”，但是众所周知，现代汉语是没有“掳劫”这个词汇的，因此，如何按照现代汉语的习惯和文化传统描述现代犯罪，仍然需要谨慎，在这里，绑架人质、劫持人质[6]、持质、掳人等语言表述方式，都是可以考虑的。

---

〔1〕 刘俊文：《唐律疏议笺解》，中华书局1996年版，第1283页。

〔2〕 胡先锋：《刑法教学的宏旨与技术》，中国政法大学出版社2016年版，第220页。

〔3〕 王钢：《德国刑法判例（分则）》，北京大学出版社2016年版，第110页。

〔4〕 《现代汉语词典》，商务印书馆2012年版，第40页。

〔5〕 王钢：《德国刑法判例（分则）》，北京大学出版社2016年版，第114页。

〔6〕 劫持，是暴力抢劫人之后后非法持有人的意思，是继续犯，即不法状态的引起行为和维持行为符合一个构成要件。行为人使用暴力支配控制他人的行为和持有他人的行为，符合一个相同的构成要件。劫，有两个义项，一个是抢劫，一个是威逼；胁迫。参见《现代汉语词典》，商务印书馆2012年版，第661页。

3. 以“报复罪”为例。中国社会的实际状况是中国刑法的土壤和刑法罪名的根由，中国社会始终是权力强而法治弱，于是打击报复频发、常发、多发，难以根治。诬告陷害罪、报复陷害罪、打击报复会计统计人员罪、打击报复证人罪，都是“报复”犯罪，这也许是中国刑法特有的犯罪类型。从形式逻辑而言，行为人打击报复的对象绝不仅仅限于上述罪名中的控告人、申诉人、批评人、举报人、会计统计人员、证人等，司法实践中，行为人自己的下属、自己的同僚、自己的雇员、自己的竞争对手等，都可能是行为人打击报复的对象。而这些具体的打击报复都是“报复”犯罪的下位概念而已。

根据2016年最高人民检察院、公安部、财政部《关于保护、奖励职务犯罪举报人的若干规定》规定：“以暴力、威胁或者非法限制人身自由等方法侵犯举报人及其近亲属的人身安全的；非法占有或者损毁举报人及其近亲属财产的；栽赃陷害举报人及其近亲属的；侮辱、诽谤举报人及其近亲属的；违反规定解聘、辞退或者开除举报人及其近亲属的；克扣或者变相克扣举报人及其近亲属的工资、奖金或者其他福利待遇的；对举报人及其近亲属无故给予党纪、政纪处分或者故意违反规定加重处分的；在职务晋升、岗位安排、评级考核等方面对举报人及其近亲属进行刁难、压制的；对举报人及其近亲属提出的合理申请应当批准而不予批准或者拖延的；其他侵害举报人及其近亲属合法权益的行为。”笔者认为，上述情形中，有一些是属于其他罪名可以评价的。而对于那些其他罪名难以评价的行为，才可以归属于报复犯罪，例如“无故、刁难、压制、拖延、克扣”等。

（三）刑法分则类型化中的构成要件类型化

1. 犯罪对象的类型化。这里以现行刑法中的一组有关构成要件——资金、存款、客户资金、受托财产、公款、特定款项、公共资金——为例，来说明犯罪对象类型化。

《刑法》第176条非法吸收公众存款罪中的“存款”，实际上是公众的资金，或者叫做金融资产。一般所称的非法集资罪的“资”就是这个意思。所以，非法吸收公众存款罪还不如叫做非法集资罪。只是因为这些资金是需要还本付息的所谓“存款”，才被称为“存款”。此外，吸收客户资金不入账罪的客户资金，实际就是客户的存款。背信运用受托财产罪的受托财产，实际上就是法条所言的“客户资金或者其他财产”。所以，刑法文本中的资金、存款、客户资金、受托财产、公款，除了“受托财产”外延稍大之外，基本都是资金。只不过，有的是客户的资金，有的是单位的资金，有的是公共资金（公款），有的是公众资金管理机构的资金（第 185 条之一中的公众资金），有的是特定款项（救灾、抢险、防汛、优抚、扶贫、移民、救济等）而已。只是因为立法者言说角度不尽一致的关系，这些罪名才分别属于不同章节罢了。例如，三个挪用罪名，就分属于经济犯罪、贪污贿赂罪和财产犯罪三章。这是从共性来看的。有个案例：刘某玲当上了山东省烟台市某区商务局副局长。四处借钱消费的刘某玲最后打起了公款的主意，最终走上了一条不归路。2013 年 4 ~ 8 月，刘某玲因为欠了一大笔外债，开始打起了单位经费的歪主意。此时的她不仅是区商务局副局长，还兼任区商务局报账员。刘某玲所在的区全区行政事业单位的财务工作实行集中管理，会计结算工作都转到区会计结算中心，每个单位的报账员拿着会计凭证到会计结算中心报账。商务局在会计结算中心有专门的财政账户，资金的收入支出都需要走这个账，商务局日常办公、运转费用产生后，发票、单据由局长审核签名后，交给报账员整理并填写报支整理单，到会计结算中心先审核再报账。区会计结算中心工作人员打印付款单后，报账员拿着付款单去结算中心出纳处领取转账支票或者现金支票，而后再去支付给一些公司。为了捞钱，她经常找朋友搜集一些加油票、海产品、招待费、咨询费之类的发票，然后在这些发票上伪造商务局局长的名字，将这些发票夹带在正常报销的单据中，一起到区会计结算中心去报销。刘某玲模仿领导签字非常逼真。她拿着这些假单据去报销，区会计结算中心的工作人员分辨不出真假，全部进行了报账，这些报销来的公款都被她据为已有。咨询费、公车维护费、酒店住宿费……直到案发，其原单位领导核对商务局在区会计结算中心的票据时才大吃一惊，没想到刘某玲冒充他签了那么多不知情的发票。三本会计凭证中，共有 15 张发票是仿冒单位“一把手”签的名。从 2004 年开始，烟台市某区医保个人账户资金使用 IC 卡管理，只能在当地刷卡使用，在外地居住的城镇退休职工的医疗保险个人账户资金无法刷卡使用，必须去医疗保险事业处提取现金。每年 1 ~ 3 月，某区医疗保险事业处工作人员会将各单位人员名单和领取金额做成表，交领导审批后给财务科，然后由出纳会计把钱发放给各单位。烟台市某区塑料厂以前是军转地方企业，后来划归区商务局管理。该厂以前的退休职工很多都在外地居住，每年都是由刘某玲到区机关事业单位医疗保险处统一提取现金，再分别发放。2007 ~ 2011 年，刘某玲帮退休职工领取了 5 个年度的医疗保险金，每次取回来钱之后，刘某玲不仅不发给职工，还悄悄地不发布信息。有些熟悉情况的职工找上门来要的时候，刘某玲才发给他们。而对于那些没有来领取的，刘某玲都帮他们“藏”了起来，将没有人来领的医疗保险金全部用来还债和消费。2010 年，当地一家网具有限公司的 5 万元废旧设备款放在国有企业二轻公司。这家网具有限公司是二轻公司的下属企业，二轻公司隶属于商务局。2013 年，二轻公司的财务人员林某玉退休前，除了给刘某玲 5 万元现金，还给了她这笔 5 万元废旧设备款的账页，其实就是简单的一张纸，记明了收废旧设备款多少钱，还有多少余额。刘某玲收到账目和钱后，又悄悄地把钱“藏”了起来，把这 5 万元钱拿去消费和还债了。2013 年，商务局外资科办理外资企业年检，每个企业都要收取一定的办理费用。刘某玲便利用自己报账员的身份，收钱存钱，上交的时候，私自截留下一笔钱用于个人消费。2012 年 12 月份，区商务局为当地一家毛纺有限公司争取了一笔 25 万元的淘汰落后产能专项资金，因为之前这家毛纺有限公司欠区商务局 30 多万元钱。在这笔钱拨付之前，商务局主要领导就跟这家毛纺公司的总经理商议，将其中的 15 万元尽快还给商务局。当时，刘某玲跟这家毛纺公司的会计一起去的区财政局领款，财政局出具了 25 万元的转账支票给了毛纺公司会计，毛纺公司会计给刘某玲开了一张 15 万元的现金支票。因为刘某玲手里的正规收据已经用完，就给毛纺公司会计打了一个简单的收条，把 15 万元的现金支票拿走了。本该去银行把现金取出来然后交给区会计结算中心，入到区商务局的账户上。可是刘某玲到银行把现金支票换成了 15 万元现金用于还债和消费了。直到 2013 年 5 月 21 日，才四处筹款终于借到了 15 万元入到区商务局的账户上。2013 年 11 月，局主要领导让她去一家公司将剩下的 30 万元取回来。公司总经理安排出纳会计到银行取 30 万元现金，刘某玲将 30 万元公款全部挪走拿去还债，直到案发，也没有将这笔钱交上去。经查，刘某玲共贪污公款 38.3 万余元，挪用公款 17.7 万余元，其中有 15 万元挪用后归还。法院判决：刘某玲无视国法，身为国家工作人员，利用职务便利，侵吞、骗取公共财物，数额巨大，其行为已构成贪污罪；还利用职务之便，挪用公款归个人使用，数额巨大，超过 3 个月未还，其行为已构成挪用公款罪。两罪并罚，判处有期徒刑 4 年零 9 个月，并处罚金人民币 30 万元。[1]本案中，行为人涉及的资金有本单位资金、医疗保险金、公款等。

假如从个性、也就是从特殊性看上述各种资金，则它们的不同点也应清楚。

〔1〕“女贪官热衷奢侈品拿公款补缺口　仿冒一把手签名报销”，载 http://news.ifeng.com/a/20180116/55157998_0.shtml.

《刑法》第272条挪用资金罪、第185条之一第2款违法运用资金罪中的“资金”，并非同一事物。前罪的资金，是单位所有、占有、使用的资金。而后罪的资金，分为两类：一类是社保基金、公积金等公众资金管理机构管理的公众资金，并非这些机构所有的资金。一类是非公众资金，如保险公司、保险资产管理公司、证券投资基金管理公司等管理的资金。假如规范化指称这一构成要件的话，挪用资金罪应该改为非国家工作人员挪用公款罪，违法运用资金罪应该改为违规运用公众（公共）资金罪。同时，第185条之一第1款背信运用受托财产罪、第187条吸收客户资金不入账罪中的“客户资金”，与上述资金都不相同，既不是单位所有的资金，也不是公众资金管理机构管理的资金、不是公共资金，而是商业客户委托金融机构管理的私人资金（存款）。不过，刑法中，金融机构管理的客户资金、私人资金属于金融机构的资产，但是金融机构不能违背义务使用客户的私人资金。无论是职业年金的经办机构，还是企业年金受托人，无非还是金融机构（非公众资金管理机构）和公众资金管理机构两大类而已。立法者的本意是：把背信运用受托财产罪适用于金融机构（非公众资金管理机构），而把违法运用资金罪适用于公众资金管理机构。但问题是，违法运用资金可能是背信的，也可能并没有背信；背信运用受托财产可能是违反国家规定的（违法的），也可能没有违反国家规定的（不违法的）。当然，根据国情来分析，违反国家规定运用资金的，都可以视为背信。凡是背信的，都应该视为违反国家规定。既然如此，立法又何必把第185条之一分为两个罪名呢？合二为一，统称为一个罪名——违法运用资金罪，岂不更好？

2018年2月1日起，人社部、财政部印发的《企业年金办法》施行。职业年金是指机关事业单位及其工作人员在参加机关事业单位基本养老保险的基础上，建立的补充养老保险制度。企业年金是指企业及其职工在参加基本养老保险的基础上，自愿建立的补充养老保险制度。职业年金实行单位和个人共同缴费，采取个人账户方式管理；社保经办机构负责职业年金的经办管理；职业年金基金实行市场化投资运营，实现保值增值；政府部门加强监管，确保资金安全。企业年金由企业和职工个人共同缴纳。企业年金的建立，应当确定企业年金受托人，由企业代表委托人与受托人签订受托管理合同。一般来说，受托方是银行或是按照国家有关规定成立的企业年金理事会。无论是职业年金还是企业年金，工作人员在达到国家规定的退休条件后，都可由本人选择按月领取，或是一次性用于购买商业养老保险产品。对于出国（境）定居人员，职业年金或企业年金个人账户上的资金，可根据本人要求一次性支付给本人。工作人员在职期间死亡的，其职业年金或企业年金上的个人账户余额可以继承。工作人员工作单位变动时，新就业单位没有实行职业年金或企业年金制度的，其个人账户上的资金由原管理机构继续管理运营。新就业单位已建立职业年金或企业年金制度的，原个人账户上的资金随同转移。可见，企业年金、职业年金属于违法运用资金罪中的公众资金。

房屋维修基金的名字多年来经过数次变化。1998年时，叫做房屋维修基金，后改为商品房公共维修基金。2007年，根据建设部、财政部《住宅专项维修资金管理办法》，定名为住宅专项维修资金。《住宅专项维修资金管理办法》规定，住宅专项维修资金是由全体业主缴纳的，属全体业主共同所有。一般情况下由房地产行政主管机关来代管，业主委员会成立之后，住宅专项维修资金就划转到业委会，由业委会行使管理权利。《住宅专项维修资金管理办法》第37条规定："违反本办法规定，挪用住宅专项维修资金的，由县级以上地方人民政府建设（房地产）主管部门追回挪用的住宅专项维修资金，没收违法所得，可以并处挪用金额2倍以下的罚款；构成犯罪的，依法追究直接负责的主管人员和其他直接责任人员的刑事责任。物业服务企业挪用住宅专项维修资金，情节严重的，除按前款规定予以处罚外，还应由颁发资质证书的部门吊销资质证书。直辖市、市、县人民政府建设（房地产）主管部门挪用住宅专项维修资金的，由上一级人民政府建设（房地产）主管部门追回挪用的住宅专项维修资金，对直接负责的主管人员和其他直接责任人员依法给予处分；构成犯罪的，依法追究刑事责任。直辖市、市、县人民政府财政部门挪用住宅专项维修资金的，由上一级人民政府财政部门追回挪用的住宅专项维修资金，对直接负责的主管人员和其他直接责任人员依法给予处分；构成犯罪的，依法追究刑事责任。"可见，违法运用资金罪的犯罪主体可能是物业公司人员、业委会人员、财政主管部门人员、建设（房地产）主管部门人员、金融机构工作人员等。

在我国，公众资金范围到底是多大？有的采取广义概念，包括土地出让金、高速公路收费、城市停车费、公益彩票资金在内的林林总总的各类行政事业性收费或政府基金，这些基金多达6万亿元人民币，约合1万亿元美元，超过世界很多国家的全年财税收入。而根据刑法的表述，公众资金应该限定为社保基金、医保基金、住房公积金、失业保险基金、工伤保险基金、生育保险基金等由普通公民依法缴纳而形成的基金，这些基金涉及面广，总额巨大，涉及的利益人极多，每个缴纳的公民都有自己的个人账户，是个人的救命钱、养老钱。假如违法运用这些性质的基金，会危及金融秩序。而土地出让金、高速公路收费、城市停车费、公益彩票资金等显然并不具备上述特点，挪用这几种资金的行为人构成挪用公款罪或者挪用资金罪。但是正如上述，还有多种资金并不属于违法运用资金罪中的“公共资金”，行为人假如对这些资金进行挪用，则仅仅构成挪用公款罪或者挪用资金罪，并不构成违法运用资金罪。从这一点来看，挪用公款罪或者挪用资金罪是违法运用资金罪的上位罪名。因此，《刑法》第 185 条之一第 2 款违法运用资金罪与第 272 条挪用资金罪的关系就清楚了。笔者认为，完全可以把违法运用资金罪解释为挪用资金罪，挪用资金罪对于违法运用资金罪而言，是一个上位罪名。理由是：违法运用资金罪的行为人是利用职务便利实施的，这符合挪用资金罪的构成要件；违法运用资金罪的资金也是可以解释为挪用资金罪的“本单位资金”，无论是什么性质的基金、资金，只要归集到了一个特定机构那里就是“本单位资金”，归集到医保基金管理机构就是“医保基金”，归集到社保基金管理机构就是“社保基金”，归集到保险资产管理机构就是“保险资金”，归集到证券基金管理机构就是“证券投资基金”，归集到住房公积金管理机构就是“公积金”，归集到企业年金管理机构就是“本单位管理下的企业年金”，等等；违法运用资金罪的“违反国家规定运用资金”可以解释为挪用资金罪的“挪用”。

2. 法益的类型化。这里以国防利益与军事利益这一组构成要件为例来探讨法益的类型化问题。

（1）需要重新认识危害国防利益罪一章与军人违反职责罪一章的关系。军人违反职责的行为一般也同时危及国防利益，如非法出卖、转让武器装备，擅自改变武器装备编配用途，虐待部属，军人叛逃，等等。危害国防利益罪一章有 21 个罪名，军人违反职责罪一章有 29 个罪名。纵观两章罪名，可以发现，很多罪名之间具有对应关系，或者说，军人违反职责罪一章的罪名是危害国防利益罪一章罪名的身份犯而已。例如，危害国防利益罪一章中的战时造谣扰乱军心罪与军人违反职责罪一章中的战时造谣惑众罪；危害国防利益罪一章中的阻碍军人执行职务罪与军人违反职责罪一章中的阻碍执行军事职务罪。但是由于立法不周延，有的行为不能找到对应的罪名。例如，危害国防利益罪一章中的破坏武器装备罪，在军人违反职责罪一章中没有对应的罪名，只有遗弃武器装备罪、遗失武器装备罪、盗窃武器装备罪等罪名。

（2）军人违反职责罪一章的第 422 条隐瞒、谎报军情罪是第 377 条战时故意提供虚假敌情罪的身份犯。只是有三点需要注意。首先，一个是军情、一个是敌情，军情属于上位构成要件。其次，一个是提供虚假、一个是谎报不报，动词使用虽然不一致但是行为是一样的。最后，隐瞒、谎报军情罪考虑到了作为和不作为方式，而战时故意提供虚假敌情罪遗漏了不作为方式。[1]

（3）军人违反职责罪一章的第434条战时自伤罪、第435条逃离部队罪是第376条战时拒绝逃避征召、军事训练罪和战时拒绝、逃避服役罪的身份犯。因为战时自伤罪中明确存在的罪状是“战时自伤身体，逃避军事义务”，而所谓“逃避军事义务”就是逃避服兵役，就是俗称的逃兵。逃离部队罪同样是逃兵。战时自伤罪与逃离部队罪都是逃兵，只不过前者是思想上是逃兵、人还在军队，后者是思想上是逃兵、人不在军队。战时自伤罪、逃离部队罪是军人“逃避军事义务”，而战时拒绝逃避征召、军事训练罪和战时拒绝、逃避服役罪则是非军人“逃避军事义务”。同样，第424条战时临阵脱逃罪也是逃兵。这就是说，军人违反职责罪一章的战时自伤罪、逃离部队罪、战时临阵脱逃罪，都是逃兵，只不过轻重有别而已。行为最恶劣的、危害最大的、处罚最重的当然是战时临阵脱逃罪，既是战时脱逃，更是阵前脱逃，所以法定最高刑是死刑。

（4）正如第420条所说：“军人违反职责，危害国家军事利益，依照法律应当受到刑罚处罚的行为，是军人违反职责罪。”军人违反职责，其实质仍旧是危害了国家军事利益，而国家军事利益即国防利益。立法者实际上用了整整两章来维护军事利益、国防利益，这就是两章罪名的内在联系。基于这种内在联系，反观这两章罪名的设置，会发现有的是不周延的，例如，军人故意破坏武器装备的，立法没有规定如何处断，按照武器装备肇事罪或者遗弃武器装备罪处理都不符合构成要件。同样，军人故意破坏军事设施、军事通信的，也没有规定如何处断。

（5）在有的城市，驻地解放军部队把部队家属院划为军事管理区。这些家属院中的房屋在性质上是军队房地产，即第442条擅自出卖、转让军队房地产罪中的构成要件。为什么军队房产的使用人擅自卖掉自己居住的房屋有可能是触犯军职罪？笔者以为，道理其实很简单。表面上，这些住房是私人居住，其实，房屋管理的主体是部队的保障部门、军需部门（如部队保障部军需营房科等），产权人是部队，是军队。擅自卖掉自己居住的房屋，会导致外来人员进入部队区域

---

〔1〕 普通公民如果在战时隐瞒敌情，是不是应该犯罪化，还值得继续研究。

(军事管理区),行为人的确是违背军人职责的行为,自然危及国防利益。试想,部队家属院住进外人,外人知晓了军队内部的各种大大小小的秘密,岂不是危害国防利益吗?所以,擅自出卖、转让军队房地产罪中的“军队房地产”不应限于公共用房,也应包括私人住房。擅自出卖、转让军队房地产罪中的“直接责任人员”不仅包括公共用房的管理者如房产科、营房科的人员,也应包括军人及其家属。当然,军事法院审理的案件中有没有这样的案例,由于信息渠道的问题,就不得而知了。

由上可知,立法者对于普通公民危害军事利益、国防利益的,使用的是“危害国防利益罪”,对于军人危害军事利益、国防利益的,使用的是“军人违反职责罪”。笔者认为,这种处理方式并不利于军事利益、国防利益的保护,还造成了事实上的立法疏漏和立法重复。从类型化角度来衡量,这两章应该合并为宜。

3. 危害行为的类型化。危害行为的类型化,涉及的是动词和动宾短语。如公开、泄露、披露、报道等词语,都是非法行为,即非法公开、泄露、披露、非法报道,都是非法使秘密的信息变得公开、使第三人或者公众知晓,从而侵害法益。而现代汉语中,公布、披露、公开、发布、报道等都具有这个意思,可以在这些词语的基础上建构类型化动词和类型化的危害行为,进而将相关罪名予以整合,如故意泄露国家秘密罪、故意泄露军事秘密罪、泄露内幕信息罪、非法披露商业秘密类型的侵犯商业秘密罪,等等。在制造、生产、制作等词语的基础上可以建构类型化动词和类型化的危害行为。在伪证、虚假陈述、提供虚假证据文书[1]等词语的基础上可以建构类型化动词和类型化的危害行为,等等。下文以走私、擅自进口、违规进境、运输、邮寄这一组构成要件为例,来探讨危害行为的类型化问题。

货物、物品的走私、私度关,是经济犯罪一章中的各个走私犯罪罪名;而人的走私、私度关,触犯的是偷越国边境犯罪的罪名,俗称“偷渡”。在没有海关的地方走私,所谓的“绕关”,不仅涉及货物和物品,其实还涉及人的偷渡行为。这是以前的司法实践都忽略了的。海关设立的缉私局,其实只是缉查物品和货物。人的走私问题,是公安边防或者进出境机关所管辖的。众所周知,在出入境的检查站,不仅有公安边防的检查查验,还有海关的检查查验,前者主要管理人的证件和手续,后者主要管理货物和物品的证件和手续。所以,“走私”一

---

〔1〕 黄道秀译:《俄罗斯联邦刑法典释义》,中国政法大学出版社2000年版,第842页。

词，作为一个动词，既可以指称人的非法进出境，也可以指称物的非法进出境，是具有上位构成要件的地位的。

人的进境，我国习惯上称为“入境”而不是“进境”，如出入境管理局、出入境通行证、《查询出入境记录申请表》、《出入境记录查询结果》、边境地区公民办理出入境通行证、非边境地区公民办理出入境通行证等。

从刑法历史上看，尽管有私度、冒度、越度之分别〔1〕，但都是涉及人的。而涉及货物、物品的，因为牵涉偷逃税收，所以并不属于封建刑法“兵律”之中的“关津”部分。现行刑法的走私犯罪，之所以属于经济犯罪一章，还是与经济、税收有关，与人的偷越关系不大。目前，我国大陆地区海关的缉私，实际是狭义的缉私，就是针对“物”的缉私。广义的缉私，指的是检查走私行为，缉捕走私的人。〔2〕当然，如果把“缉捕走私的人”理解为缉捕走私货物、物品的人，那么，就不存在广义的缉私。

《刑法》第339条构成要件中的擅自进口、违规进境，也是针对“物”（固体废物）的，并不针对人。

进出境就是进出口，只是表述方式略有不同而已。例如，《中华人民共和国进出境动植物检疫法》自1992年4月1日起施行，1982年6月4日国务院发布的《中华人民共和国进出口动植物检疫条例》同时废止。以前叫做“进出口”，后来叫做“进出境”，所指则是一致的。

在我国刑法历史上，私度关、越度关曾经分开设置，是两个罪名。私度关，是从关门私过。越度关，是不由关门，自他处偷越。〔3〕私度关，相当于今天的骗关；越度关，相当于今天的绕关。而现行刑法则不再区分行为人是否从关门进出，不再区分行为人是骗关还是绕关，都一律按照偷越国（边）境罪（偷渡罪）论处，这可以说是人的走私。偷越国（边）境罪就是围绕侵害国家关禁秩序的危害行为而建构的上位罪名。从走私犯罪而言，无论行为人采取的是骗关还是绕关，都只是不同犯罪现象、犯罪手法，在刑法性质上则不再区分、也无须区分，都是走私，这可以说是货物或者物品的走私（物的走私）。无论是人的走私还是物的走私，都侵害了国家关禁管理秩序——国（边）境管理秩序。

〔1〕《大清律例·兵律·关津》（第3册），中华书局2015年版，第75页以下。
〔2〕《现代汉语词典》，商务印书馆2012年版，第602页。
〔3〕刘俊文：《唐律疏议笺解》，中华书局1996年版，第647页。

所以，人口跨境贩运也是一种广义的走私，这也许是词语的外延逐渐泛化的结果。货物与物品的跨境非法运输是经济领域的走私犯罪，而人口的跨境非法贩运则可以称为人口的走私犯罪。所以，“走私”这个动词在现代汉语之中具有广泛的使用场合，这个语用同时涵摄了经济犯罪一章中的走私犯罪和妨害社会管理秩序罪一章中的组织、运送偷越国（边）境犯罪。组织他人偷越国（边）境罪和运送他人偷越国（边）境罪，都是人口走私犯罪。这样的使用在新闻报道中是可以见到的，案例如下：美国南部同邻国接壤地带人口走私事件层出不穷，几乎记载了美洲非法移民的“偷渡血泪史”，而此次这起恶性案件也令得克萨斯这个南部第一大州再次成为舆论聚焦的“震中”地带。当地时间 2017 年 7 月 23 日，美国得克萨斯州圣安东尼奥警方在一台拖曳式大型卡车上发现，几十人拥挤在车厢里奄奄一息，其中 8 人已死，另有两人在送医后身亡，目前，仍有 10 多人尚未脱离生命危险。60 岁的美国卡车司机已被逮捕，他被控非法运输移民。美国国土安全部部长约翰·凯利表示，该案充分展现出人口走私组织为牟取暴利而践踏生命的恶行。美国移民和海关执法局代理局长霍曼认为，根据人口走私组织的惯常手段，这些非法入境者应该是徒步越境，然后再被美国境内的“内应”统一送上交通工具的。此前，美国司法部将途经圣安东尼奥市的 10 号、35 号州际公路列为“主要人口走私线”。整个得州被媒体视为“人口走私中心”。[1]

《刑法》第 125 条第 1 款是非法制造、买卖、运输、邮寄、储存枪支、弹药、爆炸物罪，第 2 款是非法制造、买卖、运输、储存危险物质罪，后者的行为方式少了“邮寄”。笔者认为，对于实践中出现的邮寄危险物质的，应该处断为运输危险物质罪。运输是上位构成要件，邮寄和走私都是下位构成要件。邮寄是通过“邮政企业或者快递企业”的运输，走私是“跨越国境或者边境”的运输。毒品犯罪中，运输毒品包括在“国”内各地运输、自“国”内输出“国”外、自“国”外输入“国”内三种情形[2]，但是由于立法体例不同，有的法域把自国外输入国内称为输入烟毒罪，有的法域把自国内输出国外、自国外输入国内合称为走私毒品罪。

此外，根据 2014 年全国人大常委会的立法解释，明知是野生动物及其制品而购买的被解释为收购，即赃物犯罪中的购买行为被类型化为收购行为。

---

〔1〕“死亡卡车揭‘人口贩卖’黑幕，带血的生意猖獗多年”，载 http://news.cctv.com/2017/07/25/ARTI60aUgWU3vEHNbVcWtqX7170725.shtml.

〔2〕林山田：《刑法特论》，三民书局 1979 年版，第 783 页。

4. 犯罪组成之物的类型化。犯罪组成之物的类型化，同样可以产生罪名涵摄力增强的效应。

（1）国家秘密与国家情报。

第一，情报这个词语，是近代以后由日本传来的词汇，是日本语。

第二，目前，我国颁布实施了《保守国家秘密法》《国家情报法》，却没有所谓的《国家秘密情报法》。《刑法》有第 398 条故意泄露国家秘密罪、第 432 条故意泄露军事秘密罪，却没有故意泄露国家秘密、情报罪。有的罪名使用的表述方式是“国家秘密、情报”，有的罪名使用的是“国家秘密”，可见，立法者对这两种表述方式的关系没有予以明确。有学者认为，情报分为公开情报和秘密情报，公开情报常被称为信息，秘密情报常简称为秘密。[1]

第三，军事秘密、国家秘密，在古代叫做“消息”，如唐律中的“征讨告贼消息”。重要的“消息”，就是现在语境下的国家秘密、国家情报。

第四，《保守国家秘密法》是 1988 年制定、2010 年修订的，后制定的是 2017 年的《国家情报法》，而之所以使用“国家情报”来代替之前的“国家秘密”，是因为立法者认为国家情报具有更大的涵摄力，能够更好地保护国家情报，维护国家安全和利益。《保守国家秘密法》第 2 条规定：“国家秘密是关系国家安全和利益，依照法定程序确定，在一定时间内只限一定范围的人员知悉的事项。”《国家情报法》第 4 条规定：“国家情报工作坚持公开工作与秘密工作相结合、专门工作与群众路线相结合、分工负责与协作配合相结合的原则。”第 5 条规定：“国家安全机关和公安机关情报机构、军队情报机构（以下统称国家情报工作机构）按照职责分工，相互配合，做好情报工作、开展情报行动。”可见，国家情报包括公开的国家情报和秘密的国家情报[2]，而秘密的国家情报是不是能够等价于国家秘密，也不得而知。因为毕竟《国家情报法》并未给出国家情报的定义。当然，从上述语言表述也可以发现，无论是国家秘密还是国家情报，都属于关系国家安全和利益的事项。

第五，既然国家情报的外延大于国家秘密，而“国家情报”其本质就是事关国家利益的重要信息、重要消息，回到语词的发展历史，这不就是古代刑法的“消息”吗？只不过近代以来，内忧外患，中华民族屡遭列强蹂躏，更懂得国家

---

〔1〕 张殿清：《情报·间谍·保密》，宁夏人民出版社 1985 年版，第 22 页。

〔2〕 张殿清：《情报·间谍·保密》，宁夏人民出版社 1985 年版，第 22 页。

安全与国家情报的紧密关系，才把事关国家安全的国家情报使用“国家情报”而不是“国家信息”来指称，以适应时代需求和民众心里的“集体潜意识”。换句话说，目前只有“国家情报”一词才能说出立法者的心声，才能符合立法者的所指。秘密的“秘”，字源是“祕”，神也。秘之言闭，秘不可宣也。[1]可见，秘密是不公开的信息、尚未公开的信息。秘密是神秘的、不可示人的。而情报分为公开情报和秘密情报。“国家情报”“情报”是上位概念。《刑法》第398条故意泄露国家秘密罪中的“国家秘密”是第284条之一非法出售、提供试题、答案罪中的“国家考试的试题和答案”的上位构成要件。因为一般而言，国家考试的试题和答案有的时候是绝密级的国家秘密，有的时候则是“考前绝密考后机密”级别的国家秘密。所以，国家情报、国家秘密、国家考试的试题和答案等构成要件形成了一个上下位构成要件层次。

第六，《刑法》第110条、第111条、第282条、第431条为一组非法获取国家情报犯罪。凡是为境外或者为敌人非法获取、非法提供国家秘密、情报的犯罪，是危害国家安全罪，即第110条、第111条。而没有为境外或者为敌人这一事实（构成要件）的，就是一般意义上的非法获取、非法提供国家秘密、情报的犯罪，也就是第282条、第431条。所谓“以窃取、刺探、收买方法非法获取”，就是“非法获取”。不仅如此，“以窃取、刺探、收买方法非法获取”并未穷尽现实中可能的方法如交换，“以交换方法非法获取”军事秘密、国家秘密的，当然触犯了第282条、第431条。

第七，作为上位罪名的非法获取国家秘密罪。一般而言，上位罪名中的构成要件就是上位构成要件，属于涵摄力较大的构成要件。例如，“国家秘密”就是“军事秘密”的上位构成要件。反之，“军事秘密”就是“国家秘密”的下位构成要件。相对“非法获取”而言，窃取、刺探、收买就是下位构成要件。假如继续增加与窃取、刺探、收买相当的下位构成要件，如贿买、收购、购买、换取等，也都属于“非法获取”。相对于非法获取军事秘密罪而言，非法获取国家秘密罪就是上位罪名，那么，非法获取军事秘密罪这个下位罪名可以删除。

第八，“非法获取、非法提供国家秘密、情报罪”的建构。《刑法》第111条为境外窃取、刺探、收买、非法提供国家秘密、情报罪，第282条非法获取国家秘密罪。前一罪名的“窃取、刺探、收买”，在后一罪名之中被表述成“非法

〔1〕《康熙字典》，上海辞书出版社2008年版，第802页。

获取”，比较而言，“非法获取国家秘密、情报”就是一个高度类型化的犯罪行为。这个高度类型化的行为如果使用在第111条之中，该罪名就可以表述为“为境外非法获取、非法提供国家秘密、情报罪”。这个高度类型化的行为如果使用在第431条第1款之中，该罪名就可以表述为“非法获取军事方面的国家秘密罪”或者“非法获取军事秘密罪”（事实上确定罪名已经这样表述了）。这个高度类型化的行为如果使用在第431条第2款之中，该罪名可以表述为“为境外非法获取、非法提供军事方面的国家秘密罪”或者“为境外非法获取、非法提供军事秘密罪”。由于军事秘密也属于国家秘密，所以进一步地，上述四个罪名可以统一表述为“非法获取、非法提供国家秘密、情报罪”，四个罪名就可以解构掉三个。根据具体案情，增加不同内涵，就分别形成几个不同的下位罪名：

首先，如果是普通的非法获取国家秘密、情报的行为，就构成第282条非法获取国家秘密罪，此时，情报应该被解释为国家秘密。

其次，如果是为境外非法获取国家秘密、情报的行为，增加了“为境外”这一内涵，则构成第111条为境外窃取、刺探、收买国家秘密、情报罪；如果增加了“非法提供”这一内涵，则构成为境外非法提供国家秘密、情报罪。

再次，如果是为敌人、敌对势力、反华势力等非法获取、非法提供国家秘密、情报的行为，则构成间谍罪。但是由于现行刑法间谍罪的外延较小，这一结论还需要结合具体案情论证。

复次，如果是军人以窃取、刺探、收买方法，非法获取军事秘密的，构成第431条第1款非法获取军事秘密罪。此时，增加的是“军人”“军事方面的国家秘密”等内涵。

最后，如果是军人，为境外，以窃取、刺探、收买方法，非法获取、非法提供军事秘密的，构成第431条第2款为境外窃取、刺探、收买、非法提供军事秘密罪。此时，增加的是“军人”“军事方面的国家秘密”“为境外”等内涵。内涵越多、构成要件数量越多，越不会是上位罪名。

第九，进一步地，假如完全抛弃法益观念，不考虑行为人非法获取的是什么、不考虑动词的宾语（犯罪对象）是个人信息、单位信息还是国家秘密，那么，只需要规定一个“非法获取信息罪”，就可以涵摄非法获取信用卡信息罪、非法获取国家秘密罪、非法获取军事秘密罪、非法获取公民个人信息罪（侵犯公民个人信息罪）、非法获取计算机信息系统数据罪等诸多罪名。例如四川射洪发生编写网游外挂软件合伙三人非法获利145万余元的案例。2016年6月～2017

年4月，马某、历某、冯某利用编写的网游外挂软件进行大量操作，为大量游戏玩家提供了自动实现游戏升级的服务，共获取人民币1 451 565.33元。历某分得人民币654 601元，马某、冯某则平分人民币471 742.89元。三人的行为已触犯了相关法律法规。由于外挂软件的编写需要大量的数据支撑，因此他们外挂软件所使用的、计算机系统中的传输数据均是违反国家规定、通过相关技术手段获取而来，情节特别严重，其行为均已构成非法获取计算机信息系统数据罪。与此同时，外挂软件的开发本身，也对相关游戏的货币体系，游戏整体系统的平衡性、公平性造成严重的影响。经审理，马某与历某共谋犯罪，均起主要作用，是主犯；冯某在共同犯罪中起次要或辅助作用，系从犯。鉴于三人均系初犯，且积极主动退赃，悔罪态度较好，最终四川省射洪人民法院分别判处历某、马某、冯某有期徒刑3年，宣告缓刑5年、4年、3年，并处罚金人民币5万元、5万元、3万元；违法所得人民币1 126 343.89元依法予以没收、追缴并上缴国库；公安机关查封、扣押的作案工具全部予以没收并上缴国库。[1]

2001年最高人民法院《关于审理为境外窃取、刺探、收买、非法提供国家秘密、情报案件具体应用法律若干问题的解释》规定：《刑法》第111条规定的“国家秘密”，是指《保守国家秘密法》第2条、第8条以及《保守国家秘密法实施办法》第4条确定的事项。“情报”，是指关系国家安全和利益、尚未公开或者依照有关规定不应公开的事项。对为境外机构、组织、人员窃取、刺探、收买、非法提供国家秘密之外的情报的行为，以为境外窃取、刺探、收买、非法提供情报罪定罪处罚。通过互联网将国家秘密或者情报非法发送给境外的机构、组织、个人的，依照《刑法》第111条的规定定罪处罚；将国家秘密通过互联网予以发布，情节严重的，依照《刑法》第398条的规定（故意泄露国家秘密罪）定罪处罚。笔者认为，既然“情报”是“尚未公开或者依照有关规定不应公开的事项”，不就是“秘密”吗？因此，结合现在的立法，这个解释对“情报”的界定可能有点过时。

笔者认为，刑法中的相关构成要件有：信用卡信息、个人信息、未公开信息、内幕信息、不应公开的案件信息、国家秘密、国家情报、商业秘密、军事秘密、国家考试的试题和答案等，对这些应该整体进行考察。前述“非法获取信息

---

〔1〕“三个技术男编写网游外挂 获利145万被判刑3年”，载http://games.ifeng.com/a/20180527/45005181_0.shtml.

罪”中的“信息”在现实中呈现出多种具体样态，非法获取信息、非法提供信息已经是越来越严重的犯罪。情报或信息的外延最大。国家情报外延大于国家秘密，国家秘密包括国家的军事秘密、商业秘密、考试秘密等。国家考试的试题和答案属于国家秘密。未公开信息、内幕信息、不应公开的案件信息、信用卡信息、公民个人信息、计算机信息系统数据，都是信息〔1〕，也即情报，但未必就是国家情报，有的属于个人数据、信息，有的属于企事业单位数据、信息。这些构成要件形成了一个上下位构成要件层次。

例如，公民个人信息与信用卡信息的关系，是明确的属种关系。《刑法》第177条之一第2款中的信用卡信息资料是个概括式构成要件，属于下位构成要件。而第253条之一公民个人信息同样是概括式构成要件，属于上位构成要件。公民个人信息涵摄了非信用卡的银行卡信息、信用卡的银行卡信息、身份信息、车辆信息、户籍信息、住房信息、社保信息、医疗信息、婚姻信息、学业信息、征信信息、隐私信息、支付信息（支付宝、微信等）、计算机信息、电信信息、快递信息等。

（2）资助境内组织或个人。《刑法》第107条资助危害国家安全犯罪活动罪中，立法者已经将原有的“资助境内组织或个人”删去。无论是资助境内的还是境外的，都构成该罪，这使得该罪名的涵摄力变大，这样的修改是非常合理的。

（3）淫秽物品、淫秽书刊、淫秽音像制品。现行刑法中的淫秽物品、淫秽书刊、淫秽音像制品，以及淫秽的书刊、影片、音像、图片等构成要件，可以类型化为越南刑法中的“颓废文化品”，相应地，罪名可以改为“传播颓废文化品罪”。〔2〕颓废是意志消沉、精神萎靡的意思。〔3〕而萎靡是精神不振，意志消沉的意思。〔4〕颓废就是萎靡。英语是 dispirited。因为暴力、恐怖制品是令人产生所谓的“振作”（暴力的）、令人所谓的“有精神”，不会令人颓废、不振作，所以，暴力、恐怖制品不属于“颓废文化品”。

---

〔1〕在2018年《欧盟通用数据保护条例》中，使用了“个人数据”概念，其外延包括个人的年龄、性别、身份、教育背景、住址、IP地址、虹膜、指纹、种族、宗教信仰等，对个人数据的保护空前严格。笔者认为，在数字化时代，个人数据等于个人信息，国家情报等于国家数据或者国家信息，企事业单位数据等于单位信息。

〔2〕米良译：《越南刑法典》，中国人民公安大学出版社2005年版，第116页。

〔3〕《现代汉语词典》，商务印书馆2012年版，第1324页。

〔4〕《现代汉语词典》，商务印书馆2012年版，第1357页。

5. 犯罪目的的类型化。例如，使用盗窃与挪用犯罪的关系。作为普通用语的“挪用”与作为规范用语的“使用盗窃”，本质上具有同样的所指——一时使用的目的（非取得意图）的财产犯罪。[1]当然，挪用犯罪除了“使用盗窃”，还有“使用诈骗”和“使用侵占”等各种可能性。可见，使用盗窃与挪用都并非是最规范的用语，最规范的用语是需要通过精确的阐释和说明来实现的。这里，一时使用目的、一时占有目的或者暂时占有目的（非取得意图）的财产犯罪恐怕才是最规范的用语。

进一步的话，《刑法》第175条高利转贷罪也属于“一时的占有意图”的财产犯罪类型，“以转贷牟利为目的”就是“以牟利为目的进行转贷”，“转贷”是构成要件的行为而非目的，行为人的目的就是赚取息差牟利。行为人对于套取出来的信贷资金并无取得意图，只有“一时的占有意图”。如果把高利转贷罪与挪用犯罪进行类比的话，行为人实际是把信贷资金套取出来改变用途、挪作他用，是把信贷资金用于“进行营利活动”，所以，在“一时的占有”这一点上，高利转贷罪与挪用犯罪是完全一致的，二罪名有重合部分。吸收客户资金不入账罪等也是“一时的占有意图”的犯罪类型。

6. 犯罪主体的类型化。下文以公立医院医生与国家工作人员为例，探讨犯罪主体的类型化问题。

当遇到公立医院医生开方提成（按销售量、销售额收受医药代表回扣）的案件时，司法者立即想到的是“公立医院医生”是不是属于“国家工作人员”，或者想到的是“国家工作人员”这个构成要件能否涵摄“公立医院医生”这个犯罪主体，受贿罪这个罪名能否涵摄“公立医院医生”开方提成的犯罪。思维的结果如果是“国家工作人员”这个构成要件不能涵摄“公立医院医生”这个犯罪主体，那么势必需要另寻构成要件，也就是另外找法。对于公立医院医生开方提成，我国各级法院有多个按照受贿罪处断的实例（浙江瑞安、福建福鼎、河北顺平等），但也有处断为非国家工作人员受贿罪的实例，司法界观点不一致。

例如，2000年9月~2002年10月，福建省福鼎市医院妇产科医师华某、孙某、何某3人大量开出经销商推销的几种昂贵药品给患者，并分别收受经销商给予的回扣款达2.62万元、2.57万元、1.19万元。2002年12月24日，当何某再次收受经销商以信封套装的538元回扣时，被院方当场抓获。一审判决以后，3

〔1〕 刘明祥：《财产罪比较研究》，中国政法大学出版社2001年版，第68页以下。

名被告以医生不属于国家工作人员、不符合受贿罪主体为由提起上诉。福建省宁德市中级人民法院认为，福鼎市医院虽属公益医院，但是国有事业单位，其医生作为国家公益活动的主要实现者，属国有事业单位从事公务的人员，在执业过程中，为替药品经销商促销药品，利用手中处方权开列昂贵搭车药品从中收受回扣，其行为破坏了人民医疗保障制度和药品市场秩序，构成受贿罪，以受贿罪终审判处福鼎市医院的3名医生1年至1年6个月不等的有期徒刑。这是福建省首例医生因吃回扣被判刑又被注销注册医师资格的案例。[1]

学术界的观点也不一致。2004年中国人民大学刑事法律科学研究中心召开了"'医生利用处方权收回扣是否构成受贿罪'学术座谈会"，王作富认为，收取回扣的医生从事的是利用自己的专业知识为病人提供诊疗服务，不属于国家工作人员，因此不符合受贿罪主体要件，不成立受贿罪。赵秉志认为，医生利用处方权收回扣，可以说是一种受贿性质的行为，但用刑法中的受贿罪解释，则有很大的困难。黄京平则认为，我国目前实行公费医疗，国有医院是社会保障体系中的重要环节，多开药就意味着公费医疗多支出，无形中加大了医疗保障的压力，社会危害性很大，处方行为从表面上来看是一项技术工作，但实质是对药品的管理工作，是国家公权力的表现，故认为医生属于在国有单位中从事公务的人员，医生利用处方权收回扣行为构成受贿罪。卢建平从医院医药管理的基本流程入手，认为医生的回扣名义上是从药商那里获取，但实际上双方串通损害的是医院的利益，占有的是单位的财物，由于医院是国有单位，因此其行为涉嫌构成贪污罪。[2]

2008年，最高人民法院、最高人民检察院《关于办理商业贿赂刑事案件适用法律若干问题的意见》规定："医疗机构中的医务人员，利用开处方的职务便利，以各种名义非法收受药品、医疗器械、医用卫生材料等医药产品销售方财物，为医药产品销售方谋取利益，数额较大的，依照刑法第163条的规定，以非国家工作人员受贿罪定罪处罚。"至此，争论许久的医生开方提成行为的性质算是有了官方定调。但即便如此，系统性的、全国性的医生开方提成犯罪并未全部按照刑事诉讼程序以非国家工作人员受贿罪追究刑责，而主要是敦促医生们向纪

---

〔1〕"福建：医生吃回扣首次被定罪"，载http：//news.sina.com.cn/c/2005－06－10/14416137574s.shtml.

〔2〕赵秉志、廖万里："医生利用处方权收回扣是否构成犯罪——兼论我国刑法中受贿罪的立法完善"，载《法制日报》2004年7月22日。

委监察部门主动上交回扣款、进行行政处分而最终平稳结束。从龚建平受贿案开始，国家工作人员的类型化就受到不断质疑和广泛关注。国家工作人员类型化难题的根源是普遍存在的公权力边界不清现象。至少从目前的情况观察，公权力边界仍旧不清晰，甚至呈现出更复杂的局面。即便使用“公职人员”来替代国家工作人员，也不能彻底解决类型化难题。笔者认为，国家工作人员类型化的关键是国家工作人员的分类分型、从事公务的分类分型等基础性工作应该大力推进和扎实研究。

第三章　刑法分则类型化与刑法分则用语类型化

现行刑法分则构成要件的用语不能让人满意：一是确定罪名与罪状不一致，确定罪名不完全符合罪状。二是确定罪名之间的不一致、不协调、不统一。三是罪状的所指不清楚，费猜疑，费思量。四是相似用语的含义不清楚，难以断定是否为相同所指，例如《刑法》第347条中的“参与有组织的国际贩毒活动”中的“贩毒”是指贩卖毒品还是贩运毒品（运输毒品）？五是构成要件用语（尤其是跨法条的用语）之间的关系尚未确定。从经验用语，到规范用语，再到类型化用语，这个过程是刑法分则类型化所必需的。

一、刑法分则类型化与语料选择

（一）刑法分则用语的语料选择是刑法分则类型化的基石

刑法类型化是以刑法用语为基石的，而刑法用语又是对社会生活的规范化指称，所以，立法者、司法者、学者对社会生活的认识、分类、把握是刑法用语的基础和出发点。从社会生活到刑法用语，从刑法用语再到类型化的刑法用语，从类型化的刑法用语再回到、再反观社会生活，这个循环往复的过程就是人类认识世界的历程，从感性认识到理性认识，再到更抽象的理性认识，物质世界与精神世界（语言世界）的关系就越发统一、完善。从绝对的意义说，当物质世界与精神世界（语言世界）没有任何隔阂与距离之日，当语言能够完美指称现实之日，就是刑法学的完美之日，也是所有人文社会科学的完美之日。

在刑法文本使用的文字和用语中，很多是属于一组一组的近义词或者同义词，这是造字所致，所以，刑法类型化是以文字意义的类型化为前提的。文字意义的解释、训诂，经常存在互相解释的现象，以揭示不同文字之间的内在一致性。迁延至罪名或者犯罪类型之领域，也就是刑法语言领域，也就难以避免出现不同罪名实属相同类型的现象。

刑法类型化是一种语言活动，势必涉及历史悠久、传承有序又变迁迅速的汉语语料库，涉及古代汉语、近代汉语、现代汉语和剧烈变化的当代汉语。根据语言学的常识，刑法思维只能通过语言（能指）来实现而没有任何别的途径，所以，完全可以说，刑法思维即刑法语言。而刑法语言（能指）与事物（所指）之间的距离，则是无处不在的。只有更加重视刑法语言，才可能带来刑法研究的飞跃。

刑法类型化是一种语言活动。任何执法都是一种思维支配下的语言活动。几个工友自己搭伙做饭，被南京城管定性为“办食堂”；车主的号牌仅有局部轻微不清晰、极少数局部的刮擦，被辽宁交警定性为“污损遮挡号牌”；等等。这些实例表明，当前执法者的思维紧紧地与现代汉语中的法律性用语相结合，是把社会生活事实与法律规范相结合的思维，也就是类型化思维模式，至少是一种形式上的进步。因为，搭伙做饭与办食堂有语义重合的部分，机动车号牌局部轻微刮擦与污损号牌有语义重合的部分。当然，没有餐饮的营业与销售，只是几个人自己吃吃，只能称为“搭伙”，不能算“办食堂”。没有导致号牌不能辨认或者辨认显著困难，不能算“污损遮挡号牌”。如果能够借此契机进一步解释法律、寻找法律精神，反而可以产生好的普法效果。

1. 招收、征兵与征召。类型化是一种严肃的语言活动，需要对刑法用语精挑细选，既要延续历史，又要适应新时代。例如，《刑法》第418条招收公务员、学生徇私舞弊罪，“招收”，现在一般称为“招录”“招考”，有时还使用“选录”“选调”“选拔”等。包括公务员、事业单位工作人员、军校学员、招飞、征兵等事项，其实本质上都属于国家对于人才的选拔活动，兹事体大，历朝历代称之为“选举”“贡举”等。笔者认为，对于所有的人才选拔活动，无须区分招收的具体主体是军队还是地方，是中央还是地方，是人事部门（人力资源部门）还是教育部门，都应该纳入第418条，尽力把招收飞行员解释为“招收公务员、学生”，尽力把招收军校学员解释为“招收公务员、学生”（军校学员既是学生也是军人），尽力把招收事业单位工作人员也解释为“招收公务员、学生”，对本罪的“公务员”进行扩大解释。如果扩大解释不妥当，只能修改法条了，改为“招收公务员、学生、事业单位工作人员徇私舞弊罪”。

因此，尽管招收、招聘、招录、招考之间存在区别，但是，其核心——拔萃举才行为——并无区别。征兵、征召、征收、征辟、征用、征购之间也存在区别，但是，其核心——国家或政府的强行性获得——并无区别。从文字的早期意义上看，招是"手呼也"，以手曰招，以口曰召[1]，所以招收、征兵与征召具有语义重合的部分。当然也有不同的部分——招收的对象是自愿来的而征召可能不是自愿来的。

《刑法》第376条战时拒绝、逃避服役罪中的犯罪主体"公民"，结合《兵役法》等的规定，应该解释为有服役义务的公民、应征公民，而不是泛指任何公民。根据《兵役法》第66条的规定：有服兵役义务的公民在战时有下列行为之一，构成犯罪的，依法追究刑事责任：应征公民拒绝、逃避征集的；预备役人员拒绝、逃避参加军事训练、执行军事勤务和征召的。也就是说，《兵役法》第66条与《刑法》第376条的规定使用的词语并不一致。所以，对于战时拒绝、逃避服役罪中的构成要件"服役"应该解释为《兵役法》的"服兵役"、"征集"或者"兵役征集"，而不能包括别的什么"役"。

2001年《征兵工作条例》第51条的规定与《兵役法》是一致的，使用的是"征集"而不是"服役"："有服兵役义务的公民拒绝、逃避兵役登记和体格检查的，应征公民拒绝、逃避征集的，依照兵役法和有关法规的规定予以处罚。"同时，也可得出结论：战时拒绝、逃避服役罪中的"公民"不是指任何公民，而应限制为"应征公民"或者"有服兵役义务的公民"，具体而言指的是：22周岁以前可以被征集服现役、普通高校毕业生24周岁以前可以被征集服现役、35周岁以前可以被征集服预备役。同时还要注意，"应征公民"的"应"读为"yīng"，是应该被征集、被征召的意思，也就是刑法学中的特定人的作为义务，假如不履行该义务，拒绝被征集、征召，则符合《刑法》第376条两个纯正不作为犯的前提条件，即俗称的逃避兵役、逃兵。

2. 国家考试与国家级考试。刑法典中的"国家考试"，至少有五种可能的含义。第一种是指"国家级考试"，第二种是指"全国性考试"，第三种是指"全国统考"，第四种是指"以国家名义组织的考试"（包括中央与地方、军队与非军队系统的各级各类考试），第五种是指"中央级考试"。如果把"国家考试"解释为"国家级考试"或者"全国性考试"，而把其他考试排除在外，似乎并非合理。

---

〔1〕《康熙字典》，上海辞书出版社2008年版，第373页。

从语用看，有“国家教育考试”“国家司法考试”“国家人事考试”等表述方式，这时，国家考试等于国家级考试。再如，根据《刑法》第96条，违反国家规定指的是违反全国人大、全国人大常委会、国务院的规定，此时，国家规定等于国家级规定、中央一级的规定。从文理和逻辑看，国家考试则未必是国家级考试。例如，国家工作人员未必是国家级工作人员。再如，中考时停在考场附近的国家应急通信（National Emergency Communication）车辆，显然不是什么国家级的应急通信，只是地市州一级的应急通信罢了。再如，公务员考试有国考、省考之分，国考实际上指的是中央一级的考试——“中央机关及其直属机构录用公务员考试”。再如，国家秘密并非是国家级秘密，省级市级的秘密也属于国家秘密。再如，国家干部不等于国家级干部。

有时，“全国”指的是国家级。例如，全国重点文物保护单位指的就是国家级文物保护单位而不是国家文物保护单位，像位于河北省秦皇岛市的陆斯夫人别墅，属于国务院1998年颁布的全国重点文物保护单位。国家级文物保护单位称为“全国文物保护单位”，是不妥的，因为省级、市级文物保护单位也是国家保护的文物。《刑法》第324条第3款中的全国重点文物保护单位、省级文物保护单位，也表明全国重点文物保护单位指的就是国家级文物保护单位。

笔者认为，如果从文义本身来看，只要是公权力机关组织的选拔性考试、竞争性考试，无论是驾照考试、公务员考试、选调生考试、教育考试、军校招生考试、高水平运动员考试、艺术联考，还是各种职业资格考试，都属于“国家考试”。“国家考试”，指的是以国家名义组织的考试，包括所谓“国家级考试”（中央级考试）和地方一级的考试，包括国家教育考试、国家司法考试、国家人事考试等不同类型。从宪法角度看，中央与地方都是代表国家公权力的，所以都有资格组织“国家考试”。相应地，以某一公司企业事业单位、社会组织、社会团体等名义进行的考试，例如幼儿园的考试、大学的期中期末考试、公司的入职考试等，不能称为“国家考试”。军队是典型的国家机关，所以，军队的各个军兵种或者各个基层单位组织的考试，在理论上也是“国家考试”。如果从立法原意来看，为了限制本罪处罚范围，国家考试应该指的是指国家级考试。所以，“国家考试”的客观文义和立法原意之间不一致。为了统一司法，避免误解，今后应该把“国家考试”明确修正为“国家级考试”。

3. 边境与深圳二线。为了便于管理，从1982年6月开始在深圳特区和非特区之间修建“深圳特区管理线”（二线）。1985年3月“深圳特区管理线”通过国家验收交付使用，全长84.6公里，沿线路面用花岗岩石板铺成，路北侧用高达3米的铁丝网隔离。这道铁丝网把整个深圳划分成经济特区与非经济特区两块，俗称关内和关外。在相当长的时间里，非深圳户籍人口进入深圳特区时，要查验有无办理边防证。沿线设置了很多个检查站，被称为“二线关”。共有163个武警执勤岗楼，对进入特区的人员进行证件、护照、签证检查。[1]

有亲历者就认为，二线是特区管理线和边境管理线的合称。过去边境管理线是在宝安与东莞、惠州交界的地方，特区管理线建立后，边境管理线移到特区管理线上，两线合一，称作“二线”。

实质意义的改革是从广东边防开始的。2003年4月11日，国务院、中央军委《深圳珠海一二线边防管理改革实施方案》正式批准广东边防推出的重大改革，具体包括：简化办证手续，内地居民前往深圳、珠海凭身份证直接申办1年有效《中华人民共和国边境管理区通行证》，取消介绍信等手续；部分群体免办《中华人民共和国边境管理区通行证》进入深圳、珠海特区。60岁以上男性公民、55岁以上女性公民直接凭居民身份证进入深圳、珠海特区；取消《机动车辆进出经济特区查验证》及每车3元收费；取消《车辆进入特区优检证》及每年120元查验管理费，实行《进入深圳、珠海特区特别公务车证》；取消深圳、珠海两地往返客运船舶人员的检查；放宽二线耕作口的通行限制，实行24小时通行；取消沙头角边境特别管理区宵禁，区内实行24小时通行；取消省内自定的下海作业证，在深圳、珠海周边海域从事近海放排、养殖作业的群众凭身份证（深圳、珠海以外居民凭边防证）下海作业；放宽部分地段和海域“上山”“下海”旅游限制，深圳盐田、南澳等海域可划定海上旅游区，珠海万山、桂山、担杆休闲渔业摩托艇的马力可适当放宽限制。

从2010年7月1日开始，深圳特区范围延伸至全市，特区总面积扩容为1997平方公里。但分隔“关内”“关外”的“二线”被保留了下来。虽然查验证件的手续被取消，部分二线关随后被拆除，但“二线”一直是存在的。2018年1月15日，国务院同意广东省《关于撤销深圳经济特区管理线的请示》。[2]随着2005年进入深圳特区的边防证退出历史舞台，2014年深圳特区检查站所有官

〔1〕“国务院宣布：撤销深圳的‘特区管理线’”，载 http://house.ifeng.com/detail/2018_01_16/51353599_0.shtml.

〔2〕“国务院宣布：撤销深圳的‘特区管理线’”，载 http://house.ifeng.com/detail/2018_01_16/51353599_0.shtml.

兵分流到其他边防单位，深圳特区管理线的取消是水到渠成的。[1]

笔者认为，从2005年边防证正式退出历史舞台开始，“特区管理线”才不能被解释为刑法构成要件“边境”，此前的23年（1982～2005年），它都是实质意义的“边境”。

首先，国境是指“国家的边境”。[2]边境是指“靠近边界的地方”。[3]从这两个词语的一般文义来看，二线也是符合国境或者边境的基本语义的。

其次，边防证、边防官兵，以及二线的主体工程铁丝网、巡逻公路、高压线、6个联检站和1个收容所等的存在，就表明这是一条实际意义上的边境线，偷越“特区管理线”都属于偷越边境的行为。实际中，虽然并没有按照刑法处断为犯罪，但是都是按照治安法上的偷越边境处理的。

再次，边防证、边防官兵、铁丝网、巡逻公路、高压线、联检站和收容所等具有极强象征性的事物，在我国其他几个经济特区是看不到的，厦门、珠海、汕头等经济特区都没有深圳特区管理线之类的东西，前往珠海虽然需要办理边防证但是不存在珠海特区管理线。

最后，《刑法》第322条的偷越国（边）境罪中的“边境”，立法者的本意到底包不包括深圳的这段84.6公里长的“特区管理线”，无由得知。1979年《刑法》颁布实施之初，并不存在特区管理线；而1997年《刑法》颁布实施之后，特区管理线已经存在多年。从案例看，似乎没有一个实例把特区管理线解释为“边境”。那么，司法机关在实际操作中是把偷越（无证而越过）“特区管理线”作为行政违法来处理的，不属于本罪构成要件“情节严重”的情形。

4. 重点保护植物与珍稀植物。只要构成要件之间或者罪名之间有重合的部分，只要相关语料之间有重合的部分，就具备了类型化的基础与可能。例如，《刑法》第151条第3款走私珍稀植物的行为与第344条非法运输重点保护植物的行为，走私是一种跨越国（边）境的运输，珍稀植物也是重点保护植物，如果行为人走私的是重点保护但不珍稀的植物，应该处断为第344条非法运输重点保护植物罪。走私与运输有语义重合的关系，珍稀植物与重点保护植物有语义重合的关系，那么，对这两个罪名进行类型化就有了语言基础，例如，二罪名可以

〔1〕“撤销深圳特区管理线，撤了一道心墙”，载http：//pl. ifeng. com/a/20180117/55194262 _0. shtml.

〔2〕《现代汉语词典》，商务印书馆2012年版，第496页。

〔3〕《现代汉语词典》，商务印书馆2012年版，第75页。

合并为非法采伐、毁坏、收购、运输、加工、出售、储存国家重点保护植物罪，或者非法获取、毁坏、持有、提供国家重点保护植物罪。

如果国家重点保护植物属于珍贵文物，或者属于国保单位、省保单位的文物，则行为人的采伐、毁坏行为同时触犯了《刑法》第324条第1款故意毁损文物罪。文物是历代遗留下来的在文化发展史上有价值的东西。[1]与“文化发展”有关的国家重点保护植物当然是文物。如果国家重点保护植物属于名胜古迹的一部分，则行为人的采伐、毁坏行为同时触犯了《刑法》第324条第2款故意损毁名胜古迹罪。根据《城市古树名木保护管理办法》第7条第4款的规定：“生长在风景名胜区内的古树名木，由风景名胜区管理部门保护管理。”第4条第2款规定：“凡树龄在300年以上，或者特别珍贵稀有，具有重要历史价值和纪念意义，重要科研价值的古树名木，为一级古树名木；其余为二级古树名木。”风景名胜区与名胜古迹也有重合的部分。名胜的意思是有古迹或者优美风景的著名的地方。[2]古迹的意思是古代的遗迹，多指古代留存下来的建筑物或遗址。[3]

5. 贩卖毒品与贩毒。《刑法》第17条、第347条、第349条等多处出现了“贩卖毒品”，只有一处使用了“贩毒”即第347条第2款第5项“参与有组织的国际贩毒活动”。从刑法类型化角度来看，此处的“国际贩毒活动”不仅包括贩卖毒品罪行为，也包括运输毒品罪、走私毒品罪行为，外延大于“贩卖毒品”。因此，一般语境下俗称的“贩毒”，需要结合事实和规范进行甄别，不可一概而论。1950年2月，中央人民政府政务院《关于严禁鸦片烟毒的通令》中规定“全国各地不许再有贩运制造及售卖烟土毒品情事”。1950年9月，中央人民政府内务部《关于贯彻严禁烟毒工作的指示》中规定“严厉禁止运烟、售烟，违者严予治罪”，等等，[4]表明今天的“贩毒”，无非就是运输（含走私）或者售卖；今天的“贩卖毒品”，不是运输（含走私）而是售卖。所以，从实定法（实然法）而言，贩卖毒品罪是一个犯罪类型，已经实现了类型化。但是，从应然法而言，贩毒罪也是一个犯罪类型，包括了贩卖毒品罪、运输毒品罪、走私毒品罪，同样实现了类型化。如何选择有细微差异的汉语语料，并在立法时以语言

〔1〕《现代汉语词典》，商务印书馆2012年版，第1364页。

〔2〕《现代汉语词典》，商务印书馆2012年版，第907页。

〔3〕《现代汉语词典》，商务印书馆2012年版，第464页。

〔4〕东北人民大学刑法教研室：《中华人民共和国刑法参考资料汇编》，东北人民大学刑法教材出版科1954年，第12~13页。

确定下来，固定犯罪类型，则是立法者必须考虑的事情。

顺便提及，已满14周岁不满16周岁的人贩卖毒品应该承担刑事责任，那么，单纯进行人体藏毒、运输毒品的行为人应否构成贩卖毒品罪，进而承担刑事责任？关键是运输毒品是不是可以解释为《刑法》第17条第2款的“贩卖毒品”？女性未成年人使用内衣藏毒、运毒应该入罪吗？有个真实例子。昆明铁路局开远公安处：“有若干的未成年少女是受人引诱、招募后再参与贩运毒品。”“具体要16岁以下。”“她们知道去运毒吗?”“知道。”〔1〕笔者认为，“贩卖毒品”的意思是“买卖”，所以，单纯运输不宜解释为“贩卖毒品”，已满14周岁不满16周岁的人单纯人体藏毒、运输毒品的，不应该解释为“贩卖毒品”，无需承担刑事责任。当然，已满14周岁不满16周岁的人单纯运输毒品可以解释为“贩毒”或者“贩运毒品”，但是不构成犯罪，也就是说，根据三阶层理论，具有符合性、违法性，但是缺乏有责性。

（二）刑法分则的语料选择与言说角度

不同的语料选择产生不同角度的类型化结果。前已述及，有学者认为，类型化是刑法规范形成机理全过程的重要特点，从事实类型的发现、规范类型的建构、规范类型的补足到规范类型的检验，类型与规范惊人相似。〔2〕实际上，规范类型无非是动词或者动宾短语所指称的犯罪现象的分类、分型。法条之间的关系也罢，罪名之间的关系也罢，构成要件之间的关系也罢，其基础都是词语、词汇、文字所指称的事物之间的关系。类型化必定是一个完全依存于现代汉语语言外壳的活动和过程。一定时期的刑事立法者在汉语语料库中进行选择、检视，而由于这些异常丰富的汉语语料难免反映的是事物不同侧面的特征罢了，所以，最终立法者选择、确定了的那个汉语语料所指称的罪名之间的关系、构成要件之间的关系，并不是立法者想象中的那么“完美”、那么的具有“唯一性”。

一定时期的刑事立法者在言说一种类型的犯罪时，由于立法参差、时序不一、考虑不周、仓促应对、经验不足、“赶工期”等各种原因，先后乃至同时选择了两种以上不同的角度和不同的语料，采用了不同的刑法文字和刑法用语，结果就生成了不同的构成要件、不同的罪名、不同的刑法规范，这就是竞合现象的根由与基础。而这就是不同角度的类型化。一个具体的罪名，可以从不同角度进

〔1〕中央电视台“一线”之“少女团覆灭记”，2017年8月11日播出。

〔2〕杜宇：“刑法规范的形成机理——以‘类型’建构为视角”，载《法商研究》2010年第1期。

行类型化，其结果就是该罪名同时分属于不同犯罪类型。

例如，一般认为强奸罪属于暴力犯罪，抢劫罪也属于暴力犯罪，二者是同一个犯罪类型。但是，如果换个角度看，强奸罪属于人身犯罪一章，抢劫罪属于财产犯罪一章，二者又不是同一个犯罪类型。再如，走私核材料的行为，现行刑法认为是经济犯罪，而笔者认为应该属于危害国家安全罪的类型。在当今世界全面防止核扩散、全面禁止核武器的宏大语境和人类共识之下，走私核材料甚至属于一种国际犯罪、恐怖主义犯罪。[1]再如，强制穿戴宣扬恐怖主义、极端主义服饰、标志罪，现行刑法将其归属于危害公共安全罪一章，而笔者认为完全可以将之归类于人身犯罪一章，因为这是典型的强制行为。

对于同一种犯罪行为，从不同角度进行的类型化具有积极意义。它不仅可以更清晰地、更全面地认识一个罪名的特点，还可以反思现行立法的缺失与疏漏，促成其完善和逻辑上的一致，为修法、改法做好准备。我们以准强奸犯罪行为的性质为例，假如将之归于人身犯罪类型，它与抢劫罪是一个类型。假如将之归于暴力犯罪类型，它与抢劫罪就很难说是一个类型，因为准强奸行为是没有暴力、威胁的。这是一种颇有意义的分析，可以促进我们反思现行刑法强奸罪构成要件的不合理之处，把准强奸行为从现行刑法强奸罪中分离出来——因为准强奸罪不是暴力（包括威胁）犯罪，只是一种人身犯罪。

不同用语、不同语言外壳指示了同一犯罪类型或者同一构成要件，这在现行刑法中是一个有趣的现象。这无非就是语料的选择和言说犯罪的角度问题。例如，窝藏罪与包庇罪指示了同一犯罪类型；再如，拒绝服役与逃避服役指示了同一构成要件；不报（不报告）与隐瞒指示了同一构成要件；等等。再如，公文与检验结果、检疫结果，也是从不同角度指向同一构成要件。《刑法》第 280 条的公文是一个上位构成要件，可以涵摄第 412 条的检验结果（商品检验结果）、第 413 条检疫结果（动植物检疫结果）等下位构成要件。

1. 六个言说角度下的帮助犯罪分子逃避处罚行为。帮助犯罪分子逃避处罚是比较多见、多发的犯罪现象，对此，立法者在整个刑法文本中多次进行了言说，言说角度各不相同。粗略统计一下，至少有六个角度：有特定身份的人帮助犯罪分子逃避处罚的，构成帮助犯罪分子逃避处罚罪、徇私枉法罪或者包庇毒品

---

〔1〕 邵沙平：《国际刑法学——经济全球化与国际犯罪的法律控制》，武汉大学出版社 2005 年版，第 374 页。

犯罪分子罪等罪名；没有特定身份的人帮助犯罪分子逃避处罚，构成窝藏罪、包庇罪；证人等基于隐匿罪证的意图实施伪证行为的，构成伪证罪；等等。立法者在言说帮助犯罪分子逃避处罚这种生活类型、犯罪现象、犯罪模式的时候，不知不觉间选择了五个角度，运用了五种语料，自然就导致了非常复杂的竞合现象：

第一个是渎职罪的角度。具有“查禁犯罪活动职责”的国家机关工作人员（笔者认为是非司法工作人员）渎职，通风报信，提供便利，积极作为，生成了第 417 条帮助犯罪分子逃避处罚罪这个刑法规范、确定罪名。

第二个也是渎职罪的角度，是司法工作人员渎职，故意追诉无罪的人、故意包庇有罪的人、故意枉法裁判，生成了《刑法》第 399 条第 1 款徇私枉法罪这个刑法规范、确定罪名。但由于是帮助犯罪分子逃避处罚，所以在行为人外在表现上，只能是“不使他受追诉”或者“枉法裁判无罪或者最轻”。法条中的“不使他受追诉”，既可能是作为方式，也可能是不作为方式。通风报信是作为方式，提供便利则作为与不作为方式均有可能。司法人员才能枉法，这是立法者规定本罪的基本逻辑。而司法人员达到枉法这一危害结果的途径，无非还是罪状中的故意追诉无罪的人、故意包庇有罪的人、故意枉法裁判，即定罪上的故出故入、量刑上的轻轻重重。

第三个是毒品犯罪的角度（妨害社会管理秩序罪一章），包庇毒品犯罪分子当然是帮助毒品犯罪分子逃避处罚的行为，所以生成了《刑法》第 349 条第 2 款缉毒人员或者其他国家机关工作人员才能构成的包庇毒品犯罪分子罪这个刑法规范、确定罪名。需要特别注意的是，第 349 条第 1 款使用的是“包庇”，第 349 条第 2 款使用的则是缉毒人员或者其他国家机关工作人员“掩护、包庇”，虽有不同，但应等量齐观。掩护就是包庇，行为人都是与毒品犯罪分子事前无通谋。

第四个是妨害司法活动犯罪的角度（妨害社会管理秩序罪一章），所以生成了窝藏罪、包庇罪这一刑法规范、确定罪名。笔者认为，作假证明包庇也是窝藏的一种形式，不应独立成为一个包庇罪罪名。为犯罪分子通风报信，提供便利（如财物与处所），是典型的窝藏行为——“帮助其逃匿”。

第五个是通风报信的角度。帮助犯罪分子逃避处罚罪中的“通风报信提供便利”，强调的是行为人“帮助”“便利”犯罪分子。而徇私枉法罪中的“明知是有罪的人而故意包庇不使他受追诉”，强调的是行为人“包庇”犯罪分子是一种徇私枉法的性质。试想：“通风报信提供便利”不就是“包庇”犯罪分子吗？而一个具有查禁犯罪活动职责的司法工作人员“包庇”犯罪分子，不就是徇私枉法罪吗？帮助犯罪分子逃避处罚罪这一罪名对于犯罪的指称属于描述性质的，没有指明犯罪类型，不够规范化，达不到类型化的要求。

例如福建省公安厅原副厅长庄某顺案中，庄某顺与赖昌星称兄道弟，利用党和人民赋予的权力为121辆走私汽车非法办理《罚没证》，给国家造成重大经济损失。在1999年6～8月，中央专案组进驻厦门着手调查赖昌星走私犯罪集团活动时，庄某顺又利用身份获取重要信息，主动向赖昌星通报，与赖昌星先后通话20多次。更为严重的是，庄某顺在公安机关缉捕赖昌星的关键时刻，用赖昌星为其提供的境外电话芯片3次与赖昌星通话，把公安部严令抓捕的有关情况告诉赖昌星，并出谋划策极力劝告赖昌星尽快出逃。赖昌星出逃后，庄某顺随即落马被查。2000年10月30日，福州市中级人民法院作出一审刑事判决。2003年11月24日，福建省高级人民法院终审判决，以庄某顺犯受贿罪判处死刑，缓期二年执行，剥夺政治权利终身，并处没收个人全部财产；犯滥用职权罪判处有期徒刑7年，合并决定执行死刑，缓期二年执行，剥夺政治权利终身，并处没收个人全部财产。[1]笔者认为，被告人庄某顺为121辆走私汽车非法办理《罚没证》构成滥用职权罪，收受"丰田"佳美小轿车等构成受贿罪，均无判决瑕疵。但是，判决书并未对庄某顺通风报信的行为进行刑法评价，显属失当。根据本书的逻辑，庄某顺多次为赖昌星通风报信的行为（20多次加上3次不应该合并评价为一个刑法行为），触犯了徇私枉法罪、帮助犯罪分子逃避处罚罪、窝藏罪。之所以触犯了徇私枉法罪，是因为庄某顺是福建省公安厅原副厅长、是刑事诉讼中的司法工作人员（侦查人员），实施了明知是有罪的人而不使他受追诉的行为；之所以触犯了帮助犯罪分子逃避处罚罪，是因为庄某顺是具有查禁犯罪活动职责的国家机关工作人员，实施了通风报信的行为，这指的是中央专案组调查赖昌星期间庄某顺的行为；之所以触犯了窝藏罪，是因为庄某顺是指示逃跑路线、"过致资给"，属于有特定身份的人实施的窝藏行为。

所以，徇私枉法罪（出罪型）可以重新表述为司法工作人员实施的窝藏包庇罪，帮助犯罪分子逃避处罚罪可以表述为非司法工作人员实施的窝藏包庇罪，窝藏罪包庇罪（包庇罪或者窝藏罪）就成为上位罪名和普通法条。考虑到现行刑法的徇私枉法罪包括入罪型和出罪型两大类，而入罪型徇私枉法罪并不属于窝藏包庇，所以，上述结论只是针对庄某顺一案而言的。这样，完全可以解构掉帮

---

〔1〕 载 http：//news. ifeng. com/a/20170711/51412833 _0. shtml.

助犯罪分子逃避处罚罪这一罪名。之所以可以解构帮助犯罪分子逃避处罚罪，是因为其构成要件“向犯罪分子通风报信、提供便利”就是“明知是犯罪分子而向其通风报信、提供便利”，这与窝藏包庇罪构成要件“明知是犯罪的人”完全一致，与徇私枉法罪构成要件“明知是有罪的人”完全一致。

第六个是故意泄露国家秘密罪的角度（渎职罪一章），因为通风报信中的“信”也可能属于国家秘密，属于向犯罪分子通风报信、泄露国家秘密的行为可能构成帮助犯罪分子逃避处罚罪。泄露国家秘密的行为，包括向敌人泄露国家秘密、向间谍泄露国家秘密、向犯罪分子泄露国家秘密、向一般人泄露国家秘密等各种情形。向敌人泄露国家秘密可能构成背叛国家罪。向间谍泄露国家秘密可能构成间谍罪。向犯罪分子泄露国家秘密可能构成帮助犯罪分子逃避处罚罪。向一般人泄露国家秘密可能构成故意泄露国家秘密罪。向一般人泄露国家考试试题、答案等国家秘密的，可能构成非法提供试题、答案罪。军人泄露军事秘密的，可能构成故意泄露军事秘密罪。例如，2006 年，安徽宿州中级人民法院刑一庭原庭长王某干泄密受贿一案，安徽省铜陵市铜官山区人民法院以故意泄露国家秘密罪一审判处王某干有期徒刑 1 年，以受贿罪判处有期徒刑 3 年，决定执行有期徒刑 3 年，并对其受贿所得 3. 8 万元予以追缴。审理查明，王某干于 2004 年审理宿州市埇桥区卫生防疫站职工童某才、刘某贪污一案时，将童、刘贪污案的全部卷宗交给刘翻阅、摘抄，并让其将部分卷宗带回家。10 多天后，这些材料才被交到宿州市中院。经有关部门鉴定，刘某带回家的材料中有属于机密级国家秘密的检举材料。此外，王某干还利用职务便利，多次收受案件当事人亲属的财物，总价值 3. 8 万元。法院认为，王某干为他人谋取利益，其行为分别构成故意泄露国家秘密罪、受贿罪。但他在泄密后主动向单位领导交代犯罪事实，构成自首情节，对其故意泄露国家秘密的罪行从轻处罚。笔者认为，本案中，行为人对犯罪分子泄露国家秘密属于帮助犯罪分子逃避处罚罪构成要件中的“向犯罪分子通风报信提供便利”，已经同时触犯帮助犯罪分子逃避处罚罪。由于帮助犯罪分子逃避处罚罪与故意泄露国家秘密罪相比，属于重法条，应该论以帮助犯罪分子逃避处罚罪为宜。所以，一审法院论以故意泄露国家秘密罪的刑法评价并不准确。

从类型化构成要件角度来看，泄露国家秘密和通风报信属于交叉关系。而通风报信在刑法上触犯的罪名会很多，例如窝藏包庇罪、帮助犯罪分子逃避处罚罪，以及其他罪名的帮助犯等。

2. 三个言说角度下的非法行医行为。《刑法》第 336 条第 1 款非法行医行为，既是危害生命权、健康权的行为，也是扰乱正常医疗秩序的行为，同时也是危害公共安全的行为。无论是使用“非法行医罪”，还是使用“以非法行医的危险方法危害公共安全罪”，还是使用“业务过失致死伤罪”，其实都是在“言说”同一个犯罪行为的不同侧面而已。言说的角度不同，语料的选择也不同，但是指向的犯罪行为是一个。从卫生行政主管机关的角度、危害公共卫生的角度来言说，叫做“非法行医罪”。从未经行政许可而非法实施业务行为危害生命权、健康权角度来言说，叫做“业务过失致死伤罪”。从危害公共安全的角度来言说，叫做“以非法行医的危险方法危害公共安全罪”，即“以危险方法危害公共安全罪”。当然，非法行医未必一定会致人死伤，此时，能否处断为非法经营罪，也是个思路。

3. 两个言说角度下的非法吸收公众存款行为。《刑法》第 225 条非法经营罪中的“非法从事资金支付结算业务”与第 176 条非法吸收公众存款罪中的“吸收公众存款”，前者是从市场经营是否获得行政许可的角度来言说犯罪现象，或者是从金融管理秩序的角度来言说犯罪，后者是从金融管理秩序的角度来言说犯罪。二者指向的其实都是“非法从事银行业务”“非法经营银行业务”（即非法从事资金的融通业务、收付、结算等业务）这个犯罪事实、犯罪行为。吸收公众存款，就是吸收公众资金并支付利息，本是银行的业务行为，需要取得金融业务许可证才能实施，而非法吸收公众存款就是无证而为，无金融许可证而开展吸储业务、揽存业务，这自然就是非法经营银行业务也即非法经营了。

顺便提及的是，我国刑法暂时没有打击非法进行贷款业务、非法进行放款业务的高利贷行为，这与刑事立法已经打击非法进行吸储业务的现状有点不对称。民间高利贷的盛行，立法者至今仍仅仅在民商法层面进行规范。笔者认为，利率过高的高利贷行为，应该犯罪化，例如年利率超过 36% 的，都应该犯罪化。设置高利贷罪等罪名，不仅在其他法域早有先例，也完全符合中国刑法传承的正义价值。

4. 三个言说角度下的进口固体废物行为。走私行为，《刑法》第 152 条第 2 款走私废物罪“逃避海关监管将境外固体废物、液态废物和气态废物运输进境”，以及《刑法》第 339 条第 3 款“以原料利用为名，进口不能用作原料的固体废物、液态废物和气态废物”，这三者本质上都属于“走私”这个类型化的行为，但是立法者却分别使用了以上三种表述，似乎是希望最大限度描述和指称该类犯罪，其实效果适得其反。“以原料利用为名，进口不能用作原料的固体废物、液态废物和气态废物”，也是逃避海关监管的行为，所谓“以原料利用为名”就是以合法的原料利用来欺骗海关（骗关），试图获得海关放行，其实质就是进口“洋垃圾”的严重犯罪。这种走私“洋垃圾”当然也是污染环境的行为。走私、运输进境、进口，都是运输。走私，就是私自“运输”进出口。进口无法利用的“洋垃圾”，都是走私行为，不可能有合法的情形。所以，上述三种情形，是走私，是侵犯外贸秩序的犯罪，也是污染环境的犯罪。立法者在刑法典中多次规定同一行为，似乎思维不够缜密。今后如果走私出口垃圾的行为也被犯罪化，那么在类型化意义上，就更符合污染环境而不是走私废物的犯罪类型了。还需要注意的是，《刑法》第339条擅自进口固体废物罪，本质上也是走私洋垃圾，因为构成要件明确指出了“未经国务院有关主管部门许可”。既然是未经许可而进口固体废物，当然是走私行为。

以往一种犯罪被语言框定为一个唯一的罪名，而现在一种犯罪被语言框定为多个罪名、从不同角度呈现出多种犯罪属性。这是思维多元、思维发散的必然反映，是立法者对于犯罪本质不断追问、不断逼近。立法者言说犯罪角度的多样性，是现代汉语语料库的庞大以及语言的丰富表达技术使然，在现代汉语语言的丰富表达技术框架之内，相同所指的语言外壳可以是多种多样的，而对于刑事实体法而言，对于犯罪类型而言，就应该明了与解剖不同表达角度传达的犯罪类型的一致性，特别是行为的一致性。

（三）刑法分则的语料选择与竞合

“法条竞合始终不是一个冷门话题，分析其中原因，至少有三：……特别是在罪刑法定原则对构成要件明确性的要求之下，描述事实的概念必须固定而狭隘，因此这种概念元素所组成的规范经常也只有一个评价角度，而一个具体发生的犯罪事实，却可能同时符合数个评价角度，因此便可能发生数个构成要件可同时诠释一个犯罪事实的情形，例如对使用伪造货币，就有欺诈和妨害金融安全两种评价角度，对杀人行为，也有妨害自由和使人丧失生命两种角度，放火行为则有毁损和公共危险两个评价角度。”[1]的确如此。笔者认为，因为表达概念的工具和表达犯罪事实的工具都是且只能是语言，那么，竞合现象实际上根源于刑法语言、刑法文本中的语料，竞合现象归根结底是刑法语言导致的。

---

〔1〕许玉秀：《当代刑法思潮》，中国民主法制出版社2005年版，第759页。

1. 罪状语言指称范围与法益竞合（法益重合）。根据法益来对犯罪进行分类，是现行刑法学体系中的典型分类方式，也是刑法典分则部分编排的依据。除了优点，这一分类造成的最大逻辑难题恐怕就是：由于法益之间存在着包容或者交叉的事实，导致这一编排顺序屡屡被打乱，也导致明明是侵害同一法益的犯罪却被放置在不同的章节之中。包括：危害公共安全罪与侵犯公民人身权利罪的竞合，军职罪与侵犯公民人身权利罪的竞合，危害公共卫生罪与危害公共安全罪的竞合，破坏资源环境罪与危害公共安全罪的竞合，贪污贿赂罪与渎职罪的竞合，渎职罪与妨害对公司企业的管理秩序罪的竞合，危害国家安全罪与军职罪的竞合，等等。

例如，《刑法》第443条虐待部属罪、第446条战时残害居民罪，属于现行刑法的军人违反职责罪一章，侵害的法益是军人职责。而如果换个角度检视军职罪一章的这两个罪名，则可以认为，有的侵害了公民的人身权利如虐待部属罪，有的侵害了平民的人身权利如战时残害居民罪。

再如，《刑法》第384条挪用公款罪的法益，既有财产权，也有“贪污贿赂罪一章的法益”，这种交叉一时难以找到精确的表述词语，但的确是存在的。而难以表述的“贪污贿赂罪一章的法益”，很难说是一种真正的法益。所以，倒不如直接把挪用公款罪放置于侵犯财产罪一章。这样，杜绝了挪用公款罪的观念中的法益二元性或者叫做观念中的复杂客体。学者们在解释“贪污贿赂罪一章的法益”的时候，其实在语言表述上很费力。有的认为是“贪污贿赂罪和其他渎职罪一样，属于侵害国家作用的犯罪，即行为对国家的立法、行政、司法作用的正常发挥和公正运用有损害”〔1〕。这是把贪污贿赂罪混同于渎职罪，这样做粗看起来似乎没问题，但是细究之下，就会发现，至少挪用公款罪这个罪名就不是什么“对国家的立法、行政、司法作用的正常发挥和公正运用有损害”，特别是“对公正运用有损害”，显得极为牵强。还有的认为贪污贿赂罪是“侵犯职务行为的廉洁性、不可收买性的行为”〔2〕，似乎很明确，但是，作为一章犯罪侵害的法益，应该有统一的表述，而所谓的“职务行为的廉洁性”与“职务行为的不可收买性”的共同点是什么，显然论者并未申明，也难以申明，这当然是因为学者要为实定立法的合乎逻辑（本来是不合乎逻辑）寻找理由，但是理由又实在是

〔1〕周光权：《刑法各论》，中国人民大学出版社2016年版，第457页。

〔2〕谢望原、赫兴旺主编：《刑法分论》，中国人民大学出版社2016年版，第464～465页。

难以寻找，只好使用了一种列举式的方式，作为过渡性办法。笔者认为，贪污贿赂罪一章的设置，难以从刑法逻辑上寻找合理性，尤其是挪用公款罪，即便是“侵犯职务行为的廉洁性”的犯罪，也绝不是“贪污贿赂罪”，理应从这一章剔除出去。进一步地，笔者认为，挪用犯罪包括挪用公款罪、挪用资金罪、挪用特定款物罪三个罪名。而目前，这三个罪名分别属于贪污贿赂罪一章和侵犯财产罪一章。而“贪污贿赂罪”的名称显然是无法涵摄挪用公款罪的——挪用公款罪既不是贪污也不是贿赂。因此，应该把挪用公款罪放置于侵犯财产罪一章，这样的话，不仅整齐有序，符合形式逻辑的要求，也使得财产犯罪的法益保护更为全面：财产犯罪之中，既有取得意图的类型如盗窃罪，也有毁弃意图的类型如毁坏财物罪，还有使用意图的类型如挪用公款罪，不仅丰富和完善了财产犯罪的罪名体系，同时符合我国特殊国情和犯罪实际现象。

再如，《刑法》第169条徇私舞弊低价折股、出售国有资产罪中的国有资产，与第410条非法低价出让国有土地使用权罪中的国有土地使用权的关系。前者的法益是市场经济秩序以及对公司企业的管理秩序，后者的法益是正常的职务活动、公信力等。但是刑法使用的语言——国有资产与国有土地使用权——的指称范围是属种关系，国有资产包括国有土地使用权，使得两个罪名也成为属种关系。

法益竞合（法益重合）之所以频频出现，是因为这些同类法益的编排不符合绝对的形式逻辑。这不像人身犯罪、财产犯罪之间的绝对并列关系那么简单，也不像生命权、健康权、名誉权等之间的绝对并列关系那么简单。破坏环境法益也是危害公共安全法益，也是危害公共卫生法益，环境、卫生与公共安全不是并列的关系，而之所以具有这种关系，是因为这些语词本身指称范围就有竞合的因子。例如，“市场秩序”这个法益，也可表述为交易秩序、经济秩序，例如政府部门中的工商行政管理局除了广告监管、注册、反垄断等部门外，其核心就是负责市场监管、交易监管、商品服务监管的那个机构。“市场”的“秩序”就是交易的秩序、经济的秩序。侵害市场秩序的行为也都是侵害商业道德的行为。这样，商业道德与市场秩序必然交叉。

一般来说，罪状指称的实际范围会大于罪名所侵害的法益，大于罪名所指向的法益。一个具体法条的罪状，其信息量很丰富，指称的范围也很大。例如，《刑法》第443条虐待部属罪的罪状是“滥用职权，虐待部属，情节恶劣，致人重伤或者造成其他严重后果的”。其传达的信息至少有5个：一个军人；滥用职权；虐待部属；情节恶劣；致人重伤或者造成其他严重后果。而每一个信息都可能侵害了一个或者几个法益（社会关系）：一个军人，而且是有职权的军人实施的犯罪，至少有损军人形象和人民解放军形象，这是犯罪主体指向的法益。滥用职权，肯定损害了军队的正常活动，这是危害行为指向的法益。虐待部属，则损害了部属的人身权利，也有损官兵平等，这是危害行为及其犯罪对象指向的法益。致人重伤，侵害了部属的健康权，这是危害结果指向的法益；等等。而一旦立法者把这个罪名放在军职罪一章，法益就一下子“被迫”缩小到了军人职责上。也就是说，一个罪名的罪状指称范围（实际侵害的法益）大于罪名所侵害的法益（立法者规定的法益），这是法益竞合（法益重合）的语言学原因。如果换一个角度看待这种现象的话，是罪状的客观文义（能指）大于立法原意（所指）。

2. 客观存在的法益竞合（法益重合）导致了竞合。由于语言的原因，各种社会关系之间、各种法益之间往往存在重合或者重叠。例如，国防利益与国家安全，公共卫生与公共安全，经济利益与财产利益，等等。《刑法》第443条虐待部属罪的罪状是“滥用职权，虐待部属，情节恶劣，致人重伤或者造成其他严重后果的”。其中，“滥用职权”指向的是渎职罪，“虐待部属”指向的是军职罪，“致人重伤或者造成其他严重后果的”指向的是人身犯罪，一个罪状指向了三个犯罪类型，当然可以从三个角度去理解、解释该罪名及其构成要件，这是文义本身呈现出的客观状况，是竞合的语言学根源。虐待部属罪，就是虐待下级军人罪。而下级军人，既是军人，也是人。因为在军队系统中，上级对于下级有绝对的话语权和支配权，所以，虐待部属是常见的社会事实和犯罪现象。这是人身犯罪与军职犯罪的法益交叉，会导致虐待部属罪与滥用职权罪的竞合，导致虐待部属罪与过失致人重伤罪的竞合，等等。

再如，随着检察机关职务犯罪与贪污贿赂罪侦查权转移为监察委的调查审查权，刑法典中的职务犯罪和贪污贿赂犯罪的法益交叉就成为可能。同样，经济犯罪与职务犯罪也可能存在法益交叉，经济犯罪与贪污贿赂犯罪也可能存在法益交叉。所以，法益不应该是一个构成要件，不是构成犯罪的前提条件，而是构成犯罪后的一种客观结果以及人们的主观评价。犯罪以及犯罪类型会对什么样的社会关系造成侵害，是主观评价的结果，是以语料为基础的主观评价的结果，不具有唯一性。所以，什么罪名放置在什么章节是可以变化的。换句话说，犯罪、犯罪行为是原因，而犯罪、犯罪行为侵害了什么法益是其结果。而不是法益是一个犯罪构成要件，不是有了法益才能构成一种犯罪。在时间序列上，发生在前的是犯罪（主体、行为、主观心态），发生在后的（实际上没有发生）是法益。客观存在的只有主体、行为、主观心态，法益只是前面三者组成犯罪后、构成犯罪后产生的评价问题。

犯罪客体（法益）是刑法所保护而为犯罪所侵害的社会关系（宪法性价值）。任何行为人在有过错的时候实施的危害行为，都会侵害一种或几种刑法所保护的社会关系。因此，犯罪客体（法益）是构成犯罪后的一种负效应，这种负效应就是严重的社会危害性。

三阶层四要件的提法本身就是矛盾的，因为“三阶层”当中并无“四要件”。即便不顾及三阶层的顺序，把三阶层中涉及的所有要件进行统计，大陆法系的三阶层也只包含三个要件，分别是：符合性阶段的犯罪客观要件、有责性阶段的犯罪主体要件以及犯罪主观要件，违法性阶段的违法性与我国的法益侵害（犯罪客体要件）并不是一回事。在现行刑法罪名中，构成要件实际上是只有三个的，第四个所谓的侵害了某某法益只是体现为该罪名所属章节的标题名称如“市场秩序”“民主权利”等。例如，《刑法》第222条虚假广告罪“广告主、广告经营者、广告发布者违反国家规定，利用广告对商品或者服务作虚假宣传，情节严重的”，所涉及的构成要件中是没有“市场秩序”“经济秩序”“广告管理秩序”“消费者权益”的，虚假广告罪侵害的法益是“市场秩序”“经济秩序”“广告管理秩序”“消费者权益”等，实际上是虚假广告犯罪发生后主观评价的结果。这种主观评价大多是学者作出的。

违法性的本质是社会危害性，是反社会性，是对社会的侵害或者伤害，所以，即便从大陆法系的三阶层理论而言，也不能得出构成犯罪有四个要件。某个犯罪一定会侵害社会，这是事实，是犯罪的后果，而不是成立犯罪的条件和前提。在逻辑顺序上，这是必须清楚的。

法益是构成要件本身内含的，是从构成要件推导出来的，法益不是构成要件。例如，“代替他人或者让他人代替自己参加第一款规定的考试的”，罪状里虽然没有“社会管理秩序”“考试秩序”等，但是，从危害行为本身已经能够得出会侵害“社会管理秩序”“考试秩序”等法益。换句话说，任何适格的行为人只要故意实施了该危害行为，就具有违法性，就侵害法益，即为犯罪，就应该承担刑责，根本不用考察是否侵害“社会管理秩序”“考试秩序”，因为“考试”本身就是一种社会秩序。所谓的侵害了“社会管理秩序”“考试秩序”“社会秩序”等是作为抽象的人的刑事立法者在观念上分类、归类的结果。换句话说，任何适格的人、故意的、实施了代替他人或者让他人代替自己参加第1款规定的考试的，属于什么类别的犯罪，不是绝对唯一的，认为代替考试罪属于侵害公民基本道德的犯罪，或者属于侵害公正选拔制度的犯罪，甚至属于古代的侵害选才举贤、违反抡才大典的犯罪，属于现代的侵害人力资源的犯罪，都是可以的。

再如，间谍罪与为境外窃取、刺探、收买国家秘密、情报罪。由于两个罪名的构成要件——境外、间谍组织、敌人——三者之间属于交叉关系，存在语义交叉现象，所以，势必导致有的案件既可以定性为间谍罪，也可以定性为为境外窃取、刺探、收买国家秘密、情报罪。为什么境外、间谍组织、敌人三者之间属于交叉关系呢？在形式逻辑上，至少存在：境外的间谍组织，境外的敌人；境外的非间谍组织，境外的非敌人；境内的间谍组织，境内的敌人；境内的非间谍组织，境内的非敌人，一共8种可能性。如果案情（构成要件）已经确定是境外的间谍组织，就触犯多个罪名。如果案情（构成要件）已经确定是境外的非敌人，就触犯多个罪名。都会产生竞合。

3. 客观存在的语义重合导致了竞合。语义重合就是语义交叉。语义重合包括部分重合与全部重合。部分重合一般称为交叉关系，全部重合一般称为包容关系。刑法典或者司法解释中常常出现的“有前款行为，同时（又）构成（本法）其他犯罪的，依照处罚较重的规定定罪处罚”，就是立法者已经意识到的法条竞合。还有更多的、大量的法条竞合，是立法者立法之时意识不到的，也不可能认识到。例如，有学者就认为，非法经营罪，买卖国家机关公文、证件罪，转让金融机构经营许可证罪，擅自设立金融机构罪，擅自发行股票罪，这些罪名之间存在法条竞合或者想象竞合关系。[1]这就是立法者立法之时意识不到的。而随着司法实践的不断深入，必将出现越来越多的法条竞合与想象竞合，这往往是动词（或动宾短语）之间的语义交叉所致。

例如，《刑法》第108条投敌叛变罪中的“投敌”、第423条投降罪中的“投降敌人”、第423条投降罪中的“投降后为敌人效劳”。“投敌”指的是投奔敌人，是积极主动的行为。“投降”指的是投降敌人，包括自动放下武器、积极主动的情形，也包括被俘后被迫投降敌人的情形。学者们的观点基本一致，例如，投敌叛变罪包括“被敌人捕俘后投降敌人进行危害国家安全活动”[2]。再

〔1〕 葛恒浩：“非法经营罪口袋化的成因与出路”，载《当代法学》2016年第4期。

〔2〕 张明楷：《刑法学》，法律出版社2011年版，第597页。

如，“投敌”一是投奔，二是投降。[1]再如，“投敌的形式多种多样，既可以是主动投向敌方营垒，为敌人效力；也可以是被捕、被俘后投降敌人”[2]。那么，投敌叛变罪与投降罪存在语义交叉，存在指称范围交叉，二罪名有竞合可能性。

再如，行为人以虚假的恶害相通告，使他人产生错误认识进而交付财物的，同时触犯了敲诈勒索罪和诈骗罪。敲诈勒索罪中的“恶害”与诈骗罪中的“虚构事实”在“虚假的恶害”部分存在语义交叉，这也是全国统一司法考试题目答案所昭示的。[3]行为人冒称国家机关工作人员身份进行抓赌、抓嫖，同时触犯了敲诈勒索罪、诈骗罪和招摇撞骗罪。真假记者敲诈勒索的，同时触犯了敲诈勒索罪、诈骗罪。

再如，既然招收、征兵与征召具有重合的部分，那么，相关罪名就可能出现竞合现象。接送不合格兵员罪，招收公务员、学生徇私舞弊罪，二者之间也可能竞合。根据法条，接送不合格兵员罪，实际上是征兵徇私舞弊罪。一个是招收公务员、学生徇私舞弊罪，一个是征兵徇私舞弊罪，行为人一般情况下也都是国家工作人员，都可以解读为渎职犯罪。招收公务员、学生徇私舞弊罪，逻辑上分两种，一种是把不合格的掩饰为合格的予以招收，一种则相反，是把合格的或者更优秀的掩盖为不合格的或者等次较低的予以淘汰。而接送不合格兵员罪，明显只有一种情形。从规制范围的大小来衡量，接送不合格兵员罪的规制可能存在漏洞。还要注意的是，军校招收学生，因为入校即入伍、户籍转为军籍（所以入校后称为学员而不是学生），所以军校招收学生也可以解释为是一种征兵活动。军校招收的学生就具有“跨界”的特点，既是学生也是军人——“学生兵”，所以，特定的国情导致了这两个罪名存在交叉的部分，可以进行合并，实现“高度类型化”。

再如，过失决水罪、过失以危险方法危害公共安全罪、重大责任事故罪三个罪名也可能存在竞合关系。实际案例有2018年4月云南泸西县冒烟洞一级电站放水时未对下游群众进行提醒，导致两人被水冲走死亡。[4]该放水行为既构成生

[1] 谢望原、赫兴旺主编：《刑法分论》，中国人民大学出版社2016年版，第18页。

[2] 周光权：《刑法各论》，中国人民大学出版社2016年版，第533页。

[3] 2017年司法考试卷四第2题答案：“因为乙向赵某发出的是虚假的能够引起赵某恐慌、担忧的信息，同时具有虚假性质和要挟性质，因而构成敲诈勒索与诈骗罪的想象竞合犯。”

[4] “云南一电站无预警开闸放水　两名女生被冲走溺亡”，载http：//news. ifeng. com/a/20180425/57875486 _0. shtml.

产、作业时导致的重大责任事故罪，也构成过失决水罪、过失以危险方法危害公共安全罪。竞合的原因是：过失决水可能是生产、作业时发生的，也可能是非生产、作业时发生的，决水还是一种危险方法，三个罪名的语义存在重合的部分与可能。同理，因为失火、过失爆炸、过失投放危险物质都可能是生产、作业时的行为，所以失火罪、过失爆炸罪、过失投放危险物质罪等与重大责任事故罪也会形成竞合关系。例如，爆破作业时过失导致的死伤事故就是过失爆炸罪与重大责任事故罪的竞合；环卫人员焚烧垃圾作业时过失导致的死伤事故就是失火罪与重大责任事故罪的竞合；我国客家娘酒生产企业烧酒时过失导致的死伤事故就是失火罪与重大责任事故罪的竞合；企业进行排污作业时过失导致的死伤事故就是过失投放危险物质罪与重大责任事故罪的竞合；贵州某安监局销毁烟花爆竹时过失导致的死伤事故〔1〕就可能是过失爆炸罪与重大责任事故罪的竞合；新疆吐鲁番市在该市七泉湖镇戈壁滩处向一沟壑内卸载准备集中销毁的烟花爆竹时，突然发生意外爆炸，造成参与销毁工作的25人死亡、9人受伤、4人下落不明，7辆车严重损毁、1辆轻微受损〔2〕，就可能是过失爆炸罪、危险物品肇事罪与重大责任事故罪的竞合；等等。

再如，背信罪具体罪名与渎职罪具体罪名之间的竞合。背信这一犯罪类型，在不同罪名中不断被具体化，例如《刑法》第169条之一使用了违背忠实义务，第185条之一使用了违背受托义务。所以，背信是一个涵摄力较大的上位构成要件，而违背忠实义务、违背受托义务等是其下位构成要件。〔3〕除了上述表述方式，刑法文本中还通过其他方式指称背信，如第165条、第166条中使用的自己、自己的亲友、自己的亲友经营管理的单位、为他人等。因为既然是自己、自己的亲友、自己的亲友经营管理的单位、为他人的利益，行为人就违背了国有单位的信任和国有单位的任务，也就违背了对国有单位的忠实义务，是对委托人的不利益，这就是背信。英文 break faith 就是背信弃义的意思，faith 是忠诚、信

---

〔1〕“贵州贵安新区销毁烟花爆竹原材料发生意外事故　已致8死9伤”，载 http://politics.gmw.cn/2016-02/05/content_18812694.htm.

〔2〕“新疆待销毁烟花爆竹爆炸致25人死亡”，载 http://news.sina.com.cn/c/2008-03-27/043515233463.shtml.

〔3〕清末的立法有“背其义务”“背其职务”构成的财产犯罪，二者行为相同，仅仅是犯罪主体不同。参见高汉成主编：《〈大清新刑律〉立法资料汇编》，社会科学文献出版社2013年版，第172~173、577~578、766~767页。

任、相信的意思。由此可知，背信罪或者背任罪这一犯罪类型，与职务上的诈骗、诈欺、舞弊之间具有的内在一致性，是建立在文字意义相近的基础上的："仁义修立谓之任，反任为欺。"〔1〕"政令不信，上下相诈。"〔2〕可见，背信与职务上的欺诈有义项重叠，背弃信任、背弃任务的行为就有欺骗、舞弊的性质，那么，背信罪（背任罪）与利用职务便利实施的徇私舞弊犯罪、欺诈犯罪之间的当然具有内在一致。这就是现行刑法背信犯罪的几个具体罪名与渎职罪的具体罪名之间经常竞合的原因。关于背信罪的性质，有各种学说，如背信说、滥用职权说、背信的滥用职权说等的对立。可见，即便从学说上，也很难把背信罪、滥用职权罪、诈骗罪（如在账簿上虚假记载）等进行区分〔3〕，竞合是很自然的。

实践中也出现了因为二者的紧密关系而定性不准的情形。例如太原市房管局原局长张双娥案犯罪事实中的一部分是：利用职务之便，将单位公产房低价租得、高价转租，从中赚取租金差价上百万元。而刑事判决涉及罪名是受贿罪、贪污罪、巨额财产来源不明罪、滥用职权罪。〔4〕尽管该犯罪行为最接近滥用职权罪，但是笔者认为处断为背信犯罪类型是最恰当、最全面的。因为行为人是利用职务之便侵犯国有财产权，这一犯罪事实是严重的财产犯罪、严重的利用职务实施的侵财行为，是事务处理人（行为人）违背任务为自己谋取利益的行为，即背信行为。所以，处断为滥用职权罪尚不能全面评价"赚取租金差价上百万元"这一犯罪事实。再如，《刑法》第327条私赠文物藏品罪，国有博物馆、图书馆等单位的行为人私自将国家保护的文物藏品送给非国有单位或者个人，既属于背信行为，当然也是渎职行为。

古人认为，职务犯罪的根源在于犯罪行为人没有做到"束发事主，当朝正色，忠以尽节，信以竭诚"，所以，才会"诡伏以自容，权宜以为利"。这是把职务犯罪的预防完全寄托于官吏个人的道德自觉和对君主的忠诚尽节之上，虽然并不符合现代的犯罪预防学观念（只有监督权力才能防止滥权），但是这一观念证明了职务犯罪的要素之一就是失去"信"、背信。背信的观念源自忠、忠实，是官吏对君主、臣民对君主的义务。时至今日，对宪法宣誓这一仪式，也是源自

---

〔1〕《新书·道术篇》。转引自《康熙字典》，上海辞书出版社2008年版，第517页。

〔2〕《汉书·食货志第四上》，中华书局2007年版，第158页。

〔3〕［日］大谷实：《刑法各论》，黎宏译，法律出版社2003年版，第231页。

〔4〕"'太原房姐'被判18年，曾被指房产36套家财过亿"，载http：//news.ifeng.com/a/20180405/57335727_0.shtml.

国家工作人员对宪法的忠实义务，对国家的忠实义务，对职务的忠实义务。入党宣誓仪式同样隐含着入党者对政党的忠实义务。既然要履行忠实义务，自然不能损害国家的利益、政党的利益，否则就是辜负了国家、职务或者政党的信任，就是背信。

可见，背信包括广义的背信、中间意义的背信和狭义的背信。广义的背信犯罪包括大陆法系的财产犯罪、现行刑法的经济犯罪若干罪名和渎职犯罪若干罪名。中间意义的背信犯罪包括大陆法系的财产犯罪、现行刑法的经济犯罪若干罪名，尤其是《刑法》第169条之一背信损害上市公司利益罪、第185条之一背信运用受托财产罪，虽含有“背信”二字，却不属于财产犯罪，这与大陆法系的处理方式明显不同。而狭义的背信犯罪（背信罪），仅仅指的是大陆法系财产犯罪，而这在现行刑法财产犯罪一章中是不存在的。可见，“背信”罪名的立法实际确实导致进行刑法解释的时候磕磕绊绊。我们到底是在何种意义上使用“背信”，到底是完全依据大陆法系的观念还是完全依据中国刑法史形成的观念来解释“背信”，不是个简单的问题。

综上，语义交叉现象是竞合的语言学基础。没有语义交叉，就没有动词（或动宾短语）指称范围的交叉或重叠，就没有实行行为的交叉或重叠，就没有竞合现象，也没有想象竞合犯、法条竞合犯。想象竞合、法条竞合都源自刑法语言的语义交叉。在语言逻辑的链条上，顺序是：不同语料——语义交叉（重叠或者部分重叠）——指称范围交叉（重叠或者部分重叠）——竞合（包括想象竞合与法条竞合）。有学者认为，“可能形成法条竞合的只有包容、交叉关系”[1]，笔者是赞成的。笔者这里所言的重叠就是该学者所说的包容关系，笔者这里所言的部分重叠就是该学者所说的交叉关系。重叠就是重合，重合就是竞合，竞合无须区分想象竞合与法条竞合。在指称范围的角度上看，这些术语所指是相同的，仅仅是语言外壳不一致罢了。[2]

本书不区分想象竞合与法条竞合，主张采取大竞合观念来看待想象竞合与法条竞合，原因有两个。

第一个原因是想象竞合与法条竞合有时难以区分。例如，盗窃大量窨井盖的行为，同时触犯了盗窃罪和破坏交通设施罪，一般解释为想象竞合。但是，由于

---

〔1〕陈洪兵：“犯罪构成要件之间的重合与竞合”，载《法学评论》2016年第3期。

〔2〕陈洪兵：“犯罪构成要件之间的重合与竞合”，载《法学评论》2016年第3期。

盗窃行为在本案中能够解释为破坏行为，因此，这也是一个法条竞合，即盗窃罪和破坏交通设施罪有时候的确存在法条竞合。再如，盗窃大量选票和票箱的行为，同时触犯了盗窃罪和破坏选举罪，一般解释为想象竞合，但是同样，盗窃罪和破坏选举罪有时候的确存在法条竞合。盗窃罪与破坏武器装备、军事设施、军事通信罪也可能存在法条竞合。盗窃罪与破坏生产经营罪也可能存在法条竞合。笔者认为，这是刑法语言造成的比较隐蔽的法条竞合，即破坏是涵摄力更大的构成要件，而盗窃涵摄力较小。这种关系在罪状表述的时候，往往会通过“以某某方法破坏”“以某某方法妨害”“以某某方法侵害”“以某某方法危害”“以某某方法非法处置”“以某某方法扰乱”等来呈现。其中，妨害、侵害、危害、处置、扰乱等都是涵摄力更大的构成要件。

第二个原因是想象竞合与法条竞合显然都与语言有关。想象竞合，是观念的竞合，而观念不是凭空产生的，而是以客观物质世界和客观社会现象为基础的。观念的竞合，源自客观存在的法条。换句话说，假如没有那么多的法条，就不会令人产生想象，就不会有竞合。而法条竞合，也是因为客观存在的法条。最终还是语言所致。作为想象竞合犯的杀人罪与爆炸罪，可以解释为法条竞合，是因为爆炸罪是危害公共安全的犯罪，势必侵害人的安全、人的生命，这就可能同时触犯杀人罪。只是因为立法者言说角度不同，才产生了杀人罪与爆炸罪两个罪名，二者是存在法条竞合关系的。想象竞合与法条竞合显然都是思维的结果，都是语言的产物。而叛逃罪与杀人罪则根本不可能竞合，叛逃罪与绑架罪也根本不可能竞合，是因为在语言上就没有语义交叉，当然不会令人联想。一个具体案件中，所有事实中的每一个事实都可能触犯一个罪名，最终造成这个案件在观念上触犯多个罪名，也就是触犯多个法条。例如，串通投标罪中，如果招标人是国有上市公司的董事长，与投标人串通，透漏标底，损害国家利益，自己获得不正当利益，则可能同时触犯了串通投标罪、背信损害上市公司利益罪、滥用职权罪、故意泄露国家秘密罪等。这是因为每个事实都令人联想到一个罪名。

4. 客观存在的机构职能重叠导致了竞合。多头管理、政府机构职能重叠、管理范围交叉等，也会传导至刑法领域，使得刑法分则产生大量竞合，尤其是行政犯罪名、渎职犯罪罪名、妨害社会管理秩序的罪名之间，更容易出现竞合。例如，传染病防治、进出境动植物检疫、国境卫生检疫之间存在法益交叉，涉及的政府机构也存在职能交叉。国境卫生检疫是原质检总局的业务，但是根据《国境卫生检疫法》的规定，国境卫生检疫是卫生机关的职责。进出境动植物检疫是原质检总局的业务，但是根据《进出境动植物检疫法》是农业行政机关的职责。1999年，我国质检系统实现出入境的“三检合一”——出入境商品检验、出入境卫生检疫、出入境动植物检疫合一。原质检系统的业务涉及出入境商品检验、出入境卫生检疫、出入境动植物检疫、进出口食品安全、计量、特种设备管理等六大块。原质检总局下设的卫生检疫监管司的职能是：“拟订出入境卫生检疫监管的工作制度及口岸突发公共卫生事件处置预案；承担出入境卫生检疫、传染病监测、卫生监督、卫生处理以及口岸突发公共卫生事件应对工作；承担口岸反恐相关工作。”[1]原质检总局下设的还有动植物检疫监管司。而2018年开始的新一轮机构改革，把出入境检验检疫管理职责和队伍划入海关总署，也就是出入境商检、进出境动植检和国境卫检这“三检”划入海关。加上原有的海关监管，目前海关环节涉及的“检”就有“四检”。《进出口商品检验法》《进出境动植物检疫法》《国境卫生检疫法》《海关法》四部“检”的法律涵摄面很广泛，无论是货物商品还是人员，无论是运输工具还是随身携带的物品，只要出入国境，都是受到查验的，既要查验卫生、健康、疫病，还要查验是否走私逃税，还要查验进出口商品是否质量合格、是否知识产权无争议。

进出境动植物检疫与国境卫生检疫之间存在法益交叉。根据《进出境动植物检疫法》的规定，在我国，进出境动植物检疫由设立的国家动植物检疫机关统一管理，是农业部的职能，对进出境动植物、进出境动植物产品、进出境土壤等实施管理。而根据《国境卫生检疫法》的规定，国务院卫生行政部门主管全国国境卫生检疫工作，负责检疫传染病、监测传染病两大类。《国境卫生检疫法》第18条规定：国境卫生检疫机关根据国家规定的卫生标准，对国境口岸的卫生状况和停留在国境口岸的入境、出境的交通工具的卫生状况实施卫生监督：①监督和指导有关人员对啮齿动物、病媒昆虫的防除；②检查和检验食品、饮用水及其储存、供应、运输设施；③监督从事食品、饮用水供应的从业人员的健康状况，检查其健康证明书；④监督和检查垃圾、废物、污水、粪便、压舱水的处理。《国境卫生检疫法实施细则》第97条规定：入境、出境的交通工具、人员、食品、饮用水和其他物品以及病媒昆虫、动物，均为传染病监测的对象。因为进出境就是国境，所以，进出境动植物检疫与国境卫生检疫存在交叉。

---

〔1〕国家质量监督检验检疫总局卫生检疫监管司，载 http://wsjyjgs.aqsiq.gov.cn/sjjs/200610/t20061030_20947.htm.

传染病防治、进出境动植物检疫、国境卫生检疫之间存在法益交叉。《传染病防治法》中，疫点指病原体从传染源向周围播散的范围较小或者单个疫源地。疫区指传染病在人群中暴发、流行，其病原体向周围播散时所能波及的地区。人畜共患传染病指人与脊椎动物共同罹患的传染病，如鼠疫、狂犬病、血吸虫病等。自然疫源地指某些可引起人类传染病的病原体在自然界的野生动物中长期存在和循环的地区。可见，传染病就是疫、疫病，防疫就是预防传染病[1]，《传染病防治法》就是传染病预防控制法、就是防疫法。传染病防治、进出境动植物检疫、国境卫生检疫三者各有侧重。传染病防治（防疫）侧重于公共卫生与健康法益，检疫重在检查，检查是预防的一部分，所以检疫是防疫的一部分，检疫是传染病防治的一部分。《国境卫生检疫法》第 1 条规定："为了防止传染病由国外传入或者由国内传出，实施国境卫生检疫，保护人体健康，制定本法。"既然是"为了防止传染病""保护人体健康"，那么，国境卫生检疫其实质就是传染病防疫，《传染病防治法》是《国境卫生检疫法》的上位法。传染病防治与国境卫生检疫之间存在法益交叉。《国境卫生检疫法》第 3 条规定："本法规定的传染病是指检疫传染病和监测传染病。检疫传染病，是指鼠疫、霍乱、黄热病以及国务院确定和公布的其他传染病。监测传染病，由国务院卫生行政部门确定和公布。"进出境动植物检疫，尤其是动物与动物产品检疫，因为涉及人的健康法益，所以，传染病防治与进出境动植物检疫之间也存在法益交叉。

英语单词 quarantine 是检疫、隔离、封锁、隔离期的意思，原意是"40 天"，即"40 天"隔离期。Quarantine 既可以用于人，也可以用于动物，这是人类古老的观念，现在也不过时。[2]传染病（Infectious Diseases）是由各种病原体引起的能在人与人、动物与动物或人与动物之间相互传播的一类疾病。病原体中大部分是微生物，小部分为寄生虫。我国目前的法定报告传染病分为甲、乙、丙 3 类共 39 种。此外，还包括国家卫生计生委决定列入乙类、丙类传染病管理的其他传染病和按照甲类管理开展应急监测报告的其他传染病。[3]检疫当然与卫生、传染病及其防治内在相关。虽然目前国家卫生计生委、农业部等并不是检疫机构的主管机关，检疫机构的主管机关是原国家质量监督检验检疫总局（AQSIQ），但是

---

〔1〕《现代汉语词典》，商务印书馆 2012 年版，第 368 页。

〔2〕《牛津高阶英汉双解词典》，商务印书馆、牛津大学出版社 2014 年版，第 1672 页。

〔3〕中国疾病预防控制中心，载 http://www.chinacdc.cn/jkzt/crb/.

这并不妨碍检疫与卫生、检疫与动植物检疫存在法益交叉。

以天津检验检疫发展历史为例，印证传染病、检疫、卫生、动植物的内在联系：1895 年，天津海港检疫所建立，实施卫生检疫业务。1928 年 1 月，天津毛革肉类出口检查所成立，这是中国政府办理进出口动物检验检疫的开端。1929 年 8 月，天津商品检验局成立，是华北第一个商品检验机构，标志着自鸦片战争以来对商品检验主权的收回。1932 年 4 月国民政府海港检疫管理处接管天津、塘沽、秦皇岛海港检疫机构，收回海港检疫主权。抗日战争时期，日伪天津商品检验局在日本帝国主义把控下开展检验业务，天津海关接收天津海港检疫所，缓解霍乱盛行、疫病成灾的局面。1945 年全面内战爆发，商品检验、卫生检疫业务遭受重创。中华人民共和国成立后，天津商品检验局是新中国第一个商品检验机构。天津、塘沽动植物检疫所位列新中国首批成立的口岸检疫机关。更名后的天津交通检疫所，是由卫生部直接领导的第一个一等检疫所。改革开放后，天津作为第一批开放城市，进出口商品检验、卫生检疫和动植物检疫工作进入到新阶段，天津卫生检疫局作为天津片牵头单位，协调管理京、晋、蒙、豫、甘、疆等多个省份和地区卫生检疫工作。1999 年 8 月“三检”合并，天津检验检疫局挂牌成立。[1]检验、检疫机关时而分设，时而合并。检验、检疫、海关机关时而分设，时而合并。

解决法益交叉和职能重叠，可以采用大部制或者超大部制的手段。例如，中华人民共和国香港特区政府食物环境卫生署（FEHD）这个机构，把食品、环境和卫生作为一个“类型化”的概念、一个法益。而美国食品药品管理局（FDA）这个机构，则是把食品与药品作为一个“类型化”的概念、一个法益。2018 年之前，我国则是作为三个政府部门，食药监总局（CFDA）、环保部、卫生和计划生育委员会，涉及了食品药品安全法益、环境法益和卫生法益三个法益。更有趣的是，食药监总局（CFDA）监管的对象包括食品、药品、医疗器械和化妆品四大类。而《化妆品卫生监督条例》和《化妆品卫生监督条例实施细则》都是原来的卫生部颁布的。可见，观食药监总局（CFDA）其名，却不能得其实。对应着刑法分则，则出现了危害公共卫生罪一节、破坏环境资源保护罪一节和生产、销售伪劣商品罪一节的格局。这当然会割裂公共卫生法益、环境资源法益与食品

〔1〕“天津检验检疫局‘津检百年’局史展掠影”，载 http：//www.aqsiq.gov.cn/zjxw/dfzjxw/dfftpxw/201705/t20170516_488666.htm.

药品承载的法益（生命权健康权）之间的内在一致性。2018 年，我国开始新一轮的政府机构改革，政府机构的称谓变化很多。新的机构组建之后，对于刑法法益来说，意味着一些原来是同类法益的变成了不再是同类法益，而原本不是同类法益的有些就变为了同类法益，如国家市场监管总局的成立把食药监、工商行政管理、质检等保护的法益整合为同类法益，具体内容是：将国家工商行政管理总局的职责，国家质量监督检验检疫总局的职责，国家食品药品监督管理总局的职责，国家发展和改革委员会的价格监督检查与反垄断执法职责，商务部的经营者集中反垄断执法以及国务院反垄断委员会办公室等职责整合，组建国家市场监督管理总局，作为国务院直属机构。同时，组建国家药品监督管理局，由国家市场监督管理总局管理。保留国务院食品安全委员会、国务院反垄断委员会，具体工作由国家市场监督管理总局承担。而文化旅游部的成立把原来文化和旅游涉及的不同法益整合为同类法益（文旅），等等。韩国的政府机构也是采取大部制，例如文体观光部、农林畜产食品部等，文化、体育、旅游三大类属于同类法益。这值得借鉴。

5. 分则类型化与部分犯罪共同说。部分犯罪共同说中，为什么会存在不同罪名之间的所谓“部分共同”？盗窃罪和抢劫罪为什么在盗窃罪这个部分是共同的？伤害罪和杀人罪为什么在伤害罪这个部分是共同的？强制猥亵罪和强奸罪为什么在强制猥亵罪这个部分是共同的？敲诈勒索罪和抢劫罪为什么在敲诈勒索罪这个部分是共同的？这些观念的共同点是什么？产生这些观念的基石是什么？部分犯罪共同说中的“共同”到底是什么共同？

笔者认为，这里暗含着刑法类型化的观念，“共同”就是重合或者重叠，就是犯罪的重合或者重叠。也就是说，人们之所以认为存在着部分犯罪的“共同”，是因为盗窃罪只是抢劫罪的一部分，与抢劫罪属于一个大的类型。或者说，抢劫罪去掉一个构成要件就成了盗窃罪。同理，在人们的观念里面，杀人罪去掉一个构成要件就成了伤害罪，等等。在人们的观念里面，部分犯罪共同的几个罪名之间，存在着性质相同基础上的轻重之别、多少之别、长短之别。因而，不属于一个大的共同类型的多个具体犯罪罪名，是难以成立部分犯罪共同说的。部分犯罪共同，在逻辑上至少包括两种，一种是包容竞合关系，一种是交叉竞合关系。实践中学者所举的例证都属于包容竞合关系，而几乎没有交叉竞合关系形成的部分犯罪共同。笔者认为，法条之间的交叉竞合关系同样能够形成部分犯罪共同，进而构成共同犯罪。例如，中介组织故意提供虚假证明文件，意图包庇委托人的犯罪事实，应该属于部分犯罪共同。前述万福生科案一审判决中，万福生科犯欺诈发行股票罪，湖南里程有限责任会计师事务所常德分所犯欺诈发行股票罪，万福生科原董事长龚某某犯欺诈发行股票罪和违规披露重要信息罪。本案中，提供虚假证明文件罪、欺诈发行股票罪、违规披露重要信息罪（实为证券市场虚假陈述犯罪）三个罪名之间，有交叉部分，在伪造文书、行使伪造的文书这一部分上是共同的、重合的。再如，一人基于抢劫罪犯意、一人基于强奸罪犯意，共同侵害被害妇女，在两个罪名的交叉部分（暴行犯罪）成立共同犯罪。

所以，部分犯罪共同说中的“共同”的解决和认定，还是应该回到罪名的涵摄力上来，回到罪名的规制范围上来。例如，包庇罪与伪证罪（意图隐匿罪证类型）之间，能够成立部分犯罪共同说中的“共同”。一个犯罪嫌疑人的亲属为了给该犯罪嫌疑人出罪，找到一个法医作虚假鉴定，法医徇私舞弊，出具了虚假鉴定文书，导致该犯罪嫌疑人无罪释放。这里面，该亲属与该法医之间形成的共同犯罪，是有一部分共同的，亲属触犯的是包庇罪的教唆犯、伪证罪的教唆犯，法医触犯的是伪证罪的实行犯、包庇罪的实行犯，两行为人罪名之间的重合部分是成立共同犯罪的基础。而之所以有重合部分，是因为意图隐匿罪证情形的伪证罪（出罪型的伪证罪）中的“意图隐匿罪证”，实际就内含有包庇。也就是说，出罪型的伪证罪与包庇罪具有重合部分。同样，妨害作证罪与伪证罪也会形成部分犯罪共同。

有学者虽然不是从部分犯罪共同角度展开研究，但是其结论完全符合一般所认为的部分犯罪共同，如“可将故意评价为过失，故意杀人评价为故意伤害，强奸评价为强制猥亵，抢劫评价为盗窃，盗伐评价为滥伐，贪污评价为挪用公款，滥用职权评价为玩忽职守，伪造评价为变造，机密评价为秘密，增值税发票评价为普通发票，死亡评价为重伤，重伤评价为轻伤，一级文物评价为二级文物，活人评价为尸体”[1]。该学者论及六组罪名，其具体结论虽仍值得商榷，但是思路具有很大启示性，至少在这六组有重合关系的罪名之间，一般都认为成立共同犯罪。

二、刑法分则的语料选择与语言场域

本书对语用、语境、语言场域三个概念等同看待和使用。语用学是语言学各

〔1〕 陈洪兵：“犯罪构成要件之间的重合与竞合”，载《法学评论》2016年第3期。

分支中一个以语言意义为研究对象的新兴学科领域，是专门研究语言的理解和使用的学问。它研究在特定情景中的特定话语，研究如何通过语境来理解和使用语言。在众多的语用学定义中，有两个概念是十分基本的，一个是意义，另一个是语境。从发展的观点看，语用学的崛起是语义研究的发展和延伸的结果，因此可以说语用学是一种对意义的研究。但语用学所研究的意义不同于形式语义学所研究的意义，它所研究的是语言在一定的语境中使用时体现出来的具体意义。由此可知，语境对意义的作用在语用学研究中十分重要，语境是语用学的核心概念之一。语境包括交际的场合（时间、地点等），交际的性质（话题），交际的参与者（相互间的关系、对客观世界的认识和信念、过去的经验、当时的情绪等）以及上下文。换言之，要判断某些具体的言语行为是否得体须依据其使用的语境，离开了语境就使判断本身失真或失去意义。

在刑法学中，通常社会观念就是一种语境。刑法用语之间的龃龉、纠缠、厘定，离不开通常社会观念的参与和约定俗成的语言使用习惯。由于刑法用语的描述的有限性，仅靠刑法用语的评价并不能解决疑难案件，存在局限性的成文法规范及其语词必须结合不成文的社会规则共同参与定纷止争。例如，大陆法系刑法一般是从正当业务行为角度排除已经具备了该当性的某些行为的违法性，但也许从刑法用语的选择、能指与所指角度也得到启示。例如，之所以在被认可的限度内实施的夸大广告不属于诈骗行为，是因为在被认可的限度内实施的夸大广告行为与诈骗行为仍有一定距离、难画等号，夸大广告不是虚假广告。在被认可的限度内实施的夸大广告行为可能只是在量的层面与事实不符，而虚假广告可能已经是在质的层面与事实不符，也就是“超限”——超过了被认可的限度。再如，债权人在被认可的限度内实施的实力行为不属于恐吓行为[1]。消费者过度维权，狮子大开口向商家索赔，与敲诈勒索行为也难画等号，这是因为在当代中国实际生活中，消费者普遍的弱势地位和权利普遍被侵害的事实，因此案件一出，社会一般观念就有了倾向性态度，“过度维权”这个词语已经把该行为从敲诈勒索之中排除出去，无论是大陆法系认为该行为已经具有了该当性但是从违法性阶段加以排除，还是我国刑法直接排除其犯罪性的判断过程，结论都是一样的。例如，2017 年 4 月，三聚氰胺受害者之父、死磕奶粉厂商的郭某终于被再审法院宣布无罪，曾经安在他身上的敲诈勒索罪罪名终于被证明是错误的：“根据现有证据证

---

〔1〕［日］野村稔：《刑法总论》，全理其、何力译，法律出版社 2001 年版，第 263 页。

明的事实评判，郭某的行为性质未超出民事纠纷的范畴，不能认定郭某构成敲诈勒索罪。”[1]即郭某的行为仍然属于维权，而没有进入刑法领域。

（一）语言场域对法益的塑造

语言场域基本决定了法益的归属，或者说语言场域就是法益赖以生存的土壤。从某种意义说，法益就是一种语境。

1. 危害国防利益罪的语言场域。例如，危害国防利益罪的语言场域，总是离不开军事、军人、武器装备、战时、武装、部队、兵、军心、敌情、军事设施、军事禁区等关键词，这些关键词基本决定了所涉及的法益必定会归属为军事或者国防。这些关键词都是刑法文本中的语料，或者属于犯罪主体，或者属于犯罪对象，或者属于犯罪组成之物，或者属于犯罪工具，具有承载法益、体现犯罪客体的功能，是法益归属的标志性词语。

2. 破坏金融管理秩序罪的语言场域。破坏金融管理秩序罪这一节的语言场域，总是离不开货币、金融机构、信贷、资金、贷款、存款、票证、票据、信用卡、证券、债券、交易、合约、持股持仓、买卖、价格、账户、保险金、结算、收款、资信等。尤其是“资金”一词出现频率最高，在破坏金融管理秩序罪一节中，出现了10次。如果加上保险金、公积金、基金、现金、存款、贷款等构成要件，就更多了。某种意义上，金融犯罪就是关于金钱的犯罪，或者是关于实物货币金钱，或者是关于电子货币金钱，或者是关于虚拟货币金钱，或者是关于证券化的货币金钱，其本质都是一般等价物这一特殊商品的犯罪。所谓货币金融学或者金融学，所谓金融犯罪，指的都是这些内容。Finance，意思就是资金、财政、金融等。[2]

3. 危害公共卫生罪的语言场域。医务人员、医生、医疗、传染病、病菌、血液、血液制品、卫生、手术、身体健康、就诊人、病人、操作、检测、防治、事故、传播、扩散、菌种、毒种、病原体、病原携带者、防疫、执业资格等关键词，营造出一个特定的语言场域和一种特定的社会关系，就是医疗、卫生、健康、疾病防治、疫病防控等方面的社会关系。而社会关系就是犯罪客体，就是法益。这些关键词同样都是刑法文本中的语料。

---

〔1〕“‘结石宝宝’父亲敲诈勒索奶企案再审改判无罪”，载 http：//society. people. com. cn/n1/2017/0408/c1008 - 29196459. html.

〔2〕《牛津高阶英汉双解词典》，商务印书馆、牛津大学出版社2014年版，第775～776页。

（二）语言场域对语义的影响

在解释具体构成要件的时候，之所以要结合法益，是因为法益就是构成要件所处的一种语境、语言场域，在这个语境、语言场域之中，构成要件的含义的解释才是合理的。“法益具有解释论的机能”[1]，从语言学角度看，实际上表明了法益这个特定语境对某个构成要件具体意义的限定、指导、指引作用，法益是构成要件所处的大环境和大背景。一个具体罪名的法益应该作为较小的语言场域来看待，这就是目的论解释的合理性。整个刑法文本、全部刑法规范应该作为较大的语言场域来看待，这就是体系解释的合理性。

司法者把实际案情与构成要件进行对照的时候。必须把语义解释和语用解释紧密结合才能得到合理的结论。在许霆盗窃案中，司法判决并没有很好解决“许霆盗窃的是不是金融机构”这个问题，而之所以没有很好解决，是因为没有运用语用解释，没有考虑 ATM 在案件中的刑法性质。笔者认为，ATM 根本不是金融机构，只是金融机构设置的机器。“语义解释划定了刑法文本意义的大致范围，是客观解释的基础；语用解释补充、完善了刑法文本对当下案件的具体意义并使其明确化，保证了客观解释的实现。”“语用解释是在特定语境中确定刑法文本的具体意义，解释者须在认知图式和刑法文本、法律规范和案件事实、判决结论和大众期待之间进行语篇外循环，使刑法文本的具体意义得以产生。”[2]许霆盗窃案中，把 ATM 直接等同于金融机构，把盗窃金融机构设置的 ATM 中的现金直接等同于盗窃金融机构，显然是生搬硬套的思维，没有考虑“金融机构”这个构成要件在实际案件中的具体意义，也没有考虑“金融机构”这个构成要件在立法之初的实际含义。当然，在《刑法修正案（八）》实施之后，“盗窃金融机构”的规定已经从盗窃罪中废除，现在讨论已经没有任何意义了。

1. “破坏”在不同语用中含义的确定。“破坏”是一个上位构成要件。破坏、侵害、妨害、危害、扰乱等开头的罪名，一般都是上位罪名，属于上位构成要件。对此，需要根据罪刑法定主义的明确性原则，结合语用和语境，进一步确定行为方式，也就是行为人是如何破坏、如何侵害、如何危害、如何妨害刑法法益的，其破坏、侵害、妨害、危害、扰乱行为的具体内容是什么，以符合罪刑法定原则、符合犯罪类型、符合公民观念中的法预测性和法感觉，避免法官随意解

---

〔1〕 张明楷：《法益初论》，中国政法大学出版社 2000 年版，第 217 页。

〔2〕 王政勋：《刑法解释的语言论研究》，商务印书馆 2016 年版，内容简介。

释这一组不容易获得明确性的动词。也就是，“破坏”等词语在不同语用中含义的确定问题。

例如，《刑法》第256条破坏选举罪中的“破坏”，其具体行为方式就很芜杂。构成要件中的“破坏选举”实际上包含了“妨害选民和代表自由行使选举权和被选举权”，诸如送钱给选民和代表，威胁选民和代表，阻止选民和代表等。法条中列举的“暴力、威胁、欺骗、贿赂、伪造选举文件、虚报选举票数”实际上包括以人为对象的破坏和以物为对象的破坏两大类。所以，本罪中的“破坏”是本罪中的“妨害”的上位构成要件。

再如，破坏界碑、界桩罪中的“破坏”，就只能是以物为对象的破坏，包括毁坏、污损、涂抹、损毁、焚烧、敲击、打砸、挪移、偷走、錾刻、掩埋等具体方式。而不能包括以人为对象的破坏。

之所以上述两个罪名的“破坏”不同，是因为动词宾语的性质存在差异。“选举”是一种涉及人、财、物的综合性的活动，涉及选举人、候选人、被选举人以及其他人，涉及选举场所、选举设施、选举文件、选举票等物，还涉及选举规则，等等。而“界碑、界桩”仅仅是物，是实体的物而已，因此对它的破坏就容易解释得多。从这一点来讲，破坏选举罪实为破坏选举活动罪，应该建构为上位罪名；或者被解构掉，其规制范围可以由其他罪名来承担，诸如行贿罪、暴行罪、胁迫罪、故意毁坏财物罪，等等。

根据这个思路，假如暂且认可破坏生产经营罪这一罪名的科学性和设置的合理性，破坏生产经营罪的“破坏”的外延是相当大的，除了法条中的对机器设备、耕畜的破坏之外，应该还包括：放走鱼塘的水，放走饲养圈中的牛、羊，故意扔进不纯种的品种以降低被害人所饲养的品种的商品价值，恶意反向炒信，故意刷空单提高自己的交易量，等等。除了一般可以理解的农业生产、工业生产，还应该包括建筑业生产、交通运输业生产、商业经营、信息网络业经营、矿业生产等所有的生产经营。因为，“生产经营”的外延实在是太大了，那么，破坏生产经营罪的外延也实在是太大。例如，将竞争对手的秘密饮料配方从其电脑里删除的行为，破坏了竞争对手的生产流程、生产秩序、生产组织，也是破坏生产经营罪。再如，把竞争对手负责运输的司机暂时控制起来，使其无法正常运输这一批种子，也是破坏生产经营罪。再如，把竞争对手的客车拦停使其不能将旅客按时运至目的的，也是破坏生产经营罪。但是，既然破坏生产经营罪属于财产犯罪一章，对于破坏的解释就应该限制在财产上而不能扩张到上面举的两个例子——

对于生产经营秩序的破坏不是对于财产的破坏，对于竞争对手应得收益的破坏不是对于财产的破坏。破坏交通工具罪的破坏，就不是破坏界碑、界桩罪的毁坏、污损、涂抹、损毁、焚烧、敲击、打砸、挪移、偷走、錾刻、掩埋，而应根据其公共安全法益这一语境进行相应解释。

因此，罪名的法益、明确的立法原意、罪名所属章节等，都是一种语用、语境。这也再次证明，法益不是刑法学的能指，不是犯罪的构成要件，而是解释能指内涵、明确能指含义的语用、语境，是通过各个刑法能指构成一种犯罪、组成一种犯罪后的主观认识、评价和见解，也就是学者所言“对法益的界定反映了立法者的取向”[1]，界定法益是为了界定构成要件的语境，从而能够准确定位构成要件的内涵外延。

2. “被监管人”在不同语用中能指的选择。在此，我们以一组相似的构成要件为例，来说明刑法能指的选择和使用应该结合语用。这一组是被监管人、在押人员、被关押的人、押解途中的人，以及与之关联的司法工作人员、监管人员。

在渎职罪一章中，第 400 条私放在押人员罪使用了“在押人员”；在人身权利犯罪一章中，第 248 条虐待被监管人罪则使用了“被监管人”；而在妨害社会管理秩序罪一章中，第 315 条破坏监管秩序罪使用的是“被关押的罪犯”，第 316 条第 1 款脱逃罪则使用了“被关押的罪犯、被告人、犯罪嫌疑人”，第 316 条第 2 款脱逃罪则使用了“押解途中的人”。被监管人、在押人员、被关押的人、押解途中的人，所指的对象其实是一样的。相应地，私放在押人员罪的犯罪主体使用了“司法工作人员”；而在人身权利犯罪一章中，犯罪主体则使用了“监管人员”。笔者认为，私放在押人员罪完全可以表述为“私放被监管人罪”，虐待被监管人罪完全可以表述为“虐待在押人员罪”，不同的表述方式只是反映出言说角度的差别而已，所指则是一样的。使用“监管人”与“被监管人”是较好的选择，既符合形式逻辑，也具有较强的涵摄力。例如，私放在押人员罪的犯罪主体是司法工作人员，无论是临时工还是正式的警察，都属于从事公务的“监管人”，都符合本罪的主体要件，而无需关注其特定身份的有无。根据《刑法》第 94 条，私放在押人员罪的犯罪主体是履行监管职责的司法工作人员。“被监管人”完全可以涵摄在押人员、被关押的人、押解途中的人等多个构成要件，应该

---

〔1〕 周光权：《刑法各论》，中国人民大学出版社 2016 年版，第 7 页。

作为这一组的上位构成要件。日本刑法使用的是“被羁押者”，也可作为借鉴。

进一步的来看，在押人员可以涵摄被关押的人员、押解途中的人员。这是因为，在押既包括在监狱等有形场所的关押，也包括在押解途中等无形场所的关押。所以，武警等押解人员如果实施私放被押解人员的行为，应该处断为私放在押人员罪，此时武警属于有监管职责的司法工作人员，符合《刑法》第94条的规定。被监管人、在押人员、被关押的人员、押解途中的人员这一组之中，由于语境略有不同，立法者使用了不同的语言外壳。被关押的人员当然是在押人员，而押解途中的人员当然也是在押人员。押运、押送、押解、关押这一组词语之中，一般而言，押解的对象是人，押运的对象是物，押送的对象则既可以是人也可以是物，所以，可以把押送作为上位构成要件。

所以，被监管人、在押人员、被关押的人员、押解途中的人员这一组跨法条的构成要件的层次关系就清楚了，而它们的对称分别是监管人、司法工作人员中的监管职责的人员（即监管人）、监管人员、监管人，也就是说，如果从司法人员角度看被监管对象，被监管对象的具体称谓虽有一定差异，但是大的类型仍然是一样的。而反过来说，尽管大的类型是一致的，但是由于各个法条营造出来的语境之间存在差异，对每个用语的语义都有细微的影响：押解途中的人员强调的是刑警、法警或者武警控制下的人员，在押人员强调的是狱警、看守所警察等控制下的人员，依法被关押的人强调的是已决犯、未决犯等处于狱警、看守所警察等控制下的人员，等等。1994年，刑法总则修改稿第4稿使用了“人犯”来指称所有的监管对象〔1〕，笔者认为，这个词语不够规范，内涵、外延也不明确，1997刑法典未采纳是正确的。

3.“虚构事实隐瞒真相”在不同语用中能指的选择。从上述例子可以发现，如果刑法能指紧紧结合具体语用和具体语言场域，肯定会产生大量的同义词，会大大丰富刑法文本。可以说，一定程度上，刑法文本体现了现代汉语语料的丰富性。这当然会使得社会生活日益精确，迫使刑法学者和刑事司法者必须仔细甄别词语间的细微差异，咬文嚼字，但同时也不胜其累，无疑会造成刑法解释的一定困难：谁能说清楚《刑法》第160条欺诈发行股票、债券罪中的编造重大虚假内容、第183条职务侵占罪中的编造未曾发生的保险事故、第307条之一虚假诉讼罪中的捏造的事实之间的区别？捏造的事实不就是编造的事实吗？

---

〔1〕 刘树德：《阅读刑法典——罪状建构的若干比较》，人民法院出版社2004年版，第285页。

所以，我们在一定意义上应该忽略上述丰富性、差异性，而更多考察这些丰富性、差异性的本质内核的单一性。结合具体语用来形成法条、形成文本，本无过错。但是，如果不能够超越具体的、形态各异的具体语用，刑法能指之间的内在一致性就永远无法获得。在这一点上，笔者认为，必须把刑法语言与刑法哲学和刑法逻辑紧密结合。举例而言，上述编造重大虚假内容、编造未曾发生的保险事故、捏造的事实三者之间的一致性就是“虚构事实隐瞒真相”。所以，《刑法》第160条欺诈发行股票、债券罪，根据其主观目的，如果具有非法所有目的构成诈骗罪；如果行为人自辩不具有非法所有目的，但是根据有关司法解释，完全可以推定其具有非法所有目的，同样构成诈骗罪。第183条是职务侵占罪，其实具体来说是骗取型的职务侵占罪，也就是职务上的诈骗罪或者职务上的侵占罪。第307条之一是虚假诉讼罪，其实就是欺骗司法机关，扰乱司法秩序，同样具有欺骗色彩，但未必就是诈骗。因为民事诉讼的诉求范围很广泛，是不是诈骗财产还要结合行为人以捏造的事实提起民事诉讼的具体内容来定。总之，“虚构事实隐瞒真相”是三者的内在一致性。即便是以捏造的事实提起民事诉讼的虚假诉讼罪，也没有超出这个范围——以捏造的事实提起民事诉讼是虚构事实而不是隐瞒真相。刑法能指既要结合语用也要超越语用。

4.“传播”在不同语用中能指的选择。为了表达相同含义，立法者在不同语用中选择了不同的能指。例如，电视剧的发行许可证，其实质是允许该电视剧进入市场进行流通、传播、上映、播出、播放、播映、公映，所以，这里的“发行”就是一种传播许可，发行许可证就是传播许可证。因此，传播是上位构成要件，在不同语用中表达传播含义，可能使用了不同的能指。刑法文本中，有时使用“复制”来表达传播，有时使用“发行”来表达传播，有时使用“出版”来表达传播，有时使用“流行”“扩散”〔1〕来表达传染病的传播。生活中，有时使用“上线”来表达传播，有时使用“公布”来表达传播，有时使用“播出”来表达传播，有时使用“公映”来表达传播。所以，《电影片公映许可证》和《电视剧发行许可证》实质就是传播许可证。我国新闻出版广电行政机关颁发的《信息网络传播视听节目许可证》、经过认定的影视剧播放资质的持证网站，其实质就是一种传播许可。

〔1〕《刑法》第330条妨害传染病防治罪中的扩散，第331条传染病菌种、毒种扩散罪中的扩散，第409条传染病防治失职罪中的传播或流行，第360条传播性病罪中的传播。

比较特殊的是，宣扬与传播的区别。虽然宣扬也是一种传播，但是宣扬与传播的含义不完全相同。宣，是公开说出来；传播、散布出去。宣扬是广泛宣传，使大家知道；传布，[1]而传播是广泛散布。[2]而且，宣、扬都有“传播”的意思。《刑法》第120条之三宣扬恐怖主义、极端主义罪中的“宣扬”，能否替换为“传播”，从而改为传播恐怖主义、极端主义罪？笔者以为，如果行为人只是在朋友圈发布暴恐音视频，就被论以宣扬恐怖主义、极端主义罪，似乎不妥。

第一，暴恐与恐怖主义当然不是等同的概念，把暴恐解释为恐怖主义，会不当扩大恐怖主义的外延。发布暴恐音视频，当然也不等于发布恐怖主义音视频。司法者不能随意解释构成要件，不宜过度关注于刑法的保护机能、入罪功能，否则会导致刑法的保障机能、出罪功能得不到实现。

第二，虽然“宣扬”与“传播”在词典中的基本意思相同，但是在实际的语用之中，“宣扬”含有“信奉并传播”的意义，含有“宣传”的意义，而宣传是对群众说明讲解，使群众相信并跟着行动。[3]而“传播”并无信奉的意思。可见，“宣扬”会考虑受众的接受、会促使受众接受，而“传播”仅为单纯客观的散布。所以，一般而言“传播”不能被替换为“宣扬”，如传播淫秽物品罪就不能表述为宣扬淫秽物品罪。从这个视角来看，《刑法》第367条中的“淫秽物品是指具体描绘性行为或者露骨宣扬色情的诲淫性的书刊、影片、录像带、录音带、图片及其他淫秽物品”，应该改为“露骨传播色情”为宜。刑法典中，只有涉及恐怖主义、极端主义和淫秽物品时才使用了宣扬一词。同时，宣扬还主要用于贬义的场合，具有贬义的感情色彩，如大肆宣扬，宣扬腐朽没落人生观。相对而言，弘扬则是一个褒义词，诸如弘扬社会主义核心价值观，弘扬正义，弘扬正能量，弘扬雷锋精神，等等。从这一点来说，宣扬、弘扬的内涵都比传播要大，外延则要小。

第三，行为人在朋友圈发布了暴恐音视频，当然是传播行为，但未必是信奉，不能草率解释为“宣扬”恐怖主义。对于行为人出于猎奇、刺激、炫耀等动机而在朋友圈等发布暴恐音视频的，不宜定性为宣扬恐怖主义、极端主义罪。

第四，从我国的国情考察，“宣扬”的内涵更丰富，外延更小，所以是下位

〔1〕《现代汉语词典》，商务印书馆2012年版，第1473页。

〔2〕《现代汉语词典》，商务印书馆2012年版，第199页。

〔3〕《现代汉语词典》，商务印书馆2012年版，第1473页。

构成要件。“传播”的内涵更简单，外延更大，所以是上位构成要件。“宣扬”的内涵大致就是，不但宣扬者自己信奉所传播的内容，而且努力使受众也信奉所传播的内容。宣扬、宣传、鼓动、发动、群众、人民等往往同时出现在一个语言场域之中，这也符合上述“宣传”一词的词典意义。而“传播”的语言场域则相对客观，刑法中其语境一般为虚假信息、计算机病毒、性病、淫秽物品、传染病等。当然，也会使用传播真理、传播马克思主义、传播知识、传播花粉等。总之，传播外延更大，所以是上位构成要件。因此，把宣扬恐怖主义、极端主义处断为传播恐怖主义、极端主义，是刑法评价不足。反之，把传播恐怖主义、极端主义处断为宣扬恐怖主义、极端主义，是刑法评价过度。

第五，如果立法原意是打击传播恐怖主义、极端主义，那么，本罪的构成要件行为应该改为传播恐怖主义、极端主义。如果立法原意是打击恐怖主义、极端主义分子的宣扬行为，那么，似乎不利于保护法益（公共安全）。所以，无论是基于法益保护，还是基于语词的真实含义和语境中的含义，改为传播恐怖主义、极端主义罪更合理。

5. “舰船”“船舶”在不同语用中能指的选择。《刑法》第 6 条中的船舶，第 122 条劫持船只、汽车罪中的船只，第 430 条军人叛逃罪中的舰船，三个构成要件还是有区别的。现代汉语中的“船舶”和“船只”指称的是相同事物，作为构成要件的“船舶”和“船只”应该是等价关系。根据《海上交通安全法》，“船舶”包括排水船、非排水船、筏、水上飞机和移动平台。船舶的“舶”，《广韵》说是“海中大船”。舰艇的“艇”，《说文》说是“小舟”。舰艇的“舰”，《广韵》解释为“御敌船”。可见，舰船、舰艇属于军事上的武器装备，航空母舰、巡洋舰、驱逐舰、战列舰、护卫舰等名称也证明了“舰”的军事性质。当前的实际社会生活中，巡逻艇、巡逻快艇和巡洋舰等词语的出现，也足以表明艇与舰之间的区别，所以不会出现“巡逻快舰”或者“巡洋艇”之类的词语。当“舰艇”连用的时候，则不再区分，如“我海军舰艇编队抵达任务海域进行护航”。生活中还会使用“船艇”，如“武警部队武汉市支队船艇大队”等。“武警部队武汉市支队船艇大队”不能改为“武警部队武汉市支队舰艇大队”，因为武警部队性质上不是“御敌”的（指军改前），所以其船只也就不能被称为“舰艇”了。刑法史上曾经有判例对“船舰”与“舟艇”进行区分：“‘刑法’第 333 条第 1 项所称之船舰，系指具有相当之实力，并能行驶海洋，与海军船舰有类似之设备者而言，如仅驾驶寻常舟艇至海洋行劫，自不构成海盗之罪。”[1]可见，舰船、船舰“具有相当之实力”，与“舟艇”相比，无论是载质量、载人数、吨位、航速、航行里程、设备功能等都是明显不同的，这种语言基础上的认知和观念一直是贯穿中国刑法史的。

三、刑法分则类型化与用语的涵摄力

刑法类型化思想是为了把无穷的犯罪现象归并为有限的犯罪类型，这是认识规律所决定的，也是符合形式逻辑要求的。历朝历代，概莫能外。中华人民共和国成立后，也始终没有停止刑法类型化实践。当代刑法解释学日益发达，只要刑事立法不存在疏漏，只要犯罪类型齐备、罪名之间属种关系清晰，有限的犯罪类型和刑法的语言体系就有能力描述、指称和概括相对无穷的犯罪现实。反过来说，无穷的犯罪现实、日益变化的犯罪现实是可以被有限的犯罪类型所覆盖、所评价的。在“并不自信的”我国古代法律学者看来，凭借有限的刑法语言体系来描述、指称相对无穷的犯罪现实，似乎就是一个不可能完成的任务：“夫律准乎礼，旨要而文简，情罪万变，律条何足尽之。”[2]因此，法令日滋，法条总量膨胀，似乎是不可避免的事情。“古之立法，第论其大者，而损益轻重，因时准情而为之，不以着于律也。后世不避烦重，纤委毫末，一归于法，上下轩轾，求诸律而无不得，黠者巧避，愚者轻犯，有穷之律，终不能治无穷之情……”[3]笔者认为，这或许是出于敬畏之心，并不能真的表明古代法律学者认识能力的低下。

当然，有限犯罪类型和刑法语言体系要很好指称无穷犯罪现实，难度很大。“房车”的出现，模糊了房屋与车辆的界限，使得“入户”这个构成要件的内涵外延发生剧烈动荡。代孕和辅助生殖技术的出现，使得“母亲”“亲属”“近亲属”等构成要件的内涵外延发生剧烈动荡，等等。犯罪不可能完全打击干净，是因为作为新事物的新犯罪总是滋生于既有的犯罪类型之外，滋生于既有的刑法语言之外。“现代型犯罪”的反社会现象与现行刑法存在巨大差距。[4]刑法语言的局限性也可能导致语词本身没有无限的解释力和涵摄力，极端的犯罪情形也许是不能被刑法语言描述的。刑法语言不是万能的，打击犯罪的政策也不是万能的，

---

〔1〕《“最高法院”刑法判例要旨》，[判例字号] 25 上 54。

〔2〕叶大庆：“考古质疑”，载（宋）窦仪等：《宋刑统》，中华书局 1984 年版，第 503 页。

〔3〕刘承干：“刑统跋”，载（宋）窦仪等：《宋刑统》，中华书局 1984 年版，第 511 页。

〔4〕[日] 曾根威彦：《刑法学基础》，黎宏译，法律出版社 2005 年版，第 18 页。

刑法解释也不是万能的。在修法之前，刑事立法者应该暂且容忍那些不能被刑法规制的犯罪的存在。

但是我们仍然只能依赖刑法语言，除此之外并无任何别的途径实现刑法类型化。而要凭借有限的刑法语言体系和汉语语料库来描述、指称、规制无限的犯罪现实，要完成这一宏大任务，就要从汉语语料库挖掘潜力，要提高刑法语言的涵摄力。刑法用语涵摄力的不断提高，构成要件涵摄力的不断提高，会促进类型化程度的提高，会导致某些罪名的消失，这些原有罪名的打击范围由涵摄力更强的新罪名来承担。奸淫幼女罪、嫖宿幼女罪之所以都被废除，是因为强奸罪这个犯罪类型已经足以承担。

（一）罪名用语的涵摄力

罪名的涵摄力，或者称为涵盖力、涵括力，指的是罪名及其构成要件指称、描述犯罪现象能力的大小，以及覆盖事物范围的大小。实际上是刑法语言外壳（能指）覆盖社会生活各种事物（所指）范围的大小。涵摄力与我们对刑法的解释、对刑法语言的解释息息相关，与构成要件能否适用于犯罪实际现象息息相关。刑法语言学问题，与刑法立法学、刑法解释学和刑法哲学密不可分。正如学者所言："实际上，各国刑事立法都在尽力避免漏洞的存在，但由于立法者不可能预见到应当作为犯罪处理的一切行为，所以不得不采取其他途径减少漏洞。例如，刑法常常使用一些抽象性、概括性因而涵摄力强、包容性大的用语……"[1] 涵摄力大的罪名，规制范围大的罪名，就是上位罪名。相反，涵摄力小的罪名，规制范围小的罪名，就是下位罪名。

上位罪名就是规制范围大的罪名，其外延大，相应地，其内涵小。例如，盗窃罪是一个众所周知的上位罪名，是否构成盗窃罪只需要关注、认定犯罪行为——和平地排除旧的占有建立新的占有——这一个内涵就够了，至于是谁盗窃、盗窃了什么、侵害了什么法益等更多的内涵，都不需要关注、认定。假如同时关注、判断行为方式、行为主体，就是有身份者的盗窃罪，如金融工作人员以假币换取货币罪（和平地排除旧的占有建立新的占有）[2]。假如同时关注行为方

〔1〕 张明楷：《刑法分则的解释原理》，中国人民大学出版社2004年版，第92页。

〔2〕 如果是非国家工作人员身份的金融工作人员合法占有货币后（柜面人员等），以假币换取货币、进而非法所有货币，则属于侵吞类型的金融工作人员以假币换取货币罪，构成侵占罪。如果是具有国家工作人员身份的金融工作人员利用职务上的便利以假币换取货币，则构成贪污罪。

式、行为主体和行为对象，就是有身份者对特定对象的盗窃罪，如“受委托经营管理国有财产”类型的贪污罪。在乔国政诈骗案中，分歧焦点就在于行为人是诈骗罪还是贪污罪？是否国家工作人员利用职务上的便利？[1]乔国政不是国家工作人员利用职务上的便利骗取财物的行为——贪污罪（骗取型贪污罪），他只是实施了骗取财物的行为，所以构成的是诈骗罪。由于在诈骗罪、贪污罪这一对罪名中，贪污罪具有三个内涵——国家工作人员、利用职务上的便利、骗取财物，内涵大，外延就小，所以是下位罪名；而诈骗罪只有一个内涵——骗取财物，内涵小，外延就大，所以是上位罪名。因此，比较而言，诈骗罪就是类型化行为，是上位罪名；贪污罪则不是类型化行为，不是上位罪名。行为人构成下位罪名的，当然也同时构成上位罪名。反之，像乔国政诈骗案，行为人构成上位罪名（诈骗罪），未必同时构成下位罪名（骗取型贪污罪）。

1997年《刑法》以来，细密的罪名层出不穷，规制着极为小众的犯罪现象。例如，第262条之一组织残疾人、儿童乞讨罪，就是一种暴行犯罪、胁迫犯罪而已，没必要独立设置。细密罪名的设置反映了立法者打击犯罪的决心与迅速介入的焦灼，但是缺少了远离实际犯罪的工具理性和超脱心态。这些细密的罪名实际就是涵摄力过小的罪名，也是低度类型化的罪名、初次类型化的罪名。这也是某些学者所说的“同质分立”。[2]

1. 夺取被羁押者罪。日本刑法中有“夺取被羁押者罪”，包括暴力方式与和平方式地夺取被羁押者的行为，覆盖了我国现行《刑法》第316条劫夺被押解人员罪与第317条聚众持械劫狱罪。[3]如果我国现行刑法设置一个“夺取被羁押者罪”的话，那么，劫夺被押解人员罪与聚众持械劫狱罪就都可以废除了。“夺取被羁押者罪”，不问被羁押者身处何处，也不问行为人使用的方法和工具，所以内涵更小，涵摄力更大，外延更大，是上位罪名。劫夺被押解人员罪与聚众持械劫狱罪，内涵则较大，涵摄力较小，是下位罪名。当然，聚众持械劫狱罪最大的问题在于“聚众”和“持械”这两个构成要件的设置，不能打击不“聚众”和不“持械”的劫狱行为。

2. 背信损害上市公司利益罪。背信损害上市公司利益罪属于背信罪这个犯

〔1〕“乔国政模仿领导人签批虚报、冒领出差费案”，载最高人民法院中国应用法学研究所编：《人民法院案例选》（2004年刑事专辑），人民法院出版社2005年版，第386~390页。

〔2〕王志远：“论我国刑法个罪设定上的‘过度类型化’”，载《法学评论》2018年第1期。

〔3〕［日］大谷实：《刑法各论》，黎宏译，法律出版社2003年版，第423页。

罪类型，那么，“背信损害非上市公司利益的行为”当然也是属于背信罪这个犯罪类型的。而“背信损害非上市公司利益的行为”，现行刑法是按照为亲友非法牟利罪、背信运用受托财产罪、徇私舞弊低价折股低价出售国有资产罪等罪名来规制的。相对于背信损害上市公司利益罪而言，国有单位工作人员背信损害上市公司利益、非国有单位工作人员背信损害上市公司利益，都属于下位罪名。同样的逻辑，相当于“背信损害非上市公司利益罪”而言，国有单位工作人员背信损害非上市公司利益、非国有单位工作人员背信损害非上市公司利益，也都属于下位罪名。

进一步地，为亲友非法牟利罪，徇私舞弊低价折股、低价出售国有资产罪，背信损害上市公司利益罪，是三种指称背信犯罪的表述方式。为亲友非法牟利罪，强调的是犯罪目的、犯罪动机，为亲友是目的，牟利是动机。或者理解为“为亲友非法牟利”都是目的。徇私舞弊低价折股、出售国有资产罪，强调的是具体危害行为“低价”“贱卖”。[1]而背信损害上市公司利益罪，强调的是危害行为所属的犯罪类型。从语言表达的实际效应来评价，三种指称背信犯罪的表述方式优劣立判：

第一，为亲友非法牟利罪这一表述，没有明确犯罪的危害行为，肯定不是最佳的罪名表述方式。试想：一个经济犯罪的犯罪行为人，不是为了自己牟利就是为了亲友牟利，这还用说吗？而且，众所周知，“为亲友”是构成要件中的主观要件，“非法牟利”在刑法分则中一般也是作为主观要件的[2]，两个主观要件放在一起就成了一个罪名，岂不可笑？即便把“非法牟利”理解为行为要件，因为并未言明怎样进行“非法牟利”，所以，“非法牟利罪”并不具备一个罪名所要求的构成要件明确性和犯罪类型性。

第二，徇私舞弊低价折股、低价出售国有资产罪这一表述，虽然指明了最核心的犯罪构成要件——危害行为，但是迷失在对犯罪现象过于具体、琐碎的呈现之中，只见树木不见森林。公众仍并不知晓这是一种什么犯罪类型。

第三，背信损害上市公司利益罪这一表述，既有犯罪类型化的认定与明示，

---

〔1〕对于低买高卖国有资产的行为，可以尝试解释为“低价出售承租权”，然后处断为徇私舞弊低价折股、出售国有资产罪。参见：“‘太原房姐’被判18年，曾被指房产36套家财过亿”，载 http://news.ifeng.com/a/20180405/57335727_0.shtml.

〔2〕更多的时候是表述为“非法牟利的目的”“以牟利为目的”“以转贷牟利为目的”或者“以非法牟利为目的”。

表明了立法者的刑法观念，也有确定的规制对象，是较好的表述方式。

3. 违规披露、不披露重要信息罪。立法者应该不断超越原有的涵摄性，努力建构类型化的罪名与构成要件，以实现犯罪现象和刑法用语的最佳匹配。建构具有类型化意义的罪名与构成要件，把生活用语、行业用语、普通用语等纳入类型化的刑法用语，使得纷繁芜杂的刑法词语具有可解释性和可预测性，“深不可测”的刑法用语势必导致历史上无数次出现的“深文入罪”教训。刑法语言应该不断超越原有的涵摄性，不断提高涵摄性，以适应犯罪现象的不断升级和极端犯罪的日益频繁。

例如，1997年《刑法》第161条提供虚假财会报告罪，现在已经改为违规披露、不披露重要信息罪。表面上看，仅仅是行为对象的扩大——从虚假的或者隐瞒重要事实的财务会计报告，到虚假的或者隐瞒重要事实的财务会计报告等重要信息的违规披露、不披露。而实际上，这是一个犯罪类型的建构和确立。因为过于狭窄的一个行为对象往往不足以支撑起一个类型化意义的罪名，只有一类性质相同的行为对象体现一种法益时，一个犯罪类型才能真正建构起来。在证券法中，证券市场的虚假陈述行为经常是表现于但不限于提供虚假财会报告，也包括虚假披露或者不披露其他重要信息，提供虚假财会报告与提供虚假重要信息的社会危害性是相当的，侵害的法益也是相同的——都损害了投资者利益，行为方式也是一样的——都是虚假陈述或者提供虚假信息，因此，第161条“提供虚假财会报告罪”改为违规披露、不披露重要信息罪，就确立了一个涵盖面适当的犯罪类型，在今后较长一段时间内，这一罪名再次修改的可能性就不大，保证了犯罪类型应该具有的刑法的稳定性、安定性。当然，这个罪名类型化还不够强，“违规披露、不披露重要信息罪”仍然应该继续提高其涵摄力，以进一步明确其犯罪性质、涵摄相同犯罪行为。众所周知，所谓的“违规披露、不披露重要信息罪”，因为涉及的是重要信息，笔者认为已经足以左右投资者和市场主体的投资判断，“触犯了决算真实性和完整性原则”“侵犯了决算明确性原则”，所以是典型的证券欺诈行为，是一种商业欺诈犯罪。[1]而商业欺诈犯罪与诈骗罪的距离到底多远，确实值得认真思考。诈骗可否涵摄商业欺诈？商业欺诈可否涵摄证券欺诈？证券欺诈可否涵摄证券市场的虚假陈述？证券市场的虚假陈述可否涵摄违规披露、不披露重要信息？违规披露、不披露重要信息可否涵摄提供虚假财务会计

---

〔1〕 王安异：《商业欺诈的罪与非罪研究》，中国人民公安大学出版社2014年版，第325页。

报告？对此笔者的回答都是肯定的。从提供虚假财会报告罪，到违规披露、不披露重要信息罪，到虚假陈述罪，到证券欺诈罪，到商业欺诈罪，最后到诈骗罪，整个思维过程是在不断超越原有犯罪类型的涵摄性。

4. 赃物犯罪。在赃物犯罪中，如何选择语料来涵摄具体行为，值得深思。赃物犯罪的行为，我国刑法曾经使用过收赃、销赃、窝赃等表述方式，现行刑法使用的则是掩饰、隐瞒，即第312条掩饰、隐瞒犯罪所得、犯罪所得收益罪。而对于具体的赃物犯罪，刑法文本使用的是更为具体细化的动词——收购、运输，如第345条非法收购、运输盗伐、滥伐的林木罪，第344条非法收购、运输、加工、出售国家重点保护植物、国家重点保护植物制品罪，等等。“运输”只是赃物犯罪的具体行为之一，如果换成别的词语如“收受”“保留”“经营”“处分”，“运输盗伐、滥伐的林木”的赃物犯罪性质就呈现得更直接、更清晰一些。《新加坡刑法》赃物犯罪中，“收受”指的是“receive”，“保留”指的是“retain”，“经营”“处分”则是“deal in”。[1]笔者认为，“deal in”（经营、处分）的涵摄力最佳。赃物犯罪的特点是，收、储、运、销形成一条犯罪产业链，立法者目前规定了收购和运输，没有规定储藏和销售，而储藏实际就是原来窝赃罪的“窝藏”，销售就是原来销赃罪的“销售”。这足以说明，为了更具涵摄力地描述赃物罪，在词语的选择上应该慎重、精确、科学。“运输盗伐、滥伐的林木”是不太好的一种表述。所以，在赃物犯罪中，“经营”“处分”是构成要件中的上位构成要件，其涵摄力大于收受、销售、出售、收购、窝藏、中介、寄藏、牙买、隐匿、持有、私藏、转移、运输、加工等具体行为。它们共同构成具有属种关系的构成要件层次。如果把“经营”与“处分”相比，“处分”则更好。

（二）构成要件用语的涵摄力

1. “提供”的涵摄力。

（1）整个刑法文本中的“提供”共有大约29处：第111条为境外非法提供国家秘密、情报罪中的提供，是传递的意思。第112条资敌罪中的供给，是提供、给予的意思。第156条走私共犯中，与走私罪犯通谋，为其提供贷款、资金、账号、发票、证明，或者为其提供运输、保管、邮寄或者其他方便的，这里的提供是共同犯罪的帮助犯的意思。第161条中，依法负有信息披露义务的公

[1] 《新加坡刑法》，刘涛、柯良栋译，北京大学出版社2006年版，第96、312~313页。

司、企业，提供虚假的或者隐瞒重要事实的财务会计报告，这里的提供是行使、使用的意思，就是无形伪造文书犯罪。出具财务会计报告的中介组织，构成本罪共犯。第169条之一背信损害上市公司利益罪中的提供，是行为人背信的具体表现，是背信行为的具体化。第177条之一中的提供伪造的信用卡、提供他人信用卡信息资料中的提供，是供给、给予的意思。第181条诱骗投资者买卖证券、期货合约罪中的故意提供虚假信息，指的是虚构事实。第191条洗钱罪中的提供资金账户，是上游犯罪的帮助行为，被立法直接规定为洗钱罪的实行行为。第198条保险诈骗罪中，保险事故的鉴定人、证明人、财产评估人故意提供虚假的证明文件，为他人诈骗提供条件的，以保险诈骗的共犯论处。这里的提供是行使、使用的意思。第224条之一组织、领导传销活动罪中，组织、领导以推销商品、提供服务等经营活动为名，要求参加者以缴纳费用或者购买商品、服务等方式获得加入资格，并按照一定顺序组成层级，直接或者间接以发展人员的数量作为计酬或者返利依据，引诱、胁迫参加者继续发展他人参加，骗取财物，扰乱经济社会秩序的传销活动的，这里的提供是供给、给予的意思。第226条强迫交易罪中，强迫他人提供或者接受服务，这里的提供是供给、给予的意思。第229条提供虚假证明文件罪，就是无形伪造文书犯罪，这里的提供是伪造并行使的意思。第253条之一侵犯公民个人信息罪中的将在履行职责或者提供服务过程中获得的公民个人信息出售或者提供给他人，这里的提供是供给、给予的意思。第285条提供侵入、非法控制计算机信息系统程序、工具罪，提供者是共同犯罪的帮助犯。第287条之二帮助信息网络犯罪活动罪，明知他人利用信息网络实施犯罪，为其犯罪提供互联网接入、服务器托管、网络存储、通讯传输等技术支持，或者提供广告推广、支付结算等帮助，这里的提供是给予、供给的意思。第306条第2款，辩护人、诉讼代理人提供、出示、引用的证人证言或者其他证据失实，不是有意伪造的，不属于伪造证据。这里的提供是制作、行使的意思，即“造”“造作”。第310条明知是犯罪的人而为其提供隐藏处所、财物，帮助其逃匿或者作假证明包庇的，这里的提供是给予、供给的意思。第311条拒绝提供间谍犯罪证据罪，明知他人有间谍犯罪行为，在国家安全机关向其调查有关情况、收集有关证据时，拒绝提供，情节严重的。这里的提供是给予、供给的意思。第320条提供伪造、变造的出入境证件罪，实质是有形伪造文书犯罪或者是行使有形伪造文书犯罪。第350条第2款，明知他人制造毒品而为其生产、买卖、运输前款规定的物品的，以制造毒品罪的共犯论处。原为“明知他人制造毒品而为其提供前款规定的物品”，提供改为生产、买卖、运输，似乎是对犯罪行为进行了适度扩张，以适应打击毒品犯罪的需要。第 355 条非法提供麻醉药品、精神药品罪中的提供，是给予、供给的意思。第 363 条为他人提供书号出版淫秽书刊罪中的提供，是给予、供给的意思。第 370 条故意提供不合格武器装备、军事设施罪，过失提供不合格武器装备、军事设施罪，这里的提供是给予、供给的意思。第 375 条第 3 款中的非法提供武装部队专用标志罪，这里的提供是给予、供给的意思。第 377 条战时故意提供虚假敌情罪，这里的提供是给予、供给的意思。第 379 条战时窝藏逃离部队军人罪，战时明知是逃离部队的军人而为其提供隐蔽处所、财物，这里的提供是给予、供给的意思。第 405 条违法提供出口退税证罪，这里的提供是给予、供给的意思。第 417 条帮助犯罪分子逃避处罚罪，有查禁犯罪活动职责的国家机关工作人员，向犯罪分子通风报信、提供便利，帮助犯罪分子逃避处罚的，这里的提供是给予、供给的意思。第 431 条中的为境外非法提供军事秘密罪，这里的提供是传递的意思。

（2）“提供”是一个上位构成要件。从整部刑法典的文本用语来看，相对“出具”“出售”“供给”“给予”“供应”“提供给”“发售”“发放”等相对来说比较具体的动词而言，“提供”是适用面更广的、概括性更强的一个动词，其涵摄力更大，属于刑法中的上位构成要件。刑法文本中的“提供”，无论是“非法提供”还是“提供”，无论是“非法出售”还是“出售”，都是刑法意义的“提供”。无论是获得对价的非法提供，还是没有获得对价的非法提供，都是刑法意义的“提供”。无论是无偿的非法提供，还是牟利目的的非法提供，都是刑法意义的“提供”。无论是“出具”“出售”，还是“供给”“给予”“供应”“提供给”“发售”“发放”“泄露”，都是刑法意义的“提供”可以涵摄的。无论是提供虚假证明文件，还是麻醉药品、精神药品，还是林木采伐许可证，还是国家考试的试题和答案，还是武器装备，还是发票，还是公民个人信息，还是国家秘密，都是刑法意义的“提供”的对象。无论是泄露国家秘密还是泄露国家考试的试题和答案，都是刑法意义的“提供”。在现代汉语语言习惯上，虽然泄露秘密、泄露信息的行为一般不会被表述为“非法提供国家秘密”或者“非法泄露试题和答案”，但是，刑法既然已经使用了“非法提供试题和答案”，就应该把“泄露”和“提供”建立起内在的联系。这就是说，在刑法的文本中，“提供”或者“非法提供”是一个高度类型化的犯罪构成要件。

（3）顺便提及的是，第 398 条故意泄露国家秘密罪是第 284 条之一非法出售、提供试题、答案罪的上位罪名。理由是：第398条故意泄露国家秘密罪的犯罪主体不限于国家机关工作人员、国家工作人员，还包括立法明确规定的“非国家机关工作人员”即一般主体。根据2002年的立法解释，渎职罪的犯罪主体扩充到了三大类：第一类是“在行使行政管理职权的组织中从事公务的人员”，第二类是“在受国家机关委托代表国家机关行使职权的组织中从事公务的人员”，第三类是“没有列入编制但是在国家机关从事公务的人员”。而能够非法出售、提供试题、答案的，要么是命题人——这是受托从事公务的人，要么是有职权能够接触试题和答案的国家工作人员——这是典型的国家工作人员，要么是从其他渠道得到这些国家秘密的人——这构成别的罪名。所以，非法出售、提供试题、答案罪就是一种特殊的故意泄露国家秘密罪。不仅如此，购买国家考试的试题、答案的考生、考生家长、各种中间人、各种利益参与人等人，也已经构成第282条非法获取国家秘密罪或者非法持有国家绝密、机密文件、资料、物品罪。

（4）提供虚假的证明文件与提供虚假证明文件的一字之差。第198条“保险事故的鉴定人、证明人、财产评估人故意提供虚假的证明文件，为他人诈骗提供条件的，以保险诈骗的共犯论处”，与第229条提供虚假证明文件罪“……中介组织的人员故意提供虚假证明文件”的罪状表述极其相似，只有一字之差——一个有“的”，一个没有“的”。两个罪名的实行行为都是“故意提供虚假的证明文件”或者“故意提供虚假证明文件”。

从社会实际看，2015年《保险公估机构监管规定》指出：保险公估机构是指接受委托，专门从事保险标的或者保险事故评估、勘验、鉴定、估损理算等业务，并按约定收取报酬的机构。保险公估从业人员是指保险公估机构及其分支机构中从事保险标的承保前检验、估价及风险评估的人员，或者从事保险标的出险后的查勘、检验、估损理算等业务的人员。公估人（公估师）所具有的是一种比较广泛的保险评估职能，包括评估职能、勘验职能、鉴定职能、估损职能和理算职能等。在国际上，保险公估人包括：主要从事理（核）算事务的理算师，主要从事检查、勘测、鉴定事务的鉴定人，主要从事估算、评估的评估人等多种类型。尽管他们的名称不同，经营的侧重点有差别，但均能履行其保险评估职能。保险公估人对保险标的进行公估，得出公估结论，并说明得出结论的充分依据和推理过程，体现出其评估职能。此外还具有公证职能和中介职能。所以，第198条“保险事故的鉴定人、证明人、财产评估人”中的“鉴定人、财产评估人”属于第229条提供虚假证明文件罪的“中介组织人员”，笔者认为，提供虚假证明文件罪，其实质或者犯罪类型是无形伪造文书犯罪。虽然“证明人”未必是中介组织人员，但是，“证明人”出具的虚假证明是完全可以解释为“无形伪造的文书”的。

所以，第198条第4款中的“保险事故的鉴定人、证明人、财产评估人”与第229条第1款中的“资产评估、验资、验证、会计、审计、法律服务等中介组织人员”的关系就明确了。因为这两个罪名是一个犯罪类型，只是由于分属一章的不同节，加上表述角度的差异，导致二者之间的关系变得模糊。第198条第4款与第229条第1款，前者是下位法条，后者是上位法条。“财产评估人”与“资产评估人员”完全是等价关系。第198条第4款的犯罪主体是与保险事故有关的中介组织人员（主要是保险公估师），而第229条第1款的犯罪主体是任何中介组织人员。所以，第198条提供虚假的证明文件与第229条提供虚假证明文件，前者言说的角度是共同犯罪，后者言说的角度是单独犯罪。虽然言说角度不尽相同，但是指向的犯罪行为事实都是提供虚假的证明文件、行使伪造的文书或者行使无形伪造的文书。

（5）提供虚假证明文件罪、伪造文书罪、伪证罪之间的关系。提供虚假证明文件罪、伪造文书罪、伪证罪三者之间，之所以频频竞合，就是因为提供虚假证明文件罪选择的是“证明文件”这一角度，侧重于犯罪行为导致的客观结果和“文书”这一可见可感的物质形式。而伪造文书罪、伪证罪强调的则是“伪”这一角度，侧重于伪造、伪证等犯罪行为本身。或者可以说，提供虚假证明文件罪把“虚假”作为“证明文件”的定语，“虚假证明文件”整体上是动词“提供”的宾语，是把表达“虚假”意义的任务让名词性短语“虚假证明文件”来承担。而伪造文书罪、伪证罪恰好相反，是把表达“虚假”意义的任务让动词“伪造”和“伪证”来承担。从词汇学角度，这三个罪名有的是把“假”“伪”作为副词来修饰动词，有的是把“假”“伪”作为形容词来修饰名词，表达的则是一样的意思。其实，伪造就是“虚假制造”“虚假制作”“制造虚假的”“制作虚假的”，第305条“伪证”就是该条所言的“虚假证明、鉴定、记录、翻译”。

从法条使用的词语来看，第306条第2款“辩护人、诉讼代理人提供、出示、引用的证人证言或者其他证据失实，不是有意伪造的，不属于伪造证据”，这里，“提供、出示、引用”失实不属于“伪造证据”，已经足以说明，在立法者心中“提供、出示、引用”与“造”的等价性，足以说明“提供、出示、引用虚假证言证据”就是“伪造证据”，足以说明“伪造”就是“造假”“产销伪品”。

不仅如此，行使、提供、伪造是三个言说角度下来言说伪造文书之类的犯罪。行使伪造的文书罪、提供虚假证明文件罪、商检徇私舞弊罪、动植物检疫徇私舞弊罪与伪造文书罪等就属于不同用语指示的同一犯罪类型。行使、提供、伪造三个动词不同，但是指示的是同一犯罪类型——伪造文书的犯罪。

最高人民法院的有些“确定罪名”，不如最高人民检察院出台的罪名表述好。最高人民检察院出台的罪名，现在已经无人问津了。不过，1997 年《刑法》颁布初期，两大最高司法机关各自推出的罪名中不一致的也不少，比较一下，也能得到启示。根据 1997 年 12 月最高人民检察院《关于适用刑法分则规定的犯罪的罪名的意见》，第 229 条第 1 款是“中介组织人员提供虚假证明文件罪”，这在最高人民法院的“确定罪名”中被表述为“提供虚假证明文件罪”。笔者认为，最高人民检察院确立的“中介组织人员提供虚假证明文件罪”更好一些，理由如下：刑法典中存在着与中介组织人员提供虚假证明文件罪并列关系的其他主体实施的提供虚假证明文件行为，数量还不少，如第 405 条违法提供出口退税凭证罪、第 407 条违法发放林木采伐许可证罪等。按照形式逻辑的要求，应该分别表述为中介组织人员提供虚假证明文件罪、相关国家工作人员提供虚假出口退税证明文件罪、林业主管部门工作人员提供虚假林木采伐许可证罪。这样，相关罪名之间的关系非常清晰，各个罪名所属上位罪名就呼之欲出了，如“出具虚假证明文件罪”“提供虚假证明文件罪”“伪造证明文件罪”“伪造公文证件罪”，等等。

（6）《刑法》第 229 条第 1 款提供虚假证明文件罪中的“提供”，就是出具的意思，是故意出具虚假证明文件的行为；从伪造文书犯罪的角度而言，是伪造证明文件的意思。第 188 条违规出具金融票证罪直接使用了“出具”，意思与“提供”是一样的。笔者认为，第 229 条中分别使用的“提供”与“出具”是同一关系。“提供”可以涵摄试题、答案的“出售”，还可以涵摄公民个人信息、信用卡信息的“出售”。第 112 条“战时供给敌人武器装备、军用物资资敌”中的“供给”就是供应、给予的意思，也是“提供”的意思。第 191 条洗钱罪中的“提供资金账户”，“提供”就是“给”“给予”，至于是否存在对价，并不影响“提供”的使用。第 334 条非法采集、供应血液罪中的“供应”，就是“提供”。第 370 条故意提供不合格武器装备、军事设施罪中的“提供”和该法条罪状中的“提供给武装部队”，就是“提供不合格武器装备、军事设施给武装部队”，根据常识，这一“提供”应是获得对价的“提供”，也就是根据合同、订单等“提供给武装部队”。第 405 条徇私舞弊发售发票、抵扣税款、出口退税罪中的“发售”、第407条违法发放林木采伐许可证罪中的“发放”，都可以使用“提供”来替代。第363条第2款为他人提供书号出版淫秽书刊罪中的“提供”，一般情况下是有偿提供书号，属于获得对价的“出售”“出卖”的意思，俗称“卖书号”。第355条非法提供麻醉药品、精神药品罪状中的“提供”包括无偿提供和有偿提供（以牟利为目的的提供）。所以，从整部刑法典来看，相对于“出具”“出售”“供给”“给予”“供应”“提供给”“发售”“发放”等比较具体的动词而言，“提供”是适用面更广的、概括性更强的一个动词，其涵摄力更大，属于刑法中的上位构成要件。

2. “侵犯”与“妨害”的涵摄力。《刑法》第253条之一的出售、非法提供公民个人信息罪和非法获取公民个人信息罪两个罪名，已经合并为一个罪名——侵犯公民个人信息罪，以“侵犯”作为上位构成要件来涵摄出售、提供、获取等下位危害行为，是一种积极的、正面的刑法类型化实践。第252条侵犯通信自由罪涵摄的是具体明确的多个危害行为，即隐匿、毁弃、开拆他人信件，最高人民法院确定罪名的时候才成为侵犯通信自由罪，也是一种正面的刑法类型化的实践。第219条侵犯商业秘密罪也是如此，其构成要件的具体危害行为是非法获取、非法披露、非法使用权利人的商业秘密。

但是需要注意，刑法中，“侵犯”不仅作为上位构成要件来指称个罪名，还经常用于类罪名，像侵犯财产罪，侵犯知识产权罪，侵犯公民人身权利罪，等等。还有“妨害”也是如此，不仅用于个罪名如妨害公务罪、妨害传染病防治罪等，也用于类罪名和章节标题如妨害社会管理秩序罪、妨害对公司企业的管理秩序罪等。

3. “他人”的涵摄力。“他人”是一个上位构成要件。强奸罪中的“他人”，强制猥亵、侮辱罪中的“他人”，受贿罪中的“他人”，暴力干涉婚姻自由罪中的“他人”，侵犯公民个人信息罪中的“他人”，违规出具金融票证罪中的“他人”，操纵证券、期货市场罪中的“他人”，虚假诉讼罪中的“他人”，等等，足以表明，“他人”在刑法典中具有上位构成要件的地位。

《刑法》第221条损害商业信誉、商品声誉罪中的“他人”，不仅包括自然人，还包括单位、法人。由于我国规定了单位犯罪主体，所以，第243条诬告陷害罪中的“他人”，理论上也是包括单位、法人的。可见，“他人”在刑法典中具有上位构成要件的地位，涵摄力很强。

《刑法》第134条重大责任事故罪的修改，词语选择经历了从“工人”“职工”到“他人”，很有一点历史感、风尘感、沧桑感。相对于“工人”“职工”而言，“他人”就是上位构成要件。同样如此变迁的，还有第244条强迫劳动罪，从原来的“强迫职工劳动”变为现在的“强迫劳动”（也就是强迫他人劳动），也经历了从“职工”到“他人”。需要指出，强令违章冒险作业罪中明确使用了“他人”，而重大责任事故罪中并未明确使用“他人”。笔者以为，重大责任事故罪罪状中的“因而发生重大伤亡事故”实际上就是“因而使他人发生重大伤亡事故”的略称。技工也罢，农民工也罢，劳工也罢，职工也罢，工人也罢，劳动工人也罢，都是刑法中的“他人”。刑法文本中，“他人”是与“自己”相对的广泛使用的构成要件，是犯罪对象。而在诉讼活动中，“他人”实际上是被害人。

4. “运输”的涵摄力。《刑法》第347条中的运输毒品罪和走私毒品罪的关系。走私是“违反海关法规，逃避海关检查，非法运输货物进出国境”[1]。所以，走私有运输的意思，运输是走私的内涵之一而非全部。运输毒品罪仅仅具有运输这一个内涵，而走私毒品罪具有运输、跨越国边境（即进出境）两个内涵。也可认为，运输毒品罪具有非法运输这一个内涵，而走私毒品罪具有非法运输、跨越国边境（即进出境）两个内涵。所以，二罪名之间是属种关系、上下位关系。如果从形式逻辑角度分类，运输毒品包括跨境运输毒品和非跨境运输毒品，而走私毒品只是跨境运输毒品。同理，第350条中的非法运输制毒物品罪和走私制毒物品罪也是属种关系、上下位关系，因为，非法运输制毒物品包括非法跨境运输制毒物品和非法非跨境运输制毒物品，而走私制毒物品只是非法跨境运输制毒物品而已。所以，运输毒品罪是上位罪名，非法运输制毒物品罪（或表述为“运输制毒物品罪”）也是上位罪名。一般认为，运输相对于携带而言，属于上位构成要件，二者指称的范围有大小的不同。在运输毒品罪中，运输毒品与携带毒品的关系，就是属种关系，无论是利用工具运送还是随身携带，或者人体藏毒，都应该处断为运输毒品罪。

进一步地，刑法应该厘清运输、走私、携带、邮寄的关系。《刑法》第350条非法生产、买卖、运输制毒物品、走私制毒物品罪，“运输”相对于“携带”而言，属于上位构成要件。在第347条运输毒品罪中，无论是利用工具运送还是随身携带、人体藏毒，都属于运输毒品，案例有强某元乘坐火车携带罂粟壳构成运输毒品罪。第341条非法运输珍贵、濒危野生动物制品罪中的“运输”同样是

〔1〕《现代汉语词典》，商务印书馆2012年版，第1736页。

包括“携带”方式的，案例有陈某携带67根羚羊角乘坐火车，被定性为非法运输珍贵、濒危野生动物制品罪。[1]邮寄是让相关企业运输，而携带是行为人自己运输。可见，运输、走私、携带、邮寄中，“运输”的涵摄力最大。

需要注意的是，走私是“违反海关法规，逃避海关检查，非法运输货物进出国境”。这比刑法的走私外延小得多。刑法中的走私，还包括非法携带物品、行李等进出国境、代购型走私等。至于非法携带物品进出国境、代购型走私是不是应该作为犯罪，则是另一个问题。

5. “关系人”的涵摄力。刑法文本中，有违法发放贷款罪中的“关系人”、受贿罪中的“特定关系人”与“关系密切的人”等用语。在通常社会生活中，一般不会使用“关系人”“特定关系人”这样的词汇，所以，这里倾向于它们都是规范用语。“特定关系人”出现于2007年7月8日最高人民法院、最高人民检察院《关于办理受贿刑事案件适用法律若干问题的意见》中：一个是关于特定关系人“挂名”领取薪酬问题：国家工作人员利用职务上的便利为请托人谋取利益，要求或者接受请托人以给特定关系人安排工作为名，使特定关系人不实际工作却获取所谓薪酬的，以受贿论处。一个是关于由特定关系人收受贿赂问题：国家工作人员利用职务上的便利为请托人谋取利益，授意请托人以本意见所列形式，将有关财物给予特定关系人的，以受贿论处。特定关系人与国家工作人员通谋，共同实施上述行为的，对特定关系人以受贿罪的共犯论处。特定关系人以外的其他人与国家工作人员通谋，由国家工作人员利用职务上的便利为请托人谋取利益，收受请托人财物后双方共同占有的，以受贿罪的共犯论处。根据该司法解释，这里的“特定关系人”是指与国家工作人员有近亲属、情妇（夫）以及其他共同利益关系的人。

此外，还有为亲友非法牟利罪中的“亲友”。“亲友”，即亲戚朋友[2]，是一个普通用语。从文字表面看，“关系人”是上位构成要件，“特定关系人”与“关系密切的人”应该是下位构成要件，“亲友”是最下位构成要件。其实不然。根据《商业银行法》，“关系人”是指商业银行的董事、监事、管理人员、信贷业务人员及其近亲属，以及这些人员投资或者担任高级管理职务的公司、企业和其他经济组织。显然，“关系人”包括自然人和单位两大类。

---

〔1〕郭小龙、孙轶伦：“法定犯中‘非法’要素的体系性地位”，载《中国检察官（经典案例）》，2016年3月（下）。

〔2〕《现代汉语词典》，商务印书馆2012年版，第1052页。

此外，根据《刑法》第388条之一利用影响力受贿罪中的“国家工作人员的近亲属或者其他与该国家工作人员关系密切的人”，“关系密切的人”涵摄“近亲属”。而“亲友”涵摄“近亲属”。“关系密切的人”与“亲友”似乎是等价的。

综上所述，这一组构成要件中，按照涵摄力从大到小的顺序，依次是：关系密切的人、亲友、近亲属。而特定关系人就是关系密切的人。至于关系人，由于包括自然人和单位两大类，因此，关系人并不等于关系密切的人。

四、刑法分则类型化与用语的形式逻辑

刑法分则类型化问题，离不开、绕不过刑法分则用语的形式逻辑问题。而刑法分则用语的形式逻辑问题常常表现为分类问题和分类标准问题。错误的分类、毫无逻辑的分类是不可能提高分则用语类型化的。刑法分则类型化是一种严肃的语言活动，假如分类不当，就会首尾不相顾，导致类型化错误。错误分类现象很常见，既有立法的，也有学理的。实践中，既有符合形式逻辑的例子，也有违反形式逻辑的例子。

例如，中华人民共和国成立后制定的《妨害国家货币治罪暂行条例》（1951年）中，把伪造国家货币分为反革命目的和营利意图两大类，就是符合形式逻辑要求的。今天，伪造货币罪已经不要求是否具有特定目的了。[1]

例如，破坏社会主义市场经济秩序罪一章中的妨害对公司、企业的管理秩序罪一节中，《刑法》第163条非国家工作人员受贿罪的犯罪主体是“公司、企业或者其他单位的工作人员”，既然是“其他单位的工作人员”，也即并非公司、企业的工作人员实施的犯罪，那么，并非公司、企业的工作人员怎么会妨害对公司、企业的管理秩序呢？可见，妨害对公司、企业的管理秩序罪一节标题并不能涵摄第163条非国家工作人员受贿罪。

再如，有学者在危害国家安全罪一章之中的“间谍、资敌的犯罪”一节介绍的是间谍罪和为境外窃取、刺探、收买、非法提供国家秘密、情报罪两个罪名，完全没有涉及资敌罪，而是把资敌罪放在另外一节“其他危害国家安全的犯罪”之中。[2]也就是说，“间谍、资敌的犯罪”一节中居然没有资敌罪。这一处

---

〔1〕 但是通说认为，本罪是目的犯，要求具有行使目的。有学者进一步认为，本罪是真正的非法定目的犯（短缩二行为犯）。参见欧阳本祺：《目的犯研究》，中国人民公安大学出版社2009年版，第152页。

〔2〕 阮齐林：《中国刑法各罪论》，中国政法大学出版社2016年版，第12~18页。

理方式实在是令人困惑。正因为存在着种种刑法分则中的乱象，于是就有学者建议，吸纳语言学家参与刑法立法。[1]笔者认为，这虽然是一个务实的举措，但是寄望于语言学家来实现、提高、改善、助推刑法类型化，似乎并没有抓住问题的症结。

总之，形式逻辑是刑法分则类型化的底线，无论何时都不应忽视。反过来说，在进行类型化思维的时候，始终要注意形式逻辑的正确性。没有正确的形式逻辑来支撑，类型化肯定是错误的。例如勒索，在刑法文本中出现过绑架勒索、敲诈勒索和行贿勒索。绑架勒索是暴力支配他人后进行勒索，敲诈勒索是威胁他人后进行勒索，行贿勒索则是国家工作人员利用职权对他人的勒索。根据《刑法》第389条第3款，行贿人被勒索后给予国家工作人员财物的，没有获得不正当利益的，不是行贿。既然不是行贿，当然也不会有受贿罪，此时勒索行贿人的国家工作人员应该被处断为敲诈勒索罪而不是受贿罪。如果行贿人获得不正当利益的，则勒索者属于"黑吃黑"，此时行贿人与受贿人是对合犯。行贿人被勒索后给予国家工作人员财物，其处分财物的行为存在意志瑕疵，所以不是行贿；而行贿人获得不正当利益的，即便有些不情愿、也有意志瑕疵，但是由于有利益获得，实质上其处分财物的行为仍然是自愿的，因此是行贿。

（一）罪名用语的形式逻辑

1. 违法发放贷款罪。1997年《刑法》有两个罪名，一个是违法向关系人发放贷款罪，一个是违法发放贷款罪。当年就有学者指出罪名表述的不妥当，认为应该分别表述为违法向关系人发放贷款罪、违法向非关系人发放贷款罪。[2]笔者认为，该学者的见解完全正确。因为只有这样表述，才符合形式逻辑的要求，也才符合罪状的立法实际。当时的确定罪名分别表述为违法向关系人发放贷款罪、违法发放贷款罪，会令人误以为两个罪名是属种关系，而其实是并列关系。众所周知，现在这两个罪名已经合二为一——违法发放贷款罪，达到了罪名的低度类型化目标，也符合形式逻辑的要求。

2. 虚假诉讼罪。如果从形式逻辑角度审视的话，虚假诉讼有两种，一种是捏造事实进行刑事诉讼，一种是捏造事实进行民事诉讼，前者触犯的是诬告陷害罪，后者触犯的是虚假诉讼罪。当然，从形式逻辑角度看，还应该设立捏造事实

---

〔1〕张建军：《刑法中不明确概念类型化研究》，法律出版社2016年版，第249页。

〔2〕刘艳红：《罪名研究》，中国方正出版社2000年版，第155页。

进行行政诉讼的罪名。对于这两个罪名，立法者选择的语料略有差异，诬告陷害罪使用的是“告”，虚假诉讼罪使用的是“提起诉讼”，但是因为“告者，诉也”，所以，“告”与“提起诉讼”是一致的。[1]唯一不太一样的，是根据现行的刑事诉讼法，诬告陷害罪行为人的诬告在自诉情形下是“提起诉讼”，而在公诉情形下不是起诉机关“提起诉讼”。但是也好解释，就是把“提起诉讼”解释为“挑起诉讼”，这样，捏造事实、挑起诉讼的行为，有的是诬告陷害罪，有的则是虚假诉讼罪。

顺便提及，立法者对于这两个罪名的指向存在差异。诬告陷害罪指向了侵犯人身权利法益，虚假诉讼罪指向了妨害司法秩序法益，分属不同章。同时，立法者对于这两个罪名的指向存在巨大的矛盾，虚假诉讼罪罪状中的“妨害司法秩序或者严重侵害他人合法权益”，令人难以确定这个罪名的法益究竟是什么。

3. 妨害传染病防治罪。罪名设置应该追求与符合形式逻辑，以实现立法周延、法网严密。立法者如果在罪名设置的时候能多考虑一下形式逻辑，就能够避免反复修法。这里，以传染病防治、防疫、检疫为例来探讨罪名设置的形式逻辑。《刑法》第 230 条逃避商检罪，第 330 条妨害传染病防治罪（其实是妨害甲类传染病防治罪），第 332 条妨害国境卫生检疫罪，第 337 条妨害动植物防疫、检疫罪，第 412 条第 1 款商检徇私舞弊罪，第 413 条第 1 款动植物检疫徇私舞弊罪，第 409 条传染病防治失职罪，第 412 条第 2 款商检失职罪，第 413 条第 2 款动植物检疫失职罪。

《刑法》第 230 条逃避商检罪，可以评价为侵害了市场秩序，也可以评价为侵害了进出口秩序，因为法条中明确提出是“违反进出口商品检验法的规定”。进出境环节必经的程序有进出口商品检验、进出境动植物检疫、国境卫生检疫、税收等。现行刑法设置了逃避商检罪，却没有设置逃避防疫检疫罪，从形式逻辑角度来评判，应该设置一个逃避防疫检疫罪[2]，这样，逃避商品检验、逃避防

---

〔1〕 清末的立法中，诬告罪的“告”包括告诉、告发和报告三种情形，并不限于向司法机关的“告”，诬告罪也不是妨害司法的犯罪，这些都使得诬告罪的涵摄力大大增强，值得借鉴。参见高汉成主编：《〈大清新刑律〉立法资料汇编》，社会科学文献出版社 2013 年版，第 102、526、742 页。

〔2〕 包括进出境动植物检疫和国境卫生检疫，也就是俗称的动植检和卫检。现行刑法妨害国境卫生检疫罪，妨害动植物防疫、检疫罪，不仅包括逃避行为即不作为行为，还包括作为行为。逃避商检罪则是单纯的不作为行为，是逃避进出口商品检验的犯罪，并不涉及国内市场的商品检验。根据相关罪名的表述方式，逃避商检罪应该升级为“妨害商检罪”。

疫检疫、逃避海关税收监管（即走私）一共三个罪名，立法就周延了。逃避防疫检疫的行为涉及第330条妨害传染病防治罪，第332条妨害国境卫生检疫罪，第337条妨害动植物防疫、检疫罪三个罪名，也可以说，逃避防疫检疫罪或者升级后的妨害防疫检疫罪可以涵摄这三个罪名。因为，疫病就是传染病或者流行性的传染病[1]，所以，妨害传染病防治罪也就是妨害防疫检疫罪。

根据《国境卫生检疫法实施细则》第109条规定："《国境卫生检疫法》和本细则所规定的应当受行政处罚的行为是指：①应当受入境检疫的船舶，不悬挂检疫信号的；②入境、出境的交通工具，在入境检疫之前或者在出境检疫之后，擅自上下人员，装卸行李、货物、邮包等物品的；③拒绝接受检疫或者抵制卫生监督，拒不接受卫生处理的；④伪造或者涂改检疫单、证、不如实申报疫情的；⑤瞒报携带禁止进口的微生物、人体组织、生物制品、血液及其制品或者其他可能引起传染病传播的动物和物品的；⑥未经检疫的入境、出境交通工具，擅自离开检疫地点，逃避查验的；⑦隐瞒疫情或者伪造情节的；⑧未经卫生检疫机关实施卫生处理，擅自排放压舱水，移下垃圾、污物等控制的物品的；⑨未经卫生检疫机关实施卫生处理，擅自移运尸体、骸骨的；⑩废旧物品、废旧交通工具，未向卫生检疫机关申报，未经卫生检疫机关实施卫生处理和签发卫生检疫证书而擅自入境、出境或者使用、拆卸的；⑪未经卫生检疫机关检查，从交通工具上移下传染病病人造成传染病传播危险的。"这些行为中很多都是不作为，设置一个逃避防疫检疫罪具有一定的立法基础。假如把这11种违法行为的严重情形都犯罪化，则是妨害传染病防治罪，也就是妨害防疫、检疫罪。

现行刑法有传染病防治失职罪、商检失职罪、动植物检疫失职罪，却没有国境卫生检疫失职罪，不符合形式逻辑。在解释论上，应该把国境卫生检疫失职的行为处断为传染病防治失职罪，因为检疫失职也是一种预防传染病的失职行为。同时，因为《刑法》第337条已经由逃避动植物检疫罪改为妨害动植物防疫、检疫罪，所以，动植物检疫失职罪应该相应改为动植物防疫、检疫失职罪。

现行刑法有妨害传染病防治罪，妨害国境卫生检疫罪，妨害动植物防疫、检疫罪，却没有妨害商检罪，同样不符合形式逻辑。在解释论上，逃避商检罪是妨害商检行为的不作为形式。如果是作为形式的妨害商检，则无法处罚。

现行刑法有商检徇私舞弊罪，动植物检疫徇私舞弊罪，却没有国境卫生检疫

[1]《现代汉语词典》，商务印书馆2012年版，第1544页。

徇私舞弊罪、传染病防治徇私舞弊罪，也不符合形式逻辑，容易产生立法疏漏。而且，商检徇私舞弊罪、动植物检疫徇私舞弊罪其实都是伪造检验结果或者伪造检疫结果的行为，这在国境卫生检疫、传染病防治中同样是存在的，如国境卫生检疫中的免予除鼠证书、灭蚊证书、预防接种证书、卫生检疫机关签发的健康证明等各种检疫单证，传染病防治中的健康合格证、家犬免疫证、传染病报告卡、疫情报告等，涉及的卫生防疫机构包括卫生防疫站、结核病防治研究所（院）、寄生虫病防治研究所（站）、血吸虫病防治研究所（站）、皮肤病性病防治研究所（站）、地方病防治研究所（站）、鼠疫防治站（所）、乡镇预防保健站（所）及与上述机构专业相同的单位。[1]在解释论上，国境卫生检疫徇私舞弊行为、传染病防治徇私舞弊行为似乎也不能处断为传染病防治失职罪，否则属于评价不足，毕竟失职行为仅仅是不负责任的行为，而徇私舞弊行为包含了造假的事实、要严重得多。同时，根据上述，动植物检疫徇私舞弊罪应该相应改为动植物防疫、检疫徇私舞弊罪。根据法条，放纵走私罪其实就是一种“海关工作人员徇私舞弊罪”。

我国涉及传染病防治的法律法规有：《传染病防治法》[2]《进出境动植物检疫法》《国境卫生检疫法》《动物防疫法》《动物检疫管理办法》《植物检疫条例》《重大动物疫情应急条例》《性病防治管理办法》《艾滋病防治条例》《结核病防治管理办法》《传染性非典型肺炎防治管理办法》《传染病防治法实施办法》等。《动物防疫法》第2条规定：本法适用于在中华人民共和国领域内的动物防疫及其监督管理活动。进出境动物、动物产品的检疫，适用《进出境动植物检疫法》。《植物检疫条例》第22条规定：进出口植物的检疫，按照《进出境动植物检疫法》的规定执行。可见，根据形式逻辑的要求，防疫（传染病防治）是上

---

〔1〕《传染病防治法实施办法》第73条。

〔2〕为了与国际接轨，同时实行疾病控制与卫生监督体制改革，从2001年卫生部《关于卫生监督体制改革实施的若干意见》《关于疾病预防控制体制改革的指导意见》开始，各级卫生防疫站陆续分离出卫生监督所（局）后，改称疾病预防控制中心（CDC）。至2004年，全国各地各级卫生防疫站基本完成更名，除少数行业系统仍保留该名外，已不再使用。可见，防治就是预防与控制，传染病防治法就是防疫法或者防疫检疫法。另外，第330条中的“卫生防疫机构”现在指的是卫生监督所（局），而不是疾病预防控制中心。卫生监督所（局），在有的地方又称为卫生执法督查总队或者卫生计生执法督查总队等。卫生监督所（局）是卫生行政部门行使卫生监督执法职能的执行机构，疾病预防控制机构是政府举办的实施疾病预防控制与公共卫生技术管理和服务的公益事业单位。

位概念，动植物防疫检疫、国境卫生检疫都是防疫的下位概念[1]，进出境动植物防疫检疫则是动植物防疫检疫的下位概念。传染病（指人）与动物疫病本来是并列关系，但是随着疾病的发展，出现了人畜共患传染病后，二者就成了属种关系。在《动物防疫法》中，是人使用的是“动物疫病”而不是动物传染病，但其实就是动物传染病。具体传染病的防治当然是传染病防治的下位概念，如前述性病、艾滋病、结核病等的防治当然属于传染病防治。由于传染病并不涉及植物疫病，所以，准确地说，动物防疫检疫、国境卫生检疫都是防疫的下位概念。

甲类传染病包括鼠疫和霍乱，而检疫传染病是指鼠疫、霍乱、黄热病以及国务院确定和公布的其他传染病。在这里法定传染病与检疫传染病存在着交叉。《传染病防治法》规定：对乙类传染病中传染性非典型肺炎、炭疽中的肺炭疽和人感染高致病性禽流感，采取甲类传染病的预防、控制措施。《刑法》第330条妨害传染病防治罪其实是妨害甲类传染病防治罪。所以，在刑法解释论上，按照甲类传染病管理的传染病应该解释为构成要件中的甲类传染病。

所以，根据刑法分则类型化的要求，传染病防治失职罪，商检失职罪，动植物检疫失职罪三个罪名并没有实现类型化。至于怎样实现类型化，可能不同学者会有不同思路与建议。笔者认为，在疾病防控上的失职行为，本质上是“没有尽到职责”[2]，是严重违背职务要求、背弃职务要求的行为，与其他领域的失职行为没有本质上的差异，也没有犯罪结构上的差异，所以，仍然属于业务违规导致严重后果的犯罪类型，或者属于职务违规导致严重后果的犯罪类型，是业务过失犯。进一步来说，渎职罪一章没有规定的失职犯罪还很多，如税收征管失职，例如：吕某在任武昌区地税局新河税务所和中华路税务所所长期间，所管辖的一家公司曾于2008年1月~2013年12月期间，隐瞒外出经营行为，将已开具的建筑业发票登报声明作废，在公司账簿上不列或少列应税收入，偷漏税款39.72万元。吕某在对该企业的税收管理工作中没有认真履行所长职责，过于放松甩手，对该企业长期零申报的行为不检查，对该企业发票的领购、缴销不过问、不审批，对该企业发票违章问题不处罚，导致未能及时发现并纠正该企业的偷漏税款

〔1〕《传染病防治法》第71条规定：“国境卫生检疫机关、动物防疫机构未依法履行传染病疫情通报职责的，由有关部门在各自职责范围内责令改正，通报批评；造成传染病传播、流行或者其他严重后果的……”可见，传染病防治涉及了国境卫生检疫、动物防疫和非国境卫生检疫（也就是疾控机构和医疗机构的职责）三大块。

〔2〕《现代汉语词典》，商务印书馆2012年版，第1171页。

行为。[1]根据2012年最高人民法院、最高人民检察院《关于办理渎职刑事案件适用法律若干问题的解释（一）》第1条的规定，造成经济损失30万元以上的，应认定为“致使公共财产、国家和人民利益遭受重大损失”，本案已经超过这一标准，本应入罪。当然，毫无疑问，失职犯罪都同时触犯了玩忽职守罪这个上位罪名，传染病防治失职罪是一种特殊类型的玩忽职守罪[2]，而玩忽职守犯罪、滥用职权犯罪和徇私舞弊犯罪同属于渎职罪中的一大类。[3]

综上，建构一个“妨害传染病防治罪”或者“妨害防疫检疫罪”，可以涵摄妨害传染病防治罪，妨害国境卫生检疫罪，妨害动植物防疫、检疫罪三个罪名。建构一个“防疫检疫徇私舞弊罪”，可以涵摄动植物防疫检疫徇私舞弊犯罪、国境卫生检疫徇私舞弊犯罪、传染病防治徇私舞弊犯罪三个罪名。建构一个“防疫检疫失职罪”，可以涵摄传染病防治失职罪，动植物检疫失职罪，国境卫生检疫失职犯罪三个罪名。而它们都可以解释为“妨害传染病防治罪”或者“妨害防疫检疫罪”，都属于“妨害传染病防治罪”或者“妨害防疫检疫罪”的涵摄范围。

（二）构成要件用语的形式逻辑

1. 监临主守。刑法分则类型化，要求犯罪分型、概念运用等符合形式逻辑。例如，我国古代的类型化有很多这样的成果。类型化，就是一种分类、分型的活动，就是犯罪事实归入哪一类、哪一型的判断问题。例如，对于监临主守，我国明代刑法已经明确分为常时监临主守和临时监临主守两大类，明确指出“其职虽非统属，但临时差遣管领提调者，亦是监临主守”[4]。这个刑法史上的类型化成果对当前刑事立法与刑事司法具有启发性。例如，很多关于犯罪主体特殊身份的刑事司法解释（临时工、基层组织人员等）的结论——公务论而不是身份论——完全符合前述明代的结论：只要行为人是在“临时差遣管领提调”之时，就具有临时性的国家工作人员身份、就是临时监临主守，就是贪污罪、受贿罪、职务犯罪罪名等适格的犯罪主体。何须出台一个又一个司法解释和立法解释？司法实践中，辅警能否成为贪污罪犯罪主体，合同制狱警能否成为私放在押人员罪的犯

[1] “未认真履责致企业偷漏税款税务所所长受到党内警告处分”，载 http://hb.ifeng.com/a/20180507/6553883_0.shtml.

[2] 谢望原、吴光侠：“传染病防治失职罪研究”，载《中国法学》2003年第4期。

[3] 周光权：《刑法各论》，中国人民大学出版社2016年版，第494页以下。

[4] 何勤华、魏琼编：《董康法学文集》，中国政法大学出版社2005年版，第529页。

罪主体，城管临时工能否成为滥用职权罪的犯罪主体，其实答案都很简单。

联系到我国一些机构的称谓，像早前的中国证券监督管理委员会、中国保险监督管理委员会、中国银行业监督管理委员会等使用的“监督管理”一词。监督就是管理，管理就是监督，“监督管理”属于重复使用。在中国证券监督管理委员会、中国保险监督管理委员会、中国银行业监督管理委员会的官网上，机构名称中都使用了 Regulatory commission（监督管理委员会），可见一个“Regulatory”足矣。因此，监督管理委员会就是管理委员会或者监督委员会。

2. 人民警察。有些刑法规范、构成要件是违背形式逻辑的，这造成了刑法逻辑推理的困难重重：历史的有时是反逻辑的，合乎逻辑的又是不符合事实与经验的。例如，人民警察与人民武装警察的关系。从《人民警察法》《人民武装警察法》名称来看，人民警察应该是人民武装警察的上位概念，也就是，人民警察包括武装的人民警察和非武装的人民警察，二者是属种关系。这是形式逻辑的思维结果，却不是符合事实的。事实是，人民警察所在的机关不属于武装力量，而人民武装警察所在的部队属于武装力量，二者是并列关系。这种错位与滑稽产生的根由就在于错误选择了语言外壳。笔者认为，“人民武装警察”改为“人民内卫军人”或者“内卫军人”为宜。

人民武装警察部队属于国家武装力量，人民武装警察是军事人员，人民警察则不是武装力量成员而是行政人员（有时是司法人员）。人民警察实行的是警衔制度，而武警部队实行的是武警警衔制度。根据《人民武装警察法》第 2 条规定：“人民武装警察部队担负国家赋予的安全保卫任务以及防卫作战、抢险救灾、参加国家经济建设等任务。人民武装警察部队是国家武装力量的组成部分。”第 3 条规定：“人民武装警察部队由国务院、中央军事委员会领导，实行统一领导与分级指挥相结合的体制。”第 22 条规定：“人民武装警察享有《中华人民共和国国防法》和有关法律、行政法规规定的现役军人的权益。人民武装警察因执行任务伤亡的，按照国家有关军人抚恤优待的规定给予抚恤优待。”这些规定表明了人民警察与人民武装警察的本质区别。

人民警察是一个典型的跨法条的构成要件，在《刑法》第 104 条武装叛乱、暴乱罪，第 108 条投敌叛变罪，第 277 条妨害公务罪，第 279 条招摇撞骗罪，第 281 条非法生产、买卖警用装备罪等多次出现，在不同罪名中，其具体含义不尽一致。现实生活中，警察、人民警察、公安干警、干警、狱警、法警、司法警察、民警等一般混同使用，但是在刑法典中，因为事关罪与非罪，必须明确其所指。根据《人民警察法》的规定，“人民警察包括公安机关、国家安全机关、监狱、劳动教养管理机关的人民警察和人民法院、人民检察院的司法警察”。笔者认为，狭义的人民警察，指的是公安机关、国家安全机关、监狱、劳动教养管理机关中的警察。广义的人民警察是包括司法警察在内的上位概念、上位构成要件。最广义的人民警察则还应包括列入武警序列的公安现役部队人员，当然现在又改了——消防、边防等都已经退出现役。而刑法典中的人民警察，应该指的是什么，必须具体分析。检察院的“干警”（干部性质的警察），如果是泛指，那么除非他是司法警察，否则不应该纳入人民警察，而是司法工作人员。在笔者看来，履行刑事侦查职能的才是实质意义上的警察：公安机关管辖普通刑事案件，国家安全机关管辖危害国家安全刑事案件，监狱警察管辖监狱中发生的刑事案件，消防警察管辖失火案和消防责任事故案，边防警察管辖偷渡案、组织运送偷渡案等等。而司法警察，不是这个意义上的警察。转隶前检察机关中的侦查人员，管辖渎职案件和贪贿案件，实际上也是一种警察，是刑事诉讼过程中的重要参与者，而不是狭义的司法工作人员（审判者）。

根据《人民警察法》的规定，“人民警察包括公安机关、国家安全机关、监狱、劳动教养管理机关的人民警察和人民法院、人民检察院的司法警察”，也就是“人民警察包括人民警察和司法警察”。随着劳教制度的彻底废除，“劳动教养管理机关的人民警察”这样的表述显然已经滞后于现实。目前，承接原来劳动教养制度而来的强制隔离戒毒所等地的，应该属于“人民警察”。监狱等地的警察，在侦查监狱内发生的刑事案件的时候，性质上是刑事司法工作人员中的侦查人员；除此之外，在进行监狱管理、罪犯改造时，性质上则是承担监管职责的司法工作人员。

在警用标志上，臂章上使用了五种：“中华人民共和国警察（公安）”“中华人民共和国警察（国安）”“中华人民共和国警察（司法）”“中华人民共和国警察（法院）”“中华人民共和国警察（检察）”。五种臂章，分别对应的是公安机关的警察、国家安全机关的警察、监狱和劳教机关的警察（司法行政机关的警察）、法院的法警（审判机关的司法警察）、检察院的法警（检察机关的司法警察）。

进一步来看：其一，公安机关人民警察包括地方警察、公安部和公安部直属单位、行业警察三类。行业警察又分“海侦”（海关缉私警察）“航空”（民航警察）“交通”（交通部门警察，不是交警）“铁道”（铁路警察）“森林”（森林警察）。其二，监狱、劳教机关人民警察。监狱劳教系统警服上佩带“司法”字样的臂章，“司法”指的是监狱劳教系统所属的“司法行政机关”，并不是指司法警察。其三，司法警察。胸徽和臂章是“法院”和“检察”。

3. 临阵畏缩、临阵脱逃、临阵退却。现行刑法中，只有临阵脱逃、临阵畏缩两种情形，临阵脱逃构成第 424 条战时临阵脱逃罪，指挥人员临阵畏缩、作战消极造成严重后果的构成第 428 条违令作战消极罪。战时临阵脱逃罪，在古代刑法中就规定了，例如唐律的弃兵、主将守城弃去，罪行最重。而临阵退却的情形应该解释为临阵畏缩，构成违令作战消极罪为宜，因为，退却就是退缩，退缩就是畏缩不前、作战消极。该进不进、该进而退（缩），本质为一。中华民国时期的军事刑法，有临阵退却之罪，著名案例就是在解放战争时期的孟良崮战役中逡巡不进的国军将领李天霞。笔者认为，临阵畏缩、临阵脱逃、临阵退却三者之中，临阵畏缩是一个上位构成要件，可以涵摄临阵脱逃和临阵退却两种情形。古代刑法，有“临阵巧诈退避”[1]等语，足资借鉴。

需要注意的是，非指挥人员临阵畏缩、作战消极的，无法处罚。而且，因为非指挥人员不是脱逃，所以处断为战时临阵脱逃罪也不行。不知是否为立法疏漏?

4. 废物、固体废物。废物、固体废物、可以用作原料的固体废物、未经许可的（擅自进口的）可以用作原料的固体废物、自动许可进口类可用作原料的固体废物、限制进口类可用作原料的固体废物、不能用作原料的固体废物（禁止进口固体废物）。这几个构成要件的关系，很明显属于属种关系。具体来说是:

废物，包括固体废物、液态废物和气态废物三种。固体废物包括可以用作原料的固体废物和不能用作原料的固体废物，后者就是彻头彻尾的“洋垃圾”。可以用作原料的固体废物包括两种——如果经过许可进口后进行加工利用，是合法的，可以称之为“经过许可的可以用作原料的固体废物”。如果未经许可擅自进口“可以用作原料的固体废物”，则是违法的。

可用作原料的固体废物，分为自动许可进口类可用作原料的固体废物和限制进口类可用作原料的固体废物。不能用作原料的固体废物已经列入了《禁止进口固体废物目录》。

根据《固体废物污染环境防治法》的规定：“禁止中华人民共和国境外的固体废物进境倾倒、堆放、处置。禁止进口不能用作原料或者不能以无害化方式利

〔1〕马泓波点校：《宋会要辑稿·刑法·军制》，河南大学出版社 2011 年版，第 806 页。

用的固体废物；对可以用作原料的固体废物实行限制进口和自动许可进口分类管理。国务院环境保护行政主管部门会同国务院对外贸易主管部门、国务院经济综合宏观调控部门、海关总署、国务院质量监督检验检疫部门制定、调整并公布禁止进口、限制进口和自动许可进口的固体废物目录。禁止进口列入禁止进口目录的固体废物。进口列入限制进口目录的固体废物，应当经国务院环境保护行政主管部门会同国务院对外贸易主管部门审查许可。进口列入自动许可进口目录的固体废物，应当依法办理自动许可手续。”相应地，我国已经制定了《禁止进口固体废物目录》《自动许可进口类可用作原料的固体废物目录》和《限制进口类可用作原料的固体废物目录》等。

顺便提及的是，第339条第2款“未经国务院有关主管部门许可，擅自进口固体废物用作原料”可以重新表述为“进口未经许可的（或者擅自进口的）可以用作原料的固体废物”，这样，表达的意思是合法的有资质的进口商的未经许可的行为，所以构成“擅自进口固体废物罪”。笔者以为，从实质而言，所谓“擅自进口固体废物罪”一定是欺骗海关的行为，本质上还是走私行为。

进一步地，根据《国家危险废物名录（2016）》，固体废物（包括液态废物）可以分为危险废物和非危险废物两种。根据《固体废物污染防治管理制度》，固体废物分为危险废物、一般工业废物和生活垃圾三种。显然，一般工业废物和生活垃圾属于非危险废物。根据《固体废物污染环境防治法》，固体废物还可以分为包装物、薄膜覆盖物、农用薄膜、畜禽粪便、秸秆、工业固体废物、生活垃圾等。

固体废物，是指在生产、生活和其他活动中产生的丧失原有利用价值或者虽未丧失利用价值但被抛弃或者放弃的固态、半固态和置于容器中的气态的物品、物质以及法律、行政法规规定纳入固体废物管理的物品、物质。工业固体废物，是指在工业生产活动中产生的固体废物。生活垃圾，是指在日常生活中或者为日常生活提供服务的活动中产生的固体废物以及法律、行政法规规定视为生活垃圾的固体废物。危险废物，是指列入国家危险废物名录或者根据国家规定的危险废物鉴别标准和鉴别方法认定的具有危险特性的固体废物。

作为刑法构成要件的是固体废物、不能用作原料的固体废物两个。上述危险废物，应该解释为刑法中的危险物质或者危险物品。也就是说，如果行为人涉及的是危险废物，则不应处断为第339条非法处置进口的固体废物罪，而应处断为投放危险物质罪或者以危险方法危害公共安全罪。如果行为人涉及的是非危险废物——一般工业废物和生活垃圾，才可以处断为非法处置进口的固体废物罪。危险废物和《禁止进口固体废物目录》中的固体废物不是等价关系。

基于环保的诉求，近期我国频频调整相关目录。例如，根据《固体废物污染环境防治法》《控制危险废物越境转移及其处置巴塞尔公约》《固体废物进口管理办法》和有关法律法规，环境保护部、商务部、发展改革委、海关总署、质检总局对现行的《禁止进口固体废物目录》《限制进口类可用作原料的固体废物目录》和《非限制进口类可用作原料的固体废物目录》进行了调整和修订，将4类24种固体废物，从《限制进口类可用作原料的固体废物目录》调整列入《禁止进口固体废物目录》。该公告自2017年12月31日起执行。[1]随着环保力度的加大，进入《禁止进口固体废物目录》的种类在不断扩大。实践中，案例很多，例如：青岛海关查获2018年首起走私固体废物案，共查证走私废铝矿渣1000余吨。2017年底，青岛海关隶属黄岛海关工作人员在现场查验一票申报品名为炼铁促进剂的货物时发现，11个集装箱内运载的货物呈不规则状并颜色陈旧，还掺杂部分螺丝等与促进剂无关的废弃物。工作人员根据对以往同类进口商品的查验经验，从货物外观、品质等判断，这票货物可能与申报不符，遂对货物取样化验。经鉴定，查扣的11个集装箱货物实际为《禁止进口固体废物目录》列明的固体废物废铝矿渣，有害物质超过国家标准。黄岛海关缉私分局查明，青岛某贸易公司负责人肖某等人为牟取非法利益，自国外采购钢铁冶炼产生的废铝矿渣，为将固体废物顺利通关，肖某等人将货物品名伪报为炼铁促进剂，试图走私进境时被现场查发。不法企业将废铝矿渣走私进境后进行再次工业处理，生产加工过程对当地空气、水源、土壤造成污染，严重威胁国家生态安全和民众身体健康。[2]

再如，石家庄海关成功侦破一起利用他人许可证走私固体废物进境的犯罪案件。2016年5月至今，犯罪嫌疑人吴某根、耿某江自美国、加拿大等地大量采购废塑料、废五金，委托孙某、张某静等经营的货运代理公司，利用大城某再生资源有限公司等企业的《中华人民共和国限制进口类可用做原料的固体废物进口许可证》，以伪报收货单位方式自天津、广州口岸走私进境，并由吴某根、耿某江在国内倒卖销售牟利。2017年12月19日，石家庄海关在石家庄、大连、天津等

---

〔1〕“关于发布《进口废物管理目录》（2017年）的公告”，载 http://www.zhb.gov.cn/gkml/hbb/bgg/201708/t20170817_419811.htm.

〔2〕“青岛海关查获2018年首起走私固体废物案”，载 http://www.customs.gov.cn/customs/302249/302425/1460331/index.html.

地同步开展集中收网行动，已抓获犯罪嫌疑人 8 名，查扣大量书证、物证及电子证据，查证涉案走私进境废塑料、废五金约 2 万吨。[1]笔者认为，本案应该处断为非法经营罪而不是走私废物罪。虽然行为人伪报了收货单位，但是并未逃避海关监管，并未伪报品名，并未偷逃税款，所以不是走私行为，而是使用其他企业的固体废物进口许可证的无证经营行为。

五、刑法分则中的能指与所指

能指和所指是语言学上的一对概念。语言学家索绪尔在《普通语言学教程》中把语言符号看作是一个概念和一个有声意象的统一体，有声意象又称能指，概念又称所指。[2]传统观点认为所指和能指是精确相对应的，因而符号通过与存在物的符合获得价值。而现在人们逐渐发现，所指和能指并不总是一一对应的方式，为了了解能指，我们总是要不断借助其他的所指，这样能指的意义便在这种不断借用其他所指的过程中被延宕、丰满、变异了。在同一个符号系统中，能指和所指是统一的，符号的意义是固定的。一个孤立的"能指"可以具有多种含义，这就是多义性；反之，一个概念也可以在不同的"能指"中得到表达，这就是同义词。刑法用语作为语言外壳（能指），能不能体现立法原意（所指），这是比较难以回答的问题，也是语言哲学、刑法哲学、刑法解释学、刑法史学等孜孜以求希望解决的问题。

（一）立法原意存在吗？

所指就是立法原意或者规范目的。从绝对意义而言，刑事立法者的立法原意也许是不存在的，也就是立法者通过刑法语言、刑法文本、刑法规范等形式究竟所指的是什么、想表达什么意思，也许不可能被人们揣摩到。这是因为：

第一，一般而言，在绝大多数情况下，一个国家的刑事立法者并不会公开宣称自己对于某一具体构成要件或者某一具体法条的意见。只有在司法机关的确无法确定一个构成要件的内涵、外延时，只有在请示到了刑事立法者那里的时候，刑事立法者才会出台各种立法解释，以明确自己的立法原意。但从实际情况看，

---

〔1〕"河北破获一起特大走私固体废物案　查证固体废物 2 万吨"，载 http：//news. sina. com. cn/o/2018 -01 -06/doc - ifyqinzs9605274. shtml.

〔2〕近代刑法学之父贝卡利亚把能指、所指分别称为名称、概念。参见［意］贝卡利亚：《论犯罪与刑罚》，黄风译，中国大百科全书出版社 1993 年版，第 70 页。现在一般把语言外壳、语言符号、语词等称为能指，把语言外壳对应的事物称为所指。

立法解释数量很少。大多数情况下，我们不能目睹立法者的模样，不能听到立法者的声音，当然也就不能知道立法者的真实意思。

第二，从法理上说，因为国家机关、国家工作人员是国家的代理人，国家机关、国家工作人员的意志代表着国家意志。所以，在刑法规范实际运作中，阐发立法原意实际上变成了司法机关和司法人员的事情。但是，不同的司法机关和司法人员对于一个具体的构成要件或者某一具体的法条的阐发，并不见得一样，于是造成新的问题——本应统一的国家意志事实上是被割裂的。

第三，也许我们都愿意坚信、确信一个命题：刑事立法原意是的的确确存在的。但是当立法者保持缄默的时候，各种能指呈现出来的所指（立法原意）、呈现出的各种解读和解释，极大地弥散了立法原意可被把握的可能性，于是，事实上使得立法原意变为零。各种语言所建构的刑法意义的世界是多元的——有无数个学者的意义世界，有无数个司法者的意义世界。如此一来，还怎么可能有所谓的立法原意？也许我们都愿意相信一个命题：刑事立法原意是的的确确存在的。但是当立法原意无法用刑法语言确定下来的时候，这种被我们所相信的东西事实上就是不存在的。

第四，凡是需要进行刑法解释以便明确构成要件真实含义的场合，都足以表明，“立法原意”这四个字本身是可疑的文字表述方式。“立法原意”没有那么重要的意义，真正有意义的是以“神与正义”的心态和努力去解释刑法，最终实现刑法的秩序、正义、安全等价值。因为法律的生命是适用，所以立法者不断被“嘲笑”、司法解释不断被“嘲笑”的过程，正是威权被“神与正义”所解构的过程。尊重和膜拜刑法，应该指的是尊重和膜拜刑法的正义价值和理性精神，而不是简单服从和膜拜立法者、司法者本身。

第五，当立法者使用了近似能指的时候，很难分清楚其原意是什么。例如，贩毒与贩卖毒品这一组构成要件的含义就不完全相同，因为贩毒可能包括贩运毒品和贩卖毒品两种情形。投毒、投放危险物质这一组构成要件含义也不完全相同。生产、销售有毒、有害食品罪中的有毒、有害与投放危险物质罪中的毒害性这一组构成要件的含义也不完全相同。

当立法者使用了与司法实践有较大距离的能指的时候，也很难分清楚其原意是什么，难以忖度其制定规范的目的。例如交通肇事罪中的“逃逸”，到底仅仅指的是逃离现场，还是扩大为“不救助”。司法实践中，既有逃离现场并且不救助的情形，也有逃离现场但是积极救助的情形，还有不逃离现场却也不救助的情形，以及不逃离现场而且救助的情形。这四种情形中，立法原意或者规范目的是什么，学者们的解释都不一致，也就是说，每个“读者”心中都有一个自己以为的那个立法原意或者规范目的。比如，笔者认为，逃逸与因逃逸致人死亡，可能是两个含义不同的逃逸。“交通运输肇事后逃逸”的“逃逸”，应该是逃离现场，是作为行为，是交通肇事罪的情节加重犯。而“因逃逸致人死亡”的“逃逸”，应该是不救助，不救助被害人导致其死亡，是不作为行为导致了危险升高以至于死亡，因为如果仅仅是逃离现场是不会致人死亡的。但是，笔者的这种解读未必就符合立法原意。

第六，刑法文本的客观存在与对刑法文本的解读是两个不同的问题，不应该混淆。刑法文本的客观存在就是所谓的立法原意，是原义或意义的本源。对刑法文本的理解和阐释是“意义的无穷增生过程”，这个意义就是“神圣与正义”。在“意义的无穷增生过程”中，意义的本源会迷失，文本所指的终极意义也会不复存在。刑事立法者作为刑法文本的作者，其主体地位在立法后就结束了，此后真正的主体应该是“具有无限权力并可以进行任意解读的读者”，也就是法官、学者、律师、司法工作人员等刑法职业共同体，以及所有的普通公民。刑法的“神圣与正义”不是在立法者那里实现的，刑法的正当性、保护性和保障性都只能仰赖于所有的“读者”。〔1〕

第七，既然有时候立法原意（所指）也许不存在，那么此时立法原意（所指）就不是司法者秉承的依据，他们应该秉承“神圣与正义”的终极理念去司法、去释法、去适法。“尽信书不如无书”，尽信文本不如没有文本，尽信立法者不如没有立法者。所指就是立法原意或者规范目的，能指就是文本客观呈现出的文义，二者之间未必一致。司法者通过能指为思维工具，不是为了抵达所指（立法原意），而是为了抵达“神圣与正义”。这是刑法价值之所在，也是法律制度和法律体系的落脚点与终极追求。

第八，但是，有的时候，立法原意（所指）又是很明确的。例如，“法益的界定反映了立法者的取向”〔2〕，立法者把某个罪名放置在哪一章哪一节，的确是表明了其所指。也正是因为某个罪名的法益是明确的，才会有罪状语言指称范围

〔1〕 刘成富：“德里达究竟解构了什么?”，载《南京大学学报（哲学·人文科学·社会科学）》2001年第5期。

〔2〕 周光权：《刑法各论》，中国人民大学出版社2016年版，第7页。

大于立法者所指的范围这个命题的存在。

综上所述，立法原意仅仅在某些场合是明确存在着的，在某些场合则需要依据能指的客观文义。单纯依据立法原意和单纯依据客观文义中的任何一种，都不是完全科学的。

1. 化肥、肥料。《刑法》第147条生产、销售伪劣农药、兽药、化肥、种子罪中的化肥，该如何理解其内涵、外延？《肥料登记管理办法》规定："本办法所称肥料，是指用于提供、保持或改善植物营养和土壤物理、化学性能以及生物活性，能提高农产品产量，或改善农产品品质，或增强植物抗逆性的有机、无机、微生物及其混合物料。"同时，第33条规定："下列产品适用本办法：①在生产、积造有机肥料过程中，添加的用于分解、熟化有机物的生物和化学制剂；②来源于天然物质，经物理或生物发酵过程加工提炼的，具有特定效应的有机或有机无机混合制品，这种效应不仅包括土壤、环境及植物营养元素的供应，还包括对植物生长的促进作用。"第34条规定："下列产品不适用本办法：①肥料和农药的混合物；②农民自制自用的有机肥料。"也就是说，除了农民自制自用的有机肥料外，其他有机肥料也属于《肥料登记管理办法》中的"肥料"。而化肥，是化学肥料的简称。[1]化肥是 chemical fertilizer[2]，肥料是 fertilizer[3]。显然，《肥料登记管理办法》中的"肥料"外延远远大于刑法文本中的"化肥"。

《肥料登记管理办法》第35条规定："本办法下列用语定义为：①配方肥是指利用测土配方技术，根据不同作物的营养需要、土壤养分含量及供肥特点，以各种单质化肥为原料，有针对性地添加适量中、微量元素或特定有机肥料，采用掺混或造粒工艺加工而成的，具有很强的针对性和地域性的专用肥料。②叶面肥是指施于植物叶片并能被其吸收利用的肥料。③床土调酸剂是指在农作物育苗期，用于调节育苗床土酸度（或pH值）的制剂。④微生物肥料是指应用于农业生产中，能够获得特定肥料效应的含有特定微生物活体的制品，这种效应不仅包括了土壤、环境及植物营养元素的供应，还包括了其所产生的代谢产物对植物的有益作用。⑤有机肥料是指来源于植物和/或动物，经发酵、腐熟后，施于土壤以提供植物养分为其主要功效的含碳物料。⑥精制有机肥是指经工厂化生产的，

---

〔1〕《现代汉语词典》，商务印书馆2012年版，第559页。
〔2〕北京大学英语系词典组编：《汉英词典》，外语教学与研究出版社1997年版，第511页。
〔3〕北京大学英语系词典组编：《汉英词典》，外语教学与研究出版社1997年版，第344页。

不含特定肥料效应微生物的，商品化的有机肥料。⑦复混肥是指氮、磷、钾三种养分中，至少有两种养分标明量的肥料，由化学方法和/或物理加工制成。⑧复合肥是指仅由化学方法制成的复混肥。”这再次表明，“肥料”外延远远大于刑法文本中的“化肥”。

2017 年，伴随着农业经济转型、商事制度改革等，农药、化肥领域的法律法规变动很大。例如，1997 年的《农药管理条例》在 2017 年被最新修订。第 2 条规定：“本条例所称农药，是指用于预防、控制危害农业、林业的病、虫、草、鼠和其他有害生物以及有目的地调节植物、昆虫生长的化学合成或者来源于生物、其他天然物质的一种物质或者几种物质的混合物及其制剂。农药包括用于不同目的、场所的下列各类：①预防、控制危害农业、林业的病、虫（包括昆虫、蜱、螨）、草、鼠、软体动物和其他有害生物；②预防、控制仓储以及加工场所的病、虫、鼠和其他有害生物；③调节植物、昆虫生长；④农业、林业产品防腐或者保鲜；⑤预防、控制蚊、蝇、蜚蠊、鼠和其他有害生物；⑥预防、控制危害河流堤坝、铁路、码头、机场、建筑物和其他场所的有害生物。”第 32 条规定：“国家通过推广生物防治、物理防治、先进施药器械等措施，逐步减少农药使用量。县级人民政府应当制定并组织实施本行政区域的农药减量计划；对实施农药减量计划、自愿减少农药使用量的农药使用者，给予鼓励和扶持。县级人民政府农业主管部门应当鼓励和扶持设立专业化病虫害防治服务组织，并对专业化病虫害防治和限制使用农药的配药、用药进行指导、规范和管理，提高病虫害防治水平。县级人民政府农业主管部门应当指导农药使用者有计划地轮换使用农药，减缓危害农业、林业的病、虫、草、鼠和其他有害生物的抗药性。乡、镇人民政府应当协助开展农药使用指导、服务工作。”第 34 条规定：“农药使用者应当严格按照农药的标签标注的使用范围、使用方法和剂量、使用技术要求和注意事项使用农药，不得扩大使用范围、加大用药剂量或者改变使用方法。农药使用者不得使用禁用的农药。标签标注安全间隔期的农药，在农产品收获前应当按照安全间隔期的要求停止使用。剧毒、高毒农药不得用于防治卫生害虫，不得用于蔬菜、瓜果、茶叶、菌类、中草药材的生产，不得用于水生植物的病虫害防治。”第 35 条规定：“农药使用者应当保护环境，保护有益生物和珍稀物种，不得在饮用水水源保护区、河道内丢弃农药、农药包装物或者清洗施药器械。严禁在饮用水水源保护区内使用农药，严禁使用农药毒鱼、虾、鸟、兽等。”

众所周知，我国的化肥产业和农业肥料行业发展非常迅速。在制定生产、销售伪劣农药、兽药、化肥、种子罪之时，犯罪现象中只有化肥造假或者销售失去使用效能的农资坑农、害农、伤农的社会生活事实。可如今则不同了。化肥行业朝着复合肥、生物肥、复混肥、配方肥、有机肥、叶面肥、床土调酸剂、植物生长调节剂、肥料和农药的混合物等多种方向发展，“化肥”二字实际上已经不能涵摄农业生产中日益复杂的肥料现实。所以，要么修改刑法文本中的“化肥”——改为“肥料”；要么在法律适用的时候把“化肥”扩大解释为“肥料”。同时，对肥料和农药的混合物的性质也需要进行明确——算作肥料还是算作农药？

在农业行政主管部门语境之中，越来越多地使用“肥料”而不是“化肥”。例如，2012 年 11 月 28 日《农业部办公厅关于涉嫌违规生产销售肥料产品法律适用问题的函》：“……对未取得登记擅自生产、销售单一中量元素肥料的行为，应当按照《肥料登记管理办法》第 27 条第 1 项的规定处理……企业生产肥料，除免予登记的肥料品种外，均应当按照有关规定申请肥料登记。肥料登记证或登记证号不得假冒、伪造和转让。应当登记的肥料产品不得委托加工，否则应当按照《肥料登记管理办法》第 27 条第 1 项的规定进行处理。但实行工业产品生产许可证制度管理的肥料产品，可以按照相关规定进行委托加工。”而往往是在强调减少化肥用量、恢复土壤肥力等的时候，才会专门提及“化肥”。例如：“代表建议，以实施化肥农药零增长行动、有机肥替代化肥的试点等入手，从源头上促进农业向绿色、生态、可持续发展转变。一要大力发展养殖业，同时搞好秸秆还田，加快生物有机肥的研制推广步伐。二是对目前种地补贴项目进行必要的调整，对使用有机肥的给予一定补贴。三要对施用农家肥的产品搞好全程监管，适当提高收购价格。”

综上所述，在生产、销售伪劣农药、兽药、化肥、种子罪中，化肥作为客观呈现出来的文字，对其含义的解读，不能超过客观文义。因此，即便立法原意是把“化肥”与“肥料”等量齐观，也不能把构成要件“化肥”扩大解释为“肥料”。在这一罪名营造的场合中，立法原意实际上是不存在的。

2. 校车业务。《刑法》第 133 条之一危险驾驶罪中的“校车业务”，难以解释。其外延除了中小学校的校车业务外，幼儿园接送幼儿的是不是校车业务？一般社会观念认为是，可毕竟幼儿园不是“校”“学校”，幼儿园与中小学都是并列关系，这在很多法规中都是可以证实的。例如《特种设备安全法》第 57 条规定：“负责特种设备安全监督管理的部门依照本法规定，对特种设备生产、经营、使用单位和检验、检测机构实施监督检查。负责特种设备安全监督管理的部门应当对学校、幼儿园以及医院、车站、客运码头、商场、体育场馆、展览馆、公园等公众聚集场所的特种设备，实施重点安全监督检查。”同样，依据一般社会观念，幼儿园接送幼儿也不是从事“旅客运输”。此外，大学接送教师和职工的通勤车从事的是不是“校车业务”？是不是从事“旅客运输”？

笔者认为，上述两种情况（幼儿园和大学），如果严格解释构成要件，都不是“校车业务”，也不是从事“旅客运输”。理由很简单，没人把幼儿园的幼儿和大学的教职工称为“旅客”。本罪构成要件中的“严重超过额定乘员载客”（即乘客超员）是“校车业务”“旅客运输”的兜底文字，虽然幼儿和教职工是“客”“乘客”，但是，由于幼儿及其家长是幼儿园的客户，教职工是大学的员工，一般都不会被称为“客”“乘客”。笔者认为，称为“载人”倒是可以接受的表述方式，“严重超过额定乘员载人”更为合适。刑事立法者似乎是把交通运输、运政、客运等语境下的语言直接搬到刑法文本之中，这不是最佳的刑法能指。乘客，是搭乘车、船、飞机等交通工具的人。[1]旅客，是旅行的人。[2]显然，乘客的外延大于旅客。

如果我们猜度立法者当时的本意是要保护最广大的法益，那么，除了公共交通工具如公交车、城市地铁、铁路等允许“严重超过额定乘员载人”外，其余的（包括前述的幼儿园车辆和大学通勤车辆）情形都不允许“严重超过额定乘员载人”，否则就是触犯了《刑法》第133条之一危险驾驶罪的构成要件。如果我们猜度立法者当时的本意仅仅是要回应社会热点，杜绝或减少中小学车辆事故、幼儿园车辆事故和运营性质的客运车辆事故，而不是为了保护最广大的法益，那么，“校车业务”“旅客运输”等构成要件必须进行缩小解释，限定为中小学车辆客运、幼儿园车辆客运和运营性质的道路客运三种。而抽象、高冷、缄默的刑事立法者到底是什么意思、其所指为何，谁又知道呢？

3. 未取得医生执业资格的人。立法者随意选用刑法语料，导致了构成要件所指不清。刑法语言往往是简洁的，定语、修饰语、解释语等成分较少，大量的解释是需要结合他法来完成的，此即所谓的“引证罪状”。这就是法条文字很少，而适法文字与文献却浩如烟海的原因。应该警惕刑法语料与其他语料之间的

〔1〕《现代汉语词典》，商务印书馆2012年版，第169页。

〔2〕《现代汉语词典》，商务印书馆2012年版，第847页。

距离，避免随意选用刑法语料。例如，《刑法》第336条非法行医罪中的“未取得医生执业资格的人”指的是什么？

第一，根据医疗行业实际和我国国情，笔者认为，医生就是医师，二者是完全等价的概念。“未取得医生执业资格的人”指的是“未取得医师执业资格的人”。

第二，“医师资格证书”与“医师执业证书”是两本不同的证书。“医师资格证书”就是医生资格证书，是经国家统一考试合格后取得的。而“医师执业证书”是根据《医师执业注册管理办法》取得的，该办法第5条规定：凡取得医师资格的，均可申请医师执业注册。

第三，目前，我国并无“医师执业资格”或者“医生执业资格”这样的说法。现行刑法中“医生执业资格”这一表述与“医师资格证书”“医师执业证书”不符。刑法典是1997年颁布实施的，此时我国并无医师注册的规定。医师注册是1998年《执业医师法》、1999年《医师执业注册暂行办法》（已被2017年《医师执业注册管理办法》取代）、2001年《关于医师执业注册中执业范围的暂行规定》实施以后的事情，在时间上，“医师注册”晚于刑法典的“医生职业资格”，这是造成法规范表述方式存在冲突的原因之一。

在一些规范性文件中看不到“未取得医生执业资格”这一表述。例如，1993年开始实施的《外国医师来华短期行医暂行管理办法》规定：“‘外国医师来华短期行医’，是指在外国取得合法行医权的外籍医师，应邀、应聘或申请来华从事不超过一年期限的临床诊断、治疗业务活动。”“申请外国医师来华短期行医注册”，必须提交下列文件：申请书；外国医师的学位证书；外国行医执照或行医权证明；外国医师的健康证明；邀请或聘用单位证明以及协议书或承担有关民事责任的声明书。1999年卫生部《医师执业注册暂行办法》（现已废止）规定：未经注册取得《医师执业证书》者，不得从事医疗、预防、保健活动。2017年国家卫计委《医师执业注册管理办法》规定：未经注册取得《医师执业证书》者，不得从事医疗、预防、保健活动。这两个规范性文件使用的都不是刑法中的“未取得医生执业资格”。

在“医师资格证书”中，有“经国家医师资格考试，成绩合格，取得执业医师资格，特发此证”这样的表述。所以，取得执业医师资格指的是“医师资格证书”。在“医师执业证书”中，有“经审核合格，予以注册，发给执业医师执业证书”这样的表述，这指的是“医师执业证书”。有学者认为，只有同时具有医师资格和取得执业证书，才属于取得了“医生执业资格”。[1]笔者认为，既然现实生活中并无“医生执业资格”的称谓、说法，我们岂能猜测立法原意？众所周知，“医师资格证书”（医生资格证书）和“医师执业证书”比较起来，前者是最难获得的，是需要通过全国统考的。“医生执业资格”是一个医生执业的资格，也就是一个医生行医的资格，代表他是否拥有行医权，“资格”二字只在“医师资格证书”中存在，在“医师执业证书”中并不存在。而根据社会公众的一般理解，“医生执业资格”指的是“医师资格证书”。不应该把医师的执业资格等同于医师的执业条件、执业前提。当然，有了执业的资格未必就能执业，还需要注册，这就是“医师执业证书”。而“医师执业证书”是取得了“医师资格证书”的人找到了行医单位、行医场所之后的事情，换句话说，一个取得了“医师资格证书”（医生资格证书）的人找不到医院上班行医而自己开黑诊所的，的确是非法行为，但是岂能解释为“未取得医生执业资格的人非法行医”？笔者认为，只能解释为“取得了医生执业资格的人非法行医”。“未取得医生执业资格的人非法行医”中，“未取得医生执业资格”作为限制性定语还是描述性定语，本身就需要刑法语言学的解释。换句话说，“未取得医生执业资格的人非法行医”，指的是“任何人的非法行医”，还是指“未取得医生执业资格的人非法行医”？

第四，根据2008年最高人民法院《关于审理非法行医刑事案件具体应用法律若干问题的解释》，“未取得医生执业资格的人非法行医”包括五种情形：未取得或者以非法手段取得医师资格从事医疗活动的；被依法吊销医师执业证书期间从事医疗活动的；未取得乡村医生执业证书，从事乡村医疗活动的；家庭接生员实施家庭接生以外的医疗行为的；个人未取得《医疗机构执业许可证》开办医疗机构的。2016年，该司法解释进行修正，删掉了“个人未取得《医疗机构执业许可证》开办医疗机构的”。这表明，取得了“医师资格证书”（医生资格证书）的人自己开黑诊所的，虽然是非法的，但不属于“未取得医生执业资格的人非法行医”。而剩下的四种情形，并未指明“已经取得医师资格但尚未获得执业注册的人行医”是不是属于“未取得医生执业资格的人非法行医”？也未指明两证俱全的医师如果超注册范围（执业范围）行医是不是“未取得医生执业资格的人非法行医”？例如，内科医师开刀就是超注册范围（执业范围）行医。

---

[1] 张明楷：《刑法学》，法律出版社2011年版，第991页。

也未指明两证俱全的医师如果超注册类别（执业类别）行医是不是“未取得医生执业资格的人非法行医”？例如，临床医师拔牙、中医医师拔牙就是超执业类别行医。

根据2001年《关于医师执业注册中执业范围的暂行规定》，医师执业范围包括：①临床类别医师执业范围：内科专业；外科专业；妇产科专业；儿科专业；眼耳鼻咽喉科专业；皮肤病与性病专业；精神卫生专业；职业病专业；医学影像和放射治疗专业；医学检验、病理专业；全科医学专业；急救医学专业；康复医学专业；预防保健专业；特种医学与军事医学专业；计划生育技术服务专业；省级以上卫生行政部门规定的其他专业，共计17类。②口腔类别医师执业范围：口腔专业；省级以上卫生行政部门规定的其他专业，共计2类。③公共卫生医师执业范围：公共卫生类别专业；省级以上卫生行政部门规定的其他专业，共计2类。④中医类别（包括中医、民族医、中西医结合）医师执业范围：中医专业；中西医结合专业；蒙医专业；藏医专业；维医专业；傣医专业；省级以上卫生行政部门规定的其他专业，共计7类。2017年国家卫计委《医师执业注册管理办法》规定：执业类别是指临床、中医（包括中医、民族医和中西医结合）、口腔、公共卫生。执业范围是指医师在医疗、预防、保健活动中从事的与其执业能力相适应的专业。国家卫计委官方网站上有医生执业注册信息查询系统、护士执业注册信息查询系统。医生执业注册信息查询系统给出的信息包括：姓名、性别、医师级别（执业医师还是执业助理医师）、执业类别、执业范围、执业地点（省份）、执业证书编码、主要执业机构、发证机关和多机构备案信息等。

医师进行执业注册的类别必须以取得医师资格的类别为依据。医师依法取得两个或两个类别以上医师资格的，除以下两款情况之外，只能选择一个类别及其中一个相应的专业作为执业范围进行注册，从事执业活动。医师不得从事执业注册范围以外其他专业的执业活动。在县及县级以下医疗机构（主要是乡镇卫生院和社区卫生服务机构）执业的临床医师，从事基层医疗卫生服务工作，确因工作需要，经县级卫生行政部门考核批准，报设区的市级卫生行政部门备案，可申请同一类别至多三个专业作为执业范围进行注册。在乡镇卫生院和社区卫生服务机构中执业的临床医师因工作需要，经过国家医师资格考试取得公共卫生类医师资格，可申请增加公共卫生类别专业作为执业范围进行注册；在乡镇卫生院和社区卫生服务机构中执业的公共卫生医师因工作需要，经过国家医师资格考试取得临床类医师资格，可申请增加临床类别相关专业作为执业范围进行注册。在计划生育技术服务机构中执业的临床医师，其执业范围为计划生育技术服务专业。在医疗机构中执业的临床医师以妇产科专业作为执业范围进行注册的，其范围含计划生育技术服务专业。麻醉师执业范围属于外科专业。

第五，可见，1997 年制定的刑法规范与当今社会生活事实并不一致，1997 年也没有医师注册的规定。《执业医师法》颁布前已经在医生岗位上的人，直接认定执业医师资格《执业医师法》颁布后的新毕业生，则需要参加医师执业资格统一考试（即国家医师资格考试）。现在，医师注册的规定非常规范、详尽，但是不能以今日之规范强行解释 1997 年就已经形成的刑法规范，或者说，1997 年就已经形成的刑法规范难以解释今日之规范。根据医政管理相关规定，1997 年“医生执业资格”指的是有医学大专以上学历并且在医疗机构从事医务工作的人，比今天的医师执业资格门槛低得多。1997 年刑法典的“医生执业资格”与今天的“医师资格”“执业注册”并不等价。

第六，“未取得医生执业资格的人非法行医”在语言表述方式上存在严重瑕疵。立法者要表达的是非法行医，那么，“未取得医生执业资格的人行医”就是非法行医。而“未取得医生执业资格的人非法行医”，实际上是“未取得医生执业资格的人非法地行医”。难道还有“未取得医生执业资格的人合法地行医”？难道在形式逻辑上存在着“取得医生执业资格的人非法行医”“未取得医生执业资格的人非法行医”？可见，最重要的不是解释什么是“非法”，而是解释什么是“未取得医生执业资格的人”。

第七，“医务人员”与“取得医生执业资格的人”的关系。《刑法》第 335 条医疗事故罪的犯罪主体“医务人员”的内涵、外延是什么？护士有全国护士执业考试，笔者认为，“医务人员”指的是合法的医务人员，而非法行医罪中的犯罪主体指的是非法的医务人员。“医务人员”是“取得医生执业资格的人”的上位概念。“取得医生执业资格的人”又包括执业医师和执业助理医师。例如 2007 年《人体器官移植条例》规定：“医疗机构从事人体器官移植，应当具备下列条件：有与从事人体器官移植相适应的执业医师和其他医务人员；有满足人体器官移植所需要的设备、设施……”可见，医务人员包括执业医师（如急救医学、医学影像、医学检验等不同类别）和其他医务人员（包括护理、药剂等）。《执业医师法》规定：医师包括执业医师和执业助理医师，国家设置了执业助理医师资格考试。

（二）能指与所指之间的鸿沟与弥合

第一，刑法能指与刑法所指之间的鸿沟表现为客观解释与主观解释的矛盾。客观解释与主观解释的矛盾来自于指称构成要件的能指与所指之间的哲学鸿沟，也就是言不尽意、得意妄言、意在言先之类的先验矛盾。客观解释的方法强调的是“文义射程”、文字可能具有的含义，其侧重点明显是以语言的能指作为刑法解释的基础。而相反的是，主观解释强调的是“立法者的意思”“立法原意”“立法精神”，也就是认为刑法能指、刑法语言的背后一定有一个立法者事先设定好的“所指”。显然，二者侧重点不一样，二者之间存在明显的差异，这有时会导致具体解释结果的差异。客观解释的方法强调的是文本的能指，主观解释强调的则是所指。因为文字本身的含义既可能大于立法者的意思，也可能小于立法者的意思，还可能存在交叉，而且不同学者所认为的立法者意思还有差别。所以，我国应该同时出台立法理由书、刑法释义之类的规范性文件，从构成要件的主观与客观两个方面限制和规范对于构成要件的随意解释。如果不能及时出台，则应该以客观解释为基础进行刑法解释。

第二，刑法能指与刑法所指之间的鸿沟表现为名实不符现象。名实不符现象，也就是能指与所指不一现象。“观物以审名”“名不正则言不顺”，这是古老的观念，也是正确的观念。而名实不符，依然是当今社会生活的常见现象。例如，“麻糍”本为撒上芝麻的糍，可是，随着食品业的快速发展，撒上椰丝、豆粉、茶粉等的糍也开始被称为“麻糍”。这种把并没有芝麻的叫做“麻糍”也是一种不经意间的名实不符现象。再如，把消防员灭火叫做“作战”或者“消防官兵圆满完成作战任务”等，也属于名实不符现象，因为这些官兵根本没有领受作战任务，根本没有使用武器。这种现实生活中的惯用现象当然与消防官兵的定性定位有关系，目前正在改革之中。再如，司法部、司法厅、司法局中的“司法”，并不准确。根据法学学科的一般理解，同时根据现代汉语词典的解释，司法应该是“按照诉讼程序应用法律规范处理案件”[1]。而作为行政机关的司法部、司法厅、司法局中的“司法”，根本没这个意思。事实上，在我国，司“法”的机关并不是司法部、司法厅、司法局，而是公安机关、国安机关、人民检察院、人民法院、监狱、转隶后的监察委员会（行使职务犯罪调查权），以及

〔1〕《现代汉语词典》，商务印书馆2012年版，第1227页。

军委系统下的保卫局、军事检察院、军事法院。刑法领域的名实不符现象，也比比皆是。罪名与罪状不符，罪状与案例不符，等等。名实不符会导致刑法评价的不足与过度，还会导致刑法评价的错误。名实不符，源自刑法语言对犯罪类型的指称不够合理，或者只及一部分、以偏概全；或者不当概括、以辞害意；或者言不尽意；或者言大于意。

名实不符现象的产生，源自几种情形。其一，源自“概念本身发生了变化，事物的名称却保留了下来”[1]，例如前述“麻糍”。再如，检察机关的职能剥离出去一部分之后，其名称虽然未变，实质已经变了——原来有反贪反渎侦查的职能、属性，现在则没有这一职能、属性。其二，源自概念本身没有变化，但是名称变了，如前述“消防员”，其属性已经从公安现役的军人变为非军人，名称从消防官兵变成应急管理人员。其三，源自名与实都变了，能指与所指都变了。例如，从原来的监察部、监察厅、监察局到现在的各级监察委员会，名称也变了，职能与权限也变了。

1. 军人与军职罪犯罪主体之间的鸿沟。军人与军职罪犯罪主体之间的差异，指的是“军人”的能指与刑法中军职罪一章的适用范围之间的差异。这是“军人”文字本身的含义小于立法者的意思的情形，是客观文义外延小于主观文义（即立法原意）外延的情形。

在现代汉语中，一般认为，军人，是对在国家军队中服役的军职人员的称呼，包括战斗人员和非战斗人员，其职责是保卫国家安全，守护国家边境、政府政权稳定、社会安定，有时亦参与非战斗性任务，包括救灾、抢险等工作。也就是说，军人是有军籍的人或者正在服兵役的人。[2]而《刑法》第450条则实际上扩张了军人的外延：包括现役的人民解放军和武警部队官兵、文职干部、具有军籍的学员，还包括执行军事任务的预备役人员和其他人员。“执行军事任务的其他人员”应该是指负担支前、救护、警戒、运输、传递消息等任务的老百姓、民工、民兵等。举例来说，如果一个普通老百姓为解放军执行抬担架任务，也成为第450条指涉的军人，可以成为遗弃伤病军人罪、私放俘虏罪的主体。如果一个普通老百姓为解放军运送武器，可以成为遗弃武器装备罪、遗失武器装备罪的主体。如果一个普通老百姓为解放军运送武器的时候逃走，可以成为逃离部队罪、

〔1〕［意］贝卡利亚：《论犯罪与刑罚》，黄风译，中国大百科全书出版社1993年版，第70页。
〔2〕《现代汉语词典》，商务印书馆2012年版，第713页。

军人叛逃罪的主体。如果一个没有军籍的军工厂职工违反武器装备使用规定肇事了，可以成为武器装备肇事罪的主体。而在社会一般人看来、在一般社会观念中，一个普通老百姓并非“军人”，不应称为军职罪的主体。那么，一有实际的案件发生，就面临这个普通老百姓是不是“军人”的问题——主观解释认为构成军职罪（这有立法者的明确规定），这个老百姓属于“执行军事任务的其他人员”；而客观解释认为不应该构成军职罪，这个老百姓不应该属于“执行军事任务的其他人员”。

笔者认为，第450条大大扩张了军人的外延，虽然是为了保护法益，但是毕竟与“军人违反职责罪”这个标题不符。假如把军职罪一章与危害国防利益罪一章合并，再来打击前述的这个普通老百姓，那么，由于他危害了国防利益，构成危害国防利益的犯罪就顺理成章了。把普通老百姓作为军人违反职责罪的犯罪主体来打击，逻辑上是不顺畅的。军人的能指与刑法中军职罪一章的适用范围之间的差异，是因为刑法文本的规定与现代汉语的实际应用之间不一致造成的，也是军人本身的能指与立法者的所指之间不一致造成的。与其别别扭扭地适用第450条，不如把“军人”限定在现役和预备役人员之内，而把“执行军事任务的其他人员”作为危害国防利益罪一章的犯罪主体为宜。这当然是需要整体上来重构刑法分则。

需要注意的是，在国家工作人员认定的两种观点——“公务论”与“身份论”之中，与军人的认定有关系。没有身份的国家工作人员临时从事公务，到底是不是应该认定为国家工作人员？这个问题是一个学理问题。没有军人身份的老百姓（普通公民）临时执行军事任务，到底是不是应该认定为军人（军职罪的主体）？这个问题则不是一个学理问题，而是一个通过第450条、立法者自己已经明确回答了的问题。但是，两个问题的内在逻辑则是一致的。笔者认为，凡是通过拟制规定进行的解释（包括立法解释和司法解释等有权解释），如果结论与文字本身具有的含义、与一般社会观念存在不一致的，都会产生客观解释与主观解释的矛盾，都有必要进行弥合。本书认为，应该尊重文字、尊重现代汉语背后的社会秩序与社会观念，以客观解释作为基础性刑法解释方法，废除所有的拟制规定，反对滥用能指、随意改变能指指称范围的做法。

2. 有影响力的人与关系密切的人之间的鸿沟。有影响力的人与关系密切的人之间的差异，是文字本身（关系密切的人）的含义大于释法者的意思（有影响力的人）的情形，是客观文义外延大于主观文义外延的情形。

《刑法》第390条之一是“对有影响力的人行贿罪”。而实际上，刑法文本使用的是“与国家工作人员关系密切的人”，并不是“有影响力的人”。二者之间是不同的。从客观解释来说，“与国家工作人员关系密切的人”的外延无疑是大于“有影响力的人”的外延的。因为，现代汉语中的“有影响力的人”指的是那种说话有权威的人。而立法者要表达的意思是“对能够向国家工作人员或者离职的国家工作人员施加影响、产生影响的人行贿”，结果被最高人民法院确定罪名表述为了“对有影响力的人行贿”。从主观解释来说（最高人民法院的解释也是一种主观解释），“与国家工作人员关系密切的人”的外延是等于“有影响力的人”的外延的。笔者认为，有影响力的人与关系密切的人之间的差异是客观存在的，应该进行弥合。还不如直接根据法条改称为“对关系密切的人行贿罪”。

3. 药品、农药、兽药、鱼药。这一组构成要件也需要甄别。先看一个新闻报道：2017年水产制品的整体抽检合格率为98.1%。在不合格水产及其制品中，孔雀石绿、硝基呋喃类药物代谢物为出现次数最多的不合格项目，超过九成的不合格水产品检出了国家标准规定“不得使用”或“不得检出”的氯霉素、孔雀石绿、呋喃西林或呋喃唑酮代谢物等。大部分涉“药物滥用”的水产品来自农贸市场、菜市场等，也有部分产品来自知名连锁超市。水产品检查中主要发现两个问题：一是鲜活水产品养殖过程中违规使用孔雀石绿、硝基呋喃等禁用药物的问题比较突出；二是违规使用禁用药物涉及多种鲜活水产品。一方面，养殖密度大，加之一些水体受到污染，为减少鱼虾的死亡率、追求经济效益，一些不法商贩铤而走险使用违禁药物，是主观故意投放药物。另一方面某些人饲养鸡鸭、畜类等滥用抗生素，这些动物的排泄物等也会污染周边的水环境。[1]新闻的标题“不合格水产品里超九成是滥用兽药”乍看是错误的语言表述，其实不然，虽然鱼不是兽，但是鱼药的确是属于兽药的。

2016年修订的《兽药管理条例》第72条规定：“本条例下列用语的含义是：①兽药，是指用于预防、治疗、诊断动物疾病或者有目的地调节动物生理机能的物质（含药物饲料添加剂），主要包括：血清制品、疫苗、诊断制品、微生态制品、中药材、中成药、化学药品、抗生素、生化药品、放射性药品及外用杀虫剂、消毒剂等。……⑦兽药批准证明文件，是指兽药产品批准文号、进口兽药注

---

〔1〕“食品抽检大数据：不合格水产品里超九成是滥用兽药”，载 http：//hb. ifeng. com/a/20180130/6344229 _0. shtml.

册证书、允许进口兽用生物制品证明文件、出口兽药证明文件、新兽药注册证书等文件。”所以准确地说，兽药（Veterinary Drugs）是动物药。在我国，鱼药、蜂药、蚕药等也被列入兽药管理。《兽药管理条例》第1条规定：“为了加强兽药管理，保证兽药质量，防治动物疾病，促进养殖业的发展，维护人体健康，制定本条例。”第3条规定：“国务院兽医行政管理部门负责全国的兽药监督管理工作。县级以上地方人民政府兽医行政管理部门负责本行政区域内的兽药监督管理工作。”第74条规定：“水产养殖中的兽药使用、兽药残留检测和监督管理以及水产养殖过程中违法用药的行政处罚，由县级以上人民政府渔业主管部门及其所属的渔政监督管理机构负责。”国家农业部下设有兽医局、渔业渔政管理局，根据《兽药管理条例》的规定，履行各自的管理职权。

在农业部兽医局主要职能中有：拟订动物防疫、检疫、医政、兽药及兽医器械、畜禽屠宰发展战略、政策、规划和计划并指导实施；负责动物疫病防治工作；拟订重大动物疫病防治政策和国家控制扑灭计划，并组织实施；组织外来动物疫病及新发动物疫病防治工作；负责动物疫病区域化管理工作；负责动物防疫应急管理；负责动物疫情管理工作，组织动物疫病监测和风险评估，发布预警信息和疫情信息；负责动物卫生监督管理，组织动物及动物产品检验检疫、动物防疫条件审查、动物标识及动物产品可追溯管理；负责动物卫生监督执法工作；等等。[1]可见，作为习惯称谓的兽医（能指），实际上指的是动物医生（所指）。早期的兽医主要涉及的是畜、禽养殖，随着养鱼、养蚕、养蜂以及一些特种养殖行业的兴起，兽医的外延已经大大扩张了。

根据上述“水产养殖中的兽药使用、兽药残留检测和监督管理以及水产养殖过程中违法用药的行政处罚，由县级以上人民政府渔业主管部门及其所属的渔政监督管理机构负责”的规定，刑法文本中的药品、农药、兽药等概念之间的关系非常混乱。《药品管理法》中的药品，以及生产假药罪、生产劣药罪中的“药”“药品”指的是人用药品。“农药”指的是植物用药，“兽药”指的是动物用药。这样在形式逻辑上就清楚了。人用药品由国家食药监总局管理，农药由农业部管理[2]，兽药也是农业部管理[3]。因为农药和兽药最终是用于食用农产品（人食

---

〔1〕 http://www.syj.moa.gov.cn/jgzn__23347/jgzz/201109/t20110923__2294351.htm.

〔2〕 具体是农业部种植业管理司（农药管理局、植物保护办公室）。

〔3〕 具体是农业部兽医局（重大动物疫情防控办公室、畜禽屠宰管理办公室）。

用的瓜果蔬菜）和食品用动物，所以，国家食药监总局也会对瓜果蔬菜、畜禽、水产品等的农药、兽药残留实施监管。

综上，在我国刑法文本这一特定语境中，农药不是兽药的上位概念，农药、兽药也不是药品的下位概念。药品、农药、兽药三者属于互斥关系、并列关系。由于刑法文本中的药品、农药、兽药的关系与人们日常生活所理解的存在较大距离，因此，刑法文本有必要使用规范表述、规范用语来重新指称这些重要的构成要件，把药品改为人用药品，把农药改为植物药、植保药，把兽药改为动物药。这样做的好处是，能够倒逼新闻报道、机关公文等其他语言场景逐渐正视各自语言原有瑕疵并进行优化。

（三）能指之间的鸿沟与弥合

各种能指之中，有的可能是最好的能指。而如何发现和选用最好的能指，大概就是刑法语言学的终极追求目标。例如，表示非法拘禁的能指，有非法扣押、非法监禁、非法剥夺人身自由、非法剥夺行动自由、私行监禁、掳人等。具体怎样选择使用，既有习惯的原因，也有语用的限制。但是应该分出高下，分出优劣。笔者认为，本罪既处罚一般公民的私自扣押他人的行为，也处罚警察等特殊主体滥用职权、无合法手续的擅自、私自扣押他人的行为，所以，考虑到刑法文本中的非法、擅自、违规等表述方式之间的差异，选择“私自监禁”或者“私自拘禁”更合适一些。

1. 普通用语与规范用语的鸿沟与弥合。能指之间的鸿沟，广泛存在于社会生活的各个领域，一定程度上造成了语言混乱。例如，某券商宣传自己拥有“全牌照”，其实就是自己拥有所有的证券业务许可证而已。金融牌照，即金融机构经营许可证，是批准金融机构开展业务的正式文件。市场准入制度是事前监管的核心，金融许可证则是市场准入制度的常态表现。目前，金融许可证由银监会、证监会和保监会等部门分别审批、颁发，包括银行、保险、信托、券商、金融租赁、期货、基金、基金子公司、基金销售、第三方支付、小额贷款、典当等十余种。[1]而众所周知，“牌照”一般情况下指的是机动车辆的号牌。所以，“牌照”一词已经具有了至少两个义项。在这里，普通用语与规范用语的鸿沟需要弥合，而弥合的最佳方式就是把“牌照”这个生活中的普通用语规范化的使用，那么，

〔1〕由于机构改革，银监会和保监会合并为了银保监会。

宣传拥有“全牌照”的时候最好使用规范性的表述方式，即拥有所有的金融业务许可。未获得金融业务许可而从事金融业务的，就是违规或者违法，甚至触犯相应罪名。

刑法能指之间的鸿沟则更多、更复杂。例如，校园霸凌事件是一种生活事实，在使用刑法用语对其进行评价时，虐待、暴行、凌虐、凌辱、霸凌、欺凌、殴打、伤害、体罚、刑讯等词语中的哪一个最符合这一生活事实？再如，刑法用语中的“黑社会性质的组织”为什么与生活语言中的“黑社会”不一致？难道“黑社会性质的组织”不是“黑社会”？

第一，非法经营与无证经营。非法经营罪中的“非法经营”显然是普通用语，它与《无证无照经营查处办法》中的“无证无照经营”这一规范用语的关系需要明确。2017 年 10 月 1 日起《无证无照经营查处办法》施行后，2003 年颁布的《无照经营查处取缔办法》目前已经废止。《无证无照经营查处办法》中分了三种情形，分别是第 5 条：经营者未依法取得许可从事经营活动的，由法律、法规、国务院决定规定的部门予以查处；法律、法规、国务院决定没有规定或者规定不明确的，由省、自治区、直辖市人民政府确定的部门予以查处。第 6 条：经营者未依法取得营业执照从事经营活动的，由履行工商行政管理职责的部门予以查处。第 7 条：经营者未依法取得许可且未依法取得营业执照从事经营活动的，依照本办法第 5 条的规定予以查处。

“证照”是进入市场的两把“钥匙”。“照”指的是工商部门颁发的营业执照，“证”指的是各相关行业主管部门颁发的经营许可证。原先要开办一家公司，首先要取得主管部门的经营许可证，才能到工商部门申办营业执照，即“先证后照”。2014 年，国务院将“先证后照”改成“先照后证”，降低市场主体的准入门槛，激发了全民创业热情。上海自贸区建立和扩区以来，率先开展了商事登记制度改革，实现了市场准入领域的“先照后证”，也就是只要到工商部门领取一个营业执照，就可以从事一般性的生产经营活动。如果要从事需要许可的生产经营活动，再到相关审批部门办理许可。根据许可事项的不同，“证照分离”改革分五种情况推进试点：①取消审批。对市场竞争机制能够有效调节，行业组织或中介机构能够有效实现行业自律管理的事项，取消行政审批，实行行业自律管理，允许企业直接开展相关经营活动。包括设立旧机动车鉴定评估机构审批、设立可录光盘生产企业审批等。②取消审批，改为备案。为及时准确地获得相关信息，更好地开展行业引导、产业政策制订和维护公共利益，对许可事项实行备案管理。包括加工贸易合同审批等。③简化审批，实行告知承诺制。对于暂时不能取消审批，但通过事中事后监管能够纠正不符合审批条件的行为，并且不会产生严重后果的行政许可事项，实行告知承诺制。对实行告知承诺的许可事项，由行政审批机关制作告知承诺书，并向申请人提供示范文本，一次性告知企业审批条件和需要提交的材料，企业承诺符合审批条件并提交有关材料，即可当场办理相关许可事项。包括机动车维修经营许可、音像制作单位变更名称或兼并和分立审批等。④提高审批的透明度和可预期性。对暂时不能取消审批，也不适合采取告知承诺制的许可事项，简化办事流程，公开办事程序，推进标准化管理和网上办理，明确审批标准和办理时限，以最大程度减少审批的自由裁量权，实现办理过程公开透明，办理结果有明确预期。包括会计师事务所及其分支机构设立、融资性担保机构设立、旅行社业务经营许可等。⑤强化审批，加强市场准入管理。对于涉及国家安全、公共安全、生态环境保护以及直接关系人身健康、生命财产安全等特定活动审批事项，按照国际通行规则，加强风险控制，强化市场准入管理。包括食品生产许可、危险化学品经营许可、经营性互联网文化单位设立等。

可见，非法经营罪中的行政许可目前处于政策尚不统一的试点阶段。这为非法经营罪的认定带来极大困难。笔者认为，刑法中的非法经营与无证无照经营不是一回事，刑法中的非法经营与未取得许可从事经营也不是一回事。非法经营不是无照经营，它更接近无证经营（即未依法取得许可从事经营）。但是非法经营的外延应该小于无证经营。也就是说，不是所有的无证经营都是非法经营罪的"非法经营"。对于非法经营罪中的兜底条款"其他严重扰乱市场秩序的非法经营行为"必须进行限制解释，不可随意泛化"非法经营"的外延。非法经营罪的"经营"项目和内容，从专营专卖、限制买卖物品，发展到买卖经营许可证和批文，再到金融业务，再到电信业务、出版物等，外延已经在逐渐泛化，何处是其边界，现在还不好说。

顺便提及的是，非法经营中的"未经许可"与"未经国家有关主管部门批准"是完全相等的意思。"未经国家有关主管部门批准"是刑法修正案增加的，"未经许可"则是1997年刑法典就有的，可能是立法时间不同导致了真实立法者的不同，才导致语料选择的不同。

第二，危险驾驶与飙车。规范用语来自于普通用语，不是什么天外来客。即便规范用语大多是书面用语，比较正式，也不能成为隔绝、脱离生活语言的理由。规范用语必须接地气，最佳指称社会生活的方方面面。如何沟通、协调、融合规范用语和普通用语？危险驾驶罪中的“危险驾驶”，涵摄了罪状中的竞速驾驶、醉酒驾驶、客运业务严重超员驾驶、客运业务严重超速驾驶、违规运输危化品等5种情形。在生活用语中，追逐竞驶往往被称为“飙车”。“飙车”与“追逐竞驶”之间的距离多大？生活用语的“飙车”，可能是一辆车“飙车”、自己跟自己“飙车”，也可能是多辆车“飙车”、互相比试着“飙车”。而作为刑法构成要件的“追逐竞驶”必须是多辆车，一辆车“飙车”一般不属于“追逐竞驶”，只能解释为超速。危险驾驶罪不处罚所有的超速，只处罚客运业务严重超速驾驶的情形。只有从事客运业务的一辆车“飙车”，才构成本罪。可见，规范用语和普通用语之间未必就是等价性的。所以，日常生活中出现的一辆车的“飙车”（超速）、自己跟自己“飙车”的行为，一般而言，不触犯危险驾驶罪的构成要件。

普通用语与规范用语之间没有绝对界限。普通用语与规范用语只能是相对而言，不是绝对的。当一个普通用语能够表达出规范意义、确定概念的内涵外延时，它就是规范用语，是很规范的用语。当一个所谓的“规范用语”并未厘定概念的内涵外延时，它什么都不是，只能换掉。无须担心普通用语不能承担构成要件明确性的任务，也无须夸大规范用语的优点和价值。

第三，毒品与管制药品。“毒品”作为一个普通用语形式的能指，对应的实际上是国家管制的麻醉药品和精神药品，这已经由《刑法》第357条明确下来。国家管制的麻醉药品和精神药品才是其规范用语形式的能指。至于哪些是国家管制的麻醉药品和精神药品，则通过引证罪状指向了更为具体的法律规范或者医学规范。有的法域或者语境会称之为“滥用麻醉药物”或者“滥用成瘾药物”，都表明毒品实际上是一种药品，滥用则“有毒”。使用“毒品”这个能指，会使得普通公众以为毒品的种类很少，以为这是万恶不赦的物质。而其实，它的种类很多，也不是万恶不赦的物质。所以，不如使用“国家管制的麻醉药品和精神药品”这一规范用语形式的能指。毕竟，“毒品”与“国家管制的麻醉药品和精神药品”之间存在一定的距离。在有些特定语境下，毒品又被称为“依赖性药品”。〔1〕麻醉药品与精神药品是毒品的上位概念。《刑法》第357条规定的“毒品”是采取了列举与概括相结合的定义方式，“毒品”定义的中心词是“国家管

〔1〕“福建出入境检验检疫局基本情况”，载http：//www.fjciq.gov.cn/jyj/232757/233480/233578/287453/index.html.

制的能够使人形成瘾癖的麻醉药品和精神药品”，麻醉药品和精神药品具体品种不是绝对固定的，所以会不定期地颁布《麻醉药品品种目录》《精神药品品种目录》，有的退出目录，有的新进目录。目前有1997、2005、2007、2013年等几个版本。例如，罂粟浓缩物、罂粟壳、古柯叶等在1997年版和2013年版品种目录中都是存在的。2007年版的罂粟秆浓缩物到了2013年版变为罂粟浓缩物。罂粟壳在1997年就被列入《麻醉药品品种目录》。

已经灭活的毒品原植物种子，不属于毒品，也不属于毒品原植物种子。例如，罂粟籽油无毒、无依赖，长期食用不会成瘾，所以，罂粟籽不能解释为刑法中的毒品。20世纪90年代经联合国卫生组织批准，灭活后的罂粟籽在欧洲开始销售。联合国麻醉品管制局早于2000年就批准灭活的罂粟籽可以榨油食用。2005年，卫生部、农业部、国家质检总局、国家工商总局、国家食品药品监督管理局等五部委联合批准罂粟籽可以榨取油脂食用。2006年，罂粟籽油被国家卫生部批准为新资源食品。

一氧化二氮俗称“笑气”，目前逐渐被滥用。由于缺乏对成瘾性、耐受性、身体危害和非法性的界定，我国法律对笑气并未作出明确定性。这导致目前笑气并不属于《刑法》和《麻醉药品精神药品品种目录》中的毒品范畴。它仅作为众多具有毒害、腐蚀、爆炸、燃烧、助燃等性质，对人体、设施、环境具有危害的化学品的一种，被列于《危险化学品目录（2015年版）》中。笔者认为，麻醉药品与精神药品是毒品的上位概念，笑气属于危险化学品，同时也属于麻醉药品的一种，被滥用的医学麻醉剂应该定性为刑法学中的毒品。医疗领域经常使用“毒麻药”“毒麻精神药品”“毒麻药处方”“处方麻醉药”等称谓，是指麻醉药品与精神药品。根据《麻醉药处方管理制度》《麻醉药品、精神药品处方管理规定》等，在某些特定领域和语境之中，“非法毒品”的对称就是“处方毒麻药品”（合法毒品），“非法毒品”就是非法的麻醉药品、精神药品，合法毒品就是手续合法的、经过处方的麻醉药品、精神药品。即便是正规的制药厂，假如非法生产杜冷丁等《刑法》第357条的“毒品”，也应该按照制造毒品罪处断。

2. 平易用语与古雅用语的鸿沟与弥合。封建时代的刑法，如果仅考察从唐律到明律，也是变化极大的。清代薛允升曾言：“唐律古奥难读之处，大抵多从汉律而来，明代俱易以平易浅近之语，若有不得其解者，则决然删除。”[1]笔者

---

[1]（清）薛允升：《唐明律合编》，怀效锋、李鸣点校，法律出版社1999年版，唐明律卷首。

认为，明代的这种观念真的是难能可贵。刑法用语的最高标准应该是达到明确性，至于古雅还是平易，不是考虑的对象。从现代刑法学的视角而言，平易的刑法用语未必不规范，古雅的刑法用语未必难懂，其中火候的拿捏，实在考验立法者的水平，考验立法者对中华语言传统和语言宝库的谙熟程度。现行刑法的用语，总体上是平实、浅易的，是通常文化程度的公民能够理解的。不过，刑法文本中是有古雅用语的一些残迹的。

（1）狩猎。《刑法》第341条第2款非法狩猎罪。“狩”：“冬猎为狩”。“狩猎”如今连用，已经不涉及猎捕的季节，凡是打猎、猎捕、捕猎、捕捉都属于“狩猎”，“狩”从一个古雅的用语变为一个规范用语、平易用语，是现代汉语的常用词汇了。在林业法律法规中，频繁使用“猎捕”与“狩猎”，一般不作区分。但是，在《陆生野生动物保护实施条例》中，《特许猎捕证》和《狩猎证》则使用了不同的语词，《特许猎捕证》针对的是国家重点保护野生动物，而《狩猎证》针对的是非国家重点保护野生动物。可是有趣的是，《陆生野生动物保护实施条例》第15条“猎捕非国家重点保护野生动物的，必须持有狩猎证，并按照狩猎证规定的种类、数量、地点、期限、工具和方法进行猎捕”的规定，以及《野生动物保护法》第23条“猎捕者应当按照特许猎捕证、狩猎证规定的种类、数量、地点、工具、方法和期限进行猎捕”的规定，又把刚刚区别了的“猎捕”与“狩猎”进行了混同，这些已经足以说明，《特许猎捕证》其实就是特许狩猎证、特许捕捉证，而《狩猎证》其实就是捕猎证、猎捕证、捕捉证。一般而言，捕猎、猎捕与狩猎应该等量齐观。

（2）决水。“决水”一词，在现代汉语词典里面是没有的，古代汉语词典也没有。[1]所以，意大利刑法使用的是“造成洪灾”“导致洪灾”[2]。从词法而言，因为“决”不应该带宾语（相当于英语中的不及物动词），所以，“决水”是个生造的词语。决水的意思是“使水决”，也就是“使水决口”，而不是“挖掘水”，不是“掘水”。正因如此，学者们在解释的时候，都表述为“制造水患”[3]。那么，表面上看，决水罪这个词语是古雅的语言，其实是错误的语言，应该表述为“制造水患罪”或者“制造洪水罪”。清末的刑事立法使用的“决水

〔1〕《现代汉语词典》，商务印书馆2012年版。《古代汉语词典》，商务印书馆1998年版。

〔2〕黄风译：《意大利刑法典》，中国政法大学出版社1998年版，第129页。

〔3〕张明楷：《刑法学》，法律出版社2011年版，第607页。谢望原、赫兴旺主编：《刑法分论》，中国人民大学出版社2016年版，第32页。

浸害”源自1907日本刑法。1890年颁布的日本刑法第411条是“决溃堤防、毁坏水闸、漂失住人家屋”[1]等，这与唐律是基本一致的。在唐律中，无“决水”一词，而是“盗决堤防”“故决堤防”[2]。从词汇构造来看，是“决”堤防或者水闸，而不是“决”水。所以笔者推断，是清末立法的时候，引入了日本刑法的“决水浸害”，从那时起以讹传讹，流传至今。而且，“决水浸害”一词在我国台湾地区刑法中仍旧使用着。

（3）人质。质，《说文》解为“以物相赘”[3]，也就是以物作抵押的意思。本为动词。质，逐渐引申为“以财物或人员作抵押”[4]，以及作为抵押的人或者物，发展成了名词。现行刑法绑架罪中的人质，就是质，也就是作为抵押的人。民法中的质押物，指的就是作为抵押的物。在唐律中，绑架罪称为持质罪，就是劫持人质罪或者劫持罪。有学者认为，现行刑法绑架罪的规定源于《关于严惩拐卖、绑架妇女、儿童的犯罪分子的决定》，并认为这一决定只限于“以勒索财物为目的的绑架他人”，除造成处罚上的空隙。[5]笔者认为，似有不确。现行刑法绑架罪与唐律在渊源上是一致的。只是唐律的人质主要包括两种，一种是“规财者求赎”，另一种是“避罪者防格”[6]，现行刑法绑架罪中的“作为人质”其外延则广泛得多，但司法实践中主要形态仍旧是“规财者求赎”，即勒索财物为目的的绑架罪。

（4）自首。自首的“首”，是告发、认罪的意思。自首，是（犯法的人）自行向司法机关或有关部门交代自己的罪行。[7]也就是自己告发自己。所以，自首就是自诉、自告。而公诉就是公告，是由专门机关实施的起诉和告发。自首或者首，出现较早。《三国志·魏书·武帝纪》：“初讨谭时，民亡椎冰，令不得降。顷之，亡民有诣门首者，公谓曰：‘听汝则违令，杀汝则诛首，归深自藏，无为吏所获。’民垂泣而去；后竟捕得。”[8]到了唐代，“陈首”多次出现，也是自首的意思。现行刑法使用自首一词，无疑是古代汉语传承的结果。

---

〔1〕何勤华、魏琼编：《董康法学文集》，中国政法大学出版社2005年版，第850页。
〔2〕刘俊文：《唐律疏议笺解》，中华书局1996年版，第1880页以下。
〔3〕（清）段玉裁：《说文解字注》，中华书局2013年版，第284页。
〔4〕《古代汉语词典》，商务印书馆1998年版，第2027页。
〔5〕张明楷：《刑法分则的解释原理》，中国人民大学出版社2011年版，第765页。
〔6〕刘俊文：《唐律疏议笺解》，中华书局1996年版，第1282页。
〔7〕《现代汉语词典》，商务印书馆2012年版，第1728页。
〔8〕（晋）陈寿：《三国志》，中华书局2006年版，第16页。

3. 能指的废除和替换。一个垂范久远的刑法文本，应该谨慎对待其中的语言和词汇。在这一点上，现行刑法还没有达到完美的地步。有的刑法用语，既不是现代汉语语料体系中的普通用语，也不是现代汉语语料体系中的规范用语，有的生涩、罕见，有的含义不明，有的生造，有的不统一，应该予以废除和替换，以优化刑法语言和刑法文本。

（1）强令。强令违章冒险作业罪中的“强令”怎样理解？第一种理解，偏正关系——强行地命令或者强烈地命令。第二种理解，并列关系——强迫、命令或者强制、命令。根据第二种理解，把非法种植毒品原植物罪中“强制铲除”的使用与“强令”等量齐观，强令违章冒险作业罪就是强制违章冒险作业罪。在正式的法律文本中，极少出现“强令”。根据《商业银行法》第 41 条，任何单位和个人不得强令商业银行发放贷款或者提供担保。此外，就难以找到“强令”了。这是因为，“强令”并非现代汉语常用词，现代汉语词典并无收录。其规范意义应该指的是，被强令人不愿执行违规、违章、冒险作业指令，强令人仍继续下达该指令。假如并无此事实，只能评价为“命令违章冒险作业罪”。司法实践中，一些案件并无“强”的事实，如河南济源陈某平、包某松强令违章冒险作业罪一案，本应评价为“命令违章冒险作业罪”，但因为并无“命令违章冒险作业罪”这个罪名，于是处断为强令违章冒险作业罪。

（2）保藏。《刑法》第 331 条传染病菌种、毒种扩散罪中的“保藏”，意思就是保管、储藏。“保藏”这个词语在现代汉语中相当罕见，不属于普通用语，也不属于规范用语，出现在《传染病防治法》第 26 条：“国家建立传染病菌种、毒种库。对传染病菌种、毒种和传染病检测样本的采集、保藏、携带、运输和使用实行分类管理，建立健全严格的管理制度。对可能导致甲类传染病传播的以及国务院卫生行政部门规定的菌种、毒种和传染病检测样本，确需采集、保藏、携带、运输和使用的，须经省级以上人民政府卫生行政部门批准。具体办法由国务院制定。”

（3）为亲友非法牟利。众所周知，《刑法》第 166 条罪状中并无“为亲友非法牟利”这些字眼，既没有“为亲友”，也没有“非法牟利”。所以，笔者以为，不如将描述性极强的“为亲友非法牟利”改为“为亲友谋取不正当利益”，或者“为他人谋取不正当利益”。罪名就相应地改为“为亲友谋取不正当利益罪”，今后可以发展为“为他人谋取不正当利益罪”。这样做还能与受贿罪中的“为请托人谋取不正当利益”保持一致。学界争议很久的受贿罪中的“谋取不正当利益”

到底是主观要件还是客观要件，就容易得出结论了：既然有了为亲友非法牟利罪这个罪名，“谋取不正当利益”当然应该是一个客观要件。而笔者的最终观点是，“为亲友非法牟利罪”既然是一个生涩的能指，而且与刑法文本中其他的语言还不能保持一致，不如改为“为亲友谋取不正当利益罪”。

（4）额定。《刑法》第133条之一中的“严重超过额定乘员载客”中的“额定”一词应该替换为“核定”。“额定”一词，来自《道路交通安全法》第92条：“公路客运车辆载客超过额定乘员的，处200元以上500元以下罚款；超过额定乘员20%或者违反规定载货的，处500元以上2000元以下罚款。货运机动车超过核定载质量的，处200元以上500元以下罚款；超过核定载质量30%或者违反规定载客的，处500元以上2000元以下罚款。”但是同法多处使用的是“核定”一词。例如，第49条规定：“机动车载人不得超过核定的人数，客运机动车不得违反规定载货。”《道路交通安全法实施条例》使用的也是“核定”。第55条规定：“机动车载人应当遵守下列规定：①公路载客汽车不得超过核定的载客人数，但按照规定免票的儿童除外，在载客人数已满的情况下，按照规定免票的儿童不得超过核定载客人数的10%……”第106条规定：“公路客运载客汽车超过核定乘员、载货汽车超过核定载质量的，公安机关交通管理部门依法扣留机动车后，驾驶人应当将超载的乘车人转运、将超载的货物卸载，费用由超载机动车的驾驶人或者所有人承担。”在我国社会生活中，一般使用的是严重超过“核载人数”，机动车上喷涂的字样也是“核载”（也就是核定载客）多少人，如小型面包车“核载7人”。《道路运输条例》第34条规定：“道路运输车辆运输旅客的，不得超过核定的人数，不得违反规定载货；运输货物的，不得运输旅客，运输的货物应当符合核定的载重量，严禁超载；载物的长、宽、高不得违反装载要求。”我国机动车行驶证副页记录了“号牌号码”“核定载人数”“整备质量”“总质量”“核定载质量”“外廓尺寸”等信息，使用的也是“核定”。笔者认为，“额定”是规定数目的意思，是个形容词。[1]“核定”意为核对审定，是个动词。[2]使用“核定”一词能够体现出行政许可行为（具体是车管所的行为），更准确，建议统一使用“核定”一词。

（5）此外，《刑法》第133条交通肇事罪中的“逃逸”是否应该替换为“不

〔1〕《现代汉语词典》，商务印书馆2012年版，第339页。
〔2〕《现代汉语词典》，商务印书馆2012年版，第527页。

救助”，第17条刑事责任年龄中的“投毒罪”是否应该替换为“投放危险物质罪”，第176条非法吸收公众存款罪是否应该替换为“非法集资罪”，第335条医疗事故罪是否应该替换为“医疗责任事故罪”，第336条中的“医生职业资格”是否应该替换为“医师执业资格”，等等，都值得立法者考虑。例如，第147条的农药、兽药、化肥、种子，采取的是列举式构成要件，可以改为“农资”这个概括式构成要件。再如，第410条国有土地使用权与第169条国有资产（可以替换为国有财产、国资），前者是列举式构成要件、下位构成要件。而后者是概括式构成要件、上位构成要件。再如，攻击或者打击是上位构成要件，而第110条中的轰击就是下位构成要件。这些都可以考虑替换能指，以便明确构成要件的内涵、外延。

（四）多个所指现象

多个所指现象，就是一词多义现象。如果刑法文本中的一个构成要件（一个能指）具有两个以上不同义项、两种以上不同外延，在语言学中，就是一词多义现象。一个能指所指称的事物并不是一个，一个能指对应着多个所指。这是构成要件文字本身呈现出的客观文义。

1. 邮政。邮政一词至少有两个义项、两个外延。一个是特指中国邮政（中国邮政公司），这是一家大型国有企业，分支机构遍布全国城乡，基层营业场所的名称有邮电所、邮政所、邮政支局、邮政代办所等。〔1〕另一个指的是国家邮政局中的“邮政”，主管传统邮政和新型快递，分别进行邮政服务监管、快递市场监管。国家邮政局内设机构之一是市场监管司（安全监督管理司），其职能为：依法监管邮政市场，维护信件寄递业务的专营权；依法实行快递等邮政业务的市场准入制度；依法监管集邮市场；指导邮政行业安全生产管理工作，承担邮政行业运行安全的监测、预警和应急管理工作；拟订保障邮政通信与信息安全的政策并监督实施；拟订邮政行业安全生产监督管理办法并监督实施；组织或参与邮政行业重大突发事件的统筹调度、协调疏导、调查处置工作。其中的“依法实行快递等邮政业务的市场准入制度”这样的表述足以表明，快递属于一种“邮政业务”，这里的“邮政”是外延较大的一个义项。很明显，两个“邮政”中，后者的外延大于前者。国家邮政局中的“邮政”，不再指的是“中国邮政”或者“中

〔1〕 中华人民共和国国家邮政局，载 http：//www.spb.gov.cn/fw/pbfwhtsfwsp/pbfwhtsfwspjg/201703/t20170322_1078718.html.

国邮政集团公司”。

这当然直接涉及刑法中的构成要件及其解释，例如邮政工作人员、邮件，等等。邮政工作人员，指的是中国邮政这家企业的工作人员，还是从事邮政业务的工作人员？邮件，指的是中国邮政这家企业的邮件，还是所有邮政业务涉及的邮件？笔者认为，邮政工作人员、邮件等构成要件不能再局限于“中国邮政”范围内，因为这无疑是加大了“中国邮政”相关人员的刑事责任，与平等适用刑法原则背道而驰。从邮政、中国邮政发展到快递业务、寄递业务，既是社会发展的事实，也影响着主管部门的名称与管理思路。国家邮政局这个名称，似乎也应该改变，以避免误解。历史上曾经出现过驿运、邮传等词语和称谓，也是珍贵的刑法构成要件的历史资源。“邮”，繁体字为“郵”，意思是“境上行书舍”[1]，是古代传递文书供车马食宿的驿站[2]。国家邮政局，就是主管寄递业务的机关。

2. 邮件。《刑法》第252条侵犯通信自由罪中的信件，第253条私自开拆、隐匿、毁弃邮件、电报罪中的邮件、电报，第304条故意延误投递邮件罪中的邮件。信件、邮件、电报三个构成要件，谁是涵摄力更大的构成要件？信件一词，一般社会观念中是包括电报的。但是邮政行业分得很细，信件包括平信、挂号信、特快专递信件，并不包括电报。所以，邮件、电报、信件三个构成要件中，邮件应该是涵摄力最大的构成要件，包括包裹、挂号印刷品、信件、电报和邮政速递的各种书刊、实物、商品。但是，需要注意，第253条私自开拆、隐匿、毁弃邮件、电报罪中，把邮件、电报并列在一起，说明邮件与电报在本条中属于并列关系，邮件是狭义的。而第304条故意延误投递邮件罪中的邮件则是广义的，该条的“邮件”理应包括“电报”。也就是说，两处“邮件”其外延是不一样的。在现在的一般观念里，“电报”似乎理应是一种邮件，而实际上，邮件往往有一个从寄出地到寄达地的实际运输过程，无论信件、印刷品还是包裹，都属于典型意义上的“邮件”。而“电报”不存在实际运输过程，只是从寄达局到达收报人手中这一段距离，如果是采取上门投递方式，邮政工作人员就可能实施延误投递的可能性。如果是采取收报人上电报局收报的方式，邮政工作人员一般而言就不存在实施延误投递的可能性（当然仍然可能实施，例如故意晚通知、拖延通知收报人）。邮寄是古老的生活方式的记载，而相比较而言，电话、电报、传真

〔1〕（清）段玉裁：《说文解字注》，中华书局2013年版，第286页。

〔2〕《古代汉语词典》，商务印书馆1998年版，第1897页。

电报（传真）等都属于晚近的事物。邮政的“邮”，是“境上行书舍”，所以，官办的传书业务称为“邮”，这也就是早前中国邮政政企合一的原因。如今，中国邮政已经政企分离，非官办的快递业大兴，邮政监管的对象包括了中国邮政和普通快递，无论是中国邮政还是普通快递，本质上都成了“邮”。

3. 收购。收购是“从各处买进”[1]，用于收购棉花、收购粮食、收购羊毛等，显然与“购买”是有区别的。在《刑法》第155条间接走私型走私犯罪中，直接向走私人非法收购的，一般认为不包括购买自用的情形。也就是说，行为人直接向走私人非法购买自用的，因为量小，一般不构成走私犯罪。这也就是常说的“买赃自用”，一般不构成赃物犯罪。而在《刑法》第341条非法收购珍贵濒危、野生动物罪中，收购包括购买自用的情形，行为人非法购买珍贵濒危、野生动物的，构成非法收购珍贵濒危、野生动物罪，例如全国最大的非法猎捕、运输、收购、出售珍贵、濒危野生动物案，甘肃兰州的李某把非法猎捕的金雕卖给江苏徐州的张某。张某出于个人爱好，自己饲养、训练金雕，同时也出售，被认定为非法收购珍贵濒危、野生动物罪。“在法庭调查环节，15名被告人均表示自己购买、运输、出售的野生动物为国家重点保护动物，所以当庭全部认罪。”[2]之所以涉及珍贵、濒危野生动物的购买、“买赃自用”构成了一种赃物犯罪——非法收购珍贵濒危、野生动物罪，是因为自然资源法益的特殊性和立法者的特殊规定。笔者认为，从法益保护的角度、语言的同一性角度，待到时机成熟，可以把所有的“购买”解释为“收购”，尽量避免多个所指、一词多义。

4. 遗弃。现代汉语中的遗弃有两个义项。遗弃罪的遗弃是“对自己应该赡养或抚养的亲属抛开不管”[3]，是不作为。遗弃武器装备罪的遗弃是“抛弃”[4]，主要是作为，也可能是不作为，如“敌人遗弃大量武器和辎重仓皇逃窜”，此时，“遗弃”不是“遗失”，不是“丢失枪支不报罪”的“丢失”，而是“丢下”“丢弃”“扔下”“舍弃”“离开”。英语单词“abandon”，也没有“遗失”的意思，其具有的五个义项中有四个与前述现代汉语的两个义项是一致的，如（不顾责任、义务等）离弃，遗弃，抛弃；（不得已而）舍弃，丢弃，离开；中止，放

---

〔1〕《现代汉语词典》，商务印书馆2012年版，第1193页。

〔2〕“全国最大网络贩卖濒危野生动物案15人获刑”，载 http://www.chinacourt.org/article/detail/2016/10/id/2314570.shtml. 另见中央电视台《今日说法》2016年11月16日播出的节目。

〔3〕《现代汉语词典》（汉英双语），外语教学与研究出版社2002年版，第2264页。

〔4〕《现代汉语词典》（汉英双语），外语教学与研究出版社2002年版，第2264页。

弃，不再有；停止（支持或帮助），放弃（信念）。[1]所以，“遗弃”这一个能指（语言外壳）具有多个所指。

《刑法》第444条遗弃伤病军人罪中的“遗弃”，到底是作为还是不作为，众说纷纭，不同教科书没有统一的解释。2013年最高检、解放军总政治部修订颁发的《军人违反职责罪案件立案标准的规定》第27条规定：“遗弃伤病军人罪是指在战场上故意遗弃我方伤病军人，情节恶劣的行为。涉嫌下列情形之一的，应予立案：为挟嫌报复而遗弃伤病军人的；遗弃伤病军人3人以上的；导致伤病军人死亡、失踪、被俘的；有其他恶劣情节的。”遗憾的是，并未解释什么是“遗弃”。

笔者认为，作为方式的遗弃伤病军人，使用的是“遗弃”的“抛弃”这个义项。而不作为方式的遗弃伤病军人，使用的是“对自己应该赡养或抚养的亲属抛开不管”这个义项。可是后面这个义项要求的是“亲属”，身为行为人的军人和被害人的军人之间并不是亲属关系。所以，难以确定立法者的原意是什么。况且《刑法》第445条战时拒不救治伤病军人罪是典型不作为犯，那么，遗弃伤病军人罪中的“遗弃”似乎不应该再包括“该救护不加以救护”[2]的情形，否则又会形成竞合关系。所以，如果从现代汉语严格使用的角度，遗弃伤病军人罪中的“遗弃”解释为作为方式的“抛弃”更合理一些。如果出现不作为方式实施的遗弃伤病军人行为（弃之不管），应该根据不作为犯等价性原理，仍然应该处断为遗弃伤病军人罪，但是这一情形不能直接解释为遗弃伤病军人罪。

不仅如此，因为大陆法系的遗弃罪是“致使他人有不能生存之危险”的行为，所以，已经可以涵摄《刑法》第445条战时拒不救治伤病军人罪（指的是危重伤病军人）。也就是说，战时拒不救治伤病军人罪是大陆法系遗弃罪的特别法条。比较遗弃伤病军人罪、战时拒不救治伤病军人罪的法定刑，前罪最高5年有期徒刑，后罪最高10年有期徒刑，所以，前罪的“伤病军人”应该限制解释为一般的伤病军人，而不应该包括危重伤病军人。

此外，《刑法》第445条战时拒不救治伤病军人罪罪状中的救护与救治，是同一关系。“在救护治疗职位上”表明战时拒不救治伤病军人罪是一个身份犯。当“在救护治疗职位上”的人拒不救治一般伤病军人的时候，应该处断为遗弃

---

〔1〕《牛津高阶英汉双解词典》，商务印书馆、牛津大学出版社2014年版，第1~2页。

〔2〕周光权：《刑法各论》，中国人民大学出版社2016年版，第562页。

伤病军人罪。当“在救护治疗职位上”的人拒不救治危重伤病军人的时候，是战时拒不救治伤病军人罪、大陆法系遗弃罪的竞合犯。

《刑法》第129条丢失枪支不报罪的“丢失”与第441条遗失武器装备罪的“遗失”，是典型的同义词，是同一关系。二者都是过失丢失枪支、故意不报的职务性犯罪。

遗弃罪是故意不扶养的行为，是一个纯正不作为犯。遗弃武器装备罪的“遗弃”表达的是积极作为的犯行——故意抛弃、丢弃武器装备的行为。因此，使用“遗弃”武器装备，容易引起误解，可以选用更准确的语词，例如“丢弃武器装备罪”。遗弃伤病军人罪可能是作为犯，也可能是不作为犯。战时拒不救治伤病军人罪是一个纯正不作为犯。

第四章　刑法分则类型化的逻辑起点
——解构的视角

设置得不合理的罪名，排列次序混乱的法条，含义暧昧不清的构成要件，前后表述不一的构成要件，最高人民法院历次“确定罪名”存在的各种问题，以及刑事立法、刑事司法中的反类型化现象，诸如此类的问题，都需要得到正视、剖析、梳理，这些是进行刑法分则类型化的逻辑起点。只有如此，才能为罪名及其构成要件的类型化建构打下基础。

1997 年《刑法》颁布以来，已经有很多学者对于刑法分则的不完善进行研究，如陈兴良的《刑法疏议》，侯国云、白岫云的《新刑法疑难问题解析与适用》，刘树德的《阅读刑法典——罪状建构的若干比较》，刘艳红的《罪名研究》，等等。

一、逻辑起点之一——现有罪名体系的混乱

现行刑法的罪名体系非常混乱，混乱的形式多样，混乱的原因复杂。

（一）不同时期的立法导致的混乱

1. 侵犯公民个人信息罪与窃取、收买、非法提供信用卡信息罪。

(1)《刑法》第 177 条之一是窃取、收买、非法提供信用卡信息罪。第 253 条之一是侵犯公民个人信息罪。窃取、收买、非法提供信用卡信息罪是 2005 年《刑法修正案（五）》增加的，包括两大类行为，一类是非法获取他人信用卡信息，包括窃取、收买两种具体非法获取行为；一类是非法提供他人信用卡信息。非法提供，除了给予、赠送外，理应包括出售、交换等。也就是说，在形式逻辑上，非法提供包括获得对价的非法提供和没有获得对价的非法提供，而获得对价的非法提供就包括出售、出卖、销售、交换，没有获得对价的非法提供就是指给

予、赠送等情形，所以提供与出售是属种关系。

而2009年《刑法修正案（七）》新增的第253条之一出售、非法提供公民个人信息罪，把出售和非法提供又并列起来，成为并列关系。2015年《刑法修正案（九）》又直接使用"侵犯公民个人信息罪"来涵摄《刑法修正案（七）》新增的出售、非法提供公民个人信息罪和非法获取公民个人信息罪两个罪名。如果按照"侵犯公民个人信息罪"这种表述方式，"窃取、收买、非法提供信用卡信息罪"应该表述为"侵犯信用卡信息罪"。如果按照"窃取、收买、非法提供信用卡信息罪"这种表述方式，"侵犯公民个人信息罪"应该表述为"窃取、收买、非法提供公民个人信息罪"。并存于现行刑法的两个罪名的表述方式严重不统一。笔者认为，应该统一表述为"非法获取、非法提供……信息罪"，或者"侵犯……信息罪"。

（2）还需要注意的是，2015年《刑法修正案（九）》新增的第284条之一组织考试作弊罪中，"为实施考试作弊行为，向他人非法出售或者提供第1款规定的考试的试题、答案"。笔者认为，"非法出售"这一表述是错误的，因为根本不存在、也不会存在"合法出售试题、答案"。而且，这里的"非法出售"和"提供"，与刑法典中多次使用的"非法提供"和"出售"也不一致。应该去掉"非法"二字，改为"向他人出售或者提供第1款规定的考试的试题、答案"；或者直接改为"向他人提供第1款规定的考试的试题、答案"。因为，从整部刑法典来看，相对"出售"而言，"提供"是适用面更广的词语，包括获得对价的提供和没有获得对价的提供，"提供"是"出售"的上位构成要件，非法提供（提供）与出售是一种属种关系。

（3）不同时期（实际上就隔了4年而已）的刑事立法导致的用语混乱现象，应该引起重视。不同时期的立法者应该保持"一个立法者"的统一形象，不要给公众一种"多个立法者"的印象，否则，立法者及其立法真的成为被质疑的对象了。同时，考虑到信用卡信息涉及的是姓名、卡号、手机号、身份证号等内容，这些内容当然属于公民个人信息的范围，侵犯公民个人信息罪与窃取、收买、非法提供信用卡信息罪，应该合二为一，称为"非法获取、非法提供公民个人信息罪"或者"侵犯公民个人信息罪"即可。

（4）2009年的《刑法修正案（七）》增加了第253条之一："国家机关或者金融、电信、交通、教育、医疗等单位的工作人员，违反国家规定，将本单位在履行职责或者提供服务过程中获得的公民个人信息，出售或者非法提供给他人，情节严重的，处3年以下有期徒刑或者拘役，并处或者单处罚金。”这就是出售、非法提供公民个人信息罪。“窃取或者以其他方法非法获取上述信息，情节严重的，依照前款的规定处罚。”这就是非法获取公民个人信息罪。到了2015年的《刑法修正案（九）》，该条再次进行修改，取消了2009年新增的出售、非法提供公民个人信息罪和非法获取公民个人信息罪两个罪名，合并为侵犯公民个人信息罪：“违反国家有关规定，向他人出售或者提供公民个人信息，情节严重的，处3年以下有期徒刑或者拘役，并处或者单处罚金；情节特别严重的，处3年以上7年以下有期徒刑，并处罚金。违反国家有关规定，将在履行职责或者提供服务过程中获得的公民个人信息，出售或者提供给他人的，依照前款的规定从重处罚。窃取或者以其他方法非法获取公民个人信息的，依照第1款的规定处罚。”

笔者认为，本罪的实行行为仍然是非法出售、非法获取、非法提供公民个人信息，与修正前没有任何改变。提供与获取是对合性质的动词，出售与购买也是对合性质的动词。非法购买是非法获取的方式之一。提供与获取是上位构成要件，涵摄力大。出售与购买是下位构成要件，涵摄力小。根据《刑法》第282条非法获取国家秘密罪的罪状表述，非法获取包括窃取、刺探和收买，那么，类比而来，非法获取公民个人信息罪的行为方式同样包括窃取、刺探和收买。总之，这一类犯罪中，动词使用提供与获取就足够了。至于出售、出具、赠送等，都是提供的具体方式，窃取、刺探、收买、贿买、购买、收购等，都是获取的具体方式。

2.1979年交通肇事罪与1997年交通肇事罪。1979年《刑法》的交通肇事罪包括公路、铁路、水路和航空等的业务过失犯罪[1]，而1997年《刑法》的交通肇事罪仅仅包括公路、水路的业务过失犯罪。笔者认为，现行《刑法》第133条交通肇事罪应该表述为“公路、水路交通肇事罪”，以免引起不必要的歧义，避免失去刑法规范的可预测性，防止“深文入罪”的发生。

3. 国家机关工作人员签订、履行合同失职被骗罪与签订、履行合同失职被骗罪。1997年《刑法》的两个罪名——第406条国家机关工作人员签订、履行合同失职被骗罪与第167条签订、履行合同失职被骗罪。前者犯罪主体是国家机关工作人员，后者犯罪主体是国有单位直接负责的主管人员，所以，1997年《刑法》设计为了并列关系，没有重叠的部分。但是，由于2002年全国人大常委

---

〔1〕 刘华：“论交通肇事罪”，载中国法学会刑法学研究会组编：《全国刑法硕士论文荟萃》（1981届~1988届），中国人民公安大学出版社1989年版，第584页。

会《关于〈中华人民共和国刑法〉第九章渎职罪主体适用问题的解释》对渎职罪一章犯罪主体外延的扩张——从国家机关工作人员变成了国家工作人员，使得上述两个罪名实际上已经变成了交叉关系。但是在构成要件上，《刑法》第 406 条国家机关工作人员签订、履行合同失职被骗罪又并未做任何词语上的修改，这无疑会引起公众对两个罪名关系的误解，以为仍然是并列关系、互斥关系。如果单单从罪名表述用语看，甚至会以为是属种关系——签订、履行合同失职被骗罪外延大于国家机关工作人员签订、履行合同失职被骗罪。1997 年《刑法》的立法和 2002 年的立法解释相比，是后法推翻了前法。在此情况下，国家机关工作人员签订、履行合同失职被骗罪与签订、履行合同失职被骗罪的罪名概括方式、罪名表述方式都是错误的，应该改正："国家机关工作人员签订、履行合同失职被骗罪"，应该改为"国家工作人员签订、履行合同失职被骗罪"。"签订、履行合同失职被骗罪"，应该改为"非国家机关的国有单位工作人员签订、履行合同失职被骗罪"，或者改为"国有公司、企业、事业单位直接负责的主管人员签订、履行合同失职被骗罪"。也就是说，从罪名用语看，签订、履行合同失职被骗罪与国家机关工作人员签订、履行合同失职被骗罪这两个罪名是属种关系、包容关系。而 1997 年《刑法》设计的本意是互斥关系、并列关系，经过 2002 年的立法解释，又成了交叉关系，确实很乱。

不仅如此，根据法条明文规定，签订、履行合同失职被骗罪犯罪主体是"国有公司、企业、事业单位直接负责的主管人员"，并不包括"直接责任人员"。而国家机关工作人员签订、履行合同失职被骗罪的犯罪主体理论上包括"直接负责的主管人员"和"直接责任人员"。在某个具体案件中，国家工作人员既可能是"直接负责的主管人员"，也可能是"直接责任人员"。这就使得上述交叉关系更为复杂。例如排列组合的可能性如下：

第一种情形，某县疾控中心（国有事业单位）负责采购疫苗的普通工作人员，因为严重不负责任而被骗，造成重大损失，根据扩张后的渎职罪一章的犯罪主体，行为人构成国家机关工作人员签订、履行合同失职被骗罪，不构成签订、履行合同失职被骗罪（因为不属于国有公司、企业、事业单位直接负责的主管人员）。这体现的是两个罪名的并列关系、互斥关系。

第二种情形，某县疾控中心（国有事业单位）负责采购疫苗的科长或股长，因为严重不负责任而被骗，造成重大损失，构成国家机关工作人员签订、履行合同失职被骗罪，同时还构成签订、履行合同失职被骗罪。这体现的是两个罪名的交叉关系。

例如，山西曲沃县疾病预防控制中心计划免疫科负责人陈某星，负责辖区内各类疫苗的运输、储存、保管、分发、使用等管理工作，多次非法向山东非法经营疫苗案犯罪人庞某卫的下线购买各种二类疫苗，并利用职务之便进行销售，造成了恶劣的社会影响。2016 年 6 月 3 日，经山西省临汾市人民检察院指定管辖，乡宁县人民检察院依法以涉嫌滥用职权罪对陈某星立案侦查并采取强制措施。[1] 本案中，陈某星就属于“国有事业单位直接负责的主管人员”，同时也属于扩张后的渎职罪一章的犯罪主体即国家工作人员。那么，如果陈某星实施了签订、履行合同失职被骗的犯罪行为，应该同时构成国家机关工作人员签订、履行合同失职被骗罪和签订、履行合同失职被骗罪。这个例子体现的是两个罪名存在着交叉关系。

第三种情形，某县卫生局（国家机关）负责管理采购疫苗的普通工作人员，因为严重不负责任而被骗，造成重大损失，构成国家机关工作人员签订、履行合同失职被骗罪，不构成签订、履行合同失职被骗罪（因为不属于国有公司、企业、事业单位直接负责的主管人员）。这体现的是两个罪名的并列关系。

第四种情形，某县卫生局（国家机关）负责管理采购疫苗的科长或股长，因为严重不负责任而被骗，造成重大损失，构成国家机关工作人员签订、履行合同失职被骗罪，不构成签订、履行合同失职被骗罪（因为不属于国有公司、企业、事业单位直接负责的主管人员而是国家机关直接负责的主管人员）。这体现的是两个罪名的并列关系。

综上，笔者认为，由于现有立法逻辑上的冲突不能解决，考虑到行为方式的相同——都是签订、履行合同失职被骗，两个罪名应该合二为一，称之为“签订、履行合同失职被骗罪”即可，是一种构成的身份犯，不是加减的身份犯。当然，如果将“签订、履行合同失职被骗罪”进一步类型化，考虑到立法者是为了打击国有单位人员的渎职、滥权、失职造成的、过失心态支配下导致的国有资产、国有财产受损犯罪行为，所以在犯罪类型上，“签订、履行合同失职被骗罪”属于玩忽职守罪。

4. 投放虚假危险物质罪，编造、故意传播虚假恐怖信息罪，编造、故意传播虚假信息罪。立法者也许还没有意识到，不同时期的立法由于采用了不同语

---

〔1〕“山东疫苗案后续：渎职人员被立案侦查”，载 http：//mt. sohu. com/20160608/n453562026. shtml.

法，从而导致混乱。例如，《刑法》第 291 条之一第 1 款有两个罪名：投放虚假危险物质罪，编造、故意传播虚假恐怖信息罪。其中，投放虚假危险物质罪这个罪名，指的是编造、传播危险物质投放的虚假信息罪，或者指的是编造、传播虚假的危险物质投放信息罪。第 1 款是 2001 年《刑法修正案（三）》增加的，罪状是"编造爆炸威胁、生化威胁、放射威胁等恐怖信息"。第 2 款编造、故意传播虚假信息罪，是 2015 年《刑法修正案（九）》增加的，表述方式是"编造虚假的险情、疫情、灾情、警情"。这两款罪状，一个有虚假、一个没有虚假，其实都是虚假的信息、都是编造的信息。编造的信息自然是虚假的信息。笔者认为，从语法来讲，"虚假"这个定语无须使用，不使用"虚假"不会影响语义表达。如果要用"虚假"，语法上也不算错（此时"虚假"是描述性定语而不是限制性定语）。最好统一，都使用"编造虚假的某某信息"这一表述方式。

《刑法》第 291 条之一第 1 款、第 2 款，立法间隔了 14 年，立法者的语法应该保持统一。按照笔者的表述方式，基于语法统一原则，第 291 条之一的三个罪名应该分别是：编造、传播虚假危险物质投放信息罪（或者编造、传播危险物质投放的虚假信息罪），编造、传播虚假恐怖信息罪，编造、传播虚假信息罪。当然，现行刑法编造、传播虚假信息罪中的"虚假信息"指的是特定种类的虚假信息——险情、疫情、灾情、警情四种，而不是所有的虚假信息。而且，险情、疫情、灾情、警情还可能与虚假的危险物质投放信息、虚假恐怖信息发生语义交叉，例如虚假的危险物质投放信息也同时可能是虚假疫情，虚假恐怖信息也同时可能是虚假警情，等等。例如，2016 年 12 月 26 日 18 时 40 分许，被告人丁某金因闲着无聊，用手机拨打 110 报警电话，谎称有人在福州火车站南广场放置炸弹。接警后，公安机关启动应急处置预案，组织大量警力在福州火车站南广场疏散旅客、关闭地下商铺，并开展搜爆工作。2017 年 2 月 1 日，福州铁路运输法院以编造虚假恐怖信息罪，判处他有期徒刑 2 年。[1]本案中，行为人构成编造虚假恐怖信息罪，同时也触犯了编造虚假信息罪。

为了避免语义交叉，同时考虑到第 291 条之一的三个罪名行为方式的相同，考虑到"虚假信息"可以作为上位构成要件涵摄各种具体的虚假信息（谎称有炸弹、报假警等），三个罪名可以合而为一，称之为"编造、传播虚假信息罪"

---

〔1〕"男子无聊报警谎称火车站有炸弹获刑两年"，载 http://gongyi.ifeng.com/a/20170221/44545928_0.shtml.

或者“编造、扩散虚假信息罪”即可。

顺便提及，如果行为人什么都没有投放，而编造、传播危险物质投放信息，该当何罪？如果按照投放虚假危险物质罪处断，肯定不对，因为构成本罪要求必须投放了某种东西。如果按照编造、传播虚假恐怖信息罪，编造、传播虚假信息罪处断，也因为不属于爆炸威胁、生化威胁、放射威胁、险情、疫情、灾情、警情而不符合构成要件。那就意味着，上述行为不能处断。这是立法不周延所致，还是罪名表述方式不合理所致？笔者认为，“投放”一词的不当使用可能是问题产生的根源。所以，从这个角度看，把投放虚假危险物质罪改为编造、传播虚假的危险物质投放信息罪（或者编造、传播危险物质投放的虚假信息罪），既可以涵摄、规制什么都没有投放而编造、传播危险物质投放信息的行为，也可以涵摄、规制投放了非危险物质而编造、传播危险物质投放信息的行为。

顺便提及，《刑法》第 181 条编造并传播证券、期货交易虚假信息罪的编造并传播，与第 291 条之一的编造、故意传播，也应该保持一致。要么都使用“编造并传播”，要么都使用“编造、故意传播”或者“编造、传播”。

不同时期的立法行为，实际上是不同的具体的立法者完成的。这自然容易导致混乱和前后龃龉。抽象的立法者并不是真的抽象，而是具体的，事实上存在着多个具体的立法者：可能是刑法专家，可能是权威人物，可能是某个领域的业内人士，可能是活生生的大法官、大检察官、高级警察、高级官员等。总之，能够对刑事立法规范施加决定性影响的个体人物或者群体人物，都是真实的具体的立法者。特别是在刑事司法解释出台的背后，刑法圈内往往能够确知或者推知是谁在发挥实质性作用、是谁的身影在活跃着，也正因如此，人定的刑法规范才有高低优劣之别。在形式上，刑法规范是以国家机关名义发布的。事实上，是人的作用，既然如此，就会面临“立法者打架”的问题，这就是立法冲突的实质。

5. 非法携带武器、管制刀具、爆炸物参加集会、游行、示威罪与非法携带枪支、弹药、管制刀具、危险物品危及公共安全罪。非法携带武器、管制刀具、爆炸物参加集会、游行、示威罪与非法携带枪支、弹药、管制刀具、危险物品危及公共安全罪两个罪名并存于现行刑法之中，如此相像的两个罪名，仅仅是由于立法时间不同，居然能够并存在一个刑法文本中。

非法携带武器、管制刀具、爆炸物参加集会、游行、示威罪，来自于 1989 年《集会游行示威法》第 29 条第 2 款，当时规定比照 1979 年《刑法》的第 163 条——违反枪支管理规定，私藏枪支、弹药，拒不交出的，处 2 年以下有期徒刑或者拘役，也就是私藏枪支、弹药罪，这是明显的类推解释，肯定不妥当。1997年《刑法》制定的时候，成为第297条非法携带武器、管制刀具、爆炸物参加集会、游行、示威罪这一独立罪名。

笔者认为，这两个罪名，后者属于上位罪名。理由是：①前者虽然叫做非法携带武器、管制刀具、爆炸物参加集会、游行、示威罪，实际就是非法携带武器、管制刀具、爆炸物危及集会、游行、示威罪，而集会、游行、示威当然涉及的是公共安全，所以是危及公共安全犯罪中的一部分，当然是下位的概念。②前者的“爆炸物”也是后者“危险物品”的下位构成要件。③前者中的武器与后者中的枪支、弹药具有等价性。受到“携带”一词的制约，对于前者中的“武器”应该进行限制解释，也就是并不应该包括枪支、弹药之外的武器，诸如飞机、大炮、火箭、坦克等。客观上，枪支、弹药和武器，同时出现在一部刑法典的如此相像的两个罪名中，势必造成混乱。原因是，制定1989年《集会游行示威法》的立法者不是制定1997年《刑法》的立法者，名义上统一的立法者，实际上是不同的、不统一的，也不可能是统一的活生生的个体或者群体。④在其他法条中，武器作为上位构成要件，除了枪支、弹药，还可能包括其他种类，在不同时空条件下也有不同解说。刺杀金正男的VX神经毒剂——S－（2－二异丙基氨乙基）－甲基硫代磷酸乙酯——性质上已经是化学武器，行为人在马来西亚机场使用VX属于恐怖袭击。[1]

6. 制造与制作。《刑法》第287条之一非法利用信息网络罪中的“发布有关制作或者销售毒品、枪支、淫秽物品等违禁物品、管制物品或者其他违法犯罪信息的”。而刑法典中其他法条的表述分别是制造毒品、制造枪支、制作淫秽物品。这里，非法利用信息网络罪统一使用“制作”，就分别变成了“发布制作毒品的信息”“发布制作枪支的信息”，这显然不符合现代汉语的语言使用习惯。所以，不如把第287条之一中的“制作或者销售”改成“提供”，就可以涵摄“制作或者销售”。或者，统一使用“制造”。古代刑法统一使用的是“造作”，如大清律例中的擅造作、造作不如法等，似乎能涵摄“制造”和“制作”。

之所以时而使用“制作”、时而使用“制造”，是因为立法时间不同。《刑法》第287条之一非法利用信息网络罪是2015年《刑法修正案（九）》新增的，而制造毒品罪、非法制造枪支罪等是1997年《刑法》的罪名，立法者显然忽略

〔1〕凤凰卫视节目“新闻今日谈”，嘉宾宋忠平认为“VX神经毒剂是致命性的高端化学武器”。

了词汇前后一致的问题。这也再次表明，并不存在真正意义上的统一的立法者，实际上不同时期的立法是由多个具体的立法者完成的。

（二）相同行为构成不同罪名导致的混乱

以同类法益为标准对刑法分则进行分类造成的日益频繁的法条竞合现象，是现行刑法最需要关注和解决的重大问题。在相同犯罪行为下，由于法益的不同（实际是犯罪主体不同造成的法益不同），就产生了不同罪名，这些不同罪名之间如何协调、解释？例如，挪用公款罪与挪用资金罪，贪污罪与非国家工作人员贪污罪（职务侵占罪），受贿罪与非国家工作人员受贿罪，国家机关工作人员签订、履行合同失职被骗罪与签订、履行合同失职被骗罪，这四组罪名，一般认为犯罪主体不同、侵害客体不同，其他构成要件都是相同的。而实际上不尽然。

1. 国家机关工作人员签订、履行合同失职被骗罪与签订、履行合同失职被骗罪。这一组，前已述及，但是角度不同。这里从行为角度再做分析。签订、履行合同失职被骗罪是国有单位直接负责的主管人员实施的犯罪，这些人往往也是（但不全是）《刑法》第93条规定的从事公务的国家工作人员，根据2002年全国人大常委会《关于〈中华人民共和国刑法〉第九章渎职罪主体适用问题的解释》，渎职罪主体扩充了三大类。第一类是“在行使行政管理职权的组织中从事公务的人员”。第二类是“在受国家机关委托代表国家机关行使职权的组织中从事公务的人员”。这两类主要是具有行政管理职权的事业单位的人员，例如各级各类行政机关下设的各种事业单位（防疫站、血站、考试中心、检测中心、研究所、测量中心、监管站等）。例如，国家食品药品监督管理总局下属的事业单位有：中国食品药品检定研究院、国家中药品种保护审评委员会、药品评价中心、医疗器械技术审评中心、机关服务中心、中国药学会、执业药师资格认证中心、中国健康传媒集团、中国食品药品国际交流中心。国家中药品种保护审评委员会、药品评价中心、医疗器械技术审评中心等就是“行使行政管理职权的组织”或者是“代表国家机关行使职权的组织”。第三类是“没有列入编制但是在国家机关从事公务的人员”。这主要是没有公务员身份但是在国家机关实际从事公务的人员。该立法解释实际上把国家机关工作人员签订、履行合同失职被骗罪改为了国家工作人员签订、履行合同失职被骗罪，而签订、履行合同失职被骗罪的犯罪主体既有国家工作人员也有非国家工作人员，所以，国家机关工作人员签订、履行合同失职被骗罪与签订、履行合同失职被骗罪的关系，不再是互斥关系，而是交叉关系。在本质上，签订、履行合同失职被骗罪与国家机关工作人员签订、履行合同失职被骗罪没有什么不同。国家机关工作人员签订、履行合同失职被骗罪与签订、履行合同失职被骗罪这一组罪名，明显不同于另外三组，笔者认为，从应然的角度，这一组罪名完全应该合二为一。

至于另外的三组——挪用公款罪与挪用资金罪，贪污罪与非国家工作人员贪污罪（职务侵占罪），受贿罪与非国家工作人员受贿罪，也可以合并。同时，对于有身份者设置较重的法定刑即可。

2. 阻碍军人执行职务罪与妨害公务罪。《刑法》第368条阻碍军人执行职务罪，实为妨害军人执行公务罪，它与第277条妨害公务罪是并列关系。但是，表述方式完全不同，一个是阻碍，使用的是下位构成要件。一个是妨害，使用的是上位构成要件。这容易造成不一致，也容易造成构成要件解释的歧义。只有首先在表述方式上、词语选择上达成一致，才谈得上构成要件的解释上相互“观照”。只有首先建构一个相同的“语言场”，才谈得上建构一个相同的犯罪类型。所以，阻碍军人执行职务罪与妨害公务罪，应该使用相同的行为来表述罪名，要么都用阻碍，要么都用妨害。这也再次表明，并不存在真正意义上的统一的立法者，实际上不同时期的立法是由多个具体的立法者完成的。军职罪的具体立法者与妨害公务罪的具体立法者不是一个人。

3. 战时造谣扰乱军心罪与战时造谣惑众罪。《刑法》第378条战时造谣扰乱军心罪与第433条战时造谣惑众罪，前者是一般主体构成的罪名，后者是特殊主体构成的罪名。客观行为方面，前者是“战时造谣惑众扰乱军心”，后者是“战时造谣惑众动摇军心”。笔者认为，扰乱军心和动摇军心是等价关系，不可能进行区分，也完全没有必要进行区分，完全没必要设置如此近似的两个罪名，应该整合为一个。需要注意的是，确定罪名的细微差别，一个是战时造谣扰乱军心罪，有“扰乱军心”；另一个是战时造谣惑众罪，有“动摇军心”。笔者认为，应该保持统一为宜。根据法条中构成要件的实际表述方式，“扰乱军心”“动摇军心”都是构成要件要素，所以应该统一整合为一个“战时造谣惑众扰乱军心罪”或者“战时造谣惑众动摇军心罪”，或者是“战时造谣惑众罪”。军人触犯本罪的，从重处罚即可。早有学者认为，“这两个条文只需保留一个即可”[1]。

4. 侵犯通信自由罪与私自开拆、隐匿、毁弃邮件、电报罪。这不用多说，

〔1〕 刘艳红：《罪名研究》，中国方正出版社2000年版，第169页及其注释。

两个罪名的实行行为完全一样，都是私自开拆、隐匿、毁弃他人的信件、邮件、电报，只是犯罪主体不同。侵犯通信自由罪是一般主体，私自开拆、隐匿、毁弃邮件、电报罪是特殊主体——邮政工作人员。合并为一个罪名最好。实际上，1979年《刑法》第149条，就是一个涵摄力大的罪名："隐匿、毁弃或者非法开拆他人信件，侵犯公民通信自由权利，情节严重的，处1年以下有期徒刑或者拘役。"所以，现行刑法侵犯通信自由罪与私自开拆、隐匿、毁弃邮件、电报罪应该合二为一，定名为"开拆、隐匿、毁弃邮件罪"即可。

（三）法条顺序倒错导致的混乱

刑法典中，如果特别法条处在普通法条之前，不仅会造成学生学习不便，还会导致法条之间的关系难以确定。法条顺序的混乱绝对不是小问题。

1. 侵占罪、职务侵占罪、贪污罪、挪用资金罪。《刑法》第270条侵占罪在后，第171条金融工作人员以假币换取货币罪在前，而金融工作人员以假币换取货币罪主要就是侵占罪犯罪类型，即先基于职务原因合法占有货币、后以假币换取货币的方法非法所有货币。第271条职务侵占罪在后，第183条第1款保险公司工作人员实施的职务侵占罪在前。第382条贪污罪在后，第183条第2款保险公司工作人员实施的贪污罪在前。第272条挪用资金罪在后，第185条第1款金融工作人员实施的挪用资金罪在前。这都是特别法条处在普通法条之前的情形。

2. 过失致死伤罪、重大责任事故罪。

（1）第233条过失致死罪、第235条过失致人重伤罪等普通过失罪的位置在后，而第134条重大责任事故罪等业务过失致死伤罪的位置在前。

（2）第134条重大责任事故罪、业务过失致死伤罪的普通法条在后，而第131～133条重大飞行事故罪、铁路运营安全事故罪、交通肇事罪等重大责任事故罪的特别法条在前。当然，这也与立法时期有关，重大责任事故罪原来是"工厂、林场……"后来才改为"生产作业"。修正前的重大责任事故罪与第131～133条是并列关系，修正后的重大责任事故罪与第131～133条是属种关系。

（3）根据现在的管理体制，中华人民共和国交通运输部的部管国家局包括国家铁路局、国家邮政局和中国民用航空局三个，司局包括公路局、水运局、公安局、运输服务司和中国海上搜救中心等。[1]那么，第133条交通肇事罪是普通

---

〔1〕见中华人民共和国交通运输部网站。

法条的属性，理应放在各个具体的交通肇事犯罪之前，而把铁路、航空等的位置后撤为宜。刑法典这几个罪名的顺序，已经无法适应现在的实际管理状况了。所以，很有必要对刑法典进行重新编次，以理顺法条之间的内在逻辑关系。当然，因为对“交通”外延大小的不同见解，导致对交通肇事罪是上位罪名还是下位罪名也有争论。如果认为“交通”包括水、陆、空、铁在内，交通肇事罪是上位罪名，它就应该涵摄重大飞行事故罪、铁路运营安全事故罪。如果认为“交通”包括水、陆而不包括空、铁，交通肇事罪是下位罪名，实际上就是公路、水路肇事罪，那么，交通肇事罪与重大飞行事故罪、铁路运营安全事故罪是并列关系。

二、逻辑起点之二——“确定罪名”存在的问题

在描述、概括和指称犯罪现象时，在对罪状进行概括和归纳时，最高人民法院的历次“确定罪名”并非尽善尽美，仍有完善的空间。

（一）不规范的“确定罪名”

有些“确定罪名”，实际上仅仅是对罪状的简单概括，甚至只是一种对罪状直接的描述、罗列、陈列和形容，而非规范性表述、归纳、抽象，更非对犯罪类型的总结。

1. 字数过多的罪名。字数过多的罪名，显然缺乏类型性。在过多的文字里，立法者只是在描述一种犯罪现象，在描述犯罪行为等构成要件，而不是在归纳一种犯罪类型。

现有的“确定罪名”中，字数最多的一个是《刑法》第344条非法收购、运输、加工、出售国家重点保护植物、国家重点保护植物制品罪，达到29个字（不含标点符号，下同），该罪实际上就是传统的赃物罪。其中，非法收购、运输、出售国家重点保护植物、国家重点保护植物制品，是收购赃物、窝藏赃物、持有赃物和销售赃物。而非法加工国家重点保护植物、国家重点保护植物制品，根据行为人主观心态，应该分别处断为收购赃物、窝藏赃物、持有赃物、转移赃物。同理，非法收购、运输盗伐、滥伐的林木罪，是传统的赃物犯罪。非法收购、运输、出售珍贵濒危野生动物、珍贵、濒危野生动物制品罪，达到27个字，其实也是传统的赃物犯罪。

根据1989年《集会游行示威法》而来的第297条非法携带武器、管制刀具、

爆炸物参加集会、游行、示威罪，达到了22个字。《刑法》第130条非法携带枪支、弹药、管制刀具、危险物品危及公共安全罪，达到了23个字。前已述及，这两个罪名实为一个罪名。从类型化角度看，属于以危险方法危害公共安全罪这个类型。详言之，是以非常轻微的危险方法（携带而已）危害公共安全罪。打个不算很恰当的比方，这些行为与违规运输、储存危险品实质上没什么不同。只是一个表述为“携带”，一个表述为“运输”“储存”罢了。进一步说，枪支、弹药、管制刀具、危险物品其实是《刑法》第287条之一的违禁物品、管制物品，行为人无论是随身非法携带进入公共场所，还是非法运输、储存，对于公共安全的危害性是具有相当性的。

字数过多的罪名，往往是为了打击特定的犯罪而“临时起意”设置的罪名，缺乏类型化和概括性，值得多多反思。例如，《刑法》第300条第1款组织、利用会道门、邪教组织、利用迷信破坏法律实施罪，22个字。第300条第2款组织、利用会道门、邪教组织、利用迷信致人重伤、死亡罪，22个字。这两个罪名实际上并不是新的“罪名”或者新的“犯罪类型”，只是新的“犯罪现象”。1979年版《现代汉语词典》只有“会门”，尚无“会道门”“邪教”这两个词语。“会门”是“旧社会里某些封建迷信的组织，多被反动统治阶级利用，进行危害人民的活动”〔1〕，或者“旧时某些封建迷信的组织”〔2〕。详而言之，“会道门”是“会门”和“道门”的合称。会门最初是以兵器种类命名的，偏重吞符念咒，练功习武。道门诵经拜神，制造和传播迷信邪说，迷信色彩极为浓厚。由于各类会、道、教、社大肆泛滥，混合生长，多名、重名和改名屡见不鲜，新中国建立后将其统称为会道门。〔3〕邪教是指冒用气功、宗教等名义危害社会秩序、侵犯人身权利的非法组织。〔4〕

笔者认为，“会道门”之所以被立法者进行刑法打击，恐怕不是因为属于封建迷信，而主要是因为其破坏法律实施或者致人死伤。这说明，从刑法而言，应该关注组织、利用会道门、邪教、利用迷信破坏法律实施罪等罪名中的“破坏法律实施”“致人死伤”，这才是构成要件的焦点，类型化的犯罪构成要件是“破

〔1〕《现代汉语词典》，商务印书馆1979年版，第497～498页。

〔2〕《现代汉语词典》，商务印书馆2012年版，第581页。

〔3〕“剿匪镇反巩固政权”，载中国共产党历史网，http://www.zgdsw.org.cn/GB/218994/219017/222982/231093/15777895.html.

〔4〕《现代汉语词典》，商务印书馆2012年版，第1440页。

坏法律实施”“致人死伤”，而不是组织、利用会道门、邪教、利用迷信等手段行为。换句话说，刑事立法者可以容忍组织、利用会道门、邪教、利用迷信等行为，因为刑法并没有设置“组织、利用会道门、邪教、利用迷信罪”。根据1999年最高人民法院、最高人民检察院《关于办理组织和利用邪教组织犯罪案件具体应用法律若干问题的解释》的规定，“组织和利用邪教组织并具有下列情形之一的”才会处断为第300条第1款组织、利用会道门、邪教组织、利用迷信破坏法律实施罪，仅仅是组织邪教行为，不构成犯罪。只有抗拒有关部门取缔或者已经被有关部门取缔，又恢复或者另行建立邪教组织，或者继续进行邪教活动的，才构成犯罪。具体包括下列四种情形：抗拒取缔；取缔后又恢复；取缔后另行建立；取缔后继续进行邪教活动。

邪教的本质是什么？法国专家认为应该从社会学角度出发，以“危险性”来界定邪教：一个团体，利用科学、宗教或治病为幌子，掩盖其对信徒的权力、精神控制和盘剥，以最终获取其信徒无条件效忠和服从并使之放弃社会共同价值观（包括伦理、科学、公民、教育等），从而对社会、个人自由、健康、教育和民主体制造成危害，即为邪教。[1]现行刑法语境之中的邪教，同样是关注其社会危害性。刑法之所以打击邪教，离不开邪教产生的社会危害性，这符合犯罪的本质。根据1999年最高人民法院、最高人民检察院《关于办理组织和利用邪教组织犯罪案件具体应用法律若干问题的解释》的规定，《刑法》第300条中的“邪教组织”，是指冒用宗教、气功或者其他名义建立，神化首要分子，利用制造、散布迷信邪说等手段蛊惑、蒙骗他人，发展、控制成员，危害社会的非法组织。组织和利用邪教组织并具有下列情形之一的，依照《刑法》第300条第1款的规定定罪处罚：①聚众围攻、冲击国家机关、企业事业单位，扰乱国家机关、企业事业单位的工作、生产、经营、教学和科研秩序的；②非法举行集会、游行、示威，煽动、欺骗、组织其成员或者其他人聚众围攻、冲击、强占、哄闹公共场所及宗教活动场所，扰乱社会秩序的；③抗拒有关部门取缔或者已经被有关部门取缔，又恢复或者另行建立邪教组织，或者继续进行邪教活动的；④煽动、欺骗、组织其成员或者其他人不履行法定义务，情节严重的；⑤出版、印刷、复制、发行宣扬邪教内容出版物，以及印制邪教组织标识的。可见，上述五种情形，根据

〔1〕“邪教在法国：一个值得重视的社会现象”，载http：//news.eastday.com/epublish/gb/paper6/1/class000600004/hwz347221.htm.

案情，可能分别触犯刑法中的聚众扰乱社会秩序罪，聚众扰乱公共场所秩序、交通秩序罪，聚众冲击国家机关罪，非法集会、游行、示威罪，煽动暴力抗拒法律实施罪，故意杀人罪，故意伤害罪，过失致死罪，过失致人重伤罪，等等。除了其中的“抗拒有关部门取缔或者已经被有关部门取缔，又恢复或者另行建立邪教组织，或者继续进行邪教活动的”是其他罪名无法言说的之外，立法者实际上是用其他犯罪类型来定性、描述、指称《刑法》第300条第1款组织、利用会道门、邪教组织、利用迷信破坏法律实施罪，该罪的绝大多数犯罪行为是其他罪名已经规定了的。既然如此，这不但有循环论证、循环立法、重复立法的嫌疑，也表明第300条第1款之罪的独立价值并不存在。第300条第1款、第2款两个罪名属于上述罪名的特别法条。

2. 大型、巨额、重大等罪名。大型群众性活动重大安全事故罪、巨额财产来源不明罪等使用的“大型”“巨额”“重大”等用语，既不明确，也不规范，看了这些罪名，公民和司法者既得不到类型化信息的指引，也得不到明确的定量信息。大型群众性活动重大安全事故罪不如改为“重大群众性活动安全事故罪”，为避免歧义，最好改为“群众性活动重大安全事故罪”。如果直接去掉“重大”，称为“群众性活动安全事故罪”就能够与医疗事故罪（即医疗责任事故罪）、消防责任事故罪等保持一致。其他的“重大”罪名，如重大责任事故罪、重大飞行事故罪、工程重大安全事故罪、教育设施重大安全事故罪等，其实都可以把“重大”去掉，“重大”纯属多此一举——不“重大”怎么会是犯罪呢？不“重大”怎么会是具有严重社会危害性的犯罪行为呢？

按照“巨额财产来源不明罪”的罪名设计思路和设计逻辑，贪污罪、受贿罪岂不是都要改成巨额财产贪污罪、巨额财产受贿罪？笔者认为，直接改为“国家工作人员财产来源不明罪”即可。在没有建立国家工作人员财产公开制度之前，在刑事诉讼法的无罪推定原则要求之下，在对于本罪有多达42种表述方式[1]且得不到统一之前，应该彻底废除本罪。

3. 阻碍国家机关工作人员依法执行职务罪与妨害公务罪。根据《刑法》第157条第2款的规定，第277条的罪名明明是“阻碍国家机关工作人员依法执行职务罪”。而众所周知，“确定罪名”已经将其确定为妨害公务罪。当然，两者比较而言，妨害公务罪其实是更准确的表述，它的外延是大于阻碍国家机关工作

〔1〕 孟庆华：《巨额财产来源不明罪研究新动向》，北京大学出版社2002年版，第42~44页。

人员依法执行职务罪的。不过，立法者与司法者的矛盾冲突，如此直白地出现在现行刑法之中，也是极为罕见的现象。

此外，第368条阻碍军人执行职务罪、第426条阻碍执行军事职务罪都是用的是“阻碍”而不是“妨害”，“阻碍”与“妨害”两个词汇，何者更优？笔者认为，统一使用为好，倾向于“阻碍”。因为妨害作证罪，辩护人、诉讼代理人妨害作证罪，这两个罪名中的“妨害”包括“阻碍”和“指使作伪证”两种情形，类比而言，“阻碍”是“妨害”的下位概念。

第368条阻碍军人执行职务罪，实为妨害军人执行公务罪，与第277条妨害公务罪（狭义的妨害公务罪）是并列关系。本质上讲，两个罪名都属于广义的妨害公务罪，无论妨害军人、非军人、武装部队、红十字会工作人员、人大代表，都是妨害公务。

（二）不妥帖的“确定罪名”

有些“确定罪名”，实际上是对罪状的不适当的总结和归纳，是名实不符。

1. 交通肇事罪。《刑法》第133条交通肇事罪与刑法典规定的罪状并不吻合。根据罪状，罪名应该表述为“交通运输肇事罪”，实际是“公路水路交通肇事罪”或者“公路水路交通运输肇事罪”。如果使用“交通运输肇事罪”的表述，包括“交通”和“运输”两大类肇事，外延大于“交通肇事罪”，也能避免“公共交通管理范围内”的长期争论。因为公安交通管理语境之内往往把“交通肇事罪”理解为本系统的那种“交通”，所以对于“公共交通管理范围”进行了限定。如果改为“交通运输肇事罪”，则无论是否属于公安交通管理、各地交管局管理，例如企业内部的、小区的、村道的、停车场的、地下车库的，都属于交通运输行为引发的业务过失犯罪——“交通运输肇事罪”。

交通肇事罪是“交通”方面的肇事（包括陆路交通和水路交通），而不是“交警管理范围内”的肇事。这就是认为交通肇事罪只能适用于所谓的“公共交通管理范围内”的错误之处。现实生活中，水路交通事故不属于交警管理范围，但达到入罪标准的，依然构成交通肇事罪。水路交通事故调查处理中的现场勘察、证据的搜集和管理以及事故的技术鉴定，由港航监督机构或渔政监督管理机构具体负责。渔业船舶之间发生的事故以及渔业船舶单方事故由渔政监督管理机构调查处理；渔业船舶与其他船舶之间发生的事故由渔政监督管理机构协助港航监督机构调查处理；其他船舶之间发生的事故由港航监督机构调查处理，其中属于行政主管部门管理的船舶，由该行政主管部门协同港航监督机构调查处理。海洋交通事故属于海事局调查处理。港航、渔政、海事，分属水产、农业、交通等行政主管部门管理，可见交通肇事罪涉及的范围远比司法解释想象的还要复杂。实际生活中，还出现了公安机关交警在停车场执法的实例，也表明“公共交通管理范围内”这个争论已久的司法解释的规定毫无必要。案例如下：在武汉市汉口北海宁皮革城购物的一位消费者，发现自己停在广场停车位上的车被贴了罚单，一起被贴的还有不少车。当天该消费者的车停在停车场内，只是停得不很规范，没想到因此被贴罚单。他认为虽然自己有过错，但停车场内不应该被交警来处罚。周围的商户们说，都是停车不规范的车被贴罚单，停在车位内的都没事。汉口北海宁皮革城靠近汉口北大道，海宁皮革城门前广场与马路辅道被一排花盆隔开，广场停车场都划有车位线。皮革城周边有多处靠路边的停车位，但不少车都是一半在车位里，一半在人行道上。武汉市黄陂区公安分局联系交管部门后回应，交警当天确实给不少在停车场内停车不规范的车贴了罚单。依据一是这个停车场靠近汉口北大道，虽为停车场，仍属于交管部门管理执法的范围。二是这些被贴罚单的车辆不规范停车，给其他车辆进出停车场造成了不便。〔1〕

类似例子还有：南湖大道狮子山北路和珞狮南路交会处一停车场内，李雷（化名）在倒车过程中与其他车辆擦碰。交警赶到现场后，不仅开出了交通事故责任认定书，还给李雷开出了一张百元罚单。“我的车是在停车场里倒车出的意外，没有在公路上出事，为什么要给我开罚单?”手持罚单的李雷提出质疑。对责任划分，李雷没有意见，但对罚单无法接受。罚单上，洪山区交警依据《道路交通安全法实施条例》第50条：“机动车倒车时，应当察明车后情况，确认安全后倒车。不得在铁路道口、交叉路口、单行路、桥梁、急弯、陡坡或者隧道中倒车”对其进行处罚，罚款100元。公共停车场内适用于《道路交通安全法》吗？交警部门表示，在《道路交通安全法》第119条有规定，道路包括公路、城市道路和虽在单位管辖范围但允许社会机动车通行的地方，包括广场、公共停车场等用于公众通行的场所，因此公共停车场发生的事故也适用《道路交通安全法》。〔2〕

笔者认为，公安交管局的行政职能与交通运输局（有的地方称为“交通委

---

〔1〕“多辆汽车停在停车场被贴罚单　武汉黄陂交警这样回应”，载 http://hb.ifeng.com/a/20170110/5309472_0.shtml.

〔2〕“停车场里擦碰也吃罚单　交警：‘道路’包括停车场”，载 http://hb.ifeng.com/a/20170326/5498410_0.shtml.

员会”）的行政职能有时存在重叠，有时却又存在空白地带。上述案例似乎是正常执行公安交管的公务，不是越权执法，但是却又与普通公众的预测严重背离。

2. 扰乱无线电通讯管理秩序罪。《刑法》第 288 条扰乱无线电通讯管理秩序罪，修正之前的罪状明明是“经责令停止使用后拒不停止使用”，是不作为犯，所以确定罪名应该表述为“拒不停止使用擅自设置、使用的无线电台（站）、擅自占用的频率罪”。当然，笔者认为，出现问题的原因也许正好相反，就是该条罪状表述有点啰唆，如果表述为“经责令停止使用后仍然继续使用”，那么就成为作为犯了（继续非法使用），此时，扰乱无线电通讯管理秩序罪的确定罪名就是合适的了。有鉴于此，2015 年《刑法修正案（九）》对本罪构成要件做了重要修改，删除了“经责令停止使用后拒不停止使用”，把“擅自占用频率”改为“擅自使用无线电频率”，入罪门槛大大降低。那么，本罪处罚的就是擅自设置、擅自使用的行为了。此时，罪名原来的确定罪名“扰乱无线电通讯管理秩序罪”应该改为“扰乱无线电通讯秩序罪”或者“擅自设置、使用无线电台（站）、擅自使用无线电频率罪”为宜。

进一步地，擅自设置、使用无线电台（站）的危害性不是因为设置而是因为设置后的使用，而这种使用的实质仍然是“擅自使用无线电频率”，所以，把“擅自使用无线电台（站）”的行为可以类型化为“擅自使用无线电频率”，也就是说，可以删除“擅自设置、使用无线电台（站）”，保留“擅自使用无线电频率罪”即可。如果行为人仅仅只是擅自设置无线电台（站），但尚未使用无线电频率的时候，因为不会造成“干扰无线电通讯秩序”，就不构成本罪。进一步地，因为无线电频率资源属于国有，那么，行为人“擅自设置、使用无线电台（站）、擅自使用无线电频率罪”，性质上类似于非法占用、非法使用国有土地或者矿产，能否解释为挪用特定款物罪或者使用盗窃？

不妥帖的“确定罪名”，会导致使用这些“确定罪名”的时候，最高人民法院的刑法评价不足或者评价过度，这在后文中有详细论述。

3. 利用影响力受贿罪。《刑法》第 388 条之一利用影响力受贿罪这个表述，不仅容易令人误以为是国家工作人员利用其影响力受贿的犯罪，也容易把“影响力”和“便利条件”混淆。笔者认为，本罪实际上是非国家工作人员实施的犯罪，法条中并没有“影响力”这样的表述，不如改为“利用密切关系受贿罪”或者“利用特殊关系受贿罪”。相应地，第 390 条之一对有影响力的人行贿罪可以改为“对特殊关系的人行贿罪”等。不仅如此，第 388 条之一第 2 款“离职的国家工作人员或者其近亲属以及其他与其关系密切的人，利用该离职的国家工作人员原职权或者地位形成的便利条件实施前款行为的，依照前款的规定定罪处罚”，把利用便利条件的行为评价为利用影响力受贿罪，也就是“影响力”与“便利条件”属于属种关系。而在第388条中，“便利条件”就是本人职权或者地位形成的便利条件，不属于“影响力”，“影响力”与“便利条件”又属于并列关系。笔者认为，在第388条中，国家工作人员利用本人职权或者地位形成的便利条件，当然也属于一种国家工作人员的“影响力”，在实际的社会生活中，普通公众也认为这是一种国家工作人员的“影响力”，所以，不如把“影响力”和“便利条件”合二为一，统筹考虑受贿犯罪各个法条构成要件的设置。

4. 违规制造、销售枪支罪。《刑法》第126条违规制造、销售枪支罪，是合法主体（依法被指定、确定的枪支制造、销售企业）实施不合规的制造、销售枪支的行为。可是有趣的是，刑法典明文规定的罪状中的三项都使用了“非法”而不是“违规”。[1]最高人民法院的确定罪名使用“违规”二字，到底是对刑法条文的曲解，还是对刑法条文的创造性解释？笔者认为，应该把确定罪名改为“非法制造、销售枪支罪”，这与第125条的非法制造、买卖枪支罪相比，尽管主体不一样，但是二罪名本质上没有什么不同。

5. 非法占用农用地罪。《刑法》第342条非法占用农用地罪，罪名与罪状不符：罪名是“非法占用农用地”，罪状是非法占用农用地、改变农用地用途、大量毁坏农用地。笔者认为，“造成农用地大量毁坏”是构成要件之一，罪名改为“非法占毁农用地罪”或者“非法毁坏农用地罪”为宜。“数量较大”与“大量毁坏”，根据有关立法技术、司法解释，都是基本农田5亩以上或者非基本农田10亩以上，构成要件“数量较大”与“大量毁坏”显属重复，保留一个即可。从实质而言，本罪的实行行为“非法占用”就是“毁坏”，罪状中的占用、改变、毁坏，貌似是三个实行行为，实际是一个实行行为——毁坏农用地。

6. 非法集会、游行、示威罪。《刑法》第296条非法集会、游行、示威罪，包括三种情形：①未申请而进行集会、游行、示威，并拒不解散。②申请未获许可而进行集会、游行、示威，并拒不解散。③未按照许可的时间、地点、路线而进行集会、游行、示威，并拒不解散。可见，本罪实际上是纯正不作为犯，即拒不解散集会、游行、示威罪。罪名与罪状不吻合。

---

〔1〕 胡先锋：《刑法教学的宏旨与技术》，中国政法大学出版社2016年版，第206页。

（三）没有动词的“确定罪名”

有些“确定罪名”，只有名词没有动词，这虽然并无特别的错误，但是，没有动词的罪名，势必造成在认定犯罪行为之时仍然需要司法工作人员对犯罪行为进行甄别和认定。不仅如此，没有动词的“确定罪名”容易导致因人定罪、因身份定罪、因职业定罪、因出身定罪等弊端。作为罪刑法定主义的派生产物，罪名必须使用动词或者动宾短语，必须杜绝形形色色的名词式罪名，如重大责任事故罪、间谍罪、巨额财产来源不明罪等就是这类没有动词的“确定罪名”。

1. 重大责任事故罪。所谓的“名词式罪名”[1]中的重大责任事故罪，其危害行为是什么，仍然需要进行确定：要么就是业务违章行为，要么就是更为具体的违章驾驶、违章运输危险品、违章施工等行为。所以，与其使用重大责任事故罪这一所谓的“名词式罪名”，倒不如在“确定罪名”中凸显该罪名的危害行为，替换为“业务过失致死伤罪”或者“过失业务违章行为致死致伤罪”或者“违章进行业务行为致死致伤罪”。这样，既与过失致死罪、过失致人重伤罪等罪名在语法结构上保持了一致，也能够指明该犯罪的危害行为的本质——业务违规行为、业务违章行为。如果仅仅看到最高法院的确定罪名并以之为最佳概括，而不计较法条的实质，不计较犯罪行为的类型，那么只会导致目光停留在确定罪名的“名”上面，而忽视了罪名的“实”，这对罪名的深入研究、对公众对罪名的感知、对深入普及刑法，都是不利的。《刑法》第436条武器装备肇事罪实际上也是“业务过失致死伤罪”，是军人在使用武器装备这一特定业务时因为违规导致的事故。

重大责任事故罪、重大飞行事故罪、重大劳动安全事故罪等“名词式罪名”，实际上是“严重不负责任引起重大事故”或者“严重不负责任导致重大事故”的另一种称呼，虽然有约定俗成的因素，但毕竟难以将这些罪名与实行行为紧密结合，难以体现罪刑法定的要求，所以，任何“名词式罪名”都不应该存在，而应代之以动词或者动宾结构的表述方式来表达“确定罪名”。

2. 间谍罪。有学者认为，间谍罪是“名词式罪名”“名词性罪名”。[2]笔者以为是一种误解。“间谍”一词，在现代汉语里面有两个义项，一是秘密刺探、侦察，一是秘密刺探对方情况的人。“间”，也有两个义项，一是刺探、侦察，

---

〔1〕 陈兴良主编：《刑法各论的一般理论》，中国人民大学出版社2007年版，第82页。

〔2〕 陈兴良主编：《刑法各论的一般理论》，中国人民大学出版社2007年版，第82页。

一是间谍。[1]也就是无论是“间谍”还是“间”，既可以做名词也可以作动词，所以，间谍罪是“名词式罪名”的结论值得商榷。其一，虽然“间谍”在现代汉语中有时是作为名词来使用的，但是“间谍罪”“间谍行为”这样的短语可能表明“间谍”也能作为动词在使用，《国家安全法》中的“进行间谍活动”这样的用法表明“间谍”也可以作为动词使用，所以，间谍罪是“名词式罪名”的判断未必就是正确的。其二，“间谍罪”实际就是“实施间谍行为罪”的略称，或者说“间谍罪”是“实施间谍行为罪”罪名的进一步抽象和约定俗成。其三，“间谍罪”中的“间谍”原本是两个动词“间”“谍”。唐律中的“间”“谍”，语义分别是往来、觇候[2]，也就是来来往往、暗中观察，都是动词。后来，“间谍”才逐渐引申为从事这些活动的人，常用为名词。后世的所谓“名词式罪名”例子，还有民国时期的汉奸罪和 1979 年《刑法》的流氓罪。行为人之所以构成汉奸罪或者流氓罪，不是因为他是汉奸、流氓，而是因为他实施了汉奸行为或者流氓行为，或者叫做充任汉奸、充任流氓。“汉奸罪”实际就是“实施汉奸行为罪”的略称，或者说“汉奸罪”是“实施汉奸行为罪”罪名的进一步抽象和约定俗成。“流氓罪”实际就是“实施流氓行为罪”的略称，或者说“流氓罪”是“实施流氓行为罪”罪名的进一步抽象和约定俗成。汉奸罪和流氓罪各自都有明确的罪状和构成要件，都有明确的危害行为。其四，现代汉语中，既是名词又是动词的词语还有“领导”“记录”“检讨”“表述”“批评”“评价”“判决”“翻译”“校对”“编辑”“娱乐”“集会”“游行”“示威”。古代刑法中，既是名词又是动词的词语有“魇魅”“巫蛊”“左道”“内乱”“禽兽行”[3]等。其五，认为间谍罪是“名词式罪名”“名词性罪名”，虽然貌似是有立法上的支持——参加间谍组织、成为一名间谍——但是其实立法规定的是一种行为——参加间谍组织的行为。参加间谍组织、成为一名间谍，就构成间谍罪，参加间谍组织就是间谍罪的实行行为的一种。从应然刑法规范而言，参加间谍组织与实施间谍行为之间还有时间上的距离，前者在先，后者在后。把参加间谍组织规定为间谍罪实行行为的一种，就会让人以为间谍罪是“名词式罪名”“名词性罪名”。笔者认为，仅仅是参加间谍组织、成为一名间谍，但是尚未实施间谍行为（也就是刺探窃取

〔1〕《古代汉语词典》，商务印书馆 1998 年版，第 739 页。

〔2〕刘俊文：《唐律疏议笺解》，中华书局 1996 年版，第 1191 页。

〔3〕程树德：《九朝律考》，商务印书馆 1955 年版，第 96 页。

情报的行为）的，不宜规定为间谍罪的实行行为，而应该规定为间谍罪的预备行为。

3. 巨额财产来源不明罪。有些“确定罪名”，没有使用动词不说，居然是形容词性质的短语，更加错误。例如，巨额财产来源不明罪，是一种什么犯罪？根据词汇的结构，是一种“财产来源不明”的状态。而“财产来源不明”的状态怎么是犯罪呢？犯罪是一种具有严重社会危害性的、违反刑法规范的、应受刑罚处罚的行为，中心语是“行为”，不是一种状态。巨额财产来源不明罪可谓是学者们争议最多的罪名。笔者认为，无论怎样，至少应该使用动词或者动宾短语进行表述，如喻伟、康均心主张的“拥有无法解释之财产罪”，张汉杰主张的“拥有不明财产罪”，尚修建、曹晓宁主张的“说不清财产来源罪”〔1〕，等等。而朱孝清建议的“财产明显超过合法收入罪”是一种事实状态，万行平建议的“推定经济犯罪”是一个名词中心语（即推定的经济犯罪）〔2〕，都是错误的。罪名应该以动词或者动宾短语来呈现。

（四）错误的“确定罪名”

有些“确定罪名”的产生，是由于立法语言的错误或者不规范等原因造成的，完全是错误的表述。

1. 职务侵占罪。职务侵占罪的表述，有学者认为应该改为公司、企业、单位人员贪污罪。〔3〕这个称谓实为非国家工作人员贪污罪。笔者认为，构成要件“将本单位财物非法占为己有”，包括多种情形：第一种，行为人对于本单位财物如果已经合法占有、控制、经手，进而非法所有的，属于侵占罪类型。第二种，行为人对于本单位财物如果尚未合法占有，只是管理、经营，进而非法所有的，属于盗窃罪或者诈骗罪类型。例如，行为人对于本单位财物如果尚未合法占有，只是由于熟悉场所、环境，进而非法所有的，就属于盗窃罪类型。这里的“经手”一般就是合法占有，但是也有“经手”而未占有的可能性。所以，职务侵占罪可谓是“仅有侵占之名未必就是侵占之实”的一个囊括多个犯罪类型的罪名。

---

〔1〕 转引自孟庆华：《巨额财产来源不明罪研究新动向》，北京大学出版社2002年版，第43页。

〔2〕 转引自孟庆华：《巨额财产来源不明罪研究新动向》，北京大学出版社2002年版，第43~44页。

〔3〕 张明楷：《刑法学》，法律出版社2003年版，第785页。张明楷：《刑法学》，法律出版社2011年版，第907页。

2. 非法进行节育手术罪。节育是节制生育的意思。[1]《刑法》第 336 条非法进行节育手术罪中的“擅自为他人摘取宫内节育器”行为，不是非法进行节育手术，不是节制生育手术，相反，是非法进行恢复生育手术。这一情形被纳入非法进行节育手术罪的规制范围之中，确定罪名与构成要件完全相反，确定罪名是错误的。笔者揣测，最高人民法院的意思也许是“非法进行计划生育手术罪”。

更重要的是，“擅自为他人摘取宫内节育器”如此具体的社会生活，成为刑法规范的内容，其犯罪类型是什么，根本不清楚。是打击非法行医这个犯罪类型中的一部分特殊的非法行医，还是维护计划生育政策进而保护公共卫生？国家机关中的卫计委——卫生与计划生育委员会的名称已经表明，卫生法益（或者公共卫生法益）与计划生育法益是不同的两个法益，前者涉及的是公共卫生、公众健康，后者涉及的是人口控制及其背后的宏观经济，《刑法》第 336 条把非法行医罪和非法进行节育手术罪进行并列，并不完全符合社会生活的实际和人们的观念。

3. 投放虚假危险物质罪。《刑法》第 291 条之一的投放虚假危险物质罪，因为投放的是虚假的危险物质、是无毒无害的物质，所以投放行为本身不会产生任何社会危害性。只有对此信息进行编造、传播才会导致公众恐慌、侵害社会秩序法益、扰乱公共秩序。所以，投放虚假的爆炸性、毒害性、放射性、传染病病原体等物质，根本不应作为犯罪进行处理，立法者本意也不是打击这种“投放”行为。该当的犯罪行为实际上是编造、传播虚假危险物质被投放的信息罪，或者是编造、传播危险物质被投放的虚假信息罪。详述如下：

（1）投放虚假危险物质的行为本身没有社会危害性，立法者的立法意图并非打击投放行为，而是打击编造、传播危险物质投放的虚假信息的行为。而这一立法意图通过目前的确定罪名——投放虚假危险物质罪——是无法实现的。也可以说，投放虚假危险物质罪这一表述无法实现立法意图，应该废除。

（2）既然投放危险物质罪是犯罪行为，那么，从形式逻辑上来说，投放虚假危险物质就不可能是犯罪行为。投放虚假危险物质，说明行为人投放的不是危险物质，自然没有社会危害性。

（3）借鉴《刑法》第 181 条编造并传播证券、期货交易虚假信息罪以及第 291 条之一第 2 款编造、故意传播虚假信息罪的语法，从各个相似罪名的表述方

[1] 《现代汉语词典》，商务印书馆 2012 年版，第 661 页。

式应该保持一致而言，本罪名应该重新表述为编造、传播虚假危险物质被投放的信息罪，或者是编造、传播危险物质被投放的虚假信息罪。

（4）从现代汉语语法而言，“编造”与“虚假的”语义发生重复，“编造虚假的”这样的表述是错误的语法。“编造”有三个义项：①把资料组织编排起来（多指报表等）；②凭想象创造（故事）；③捏造。[1]很明显，刑法典中的“编造”使用的是第三个义项。而捏造就是“假造事实”。[2]“编”的意思是捏造。[3]“造”的意思是假编、捏造。[4]所以，在上述几个相关罪名之中，《刑法》第291条之一第1款“编造爆炸威胁、生化威胁、放射威胁等恐怖信息”的表述是正确的语法，“明知是编造的恐怖信息而故意传播”也是正确的语法。而第291条之一第2款“编造虚假的险情、疫情、灾情、警情”的表述是错误的语法，应该表述为“编造险情、疫情、灾情、警情”即可。第291条之一第2款“明知是上述虚假信息，故意在信息网络或者其他媒体上传播”也是正确的。

同理，《刑法》第181条编造并传播证券、期货交易虚假信息罪的表述也存在问题。“传播虚假信息”是正确的，“传播编造的信息”也是正确的，而“编造虚假信息”“编造并传播虚假信息”都是错误的。所以，第181条应该表述为“编造并传播编造的证券、期货交易信息罪”，或者表述为“编造、传播编造的证券、期货交易信息罪”，或者分开表述为“编造证券、期货交易信息罪”，“传播证券、期货交易虚假信息罪”。尽管生活用语中有“造谣”“编瞎话”等词语，但是作为规范语言，“编造虚假信息”却不符合语法。也不能认为：既然“编瞎话”可以说得通，那么“编造虚假信息”也能说得通。总而言之，“编造并传播……虚假信息”这样的语法结构是错误的，不可再用。

（5）刑法典中的其他法条也采取了上述错误的表述方式。例如第183条“保险公司的工作人员……故意编造未曾发生的保险事故进行虚假理赔……”，这应该换成“保险公司的工作人员……虚构保险事故进行虚假理赔……”。还有，第198条“对发生的保险事故编造虚假的原因”“编造未曾发生的保险事故”等，也是同样的语法错误。第193条贷款诈骗罪“编造引进资金、项目等虚假理由的”，应该换成“虚构引进资金、项目等理由的”。因为“编造”就是

〔1〕《现代汉语词典》，商务印书馆2012年版，第77页。
〔2〕《现代汉语词典》，商务印书馆2012年版，第950页。
〔3〕《现代汉语词典》，商务印书馆2012年版，第76页。
〔4〕《现代汉语词典》，商务印书馆2012年版，第1625页。

“虚构”，所以，“编造……虚假的理由”语义重复。

（6）从词语的结构看，刑法典中，“谎报军情”“假传军令”“虚构事实”“谎报事故”等使用的动词都是偏正结构，“谎”“假”“虚”等修饰“报”“传”“构”，这些词语的结构比较稳定，不会引起歧义。而“编造”一词属于联合结构，“编”和“造”本身都已经含有“虚假”的意思。刑法典中，“编造”的使用有两种模式，第一种是“编造爆炸威胁、生化威胁、放射威胁等恐怖信息”，意思是捏造、虚构爆炸威胁、生化威胁、放射威胁等恐怖信息。第二种是“编造虚假的险情、疫情、灾情、警情”“编造……虚假的理由”，多了一个“虚假”。从形式逻辑的角度，两种“编造”的使用只能有一种是正确的，不可能都是正确的。从以上分析可知，第二种是错误的用法。所以，为了避免歧义，保持刑法典同一语词的统一含义，第二种表述方式应该改为“虚构险情、疫情、灾情、警情”“虚构……理由”，或者“捏造险情、疫情、灾情、警情”“捏造……理由”，或者“假造险情、疫情、灾情、警情”“假造……理由”，总之，使用了“编造”“虚构”或者“假造”之后，就要去掉“虚假”。

（7）刑法典中，偏正结构的动词还有“偷越”“私藏”“诬告”“错告”“虐待”“伪造”“变造”“倒卖”等。刑法典中，联合结构的动词还有“隐匿”“逃匿”“逃逸”“诱骗”“开设”“延误”“焚烧”“涂划”“践踏”“毁损”“记录”“生产”“窝藏”“携带”“抢劫”“抢夺”“绑架”“招募”“运送”“雇用”“阻碍”“陷害”“殴打”“发放”“投放”“吸收”“诈骗”“串通”“虚伪”“支付”“捏造”事实等。

（8）俄罗斯刑法有故意虚假举报恐怖行为罪。[1]笔者认为，该译者的翻译不符合现代汉语语法，其实应该表述为“故意举报虚假恐怖行为罪”。

4. 非法持有国家绝密、机密文件、资料、物品罪。《刑法》第282条非法持有国家绝密、机密文件、资料、物品罪是个错误的罪名。根据罪状表述，本罪的实行行为是“非法持有”和“拒不说明”，仅仅“非法持有”，尚不构成本罪。所以，罪名应该表述为“拒不说明国家绝密、机密文件、资料、物品来源与用途罪”，或者“拒不说明非法持有的国家绝密、机密文件、资料、物品来源与用途罪”，是一个纯正不作为犯。与此相同，第311条拒绝提供间谍犯罪、恐怖主义犯罪、极端主义犯罪证据罪也是一个纯正不作为犯。

---

〔1〕黄道秀译：《俄罗斯联邦刑法典释义》（下），中国政法大学出版社2000年版，第562页以下。

但是，与这两个罪名略有不同的，是第 120 条之六的非法持有宣扬恐怖主义、极端主义物品罪，该罪的构成要件有“情节严重”，笔者理解，不是说行为人非法持有宣扬恐怖主义、极端主义物品就构成了本罪，还需要“情节严重”，而“情节严重”外延甚为宽泛，包括数量多、时间长，也包括“拒不说明”“拒不交出”。从这个角度看，立法者应该把第 120 条之六的非法持有宣扬恐怖主义、极端主义物品罪的“情节严重”进行明确为宜。根据现代法治国家的原理以及刑法谦抑性的要求，对于行为人只是单纯持有法律禁止的违禁物品（枪支弹药爆炸物等除外），一般不应作为犯罪处断，可以作为治安违法行为处理。只有当其“拒不说明”“拒不交出”时，才具有严重社会危害性，才值得作为犯罪行为处理。因此，非法持有宣扬恐怖主义、极端主义物品罪的立法有畸重倾向。

5. 为他人提供书号出版淫秽书刊罪。这个罪名有几个瑕疵。

瑕疵之一是，罪名中的“书号”与“书刊”前后不一。书，是图书，使用的是书号，包括中国标准书号（ISBN）或者全国统一书号，2007 年 1 月 1 日以后按照新版《中国标准书号》国家标准，中国标准书号与世界同步由 10 位升为 13 位，即中国 ISBN。刊，是连续出版物，使用的是刊号 ISSN。此外，ISRC 指的是中国标准录音制品编码。但是，2012 年以后，音像制品或电子出版物，均应使用中国标准书号（ISBN）作为出版物标识，ISRC 不再使用。根据 2012 年 1 月起实施的《音像电子出版物专用书号管理办法》第 2 条规定：全国所有正式出版、发行的音像制品或电子出版物，均应使用中国标准书号（简称 ISBN）作为出版物标识。用于音像制品的，为音像制品专用书号；用于电子出版物的，为电子出版物专用书号。在音像制品、电子出版物载体或包装的显著位置须标识 ISBN。第 3 条规定：中国标准音像制品编码或中国录音制品编码（以下简称 ISRC）不再承担音像制品版号的功能。音像制品专用书号和电子出版物专用书号，其使用范围和分配原则，参照《中国标准书号》国家标准（GB/T57952006）和《中国标准书号使用手册》规定执行。

图书和期刊（连续出版物）在我国是分别进行管理的，行政主管部门也经常制止和打击以书代刊的违法违规行为。2008 年《图书出版管理规定》第 26 条规定：图书使用中国标准书号或者全国统一书号、图书条码以及图书在版编目数据须符合有关标准和规定。第 28 条规定：图书出版单位不得以一个中国标准书号或者全国统一书号出版多种图书，不得以中国标准书号或者全国统一书号出版期刊。2008 年《期刊出版管理规定》第 31 条规定：期刊须在封底或版权页上刊载以下版本记录：期刊名称、主管单位、主办单位、出版单位、印刷单位、发行单位、出版日期、总编辑（主编）姓名、发行范围、定价、国内统一连续出版物号、广告经营许可证号等。领取国际标准连续出版物号的期刊须同时刊印国际标准连续出版物号。2008 年《电子出版物出版管理规定》第 21 条规定：出版电子出版物，必须按规定使用中国标准书号。同一内容，不同载体形态、格式的电子出版物，应当分别使用不同的中国标准书号。出版连续型电子出版物，必须按规定使用国内统一连续出版物号，不得使用中国标准书号出版连续型电子出版物。在国家新闻出版广电总局内设机构中，图书和期刊（连续出版物）分别是由出版管理司、新闻报刊司主管的。从这一点来看，为他人提供书号出版淫秽书刊罪应该表述为“为他人提供书号刊号出版淫秽书刊罪”。

瑕疵之二是，行为人构成为他人提供书号出版淫秽书刊罪，其实质是传播淫秽物品罪或者传播淫秽物品牟利罪。那么，“他人”构成何罪？也应该是传播淫秽物品罪或者传播淫秽物品牟利罪，双方构成传播淫秽物品罪或者传播淫秽物品牟利罪的共犯。这是因为，罪名中只有出版淫秽物品牟利罪，却没有出版淫秽物品罪，出版淫秽物品不牟利的行为，仍然按照传播淫秽物品罪处断，因为出版是传播的下位概念。

瑕疵之三是，如果行为人为自己提供书号出版淫秽书刊，且不牟利，该如何处断呢？当然不能按照为他人提供书号出版淫秽书刊罪处断，只能按照传播淫秽物品罪处断。此时，出版只能被解释为传播。那么，行为人为他人提供书号出版淫秽书刊，也是完全可以处断为传播淫秽物品罪或者传播淫秽物品牟利罪的。于是，为他人提供书号出版淫秽书刊罪并无独立设置的必要。况且，为他人提供书号出版淫秽书刊的行为人，显然与“他人”构成共同犯罪，更可表明，为他人提供书号出版淫秽书刊罪并无独立设置的必要。

瑕疵之四是，由于 2012 年以后音像制品或电子出版物均使用中国标准书号（ISBN）作为出版物标识，随之而来的就是：如果行为人为他人提供书号出版淫秽音像制品或电子出版物，也无法适用本罪，因为行为人的行为尽管是提供书号，却不是出版书刊。所以，这个罪名随着行政管理法规的更新也失去应有的涵摄力了。

三、逻辑起点之三——警惕反类型化现象

凡是与刑法类型化背道而驰的立法、司法、学理现象，都属于反类型化现

象，包括刑事立法中的拟制规范、任意厘定刑法术语、增加罪名的建议、拟制正犯、评价不足和评价过度、名实不符、一个罪名多个构成要件现象、外延泛化现象，等等。这里仅就其中几点略加叙述。

（一）警惕拟制规范

拟制规范、拟制刑法规范，是把某一性质的犯罪虚拟为另一性质的犯罪，这应该是德国学者卡尔·拉伦茨最先使用的概念，1996 年他的《法学方法论》一书被翻译出版，随后，我国大陆地区刑法学界逐渐开始使用这一刑法学术语。这一术语的出现大大推动了刑法学研究的发展，特别是在法条之间的关系上和构成要件的解释上，拟制规范、拟制刑法规范的采用，意义重大。可以说，刑法拟制规范已经成为重要的刑法解释学问题，是进行刑法解释的一个重要视角。

但是，拟制规范的负面效应也很明显，应该警惕刑法中的法律拟制。万物皆有章法和规矩，万物自有其本来属性，对于犯罪行为性质的认定和评价也有历史渊源和历史传承。拟制刑法规范具有侵害犯罪定型、摧毁行为类型化、无视公众刑法感觉的负面效应，所以应该严格限制其范围，绝对不可滥用。立法者绝非可以无限制地设立拟制规定。基于法律经济性和法益侵害的相同性或相似性是设立拟制规定的主要理由〔1〕，但是这理由远远不够充分。更有论者直言拟制规范的不正义性："赋予两类虽然具有某种关联的行为以相同的法律后果，即便这两类行为之间具有高度的类质性（如抢劫与携带凶器抢夺），都具有实质上的不正义性。刑法拟制在立法上的实质正义，面临着不可避免的诘责。"〔2〕笔者深以为然。

笔者认为，从刑法学的角度看，法律拟制的意义不大；只有从刑事政策学和犯罪预防学角度考虑，只有为了重点打击某种犯罪或者重点保护某种法益的时候，拟制刑法规范才具有一定的存在价值。严格地说，刑法学不应该存在法律拟制，它是"类推立法"，侵害了刑法的安定性、犯罪的类型化和公众的可预测性。有学者对拟制和类推进行区分，认为"拟制是在立法中以直接设置罪刑规范的方式进行的变通，而类推则是司法实务中根据刑法授权而进行的司法变通"〔3〕。笔者认为，既然司法中的类推已经被罪刑法定主义所彻底否定，那么，立法中的拟制也理应被罪刑法定主义所彻底否定，作为刑法铁律的罪刑法定主义

〔1〕张明楷：《刑法分则的解释原理》，中国人民大学出版社 2004 年版，第 255 页。

〔2〕李凤梅：《刑法拟制研究》，中国政法大学出版社 2016 年版，第 29 页。

〔3〕李凤梅：《刑法拟制研究》，中国政法大学出版社 2016 年版，第 79 页。

完全应该把“立法中的变通”予以排除，以全面、彻底实现罪刑法定主义，而不应对其赋予任何存在的合理性。例如根据立法，第 289 条聚众“打砸抢”、第 267 条第 2 款“携带凶器抢夺”均构成抢劫罪，均属于拟制规范。而众所周知的是，把某一性质的犯罪（故意毁坏财物罪、抢夺罪等）虚拟为另一性质的犯罪（抢劫罪），极大损害了犯罪类型的界限，违背基本刑法逻辑，是极其错误的立法现象，其危害性甚至远远大于类推解释。因为类推解释只是把法无明文规定的事项解释为法有明文规定的事项，“比附援用”的出现，是因为适用法律没有依据不得已而为之，似乎还情有可原。而法律拟制是把法已经有明文规定的事项解释为有明文规定的另一性质的事项，既然已经有规定，按照已有规定适用法律即可，而偏偏又搞出一个拟制规范，这就难以令人接受了。

例如，《刑法》第 155 条第 1 款第 1 项规定的是虚拟的走私普通货物、物品罪，行为人实施的直接向走私人收购的行为，本来的犯罪性质是赃物犯罪，是掩饰、隐瞒走私犯罪所得，却被立法规定为走私普通货物、物品罪。司法实践中已经有疑难争议案件出现，例如，广州市中级人民法院（2015）穗中法刑二初字第 80 号刑事判决书：本案控辩双方的争议焦点在于被告人王某甲的行为是否构成走私普通货物罪。公诉机关认为，被告人王某甲的行为系“直接向走私人非法收购走私进口的其他货物、物品，数额较大”，符合《刑法》第 155 条第 1 款规定的犯罪构成，应当以走私普通货物罪论处。辩护人认为，要适用该条款，行为人必须是“第一手交易”。如果不是直接向走私分子收购走私进境的货物、物品，而是经过第二手、三手甚至更多的收购环节后收购的，即使收购人明知是走私货物，也不能以走私罪论处。本院认为，定性的关键在于，能否确认“梁先生”是“走私人”。根据本案现有证据，“梁先生”的基本身份信息全无，真假尚且存疑，遑论其是如何将涉案车辆走私入境；即使证人陈某乙称王某甲曾去香港看车，所看的车型包括涉案的丰某甲，仍然无法得出王某甲所看车辆由“梁先生”直接走私入境的结论。因此，认定王某甲直接向走私人购买涉案车辆的证据不足，并不符合《刑法》第 155 条第 1 款的规定。但是，被告人王某甲明知王某乙要求购买的是走私车，也明知其联系购买的也是走私车，仍然按照王某乙的需求，先后多次收购了 18 辆走私车，其行为已构成掩饰、隐瞒犯罪所得罪，且涉案汽车价值人民币 845.2140 万元，应缴税额 381.2245 万元，属于情节严重，依法应予惩处。

本案中，行为人王某甲向“梁先生”收购走私车辆后卖给了最终的买家，性质上属于收购赃物。因为无法证明他是否知道“梁先生”是直接走私人，所以，不能处断为第155条第1款规定的走私普通货物罪，于是法院判决王某甲构成掩饰、隐瞒犯罪所得罪，“梁先生”则构成走私普通货物罪，这是正确的。根据立法规定，直接向走私人收购的行为构成走私普通货物罪，而收购者其实并未实施将货物偷越国边境的行为。也就是说，为了加大打击走私力度，立法者将买赃行为（收购走私货物）——即掩饰、隐瞒犯罪所得、犯罪所得收益行为——独立出来，虚拟为了走私普通货物罪。由于行为人的实行行为是收购赃物而不是走私货物，所以这一规定混淆了实行行为之间的界限，混淆了赃物犯罪这个下游犯罪类型和上游的走私犯罪之间的界限，把本属于下游犯罪的类型拟制为了上游犯罪的类型。按照拟制规范的这一逻辑，要求收购人直接向走私人收购指定货物、商品的买赃自用的行为人（最终买家），是直接向走私人收购货物、物品行为的教唆犯，买赃自用的人（最终买家）与收购人成立走私普通货物、物品罪的共犯。于是，最终买家、收购人、卖家（走私人）都构成走私普通货物、物品罪，但不是一个共同犯罪。三个行为人虽然罪名相同，理由却不同：卖家（走私人）构成走私普通货物、物品罪，是因为真正的走私。收购人构成走私普通货物、物品罪，是因为刑法拟制而构成走私普通货物、物品罪，他只实施了收购行为，没有实施走私行为。买赃自用的人（最终买家）构成走私普通货物、物品罪，是因为拟制后的共犯行为（教唆行为）而构成走私普通货物、物品罪。

刑法中的法律拟制，危害性有：

（1）法律拟制破坏中国人集体的刑法观念、刑法意识支撑下的稳定的犯罪定型，显然是一种内耗，是对刑法历史遗产的践踏。

（2）法律拟制产生更多的不必要的竞合，导致解释困难。例如，立法者把携带凶器抢夺定性为抢劫罪，那么，携带凶器入户抢夺，是不是就属于入户抢劫？再如，根据《刑法》第289条的规定，聚众砸、抢（毁坏财物或者抢走财物）的首要分子构成抢劫罪，那么，聚众入户砸、抢的首要分子，是不是就属于入户抢劫？这些问题解释起来很困难。

（3）法律拟制使得司法机关找法困难、适法困难，导致追诉犯罪存在更多的缺位，放纵了犯罪。同时，也可能导致立法的重叠。

（4）拟制规定存在的理由之一是“法益侵害的相同性或相似性”，可是众所周知，“法益侵害的相同性或相似性”本身就是值得怀疑的概念。间接走私行为和走私行为，是不是具有“法益侵害的相同性或相似性”？如果把间接走私行为解释为掩饰、隐瞒犯罪所得、犯罪所得收益罪，侵害法益就是社会管理秩序，这与走私行为侵害的法益是经济秩序，二者当然不具有“法益侵害的相同性或相似性”。而按照现行刑法的规定，把间接走私行为解释为走私行为性质，就具有了进行法律拟制的合理性前提。可见，《刑法》第155条第1款间接走私的规定，也许既没有“法益侵害的相同性或相似性”，也没有“法律经济性”（因为按照掩饰、隐瞒犯罪所得、犯罪所得收益罪处断是最为经济的）。

（5）刑讯逼供致死的，构成杀人罪，这是刑法的拟制。那么，该罪的着手，始于开始刑讯逼供的某个时点，如举警棍欲打、抬脚欲踢等。实行行为的着手是在犯意支配下的行为，而只有在具体犯意支配下的着手才是真正的着手，那么，举警棍欲打、抬脚欲踢应该被解释为杀人罪的着手还是刑讯逼供罪的着手？如果被解释为杀人罪的着手，就与行为人当时的刑讯逼供的犯意不合。如果被解释为刑讯逼供罪的着手，就与杀人罪这一结论不合。总之是无法在逻辑上自圆其说，而之所以在逻辑上无法自圆其说，是因为逻辑起点的错误，也就是拟制规定本身所导致这样的两难局面。

同理，如果聚众斗殴致死的构成杀人罪，那么，杀人罪的着手是开始斗殴之时，而此时行为人是没有杀人罪的犯意的，只有聚众斗殴的犯意。在聚众斗殴的犯意支配下实施的聚众斗殴致死行为，被立法者规定为杀人罪，其实质就是以结果归罪——根据死亡结果定性犯罪性质。这势必造成逻辑混乱。

（6）国家工作人员“差额部分以非法所得论”而构成的《刑法》第395条巨额财产来源不明罪，是把侦查机关无法证明嫌疑人合法来源的财产虚拟为“非法所得财产”，进而论罪，当然是不符合疑罪从无的基本原则的。况且，假如“差额部分以非法所得论”，那么，紧接着必须回答的问题就是，具体是以哪一犯罪的非法所得来论——是以贪污罪论还是受贿罪论，或者以私分罚没财物罪论？实际上，立法者虽然规定了“差额部分以非法所得论”，作为司法者的最高法院确定罪名却并没有将“差额部分以非法所得论”，而是以巨额财产来源不明罪论处的。非法所得当然不是来源不明的所得，来源不明的所得当然也不等于非法所得，非法所得当然是来源明确的所得，所以，这一过程中的立法与司法逻辑，是完全乱套的。乱套的根源就是在查不到来源的时候，应该规规矩矩地定性处理，而不能把客观上有限的侦查能力、事实上得不到想要的侦查结果“换算成”、拟制成“差额部分以非法所得论”。正因如此，有学者认为本罪应该建构为“非法所得罪”[1]，就是一种拟制的罪名，与法条规定的犯罪行为（实际上只是有嫌疑的犯罪行为而已）的性质不符，同样是不妥当的罪名。

（7）古代的司法实践中，就已经出现了入罪时的拟制思维。例如，清代乾隆时期有个案件，阎镐杀死了阎锡一家非死罪三人，犯罪人阎镐按律应该凌迟处死。阎镐有个女儿，招了上门女婿（李朝宗）。此时，阎镐的女儿应不应该被解释为“子”，进而将阎镐的女儿以“子”论、判处其流二千里？官员们意见不一。[2]这的的确确就是一个刑法类型化的问题。招了上门女婿的女儿不是本来意义上的“子”（儿子），仅是拟制的“子”，而把拟制的“子”作为“子”无疑是违背立法者原意的，所以，也是违背类型化逻辑的，应该予以否定。

综上所述，笔者认为，对于法律拟制的各个具体规范，应该全部从刑法逻辑上进行解构，还其本来性质。例如，《刑法》第 155 条第 1 款第 1 项间接走私型的走私犯罪，应该回归掩饰、隐瞒犯罪所得、犯罪所得收益罪。第 247 条刑讯逼供致人死伤，根据案件具体事实，分别处断为暴行罪、伤害罪、杀人罪、虐待被监管人罪。第 382 条第 2 款受托管理经营国有财产类型的贪污行为，应该分别定性为侵占罪、职务侵占罪、盗窃罪、诈骗罪。巨额财产来源不明，应该暂时作无罪处理，待新的证据出现后再行处断，或无罪，或他罪。

（二）警惕拟制正犯

拟制正犯与拟制规范不同。拟制规范是把 A 罪拟制为 B 罪。而拟制正犯有两种，一种是在共犯场合，把 A 罪的教唆犯、帮助犯拟制为 A 罪的正犯，也就是教唆行为正犯化、帮助行为正犯化。一种是在单独犯场合，把 A 罪的预备行为拟制为 A 罪的实行行为，也就是预备行为正犯化。

例如，2000 年最高人民法院《关于审理交通肇事刑事案件具体应用法律若干问题的解释》规定：“交通肇事后，单位主管人员、机动车辆所有人、承包人或者乘车人指使肇事人逃逸，致使被害人因得不到救助而死亡的，以交通肇事罪的共犯论处。”这是所谓过失共犯，可能是交通肇事罪拟制教唆犯，也可能是交通肇事罪拟制正犯。还规定：“单位主管人员、机动车辆所有人或者机动车辆承包人指使、强令他人违章驾驶造成重大交通事故，具有本解释第 2 条规定情形之一的，以交通肇事罪定罪处罚。”这是所谓过失共犯，是交通肇事罪拟制教唆犯，

[1] 孟庆华：《巨额财产来源不明罪研究新动向》，北京大学出版社 2002 年版，第 60 页以下。

[2] 中央电视台“法律讲堂”《明清御批案·假失火真谋杀》，南开大学柏桦主讲。

也可能是交通肇事罪拟制正犯。

再如，2015 年《刑法修正案（九）》修改了第 133 条之一：在道路上驾驶机动车，有下列情形之一的，处拘役，并处罚金：……③从事校车业务或者旅客运输，严重超过额定乘员载客，或者严重超过规定时速行驶的；④违反危险化学品安全管理规定运输危险化学品，危及公共安全的。其中增加的“机动车所有人、管理人对前款第 3 项、第 4 项行为负有直接责任的，依照前款的规定处罚”，就是把机动车所有人、管理人作为危险驾驶罪的拟制正犯。

很明显，2015 年危险驾驶罪增加的机动车所有人、管理人构成危险驾驶罪的拟制正犯，延续着 2000 年《关于审理交通肇事刑事案件具体应用法律若干问题的解释》的思路。只是从单位主管人员、机动车辆所有人或者机动车辆承包人三种人，变成了机动车所有人、管理人两种人。笔者认为，这些规定不仅违背了刑法原理，也体现出规范制定者的“犯罪株连”观念。众所周知，危险驾驶行为是由具有意志自由的人实施的，危险驾驶者理应罪责自负，承担个体责任，而不是团体责任。如果机动车所有人、管理人实施了对于危险驾驶的教唆行为和帮助行为，按照危险驾驶罪的共犯处断即可，无需在法条中加以特殊规定。规范所言“负有直接责任”无非也就是实施了“共同惹起”构成要件的结果或者危险的行为，即危险驾驶罪的教唆行为和帮助行为。如果他们连危险驾驶的教唆行为和帮助行为也没有实施，也谈不上“负有直接责任”。例如，仅是管理不力，或者疏于管理等，是不能解释为“负有直接责任”的。“负有直接责任”的两种人按照危险驾驶罪共犯处理即可，法条规定构成危险驾驶罪的正犯是错误的。

当然，交通肇事罪、危险驾驶罪罪状中体现出的规范制定者的“犯罪株连”观念，在逐渐淡化，范围在缩小，从四种人、三种人到两种人，这本来是个进步。但是，在刑法典中规定拟制正犯，又是个重大倒退。机动车所有人、管理人对于驾驶员当然具有业务上的上下级关系，驾驶员难以拒绝上级施加的违法影响，不得已进行超载、超速、违规运输危化品，这是社会事实。但是这一事实必须符合刑法的逻辑。刑法的逻辑就是，经过严格考试取得驾驶资格的人是具有意志自由的人，进行危险驾驶，罪责远远重于其上级、老板。刑法作如此规定，只能证明难以期待取得驾驶资格的人在上级命令下实施合法行为，所以两种人应该承担正犯的责任，而这岂不是意味着驾驶人并无期待可能性，不构成犯罪？这当然是可笑的逻辑结论。没有实施危险驾驶行为的，就不是危险驾驶罪的正犯，这是应当严格遵循的刑法逻辑。

再如，我国《反间谍法》把“策动、引诱、收买国家工作人员叛变”作为间谍行为认定，是把部分间谍罪的教唆行为（即预备行为）拟制为间谍罪的实行行为。因为，“策动、引诱、收买国家工作人员叛变”在性质上有多种解释。第一种是间谍罪的教唆行为，同时也是间谍罪的预备行为；第二种是投敌叛变罪的教唆行为；第三种是间谍组织招募发展成员的行为，这也是间谍罪的预备行为，但未必是间谍罪的教唆行为。

再如，《刑法》第110条把参加间谍组织、接受间谍任务规定为间谍罪的实行行为，是把间谍罪的预备行为拟制为实行行为。间谍罪的实行行为，指的是窃取、刺探、收买国家秘密、情报的行为，行为人参加间谍组织、接受间谍任务当然不是窃取、刺探、收买国家秘密、情报，而是为窃取、刺探、收买国家秘密、情报创造条件，是预备行为。刑法典其他法条对于参加某某组织和参加某某组织后实施的犯罪进行了界分（如参加恐怖组织与参加恐怖组织后的犯罪），那么，间谍罪也应该与这些规定保持统一为宜。

（三）警惕增加罪名的建议

回首1979年以来40年的刑事立法之路，存在一个明显现象。由于刑事立法应社会呼声操之过急，过早介入、深度介入和强力介入社会生活，导致围绕社会热点而出现过金融职务违法入刑、醉驾入刑、替考入刑、恶意欠薪入刑、医闹入刑、买卖个人信息入刑、浪费入刑、超生入刑、虐待幼儿园儿童入刑、摘取人体器官入刑、吸毒入刑等建议，出现过增设浪费罪、超生罪、否定南京大屠杀罪、虐童罪、非法摘取人体器官罪、破坏计划生育罪、故意逃避债务罪、吸毒罪、操纵体育比赛罪、妨害拍卖罪〔1〕、性贿赂罪〔2〕、不予救助罪〔3〕，制造、出售、购买、运输类似于钞票的流通物罪〔4〕等罪名的建议。笔者认为，对于增加罪名的建议，应该警惕，应该慎重。

学者们对于当前我国刑事立法应该犯罪化还是非犯罪化存在争论。例如，“我国当前的主要任务不是实行非犯罪化，而是应当推进犯罪化”〔5〕。笔者认为，犯罪化还是非犯罪化不能简单划一，有的严重危害行为我国一直没有规定，这些

---

〔1〕杨庆堂：“建议增设妨害拍卖罪”，载《政治与法律》1994年第2期。

〔2〕金卫东：“应设立‘性贿赂罪’”，载《江苏公安专科学校学报》2000年第6期。

〔3〕赵瑞罡：“关于增设不予救助罪的探讨”，载《法学论坛》2001年第3期。

〔4〕赵秉志、杨诚主编：《金融犯罪比较研究》，法律出版社2004年版，第57页。

〔5〕张明楷译：《日本刑法典》（第2版），法律出版社2006年版，代译序第12页。

应该犯罪化。同时，由于立法技术原因导致的漏洞也必须填补，但是这不等于就要增加罪名，在现有罪名尚未清理到位时，简单增加罪名的办法比较轻率。例如，我国没有普通强制罪，但是刑法分则中不乏特别的强制罪——强迫交易罪、强迫卖淫罪、强迫卖血罪、强迫职工劳动罪、强迫吸毒罪，等等。如果再增加特别强制罪的罪名，似乎体现为犯罪化趋势，其实不然——这种所谓的犯罪化趋势原因在于我国没有普通强制罪，如果规定普通强制罪，上述多个特别的强制罪都会取消，关于强制罪的罪名总数量反而会减少。所以，任何增加罪名的立法建议特别是在普通法条没有规定时去增加特别法条的立法建议，我们都应该慎重。不仅如此，为了建构稳定的犯罪定型，有的罪名应该合并或者取消。例如，有学者认为，《刑法》第 294 条、第 319 条骗取出境证件罪可以实行非犯罪化。[1]生产、销售不符合卫生标准的食品罪和生产、销售有毒有害食品罪，应该合并。引诱幼女卖淫罪、协助组织卖淫罪应该分别合并到引诱卖淫罪和组织卖淫罪中。第 130 条非法携带枪支、弹药、管制刀具、危险物品危及公共安全罪与第 297 条非法携带武器、管制刀具、爆炸物参加集会、游行、示威罪，应该合并。破坏军婚罪合并到重婚罪中，破坏军婚罪可以取消。劫夺被押解人员罪和聚众持械劫狱罪应该合并为劫狱罪或者夺取被羁押者罪。取消第 255 条打击报复会计、统计人员罪。把组织越狱罪、暴动越狱罪合并到脱逃罪中，组织越狱罪、暴动越狱罪只是加重的脱逃罪罢了。把第 174 条擅自设立金融机构罪、第 175 条高利转贷罪、第 176 条非法吸收公众存款罪等合并到非法经营罪中。

（四）警惕评价不足和评价过度现象

刑法评价不足现象和刑法评价过度现象是并存于刑事立法和刑事司法中的常见现象。当刑法评价小于犯罪事实的时候，立法者、司法者对于犯罪事实的类型化是偏离实际的，这是刑法评价不足，会造成轻纵犯罪、重罪轻判。同样，当刑法评价大于犯罪事实的时候，立法者、司法者对于犯罪事实的类型化也是偏离实际的，这是刑法评价过度，会造成轻罪重判、无罪判罪。

1. 刑法评价不足现象。

（1）《刑法》第 330 条妨害传染病防治罪。罪状中的“供水单位供应的饮用水不符合国家规定的卫生标准的”，被评价为妨害传染病防治罪，就属于刑法评

---

〔1〕 张明楷译：《日本刑法典》（第 2 版），法律出版社 2006 年版，代译序第 12 页，脚注。

价不足现象，因为这一罪行已经不是“妨害传染病防治”，而是间接故意以危险方法危害公共安全罪或者是过失以危险方法危害公共安全罪。同样，罪状中的“准许或者纵容传染病病人、病原携带者和疑似传染病病人从事国务院卫生行政部门规定禁止从事的易使该传染病扩散的工作的”，被评价为妨害传染病防治罪，也属于刑法评价不足现象，而是间接故意以危险方法危害公共安全罪或者是过失以危险方法危害公共安全罪。笔者认为，罪状中的“拒绝按照卫生防疫机构提出的卫生要求，对传染病病原体污染的污水、污物、粪便进行消毒处理的”以及“拒绝执行卫生防疫机构依照传染病防治法提出的预防、控制措施的”才是真正意义的、完全意义的妨害传染病防治罪，因为这两种情形都是卫生执法行为在先、行为人不履行防治传染病义务在后的模式，只有如此，才能被描述为“妨害”。“妨”，有损害、阻碍等义项。〔1〕当使用“阻碍”这个义项的时候，“妨”等价于“碍”。“碍”，是阻碍、阻挡的意思。〔2〕行为人“拒绝按照卫生防疫机构提出的卫生要求，对传染病病原体污染的污水、污物、粪便进行消毒处理的”以及“拒绝执行卫生防疫机构依照传染病防治法提出的预防、控制措施的”，使得卫生执法行为及其执法效果受到了阻碍和阻挡，法益侵害的结果（引起甲类传染病传播或者有传播严重危险）才会产生，这是犯罪的因果链条。与此同时，假如进一步类型化，“拒绝按照卫生防疫机构提出的卫生要求，对传染病病原体污染的污水、污物、粪便进行消毒处理的”以及“拒绝执行卫生防疫机构依照传染病防治法提出的预防、控制措施的”可以合二为一，因为，“消毒处理”就是一种具体的预防、控制措施，所以，两种情形都可以解释为“拒绝执行卫生防疫机构的预防、控制措施”。“拒绝按照卫生防疫机构提出的卫生要求，对传染病病原体污染的污水、污物、粪便进行消毒处理的”，可以删除。妨害传染病防治罪中的刑法评价不足现象，与刑法用语的选择息息相关。“确定罪名”试图把四种具体犯罪情形都以抽象性更强的“妨害传染病防治”加以概括，却忽视了四种具体情形的不同性质、不同罪质，使得“妨害传染病防治”事实上难以涵摄四种具体犯罪情形、两大类情形。这两大类情形一类是不作为（拒绝），一类是作为（准许或者纵容）。这是1997年《刑法》过于细密的效应之一。立法过于细密，聚焦于具体犯罪行为而忽视了其所属类型，自然容易评价不足。

---

〔1〕《古代汉语词典》，商务印书馆1998年版，第392页。

〔2〕《古代汉语词典》，商务印书馆1998年版，第8页。

（2）《刑法》第331条传染病菌种、毒种扩散罪，也是一种“妨害传染病防治”的行为，也被列入我国《传染病防治法》，却没有被刑法评价为妨害传染病防治罪。笔者认为，传染病菌种、毒种扩散罪应该评价为妨害传染病防治罪。这是因为，传染病菌种、毒种扩散罪，也就是传染病菌种、毒种传播罪，或者传染病菌种、毒种流行罪，妨害传染病防治罪中的“传播”与传染病菌种、毒种扩散罪中的“扩散”是等价关系。这是我国《传染病防治法》中多次出现“造成传染病传播、流行”“导致传染病传播、流行”等表述方式可以证实的。不仅如此，《传染病防治法》中对于术语的解释还使用了“播散”，如：疫点指病原体从传染源向周围播散的范围较小或者单个疫源地。疫区指传染病在人群中暴发、流行，其病原体向周围播散时所能波及的地区。总之，传播、流行、扩散、播散等的等价性是毫无疑问的。

（3）《刑法》第423条第2款“投降后为敌人效劳的”仅仅被评价为投降罪，也属于刑法评价不足。因为，“为敌人效劳”已经超限于“投降”，属于“叛变”了。词典的解释也是如此，如投降是“停止对抗向对方屈服”。[1]英语是surrender，want to stop fighting。[2]但是，“投降后为敌人效劳的”能不能定性为投敌叛变罪，尚值得研究。投敌叛变罪，顾名思义，应该是主动投奔敌人的行为。现代汉语词典的解释也是如此，投敌的“投”是“找上去、参加进去”。[3]投敌的“投”与投降的“投”不是一个意思，投降就是“降”而已。而有学者把“被敌人捕俘后投降敌人进行危害国家安全活动”[4]也视为投敌叛变罪，似乎不够谨慎。现行刑法的投敌叛变罪加上投降罪，其规制范围已经不小，但是对于“被俘之后投降敌人为其效劳”定性为仍然难以规制：定性为投敌叛变罪，显然不够妥当，因为是被动而为。定性为投降罪，也与投降罪“自动放下武器”的主动而为不符。但是，对于“被俘之后投降敌人为其效劳”进行非犯罪化显然与我国革命、历史传统不符，必须进行刑法评价。所以，笔者认为，现行刑法的投敌叛变罪加上投降罪，可能仍然存在立法不周延现象。这当然属于另一个问题了。

（4）《刑法》第364条第3款制作、复制淫秽的电影、录像等音像制品组织

〔1〕《现代汉语词典》（汉英双语），外语教学与研究出版社2002年版，第1934页。
〔2〕《牛津高阶英汉双解词典》，商务印书馆、牛津大学出版社2014年版，第2104页。
〔3〕《现代汉语词典》（汉英双语），外语教学与研究出版社2002年版，第1934页。
〔4〕张明楷：《刑法学》，法律出版社2011年版，第597页。

播放的，被立法仅仅评价为组织播放淫秽音像制品罪，同样属于刑法评价不足。因为，行为人实施的犯罪行为包括制作、复制、组织播放而不仅是组织播放，理应数罪并罚，才能罚当其罪。

此外，把《水浒传》中武功高强的鲁提辖“醋钵样大的拳头”解释为“手足”殴伤人，进而认为他对镇关西仅仅构成故意伤害罪（致死），就属于刑法评价不足，应该解释为故意杀人罪。不仅如此，根据古代刑法的保辜制度，“手足殴伤人限十日……限内死者以杀人论”，由于镇关西当即死掉，属于“限内”，所以也可得出同样的结论——鲁提辖打死镇关西构成故意杀人罪。

（5）刘某、奚某杰生产、销售瘦肉精案。现行刑法中，食品犯罪的罪名适用难题，如果仍然纠结于是适用特别法条还是重罪法条，就难以得出合理的结论。在刘某、奚某杰生产、销售瘦肉精案中，最高人民法院的表态非常正确——“危害食品安全犯罪可适用多个罪名”〔1〕。而有学者质疑：“判决时，为了迎合民众要求‘严惩’的心理，体现坚决严厉打击的决心，一律以重罪重刑制裁，似有逾越罪刑法定原则之嫌。”〔2〕笔者认为，该学者的质疑并未抓住问题的关键点。既然行为人的犯罪行为已经同时触犯多个构成要件，自然应该根据竞合犯原理从一重罪名处断，根本不涉及法条竞合的特别法优于一般法的适用规则。在这个问题上，以食品犯罪罪名规制刘某、奚某杰生产、销售瘦肉精案被告人，就属于刑法评价不足。在类型化意义上，刘某、奚某杰生产、销售瘦肉精案可以处断为以危险方法危害公共安全罪、投放危险物质罪。

（6）2016年度全国硕士研究生招生考试泄密案。2015年11月，经罗某山多次劝说利诱，并许诺考试后给予百万报酬，河南省第一监狱八监区三分监区分监区长曹某最终答应帮忙从第一监狱第八监区内窃取2016年度全国硕士研究生招生考试的试卷，罗某山将照相机、内存卡、弹射装置等物品交给曹某。11月底，曹某趁人员封闭前，将上述物品带入第八监区生产厂区自己的铁皮柜内藏匿。12月4日，曹某进入厂区进行封闭式的研究生考试试卷印制工作。12月11日，河南省第一监狱第八监区开始印刷2016年度全国硕士研究生招生考试的各科试卷。曹某使用照相机先后拍摄了综合能力、政治、数学（一）、数学（二）、数学

〔1〕张先明：“彰显刑罚惩戒教育功能营造打击犯罪舆论氛围：最高人民法院公布四起危害食品安全犯罪典型案例”，载《人民法院报》2011年11月25日。

〔2〕李兰英：《公害犯罪研究》，法律出版社2016年版，第217页。

（三）、英语（一）、英语（二）、西医综合 8 张试卷，于 12 月 15 日中午、12 月 18 日中午在河南省第一监狱兆润宾馆三楼分别将存储上述试卷照片的内存卡通过弹射装置弹射至监狱外，罗某山在监狱外捡。曹某以窃取方法非法获取绝密级全国研究生统一考试试题，已经构成非法获取国家秘密罪。而利诱其实施窃密行为的李某源、罗某山二人仅被评价为组织考试作弊罪。[1]笔者认为，李某源、罗某山实施了两个行为，一个是利诱曹某实施窃密行为，构成非法获取国家秘密罪（教唆犯）；另一个是组织考试作弊行为，构成组织考试作弊罪，理应对二人数罪并罚。目前的裁判属于刑法评价不足。

（7）戒毒所协警为戒毒人员传递毒品案。2016 年海口市公安局强制隔离戒毒所协警叶某“帮忙”给戒毒人员传递毒品，供罗某等 13 人吸食，侦查机关认为罪名是运输毒品罪，海口市琼山区检察院起诉罪名是滥用职权罪，审判机关最终确定的也是滥用职权罪。笔者认为，因为戒毒所协警的职权之中并无传递毒品这一项，也没有传递物品这一项，所以应该按照运输毒品罪处断，按照滥用职权罪处断属于刑法评价严重不足。

很多刑法评价不足现象产生的根源在于，对于犯罪行为所在的犯罪类型判断出现偏差。在刑法学里，犯罪类型的意义和构成要件的意义同样重要。前已述及，最高人民法院的不妥帖的“确定罪名”，会导致使用这些“确定罪名”的时候，出现刑法评价不足或者评价过度的现象。刚才提到的《刑法》第 423 条第 2 款“投降后为敌人效劳的”仅仅被评价为投降罪，属于刑法评价不足，这是因为以投降罪这一“确定罪名”来评价“投降后为敌人效劳”造成的。显然，这种刑法评价不足现象是可以避免的。

2. 刑法评价过度现象。刑法评价过度现象不仅存在于刑法史上，也出现在现实中；不仅出现在司法上，也出现在立法上和学理上。究其本源，还是因为类型化出现问题，还是因为对某种犯罪现象定性不准。立法者虽然不是嘲笑的对象，但是立法者的成长和成熟的确有个漫长的过程，立法的完善的确有个漫长的过程。

中华人民共和国刑法史上，就曾经存在过刑法评价过度现象。而在当前的刑事司法实践中，把无证收购玉米评价为非法经营罪，把上访户收取所谓的“息访

---

〔1〕“2016 年考研泄题案：监区长与罪犯从监狱偷拍 8 张试卷”，载 http：//news. ifeng. com/a/20171126/53593110 _0. shtml.

费”解释为敲诈勒索罪，等等，都属于刑法评价过度现象。

学理上，有学者在类型化过程中，由于对于具体罪名实质的把握出现偏差，将低度犯罪解释为高度犯罪，导致了评价过度状况，这也是一种反类型化的现象，是超出类型化的罪名及其构成要件限度的评价。例如，叛逃罪本来不是“投敌、间谍、资敌的犯罪”，却被错误划入这个大类之中，同时又在论述叛逃罪与投敌叛变罪的界限时，回避了叛逃罪是不是投敌的问题，转而认为叛逃罪“具有叛变的行为”。[1]笔者认为，叛逃罪并非“叛变的行为”，也不是投敌的行为，该论者把叛逃罪解释为叛变行为，再把叛逃罪划入“投敌、间谍、资敌的犯罪”，这个逻辑过程比较轻率，直接导致了对于叛逃罪类型化的错误。叛逃罪的行为人只是不应“离去”而“离去”，是“不从追唤”罢了。“投敌、间谍、资敌”的共同点是都有敌人这个构成要件，如果叛逃罪属于“投敌、间谍、资敌的犯罪”，那就意味着行为人是叛逃到“敌人”那里去了。可事实是，在没有敌人的时候，照样会有叛逃罪；在有敌人的时候，也不一定叛逃到敌人那里。叛逃罪与“投敌、间谍、资敌的犯罪”之间并无内在联系。

立法上，非法经营罪中，买卖进出口许可证、进出口原产地证明等经营许可证、批准文件这一情形，实际上并非经营行为，而是为了开展经营行为做准备的行为，是为了开展经营而获得资格的行为，由于获得某种商品或者服务的资格并不容易，行为人才采用了“买卖”的方法。显然，把这一情形作为“非法经营”，属于立法上的评价过度现象。这一情形明显不同于非法经营罪中的其他两种情形。

（五）警惕指称遗漏现象

与名词、形容词等比较而言，动词性构成要件最重要。这是因为，刑法典中的动词往往是表达实行行为的，“所谓实行行为，本来就意味着构成要件中行为人以动词形式表达的行为。”[2]不把动词弄清楚，实行行为也就不可能弄清楚，着手、终了、共犯、因果关系、犯罪形态等都会成为问题。动词性构成要件也最复杂，处理不慎会产生指称遗漏现象，造成立法疏漏。

例如，《刑法》第350条非法生产、买卖、运输制毒物品、走私制毒物品罪。该条的立法沿革很有趣，修改前是走私制毒物品罪、非法买卖制毒物品

〔1〕 姚建龙主编：《刑法学分论》，北京大学出版社2016年版，第26~30页。
〔2〕 ［日］西原春夫：《犯罪实行行为论》，戴波、江溯译，北京大学出版社2006年版，第2页。

罪，走私在前、买卖在后："违反国家规定，非法运输、携带醋酸酐、乙醚、三氯甲烷或者其他用于制造毒品的原料或者配剂进出境的，或者违反国家规定，在境内非法买卖上述物品的，处3年以下有期徒刑、拘役或者管制，并处罚金……"确定罪名把运输、携带制造毒品的原料或者配剂进出境的称为走私制毒物品罪。而修改后是非法生产、买卖、运输制毒物品、走私制毒物品罪，买卖在前、走私在后："违反国家规定，非法生产、买卖、运输醋酸酐、乙醚、三氯甲烷或者其他用于制造毒品的原料、配剂，或者携带上述物品进出境，情节较重的，处3年以下有期徒刑、拘役或者管制，并处罚金……"确定罪名把携带制造毒品的原料或者配剂进出境的称为走私制毒物品罪，"运输制毒物品进出境"不见了。那么，运输制毒物品进出境这一情形该如何处断？是否属于立法的疏漏？

笔者认为，本条修改后，不仅导致运输制毒物品和走私制毒物品之间产生交叉，而且同时造成指称遗漏，遗漏了两种情形。第一种是非法运输制毒物品进出境的行为（修改前有规定、修改后反倒没有），第二种是在境内非法携带制毒物品的行为（修改前没有规定、修改后也没有规定）。遗漏的这两种情形，按下列方式处理：

第一种非法运输制毒物品进出境的，应该构成走私制毒物品罪，这不仅是修改前的立法就明确规定了的，也是完全符合走私制毒物品罪构成要件和公众认同的。或者把非法运输制毒物品进出境行为评价为运输制毒物品罪也可以，因为在语言逻辑上，运输制毒物品当然包括运输制毒物品进出境以及仅仅在境内运输制毒物品。

第二种在境内非法携带制毒物品的，这是修改前没有规定、修改后也没有规定，特别值得重视。笔者认为，在境内非法携带制毒物品的，应该解释为非法运输制毒物品罪。理由是：把携带制毒物品解释为运输制毒物品，就像把携带毒品解释为运输毒品一样；违反国家规定携带制毒物品、情节较重的行为，不是一般违法行为。所以，这个经历了一次修正的法条，不如直接改成：非法生产、买卖、运输、走私制毒物品罪。甚至借鉴某些罪名的立法模式，改为：非法生产、买卖、运输、走私、邮寄、储存、持有制毒物品罪。当然，要求"情节较重"才构成犯罪。

(六) 警惕例示性构成要件的不足

构成要件可以分为列举式构成要件、概括式构成要件与例示性构成要件。概括式构成要件的缺点是概括性不够，对社会生活的框定、指称往往会滞后。列举式构成要件容易落后于日新月异的社会生活，容易与新发案件情节脱节，未必是一种理想的立法模式。[1]综合了列举式构成要件与概括式构成要件的，是例示性构成要件。例示性构成要件得到刑法学者的普遍欢迎，认为其不但能够避免列举式构成要件涵摄力过小的弱点，而且能够避免概括式构成要件过于抽象的弊端。例如有学者就认为："一方面，可以借由例示性的规定，阐明刑法类型的中心意旨，并由此给人以更加具体可感的形象，以此增加刑法的安定性；另一方面，由于此种方式并未堵截例示性规定之外的非典型情况，并明确允许法官参照例示性规定进行类比推理，从而也恰当地保持了刑法规则的开放和弹性。"[2]

笔者认为，其实也不尽然。

例示性构成要件的缺陷在于：当实际案件出现了新的下位构成要件或所谓"例示性规定之外的非典型情况"时，该下位构成要件能否被解释为例示性构成要件的中心语？这仍然是需要进行具体判断的刑法解释学的大问题。从形式逻辑角度看例示性构成要件的话，例示性构成要件的中心语是属概念，例示词语是种概念，新的种概念出现后，能否被归类于上位的属概念？因为例示毕竟是有限的举例，毕竟是常见情形的举例，所以一旦出现疑难案件，出现不常见的情形，例示性构成要件并不具有良好的操作性，仍然需要创造性的刑法解释活动。诸如许霆盗窃案中盗窃 ATM 是不是可以解释为盗窃金融机构？盗窃 ATM 里的现金是不是可以解释为盗窃金融机构？新型的"3，4—亚甲二氧基甲卡西酮"在 2014 年被列入管制类精神药品目录之前是不是第 350 条的制毒原料或者制毒配剂[3]？安监局组织销毁烟花爆竹时发生事故是不是"生产作业"[4]？环评机构出具的环

---

〔1〕 张明楷：《日本刑法典》(第 2 版)，法律出版社 2006 年版，代译序第 16 页。

〔2〕 杜宇："再论刑法上之'类型化'思维——一种基于方法论的扩展性思考"，载《法制与社会发展》2005 年第 6 期。

〔3〕 "第三代毒品较量：揭秘'丧尸药'甲卡西酮"，载 http：//news. youth. cn/sh/201606/t20160627 _8190604. htm.

〔4〕 "贵州贵安新区发生销毁烟花爆竹原料爆炸事故已致 8 人死亡"，载 http：//www. xinhuanet. com/local/2016 -02/05/c _1118005422. htm.

评文件[1]、公证处出具的公证书[2]等是不是提供虚假证明文件罪中的“中介组织的证明文件”？艾滋病是不是传播性病罪中的“严重性病”？严重性病患者卖淫嫖娼是不是投放“传染病病原体”？天津赵某华购买的打气球用的“枪状物”是不是枪支？空心毒胶囊是不是有毒有害食品？醉驾致人死伤（孙某铭案）是不是以危险方法危害公共安全罪中的危险方法？违法排污中的具体物质（废酸、含苯酚类有毒物质的废水）是不是投放危险物质罪中的危险物质？最有名的例示性构成要件就在非法经营罪中，“其他严重扰乱市场秩序的非法经营行为”作为兜底条款，实际上是毫无用处的。

例如，失业保险基金、下岗职工基本生活保障资金是不是挪用特定款物罪中的“救济款物”？《刑法》第273条挪用特定款物罪中的“特定款物”属于例示性构成要件，这实际上不是罪状中的构成要件，而是经过确定罪名使用后才成为构成要件的。刑事司法实践中，出现过挪用失业保险基金、下岗职工基本生活保障资金的案例，最高人民检察院认为属于“特定款物”中的“救济款物”。[3]此外，低保资金、残疾人救助资金、职业病救助资金等都可能被解释为“特定款物”中的“救济款物”。需要注意，救济款物与救灾款物不是并列关系，而是属种关系。

例示性构成要件的缺陷还在于罪状冗长。立法者之所以选择例示性构成要件，既是因为对某种犯罪类型尚不能准确定性与定位，也是因为在语言上暂时无力以完全概括的方式加以呈现，立法者不是万能的，是在“试探性”地规定自己并未充分认知的事物，这从学者们所举的例子就可以看出来，几乎都是形成历史较短的行政犯或者新型犯罪，如操纵证券交易价格罪[4]、非法经营罪[5]、洗

---

〔1〕 2016年最高人民法院、最高人民检察院《关于办理环境污染刑事案件适用法律若干问题的解释》第9条规定：“环境影响评价机构或其人员，故意提供虚假环境影响评价文件，情节严重的，或者严重不负责任，出具的环境影响评价文件存在重大失实，造成严重后果的，应当依照刑法第229条、第231条的规定，以提供虚假证明文件罪或者出具证明文件重大失实罪定罪处罚。”

〔2〕 吉林省高级人民法院驳回申诉通知书（2017）吉刑申107号，载中国裁判文书网，http：//wenshu. court. gov. cn/content/content? DocID = 352c8c6a - d1a0 - 4afd - b410 - a82a012e2f1e&KeyWord = % E6% 8F% 90% E4% BE% 9B% E8% 99% 9A% E5% 81% 87% E8% AF% 81% E6% 98% 8E% E6% 96% 87% E4% BB% B6% E7% BD% AA.

〔3〕 2003年1月13日最高人民检察院《关于挪用失业保险基金和下岗职工基本生活保障资金的行为适用法律问题的批复》。

〔4〕 杜宇：“再论刑法上之‘类型化’思维——一种基于方法论的扩展性思考”，载《法制与社会发展》2005年第6期。

〔5〕 齐文远、苏彩霞：“刑法中的类型思维之提倡”，载《法律科学》2010年第1期。

钱罪、贷款诈骗罪、信用证诈骗罪、合同诈骗罪[1]，等等。既然立法者是在“试探性”地规定自己并未充分认知的事物，因此，法条必然出现罪状冗长的特点，如非法经营罪法条字数达到了232个（不含标点符号，下同），操纵证券交易价格罪法条字数达到了287个，洗钱罪法条字数达到了324个，背信损害上市公司利益罪法条字数达到了387个，1998年增设的骗购外汇罪法条字数达到了432个。随着认知的深入，立法者对于犯罪的具体描述就会为高度概括所代替，字数就会减少，这是符合人类的认知规律的，例示性构成要件罪状冗长的不足也会逐渐改观。而历史悠久、类型稳定的罪名，立法者对其本质的把握很准确，表现在刑法语言上，字数就比较少，如军职罪一章各个罪名就是如此。

例示性构成要件的缺陷还在于，列举的各种事项之间并不具有性质上的一致性。这集中体现在非法经营罪中。

（七）警惕词汇外延泛化现象

1. 生活中的外延泛化现象。外延泛化是当前现代汉语的典型语言现象。例如“海关”一词，不仅可以指称有海的关卡，没有海的关卡也是称为“海关”的（内陆海关）。所以，“海关”就是“对出入国境的一切商品和物品进行监督、检查并照章征收关税的国家机关”[2]。再如“老师”一词，不仅可以指称真正的老师、从事教育教学工作的人，现在还广泛运用在没有从事教育教学工作的人身上，诸如节目的嘉宾、各种行业的先进入者、实习单位指导实习生的业务人员、受人尊敬的老艺人，等等。再如“资源”一词，本来指的是自然资源，如野生动植物资源、土地资源、矿产资源等。可是现实中已经广泛使用的“人力资源”“劳动力资源”等，把自然资源以外的市场要素也称为资源了，这也是词语外延泛化的结果。再如，朋友圈中的“朋友”，除了原本意义的朋友，已经囊括了亲属、情人、商业伙伴、买家卖家、上级下级、师长、学生、师父徒弟等无所不包的各种人等。严格说来，这不是“朋友圈”，而是“人际交往的圈子”。再如，“丁字裤”一词，因为它没有裤腿，只有裤腰和裤裆，所以严格说来，“丁字裤”不符合裤子的定义——“穿在腰部以下的衣服，有裤腰、裤裆和两条裤腿”[3]，“丁字裤”实际并不是裤子，“丁字裤”是裤子这个词语外延泛化的结

[1] 张明楷译：《日本刑法典》（第2版），法律出版社2006年版，代译序第16页。

[2] 《现代汉语词典》（汉英双语），外语教学与研究出版社2002年版，第755页。

[3] 《现代汉语词典》，商务印书馆2012年版，第750页。

果。除非今后把裤子的定义改了（去掉裤腿这个要素）——只要有裤腰和裤裆的就是裤子——“丁字裤”才属于裤子。再如，电子警察不是构成要件的警察、不是实质意义上的警察，电子警察是警察这一词语外延泛化的结果，它侵入了“电子执勤设备”的领域。再如，电子烟这一词语也不是实质意义上的烟草，它侵入了“烟草”或者“烟草制品”的指称范围。再如，泊车或者泊位（指的是停车位），原本都是方言的说法，现代汉语收入词典后，使得“泊”的外延从船的靠岸发展到还可以指称车辆的停放。枷锁，已经不仅指物质上的桎梏锁链，也指称精神上的桎梏锁链。再如，狩猎，除了用于陆生动物，也已经用于水生动物乃至水生植物，如《舌尖上的中国》第二季“脚步”中的“海洋人类最后的狩猎场”。

词语外延泛化倾向不仅出现在文学作品、新闻作品、影视台词之中，也已经广泛出现于学术领域，对不同学科产生了不同的影响。所以，术语外延的厘定是一个伴随学科发展始终的过程。例如“边防”或者“边防学”，就面临军事学和公安学两大学科的共同厘定。即便仅从军事学角度进行内涵、外延的厘定，也不是简单的事情。例如，有研究者认为，“边防”是“在边境地区进行的防卫和管理活动的统称”；有的则扩大其外延，将其定义为“在陆、海、空的边缘地带实施的防卫、管理和建设活动的总称”。[1]外延泛化倾向使得术语、范畴出现了广义、中间义、狭义等多个外延。

2. 刑法中的外延泛化现象。刑法中的构成要件，也面临外延泛化的困扰。受到汉语语言习惯改变的深刻影响，一个原本边界清晰的构成要件，也出现最广义、广义、中间义、狭义、最狭义等不同外延，并导致刑事司法活动日益复杂的局面，导致各方观点日益激烈的争执，这自然会导致刑法的逻辑推理、刑法形式主义变得困难重重。总的来看，词语外延泛化现象，导致构成要件与社会生活的脱离，需要司法者甄辨刑事法律规范及其构成要件与案件实情的吻合度，尽量做到二者的无缝衔接。外延泛化现象，导致词汇互相“侵入”对方的“势力范围”和“文义射程”，容易导致自由裁量权随意解释构成要件，容易导致侵犯人权等后果的产生。外延泛化现象，导致概念本身固有的清晰边界发生动摇，而因为概念本身就是一种类型，所以，外延泛化使得类型的稳固性、固定性受到削弱与动摇，使得构成要件的类型性受到削弱与动摇。对于事关生杀予夺的刑事司法来

〔1〕 李星主编：《边防学》，军事科学出版社2004年版，第5页。

说，构成要件的外延泛化现象应该引起我们的高度警惕。

刑法中的外延泛化现象，显然与日益流行的扩大解释息息相关。为了在不修正立法的前提下尽量规制新型犯罪现象，扩大解释成为常见手段，而所谓的扩大，就是做出大于字面意思的刑法解释，此时，对于构成要件的外延进行泛化才能实现，这就是构成要件外延泛化与扩大解释的内在联系。而日益流行的扩大解释的背后，是法律形式主义正在让位于公共政策，是语言不再具有范畴的固定性和对世界明确的表现力。〔1〕

例如，军用物资。武器装备与军用物资，到底是并列关系还是种属关系？在有的论述中认为军用物资包括了弹药、军械、油料和军需品。〔2〕并认为弹药仓库、军械仓库、油料仓库和军需仓库是特种仓库。〔3〕这种观点把一部分武器装备（弹药）也作为军用物资。也有论者使用“军事物资”〔4〕的称谓，这一称谓距离刑法语境下的犯罪构成要件就更远一点了，所以更需要刑法学与军事后勤学之间的衔接、统一。众所周知，作为引证规范出现的刑法规范及其构成要件，需要引证其他部门法才能明其内涵、外延，而上述例证已经表明，如果引证的其他部门法或者规范等都还没有对某一个构成要件有确定一致的厘定，这当然为刑事司法活动与刑事司法推理带来莫大的困难。

再如，弹药。“弹药”一词的使用日益泛化，已经出现了“生物弹药”“核弹药”等用语，笔者认为，这些都不是很精确的术语和表达。弹药是“枪弹、炮弹、手榴弹、炸弹、地雷等具有杀伤能力或其他特殊作用的爆炸物的统称”〔5〕。只有使用“药”（黑火药、炸药等化学物质）制造出来的，才是真正意义上的“弹药”。至于气枪、麻醉枪等射击出来的物质（铅弹、塑料弹等），因为根本没有“药”，所以只能叫做“弹”“弹丸”。广受关注的天津赵某华非法持有枪支一案，刑事裁判之所以令人质疑，是因为即便她所持有的是刑法意义上的枪支，但是她填装在枪支里面的塑料子弹或者铅弹也不是构成要件“弹药”，不应该被解

---

〔1〕［美］哈罗德·J. 伯尔曼：《法律与革命——西方法律传统的形成》，贺卫方、高鸿钧、张志铭、夏勇译，中国大百科全书出版社 1993 年版，第 47 ~48 页。

〔2〕 王丰、张剑芳主编：《军事仓储管理》，中国物资出版社 2005 年版，第 175 页。

〔3〕 王丰、张剑芳主编：《军事仓储管理》，中国物资出版社 2005 年版，第 435 页以下。

〔4〕 王进发、李励：《军事供应链管理——支持军事行动的科学与艺术》，国防大学出版社 2004 年版，第 487 页以下。

〔5〕《现代汉语词典》，商务印书馆 2012 年版，第 258 页。

释为刑法中的“弹药”。因为刑法文本中枪支、弹药连用，而赵某华所涉不属于“弹药”，所以她的所谓“枪支”就应该更准确地表述为“枪状物”。赵某华使用的不是“弹药”，而是后来的刑事司法解释中的“气枪铅弹”。“气枪铅弹”不能认定为构成要件“弹药”。2018 年最高人民法院、最高人民检察院《关于涉以压缩气体为动力的枪支、气枪铅弹刑事案件定罪量刑问题的批复》规定：“对于非法制造、买卖、运输、邮寄、储存、持有、私藏、走私以压缩气体为动力且枪口比动能较低的枪支的行为，在决定是否追究刑事责任以及如何裁量刑罚时，不仅应当考虑涉案枪支的数量，而且应当充分考虑涉案枪支的外观、材质、发射物、购买场所和渠道、价格、用途、致伤力大小、是否易于通过改制提升致伤力，以及行为人的主观认知、动机目的、一贯表现、违法所得、是否规避调查等情节，综合评估社会危害性，坚持主客观相统一，确保罪责刑相适应。对于非法制造、买卖、运输、邮寄、储存、持有、私藏、走私气枪铅弹的行为，在决定是否追究刑事责任以及如何裁量刑罚时，应当综合考虑气枪铅弹的数量、用途以及行为人的动机目的、一贯表现、违法所得、是否规避调查等情节，综合评估社会危害性，确保罪责刑相适应。”笔者认为，这个批复并未触及赵某华等案的关键构成要件的解释，枪支、弹药的认定问题并未彻底解决。

再如，“生产”。这原本是一个规范的构成要件，指的是“人们使用工具来创造各种生产资料和生活资料”[1]。但是现在也开始用于文化、传播、影视、网络服务等领域，如“内容生产”“知识生产”。这就是“生产”一词外延泛化所致。显然，“内容生产”“知识生产”行为是不可能引起危害公共安全罪一章所指的公共危险的，那么，“内容生产”“知识生产”也就不应该解释为刑法构成要件中的“生产”。

无论是记述的构成要件还是规范的构成要件，都会出现外延泛化的可能。笔者认为，当今我国刑事立法、刑事司法之中，已经并不存在彻底的记述的构成要件，刑法用语涉及的都是规范的构成要件，都是需要法律评价或者需要经验法则或者需要社会评价的“评价性构成要件”或者“评价性构成要件要素”，也就是说，刑法评价的过程是一个将所谓的记述的、描述性的犯罪现象和犯罪事实纳入规范视野、进行规范性评价的过程。因为，记述的构成要件和规范的构成要件这一分类本身是非逻辑性的。按照形式逻辑的要求，如果是一

〔1〕《现代汉语词典》，商务印书馆 2012 年版，第 1160 页。

次分类，需要采用一个标准，这样的分类结果才是周延的。而根据分类的基本规则，记述的构成要件的对称应该是非记述的构成要件，规范的构成要件的对称应该是非规范的构成要件。所以，势必造成记述的构成要件和规范的构成要件存在交叉关系。有学者已经提到，“规范的构成要件要素与记述的构成要件要素的区分不是绝对的，而是相对的”〔1〕。的确，如果连“人”这个典型的记述的构成要件要素也是一种规范的构成要件要素了〔2〕，那么，刑法中的构成要件还有什么不是规范的构成要件要素呢？在何为“男性”、何为“女性”都需要进行规范判断的今天，还有什么不是规范的构成要件要素呢？记述的构成要件要素都需要进行规范评价。

〔1〕杨剑波：《刑法明确性原则研究》，中国人民公安大学出版社2010年版，第110页。
〔2〕杨剑波：《刑法明确性原则研究》，中国人民公安大学出版社2010年版，第110～111页。

第五章　刑法分则类型化的逻辑终点
——建构的视角

刑法分则类型化的逻辑重点，就是在类型化思维、类型化语言基础上，在罪名解构基础上，有意识地建构上位罪名、上位构成要件，形成上下位罪名、上下位构成要件之间的体系性、层次性、涵摄性，优化罪名体系和构成要件体系。这相当于重构了刑法分则。

一、上位罪名的建构

犯罪类型是以同一性质的危害行为为核心的一组罪名的总称，它不考虑犯罪客体、犯罪主体甚至不考虑犯罪主观要件是否存在差异，只考虑危害行为是否是一个性质。如果是属于一个性质、一个类型的行为，就属于同一个犯罪类型或者同一个类型化行为。也可以说，犯罪类型是所有具有竞合关系法条的集合体。它既不是以法益为分类依据的犯罪分类，也不是对犯罪分类后的类罪的总称。[1]本书以现有罪名为基础，以危害行为为核心，将犯罪类型又称为上位罪名。有学者则称之为“上位类型”。[2]

法益不再作为具体罪名的构成要件之一。法益具有构成要件的解释功能，一个罪名的构成要件的具体解释，需要以其所侵害的法益为指导，具有框定、制约、限定解释范围的功能。如果去掉法益这一构成要件，那么，其余的构成要件的解释结论会产生不同结果。著名的例证就是现行刑法的诬告陷害罪与日本刑法的诬告陷害罪侵害法益不同带来的迥然有别的构成要件的解释结论。[3]而如果去

---

〔1〕 陈兴良主编：《刑法各论的一般理论》，中国人民大学出版社2007年版，第一章“犯罪分类”。

〔2〕 杜宇：“基于类型思维的刑法解释的实践功能”，载《中外法学》2016年第5期。

〔3〕 张明楷：《法益初论》，中国政法大学出版社2000年版，第219页以下。

掉法益，无论行为人的行为是否侵害司法机关正常活动，只要实施了诬告陷害他人的犯罪行为，并且达到罪量要素，就构成本罪。可见，如果法益不再作为具体罪名的构成要件，应该会适度扩大罪名的规制范围，这有利于保卫社会利益，也并未侵犯诬告陷害罪行为人的人权。在逻辑顺序上，法益不是罪名成立的条件，而是罪名成立后的一个结果、一个效果、一种事实。法益不是构成某个罪名、某种犯罪的要素，而是一个行为构成犯罪之后产生的一个事实。

上位罪名与下位罪名，与犯罪构成的二要件说紧密相关。在任何犯罪或者任何犯罪类型中，行为人和行为都是必备的构成要件。至于其侵害的法益（犯罪客体），是属于构成犯罪之后、刑法评价范畴内的事项，而不是事实范围内的事项。上位罪名的产生，与其他构成要件可能无关，但是绝对离不开危害行为这一构成要件，在危害行为基础上的上位危害行为（涵摄力更强的危害行为）就是类型化行为构成的上位罪名。本书中，故入罪（即陷害罪）的建构，故出罪（即包庇罪）的建构，业务违规致死致伤罪的建构，等等，都是围绕上位危害行为而成的上位罪名，各自囊括了多个下位罪名。

笔者甚至认为，解析整部刑法典文本，解析全部犯罪的关键词，最抽象的犯罪类型只有四个：

（1）暴力（包括胁迫、威胁、强制等）。暴力取得他人财物，或者以暴力为后盾取得他人财物，是抢劫罪，或者抢夺罪，或者强迫交易罪。以恐吓取得他人财物，则属于敲诈勒索罪。强迫卖淫罪、强迫卖血罪、强迫劳动罪，绑架罪、非法拘禁罪、妨害公务罪、杀人罪、伤害罪、刑讯逼供罪、暴力取证罪，等等。暴力（广义的）是最低限度的犯罪类型，是侵害人的安全与自由这一宪法性价值的犯罪类型。意大利刑法的殴打、日本刑法的暴行等，都是最低限度的暴力犯罪。

（2）买卖（包括收买、贿买、销售、收购、出售等）。买卖枪支、毒品，买卖伪劣产品，买卖国家保护的动植物及其制品，卖淫、买淫，买卖警用装备，买卖间谍专用器材，买卖增值税专用发票，买卖武装部队公文证件印章，收买国家秘密、情报，等等。非法买卖是最低限度的犯罪类型，是侵害社会秩序或者社会安全这一宪法性价值的犯罪类型。

（3）瞒骗（隐瞒、欺骗）。诈骗罪、虚假陈述罪、伪造文书罪、骗取出口退税款罪、提供虚假证明文件罪、谎报军情罪、各种金融诈骗罪。与事实和真相背道而驰的，都是虚假的、伪造的、欺骗的、假冒的、不实的。“实”“真”是关键词，也是法益、宪法性价值，那么不实和不真就可能是犯罪行为。瞒骗是最低限度的犯罪类型，是侵害平等和真实这一宪法性价值的犯罪类型，主要是侵害财产安全、金融安全等经济安全。

（4）性与权力。公共权力作为最大的资源，可以换取金钱、地位、名誉、学位、批文、性等世俗性的利益，因此，从公共权力而滋生出的无数犯罪。性贿赂，与他人保持不正当两性关系，违背社会主义道德，通奸，这些词语或者表达方式都与公共权力滥用者、拥有者密不可分。同样，受贿罪离不开公共权力的交换。滥用职权罪，徇私枉法罪，枉法裁判罪，私放在押人员罪，等等，也离不开公共权力的交换。性与权力以及引申出的渎职、滥权、权钱交易、权色交易、利益输送，不仅出现在渎职罪一章，还广泛分布于经济犯罪一章。关于性与权力的犯罪是最低限度的犯罪类型，是侵害公开公正和国家秩序这一宪法性价值的犯罪类型。

随着构成要件要素的加加减减，一个个罪名发生着不同的意义关联，有并列关系的意义关联，有属种关系的意义关联，有交叉关系的意义关联，等等。需要思考和研究的是，哪些构成要件要素或者基本构成要件要素具有这样的功能呢？笔者认为，这些最抽象的犯罪类型也许就是架构起众多衍生罪名的基本要素。众多衍生罪名之间如果有某种关联，就应该可以找到“连接点”“交叉点”，而这个“连接点”“交叉点”就是基本构成要件要素。例如，强奸罪与抢劫罪的“连接点”是手段行为——暴力，聚众哄抢罪与强迫他人吸毒罪的“连接点”是暴力，刑讯逼供罪（目的犯）、伤害罪、杀人罪、酷刑罪的“连接点”是暴力，等等。

当然，只有四个“罪名”的刑法典是完全不现实的，只有一个罪名——“罪行”或者“犯罪”或者“干坏事”或者“为非作歹”——的刑法典更是历史的倒退，是“过度类型化”思维的结果。〔1〕罪名的明确性要求对罪名的抽象性有一个最高限度，罪刑法定原则中的明确性原则制约着罪名的抽象性的程度，因此，罪刑法定原则制约着刑法类型化的程度，要求罪名的适度类型化，有学者名之曰“中等抽象程度”〔2〕。如果是过于抽象的刑法规范和罪名，就不是真正的刑

〔1〕马荣春：“警惕刑法学中的过度类型化思维”，载《法律科学》2012年第2期。

〔2〕杜宇：“再论刑法上之‘类型化’思维——一种基于方法论的扩展性思考”，载《法制与社会发展》2005年第6期。

法规范和罪名，而是人性人格的批判、政治社会的批判或者道德伦理的评判。不过，在犯罪学、公共管理视野中，四个“罪名”的意义在于：怎样合理安排公共政策、刑事政策，怎样提高公共政策的实际效应，而不是寄希望于杜绝一个国家或地区的犯罪现象。

解构罪名及其构成要件不是终极目的，解构掉不合理的罪名、类型化不够的罪名也不是终极目的，最终还是为了建构出、重构出类型化良好的罪名以及罪名体系，使得罪名体系层次清晰，属种关系明确，构成要件之间的关系清晰，对于各种犯罪现象的刑法学评价和刑法学规制能够有质量、有逻辑地进行。

增加特别法条总有个限度，不可能一直增加下去。而即便大量增加特别法条，也未必能够实现刑事立法逻辑上的周延，仍然可能出现立法疏漏和立法重复并存的现象。立足于类型化，把所有罪名进行归类，以有限“驭”无穷——以有限的犯罪类型“驾驭”庞大数量的具体罪名。规范总量不可能无限增长，犯罪类型却可能维持比较稳定的数量。立足于类型化，把具体罪名与犯罪类型之间的关系进行确立和梳理，建构有属种关系的罪名层次。首先，一个稳定的、成熟的犯罪类型统领、驾驭、涵摄几个罪名，往往是一般法条和特别法条的关系。其次，一个具体罪名的构成要件的解释还要看是不是符合其所属的那一犯罪类型。这样，犯罪类型、具体罪名、构成要件三者之间的关系就是清晰的，上下之间的层级也是清晰的，分属于不同章节的各个罪名之间的关系也是清晰的。本书试图像植物分类学那样，把刑法分则中的每个罪名、每个构成要件都找到其合适的位置，努力建立一个罪名属种关系清晰、构成要件层级清晰的刑法分则罪名体系和构成要件体系。截至2017年《刑法修正案（十）》，我国刑法的罪名总数为470个左右。按照本书的架构和研究模式，这些罪名可以压缩为几十个基本犯罪类型，每个基本犯罪类型再“驾驭”若干个具体罪名，形成上下罪名之间的层次关系。

1979年《刑法》以来近40年的大趋势，是日益明显的罪名总量的外延式扩张。这个历程中，出现了大量虚置的罪名、很少使用的“僵尸”罪名和关注社会生活极细微领域的冷僻罪名，这些罪名大多数是没有经过类型化设计的种罪名、下位罪名，是刑法分则类型化视阈中的特别法条、特例。特别是随着刑法修正案频频出台，产生大量的竞合法条，滋生出众多的“非现代犯罪类型”，需要解构、重构、再构，需要进一步类型化。产生的大量的竞合法条，不仅有1997年《刑法》法条与刑法修正案法条之间的竞合，也有刑法修正案法条之间的竞合。

从中国刑法史长河来考察、衡量，因应现实的种罪名、下位罪名的设置，是层出不穷的新的犯罪现象不断“逃逸”原有刑法规范之后，立法者的及时因应和“快速反应”。有的种罪名、下位罪名，实际上是特别的法条，是例而不是律，“律例混用”会产生条例歧出、重重轻轻、深文入罪、深文出罪、肆意弄法等负面现象。这种“历史性”“偶然性”“对策性”特点的刑事立法行为，势必造成“逻辑性”“必然性”“整体性”被破坏。而立法者为了恢复刑法规范的逻辑性和体系性，又不得不走上新一轮的“删削”“重订”“刑统”之路，当代中国仍未能摆脱中国刑法史的刑事立法周期律。1997 年《刑法》实施已满 20 周年，哪些罪刑规范应该作为“律”（基本犯罪类型）加以规定，哪些罪刑规范应该作为“例”（衍生犯罪类型）加以规定，确实是值得刑法人认真思考的问题了。只有建构有属种关系的罪名层次，才能迎来一部真正“垂范久远”的刑法典。

（一）侵犯通信自由犯罪类型

包括大约五个罪名。

侵犯通信自由的犯罪行为，涉及的罪名有《刑法》第 252 条侵犯通信自由罪，第 253 条（邮政工作人员）私自开拆、隐匿、毁弃邮件电报罪，第 285 条非法获取计算机信息系统数据罪、非法控制计算机信息系统罪，第 286 条破坏计算机信息系统罪，等等。侵犯通信自由罪和（邮政工作人员）私自开拆、隐匿、毁弃邮件电报罪两个罪名，对应的是传统犯罪。而涉及计算机信息系统的三个罪名，对应的是新型犯罪。但是即便有上述五个罪名，仍然难称周延。例如，如今快递业务已经大行其道，非邮政系统的快递员工如果私自开拆、隐匿、毁弃客户信件的，就不能适用上述任一罪名进行规制。所以，我们能否考虑建构起一个覆盖性更强、涵摄力更大的罪名，作为一个稳定的犯罪类型，来打击所有的侵犯通信自由的犯罪行为？侵犯通信自由罪和（邮政工作人员）私自开拆、隐匿、毁弃邮件电报罪，原来是并列关系，是周延的，可以打击所有犯罪主体实施的开拆、隐匿、毁弃邮件电报的行为。但是自从非邮政的快递业和快递员工出现以来，这种稳定的并列关系实际上就变得不稳定了。假如把非邮政的快递员工开拆、隐匿、毁弃信件的按照侵犯通信自由罪处断，似乎也可以，但其实是把业务上的开拆、隐匿、毁弃信件行为按照非业务上的开拆、隐匿、毁弃信件行为处断了，并不妥当。立法者昔日所设计的法条关系因为新的社会生活的出现变得需要重新建构，那么，只有不再考虑实施开拆、隐匿、毁弃信件行为的具体犯罪主体是谁，只有聚焦于开拆、隐匿、毁弃信件行为本身，并以此建构一个犯罪类型（如开拆、隐匿、毁弃信件罪），才能真正解决上述问题。

进一步地，非法获取计算机信息系统数据罪和破坏计算机信息系统罪两个罪名的实质，是破坏了他人的通信自由，是破坏了他人计算机数据（有的是获取、有的是破坏），应该类同于开拆、隐匿、毁弃邮件、电报，是电子数据形式的通信秘密。所以，侵犯通信自由罪，（邮政工作人员）私自开拆、隐匿、毁弃邮件电报罪，非法获取计算机信息系统数据罪，破坏计算机信息系统罪四个罪名属于一个大的犯罪类型——侵入私人空间（包括住宅、计算机、信箱、信件）。由于立法时间跨度较大，立法者尚未对这四个罪名进行整体性评估、考虑，才呈现出目前罪名分置的格局。侵入私人空间这个类型，可以包括窃视、窃听、窃录、窃照等犯罪行为，可以包括侵害他人短信、微信、通话记录、聊天记录等。侵入私人空间、侵犯个人秘密的犯罪类型，还可以包括涉及个人信息、信用卡信息的罪名，如侵犯公民个人信息罪，窃取、收买、非法提供信用卡信息罪。

（二）受贿犯罪类型

包括大约五个罪名。

如果剔除单位犯罪主体构成的受贿犯罪罪名，关于受贿罪的罪名包括《刑法》第 163 条、第 385 条、第 388 条之一，涉及主体包括非国家工作人员、国家工作人员、国家工作人员的关系密切人、离职国家工作人员、离职国家工作人员的关系密切人。如果只考虑危害行为，不顾及犯罪主体的具体身份，这几个罪名也可以整合为“一个大的受贿罪”。

此外，现行刑法受贿罪，包括索取型、收受型、斡旋型等多个犯罪分型，但都以“受贿罪”加以规范、指称。我国古代刑法早有这样的上位构成要件的成果，也是珍贵的汉语遗产。例如：“大中五年，敕：‘今后有官典犯赃及诸色取受，但是全未发觉以前能经官陈首，即准律文与减等；如知事发，已有萌肇，虽未被追捕勘问，亦不许陈首之限。’”[1]“取受”一词，包括索取和收受，可谓是刑法史上的一个上位构成要件，可以涵摄受贿罪的各个具体犯罪分型。

由于 2011 年增加了第 164 条第 2 款对外国公职人员、国际公共组织官员行

---

〔1〕（元）马端临：《文献通考·卷 166》，浙江古籍出版社 2000 年版，第 1442 页。

贿罪，导致该对合犯的受贿行为人——外国公职人员、国际公共组织官员事实上构成了受贿犯罪，但是受贿犯罪立法的不周延使得无法打击该受贿行为，不能按照第 163 条非国家工作人员受贿罪论处，原因如下：

第一，外国公职人员、国际公共组织官员并非第 163 条的“公司、企业或者其他单位的工作人员”。即便强行把这些人解释为“其他单位的工作人员”，当考虑到本罪名属于“妨害对公司、企业的管理秩序罪”这一节，也不应该认为这些人的受贿行为妨害了对公司、企业的管理秩序。

第二，第 163 条要求“为他人谋取利益”，而外国公职人员、国际公共组织官员接受贿赂往往是为“他国”谋取利益。从各国申办大型赛事、大型会议的特殊实际看，各国的国家工作人员为了获得主办权，往往殚精竭虑、用力颇勤，出发点是好的，但行贿的手段却涉嫌犯罪。假如为了获得主办权，有政府背景的行贿行为夹杂其间，这些行贿就带有国家意志的色彩，是“为国行贿”，那么，受贿人就是“为他国谋取利益”。显然，“为他国谋取利益”不能解释为“为他人谋取利益”。这些人在奥运会、亚运会、足球世界杯等大型体育赛事、大型国际会议、大型专门论坛等事务中收受贿赂，以投票权等作为对价，为他人或者他国谋取不正当商业利益，当然是受贿犯罪，并且，如果受贿犯罪行为发生在中华人民共和国领域内，中国刑法当然有属地管辖权。如果在中华人民共和国领域外受贿，侵害了我国利益，可以根据保护管辖权适用中国刑法。

第三，第 164 条第 2 款对外国公职人员、国际公共组织官员行贿罪的构成要件是“为谋取不正当商业利益”。显然，“为谋取不正当非商业利益”“为谋取不正当国家利益”而行贿的，不构成对外国公职人员、国际公共组织官员行贿罪。那么相应地，接受贿赂的外国公职人员、国际公共组织官员也不应该构成犯罪。虽然受贿犯罪的构成要件往往少于行贿犯罪，但是在这一组特殊的对合犯中，假如完全不对等，也是很不合理。

第四，各国立法者都不会把国家背景、以国家为后盾的赛事、会议等的主办权（国家利益）作为“谋取不正当商业利益”加以打击。但是，在形式逻辑上，商业利益与国家利益的确不是对称的概念，商业利益的对称是非商业利益，国家利益的对称是非国家利益。商业利益与国家利益是交叉关系，商业利益包括国家的商业利益和非国家的商业利益，国家利益包括国家的商业利益和国家的非商业利益。既然商业利益与国家利益是交叉关系，既然国家也有合法正当商业利益、也是利益的主体，那么，“为谋取不正当商业利益”理应包括“为谋取不正当国家商业利益”这一情形，行为人“为谋取不正当国家商业利益”而对外国公职人员、国际公共组织官员行贿的，构成本罪，外国公职人员、国际公共组织官员则构成受贿犯罪。但是，《刑法》第163条、第385条、第388条之一都无法规制这一类受贿行为。

申办城市的有关国家工作人员基于错误的政绩观等动机，在申办过程中的违法违规操作、行贿等，理应纳入刑法领域进行规制。相应地，收受贿赂的外国公职人员、国际公共组织官员也理应纳入刑法领域进行规制。目前，已经有大量实践案例，如塞内加尔人、国际田联主席拉米－迪亚克2015年11月被法国警方指控受贿100万欧元帮助俄罗斯涉药运动员逃避检查。国际奥委会委员、纳米比亚人弗兰基·弗雷德里克因为巴西里约奥运会贿选丑闻被指控受贿和洗钱罪名，喀麦隆人伊萨－哈亚图（非洲足球联合会主席、国际奥委会委员）“亲手接过”国际足联前市场机构国际体育和休闲公司（ISL）给予的现金。在理论上及联合国立法上，外国公职人员、国际公共组织官员可以构成受贿犯罪。〔1〕

综上，《刑法》第163条、第385条、第388条之一等罪名的设立并未解决立法周延问题，这说明在受贿犯罪的立法技术与语料选择方面出了问题。以“诸色取受”来反观上述罪名，受贿犯罪的犯罪主体包括国家工作人员与非国家工作人员，包括本国的国家工作人员与外国公职人员、国际公共组织官员，那么，犯罪主体在受贿犯罪这个大类型中已经没有任何意义。换句话说，只要是“诸色取受”中的任何一种，都是受贿犯罪，至于罪名的选择，可以仍然使用受贿罪，也可以考虑使用“权钱交易罪”“收受秘密佣金罪”“接受秘密佣金罪”〔2〕“收受秘密酬劳罪”“收受秘密报酬罪”等。受贿犯罪的犯罪模式是权力与利益、权力与报酬的交易、交换，贿赂的本质则是秘密中介费、秘密佣金，具体表现形式则是刑法文本中的回扣、手续费、财物、利益等。

（三）虐待犯罪类型

包括五个罪名。

1. 虐待犯罪类型涉及的具体罪名包括虐待被监管人罪，虐待罪，虐待被监护人、被看护人罪，虐待部属罪，虐待俘虏罪等。《刑法》第260条虐待罪实际

---

〔1〕张智辉：《国际刑法通论》，中国政法大学出版社2009年版，第239页。

〔2〕最高人民检察院《反贪污贿赂法》研究起草小组编译：《外国和港澳台地区反贪污贿赂法规汇编》，中国检察出版社1991年版，第149页以下。

为“虐待家庭成员罪”，可见，虐待罪并非这些罪名中的普通法条。虐待部属罪、虐待俘虏罪都位于军职罪一章，立法者如此安排，显然是因为部属与俘虏是特殊犯罪对象，是因为行为人的特殊身份（军人），虽然有其合理性，但是，由于虐待对象、犯罪主体的不同，导致虐待罪名分别属于各个不同章节，未必合理。如果站得更高，从基本人权角度看，各个虐待罪名都是侵犯公民人身权利的犯罪。

2. 虐待罪是否包括单纯的心理虐待、情感虐待、精神虐待？笔者认为，为了保持虐待的基本内涵的一致性，保持各个虐待罪名中虐待一词含义的统一性，单纯的精神虐待应该非罪化，进行民事求偿为宜。例如，军人对部属或者俘虏单纯进行精神虐待的，一般不应该构成虐待部属罪、虐待俘虏罪。虐待俘虏罪的虐待，只能是肉体虐待，不能是单纯精神方面的虐待，这是很浅显的道理，也不可能有对于俘虏实施精神虐待的实例。延续此逻辑，对于家庭成员的虐待，其含义也应该与此二罪保持一致。虐待是“用残暴狠毒的手段对待”〔1〕，残暴就是残忍，残忍就是狠毒〔2〕，狠毒就是凶狠毒辣〔3〕，总之是针对身体实施的行为。

3. 虐待俘虏罪的虐待，显然不能包括杀死的情形。封建刑法后期，“杀降”科斩，而不是构成别的罪名。可见，现在，杀死俘虏不可能解释为虐待俘虏，而是杀人行为。如果将杀死俘虏评价为虐待俘虏罪，是混淆了不同犯罪的性质。

4. 根据《刑法》第443条的规定，构成虐待部属罪要求“致人重伤或者造成其他严重后果”。这与刑法观念中的“虐待”格格不入，是几个虐待犯罪罪名中追诉标准最高的，是把虐待与重伤混淆。笔者认为，虐待部属罪这一法条既不正义，也难以与其他虐待罪名保持均衡一致。虐待部属未达到轻伤程度的，本来应该犯罪化，但是却因为立法不周延而暂时无法处断。虐待部属致人轻伤的，构成故意伤害罪。虐待部属致人重伤的，应该构成故意伤害罪。所以，虐待部属罪实际上是“虐待部属致人重伤或者造成其他严重后果罪”。

5. 《刑法》第315条破坏监管秩序罪中的监管秩序指的是罪犯所处的监狱、拘役所等场所的秩序，外延较小。而第248条虐待被监管人罪中的监管机构指的是监狱、拘留所、看守所，外延较大。监管机构虽然不包括侦查机关内设的审讯

〔1〕《现代汉语词典》，商务印书馆2012年版，第960页。
〔2〕《现代汉语词典》，商务印书馆2012年版，第124页。
〔3〕《现代汉语词典》，商务印书馆2012年版，第532页。

室、讯问室，审讯人员虽然不是监管人员，但实质上对于被审讯人员是具有监临、主管的支配与控制地位的，此时如果刑讯逼供、殴打、体罚、虐待被审讯人员的，可以类推解释为“广义的虐待被监管人罪”。这意味着，刑讯逼供罪（未达到伤害或死亡程度）实际上是一种虐待犯罪类型。

6. 纵观各个虐待具体罪名，以及有关的刑讯逼供罪、暴力取证罪等，可以发现，虐待、暴行、凌虐、霸凌、殴打、刑讯、体罚、暴力等词语具有的内在一致性，只要行为人是没有伤害故意或者杀人故意而实施的，只要是未达到伤害或死亡程度的，都是一个类型——虐待。而虐待既然被限定为肉体的虐待，那么其本质就是大陆法系刑法中的暴行罪。

笔者认为，虐待犯罪都是侵犯人身权利的犯罪。但是由于所谓的侵害法益的不同，目前，各个罪名分别属于不同章节。例如虐待俘虏罪、虐待部属罪属于军人违反职责罪一章；虐待被监管人罪，虐待罪，虐待被监护人、被看护人罪，属于侵犯公民人身权利罪一章。虐待俘虏罪、虐待部属罪当然也是侵犯人身的犯罪。言说这些犯罪行为的角度有好几个，立法者选择的这个角度只是一个而已，立法者完全可以选择一个同样的角度——侵犯人身，假如都选择侵犯人身角度，这些虐待犯罪都属于一个犯罪类型。

7. 因为有下列可能的情形：假如不是军人虐待俘虏，而是支前民工、儿童团团员、普通老百姓等虐待俘虏，该当何罪？很显然，难以处断为合适的罪名。处断为虐待俘虏罪吧，犯罪主体不符。处断为虐待罪吧，犯罪对象不符。所以，立法者选择的这个角度无非是从犯罪主体出发，万 立法者预先设计的犯罪主体变了，这些罪名就无法适用。可见，即便已经有了五个虐待罪名，立法仍然是不周延的。立法体例是有问题的。如何解决这个问题？只能通过刑法分则类型化途径，而不可能通过所谓高超的刑法解释，也不能通过继续增加具体虐待罪名。通过所谓高超的刑法解释，寄希望于解释论，是不可能解决立法的疏漏的。而希望通过继续增加具体虐待罪名来实现规制范围的周延，更是不可取的做法，因为即便再增加 100 个虐待罪名，也不可能实现立法周延。

那么，通过刑法分则类型化途径，就是把虐待犯罪的犯罪主体、犯罪对象等构成要件进行高度类型化。虐待犯罪的犯罪主体的高度类型化，其结果是从特殊主体发展到一般主体。虐待犯罪的犯罪对象的高度类型化，其结果是犯罪对象从特殊身份的人发展到没有特殊身份的人。刑法分则类型化的要求之一，就是可以忽略犯罪主体的特殊身份，也可以忽略犯罪对象的特殊性质，只关注犯罪行为

（有时候行为的宾语难以忽略，就关注动宾短语指称的犯罪现象），只关注犯罪心态。那么，四要件只剩下客观要件和主观要件两个。在刑法分则构成要件高度类型化过程中，主体要件、客体要件都不考虑。从形式逻辑看，当四要件减少为两要件之后，犯罪类型的涵摄力一定是增强了，一个类型下的具体罪名的个数肯定是增加了。虐待犯罪各个罪名如果"去身份化"，成为一个一般主体构成的罪名，其实就是大陆法系的暴行罪了。即，无论是谁虐待，也无论是虐待了谁，只要在虐待意思支配下实施了虐待行为，就是虐待犯罪。而虐待犯罪，实为暴行罪。这意味着，所有我们建构起来的虐待犯罪罪名，其本质是"对于人身的暴力""对于肉体的暴力"，这当然是与杀人罪、伤害罪并列的一大类犯罪。

（四）业务过失致死伤犯罪类型

包括大约十二个罪名。

罪名层次的建构，能够使得上位与下位类型之间形成一种逻辑关系、位阶关系，这主要是包容竞合，还涉及一些交叉竞合（因为一个下位罪名可能同时属于两个以上的上位罪名）。上位罪名，也可称为类型化罪名、属罪名。下位罪名，也可称为非类型化罪名、种罪名。例如，可以把"业务过失致死伤罪"作为上位罪名，涵摄重大责任事故罪、重大群众性活动安全事故罪和医疗卫生领域的安全事故罪，这是第一个层次。再把重大责任事故罪作为上位罪名，涵摄交通肇事罪、武器装备肇事罪、危险物品肇事罪、重大劳动安全事故罪等具体的生产、作业领域的责任事故罪。把医疗卫生领域的安全事故罪作为上位罪名，涵摄传染病菌种、毒种扩散罪，医疗事故罪，采集、供应血液事故罪，制作、供应血液制品事故罪等罪名。这是第二个层次。如果再把交通肇事罪作为一个上位罪名，将其进一步分拆为"公路交通肇事罪"〔1〕"违反铁路交通设施驾驶规定罪"〔2〕"违反水路交通设施驾驶规定罪"等，那就有了第三个层次。而这三个层次涉及的所有罪名，在犯罪类型方面都属于"业务过失致死伤罪"。

当前语境下的责任事故，其外延很大。现行刑法中，交通运输中的责任事故属于交通肇事罪。这里的交通运输实际上是狭义的交通运输，仅包括公路、水路交通运输，不包括航空交通运输和铁路交通运输。生产中的责任事故同时属于重大劳动安全事故罪。危险物品的生产、储存、运输、使用中的责任事故同时属于

〔1〕米良译：《越南刑法典》，中国人民公安大学出版社2005年版，第202条。
〔2〕米良译：《越南刑法典》，中国人民公安大学出版社2005年版，第208条。

危险物品肇事罪，等等，罪名之间存在交叉重叠，难以避免。

例如，在危险物品的生产中发生的责任事故，就同时触犯了重大责任事故罪中的“生产、作业中违反有关安全管理的规定”，此时，危险物品肇事罪想象竞合了重大责任事故罪。之所以竞合，是因为两罪名构成要件中的“生产、作业”与“爆炸性……物品……生产、储存、运输、使用”属于上下位关系。

再如，危险物品的生产中的责任事故，如果是因为安全生产设施或者安全生产条件不符合国家规定引起的，如运输车辆老化、使用不符合资质的罐体进行运输等，既触犯了危险物品肇事罪，也同时触犯了重大劳动安全事故罪。

因而，重大责任事故罪是涵摄力大的罪名，是上位罪名，是所有生产作业领域中的业务过失犯的普通法条。如果仅从罪名的表述看，传染病菌种毒种扩散罪，采集、供应血液、制作、供应血液制品事故罪，医疗事故罪，武器装备肇事罪等，也都属于重大责任事故罪，此时的重大责任事故罪不限于生产作业领域，也是业务违规过失致死伤罪。虽然卫生医疗领域发生的责任事故一般不会解释为重大责任事故罪中的“生产、作业”，但它们同样也是业务过失犯。而“业务过失致死伤罪”作为一个具体罪名，也的的确确在刑法史上真实存在过。1907 年《大清刑律草案》第 312 条规定：“凡因怠忽业务上必应注意，致人死伤者，处四等以下有期徒刑、拘留或三千元以下罚金。”1910 年《修正刑律草案》第 325 条规定：“凡因怠忽业务上必应注意，致人死伤者，处四等以下有期徒刑、拘役或二千元以下罚金。”1911 年《钦定大清刑律》第 326 条规定：“因玩忽业务上必要之注意，致人死伤者，处四等以下有期徒刑、拘役或二千元以下罚金。”〔1〕三个“业务过失致死伤罪”都位于“关于杀伤之罪”一章，而不是像现行刑法那样属于危害公共安全罪一章，是颇值得玩味的刑事立法观念的产物。

笔者认为，现行刑法的重大责任事故类犯罪（包括大约 12 个罪名）与 1907 年《大清刑律草案》的“业务过失致死伤罪”具有等价性，“业务过失致死伤罪”这一罪名表述值得我们借鉴、继承，并由此来继续反思、矫正 1997 年《刑法》的立法思想——抽象性太低、类型化不够，另起炉灶，对我国刑事法律传统的精华部分关注太少。

早有学者指出，以类型化的观点来审视我国刑法，就会发现我国刑法在一些

〔1〕 高汉成主编：《〈大清新刑律〉立法资料汇编》，社会科学文献出版社 2013 年版，第 149、564、760 页。

罪名上存在类型化不足的缺点。例如重大飞行事故罪、铁路运营安全事故罪、重大责任事故罪、危险物品肇事罪、工程重大安全事故罪、教育设施重大安全事故罪、消防责任事故罪，如果抽象这些犯罪的本质就会发现，它们都是侵害他人的生命、身体的行为，其重要特点，都是违反业务上或者职务上的注意义务，过失导致他人伤亡的事实，如果刑法仅类型化地规定一个业务上过失致死伤罪，就可以涵盖上述所有犯罪。[1]

应该说，在“业务过失致死伤罪”这一点上，1997 年《刑法》其实是延续着 1979 年《刑法》的思维惯性的——渐次增加而不进行抽象化与类型化。1979 年《刑法》仅有 3 个“业务过失致死伤罪”罪名，分别是：交通肇事罪、重大责任事故罪和危险物品肇事罪。而 1997 年《刑法》至今已经增加到了 12 个（有 3 个是刑法修正案涉及的）。特别是大型群众性活动安全事故罪的增设，就把传统的生产、作业领域的重大责任事故犯罪扩张到了非生产、作业领域。

检索域外立法文献会发现，1960 年《苏俄刑法典》设置了 8 个以上的业务过失致死伤罪的具体罪名，包括：违反汽车或城市电车行车安全和营运规则、非汽车运输业工作人员违反行车安全规则、违反运输上的现行规则、违反矿业安全规则、在进行建筑工程中违反规则、在有爆炸危险的企业或车间内违反安全规则等。[2] 1998 年《俄罗斯刑法典》也基本上维持了这一格局，仅仅是对其中的具体法条进行了增删、调整，如 1998 年《俄罗斯刑法典》中的“违反消法安全规则”在 1960 年《苏俄刑法典》中属于“在进行建筑工程中违反规则”。俄罗斯刑法至今也没有建构一个“业务过失致死伤罪”，而是还在延续 1960 年以来的罪名设置格局。这也说明，类型化立法往往未必是各国各地区刑事立法者最初的选择，而是在不断急切干预具体领域犯罪现实、不断完善刑事立法后强化抽象思维、主动建构犯罪类型的结果。

同样，1953 年《印度刑法典》也是大致如此，它设置了 8 个以上的业务过失致死伤罪的具体罪名，包括：以粗鲁或不慎的方式驾驶车辆或乘骑、以粗鲁或不慎的方式驾驶船只、以粗鲁或不慎的方式用火实施任何行为、以粗鲁或不慎的方式用爆炸物实施任何行为、以粗鲁或不慎的方式用任何机械实施任何行为，

〔1〕 张明楷：“刑事立法的发展方向”，载《中国法学》2006 年第 4 期。
〔2〕 王增润译：《苏俄刑法典》，法律出版社 1962 年版，第 72 页以下。

等等。[1]

《刑法》第138条教育设施重大安全事故罪："明知校舍或者教育教学设施有危险，而不采取措施或者不及时报告，致使发生重大伤亡事故的，对直接责任人员，处3年以下有期徒刑或者拘役；后果特别严重的，处3年以上7年以下有期徒刑。"本罪实际上来自于1991年《未成年人保护法》第52条"明知校舍有倒塌的危险而不采取措施，致使校舍倒塌，造成伤亡的，依照刑法第187条的规定追究刑事责任"。当时，之所以指向的是1979年《刑法》的玩忽职守罪，是因为此时尚未区分职务行为与业务行为。无论是按照1979年《刑法》的玩忽职守罪处断（职务过失致死伤罪），还是按照1997年《刑法》的教育设施重大安全事故罪（业务过失致死伤罪）处断，本质上的犯罪类型仍然是一样的，就是有特定义务者不履行特定义务因而致死伤的犯罪类型，就是一种业务过失致死伤罪（过于自信的过失）。从类型化角度，无论是1991年的《未成年人保护法》第52条，还是1979年《刑法》第187条玩忽职守罪，还是1997年《刑法》第138条教育设施重大安全事故罪，这一犯罪自始至终并没有本质上的改变。

业务违规致死伤罪中的"业务"或者"业务活动"，是上位构成要件，能够涵摄现行刑法中的生产、作业、交通运输、劳动安全、工程、消防、铁路运营、群众性活动等下位构成要件。而第131～139条中的违规违章致死伤的多个罪名，都属于一个类型化行为，只是存在的具体行业和具体领域不同。为各行各业的业务过失犯单独设置罪名，实在是毫无必要。业务违规致死伤是一个高度类型化行为，会产生一个高度类型化的罪名，它不关注危害行为之外的具体业务的领域、具体业务的规定、具体业务的实施者。相应地，如果关注具体业务的领域、具体业务的规定、具体业务的实施者，把这些内涵加以考虑、赋予其犯罪构成要件的地位，就会建构出一个个下位罪名，就是第131～139条的那些罪名。"违规从事业务"或者"违规实施业务"，是上位危害行为，所以可以顺理成章地建构一个上位罪名。

什么是业务或者业务活动？这并非简单问题。

第一，"刑法上所谓业务，系以事实上执行业务者为标准，即指以反复同种类之行为为目的之社会的活动而言；执行此项业务，纵令欠缺形式上之条件，但仍无碍于业务之性质。上诉人行医多年，虽无医师资格，亦未领有行医执照，欠

---

[1] 吉蒂译：《印度刑法典》，法律出版社1957年版，第83页以下。

缺医师之形式条件，然其既以此为业，仍不得谓其替人治病非其业务，其因替人治病，误为注射盘尼西林一针，随即倒地不省人事而死亡，自难解免‘刑法’第276条第2项因业务上之过失致人于死之罪责。”[1]从这段论述中可以发现，既然业务是“以反复同种类之行为为目的之社会的活动”，那么，公务员的职务活动其实也是一种业务活动，因此，当业务与职务并列出现的时候，二者可能是并列关系，也可以解释为属种关系。

第二，“以反复同种类之行为为目的之社会的活动”表明，职业活动、常业活动、学业活动等都是业务或者业务活动。做饭，本来是生活行为，不是业务活动，但是以此为职业的厨师、炊事员、做饭阿姨等人，无论是长期职业还是短期职业，因为事关他人安全，都属于从事业务或者业务活动，因而致死伤的，应该处断为重大责任事故罪等罪名。但是，母亲给家人做饭，因而致死伤的，只能处断为过失致人死亡罪、过失致人重伤罪。走路，本来是生活行为，不是业务活动，但是假如行人不遵守交通法规，事关他人安全，因而致死伤的，同样应该处断为重大责任事故罪、交通肇事罪等罪名。带孩子的妈妈因为过失致死伤的，不是业务过失犯罪；但是以此为业的月嫂、保姆、阿姨，其行为应该解释为业务活动。当然，如果只是涉及特定少数人的安全，则会处断为危害公共安全罪之外的罪名，但并不影响业务活动的属性和认定。

第三，各行各业都有自己的业务活动，包括教师的业务活动，医务人员的业务活动，警察的业务活动（侦查审讯等），司机的业务活动，洗车工的业务活动，养路工的业务活动，信号管理员的业务活动，军人的业务活动，岸桥操作人员的业务活动，炮弹填弹手的业务活动，裁判的业务活动，装卸工的业务活动，快递员的业务活动，交通协管员的业务活动，停车收费员的业务活动，等等。所以，国家工作人员的公务行为，可以解释为业务活动；军人的公务行为，可以解释为业务活动；除非法律另有规定。

第四，违法从事的业务活动，也属于业务活动。常业犯的行为，可以解释为业务活动；无行医资质的人的非法行医，也是业务活动。无教师证而从教，也是业务活动。非法经营行为，因为是经营，就具有“以反复同种类之行为为目的之社会的活动”的属性，所以本质上都属于业务活动。

第五，业务的认定。我国台湾地区“刑法”认为：“刑法上所谓业务，系指

---

〔1〕《“最高法院”刑法判例要旨》，[判例字号] 43台上826。

个人基于其社会地位继续反复所执行之事务，包括主要业务及其附随之准备工作与辅助事务在内。此项附随之事务，并非漫无限制，必须与其主要业务有直接、密切之关系者，始可包含在业务概念中，而认其属业务之范围。上诉人以养猪为业，其主要业务系从事猪只之生产、养殖、管理、载运、贩卖等工作，倘上诉人并非经常驾驶小货车载运猪只或养猪所需之饲料等物，以执行与其养猪业务有直接、密切关系之准备工作或辅助行为，仅因欲往猪舍养猪，单纯以小货车作为其来往猪舍之交通工具，自不能谓驾驶小货车系上诉人之附随事务。"〔1〕也就是说，驾驶车辆不是行为人的业务，因而致死的，不属于业务过失罪，只能处断为过失致死罪。

第六，现行刑法的这一组罪名，立法者选择了不同能指来指称同一所指，其实毫无必要。《刑法》第131条的重大飞行事故，第132条的铁路运营安全事故，第133条的重大事故，第134条的重大伤亡事故，第137条的重大安全事故，第334条的危害他人身体健康，第335条的就诊人死亡或者严重损害就诊人身体健康，第436条的责任事故，等等，是典型的同一关系（等价关系）。"责任事故""安全事故""伤亡事故""事故"，尽管语料不同，但是其内涵、外延都是完全相同的，即都是业务过失行为导致的责任事故、致死伤事故，而不是技术事故或者风险事故。这是典型的以不同用语来表述相同事物的跨法条的一组构成要件，也就是以不同能指来指称同一所指。这样的情形还有：不披露与隐瞒，拒绝与逃避，擅自与违规，等等。

（五）故出罪（故意出人罪）类型

包括大约十四个罪名。

1. 根据现行刑法，故意出罪的犯罪行为涉及的罪名有：伪证罪（出罪型伪证罪）、帮助犯罪分子逃避处罚罪、徇私枉法罪（出罪型徇私枉法罪），帮助毁灭证据罪（出罪型帮助毁灭证据罪），以及包庇、纵容、放纵、窝藏等罪名，如私放在押人员罪，放纵走私罪，放行偷越国（边）境人员罪，包庇毒品犯罪分子罪，徇私舞弊不移交刑事案件罪，放纵制售伪劣商品犯罪行为罪，包庇、纵容黑社会性质组织罪，包庇毒品犯罪分子罪，窝藏罪，包庇罪。所以，第一个层次，可以把故出罪作为最上层的上位罪名，涵摄一般主体的故出罪和特殊主体的

〔1〕《"最高法院"刑法判例要旨》，［判例字号］89台上8075。

故出罪。第二个层次，可以把一般主体构成的故出罪作为上位罪名，涵摄现行刑法的伪证罪[1]（出罪型伪证罪）、窝藏罪、包庇罪、包庇毒品犯罪分子罪等罪名。把特殊主体构成的故出罪作为上位罪名，涵摄现行刑法的帮助犯罪分子逃避处罚罪，徇私枉法罪（出罪型徇私枉法罪），包庇、纵容黑社会性质组织罪，放纵走私罪，放行偷越国（边）境人员罪，私放在押人员罪，包庇毒品犯罪分子罪，徇私舞弊不移交刑事案件罪，放纵制售伪劣商品犯罪行为罪等罪名，以渎职罪一章为主。第三个层次，可以把窝藏包庇罪（窝藏罪、包庇罪）作为上位罪名，涵摄现行刑法的窝藏罪、包庇罪。把徇私枉法罪（出罪型徇私枉法罪）作为上位罪名，涵摄现行刑法的帮助犯罪分子逃避处罚罪，包庇毒品犯罪分子罪（缉毒人员）。因为缉毒人员是侦查人员，属于司法工作人员，符合徇私枉法罪（出罪型徇私枉法罪）所要求的犯罪主体。缉毒人员之外的其他国家工作人员包庇毒品犯罪分子，则不属于徇私枉法罪（出罪型徇私枉法罪）。

需要注意的是，可否有第四个层次——把包庇罪作为上位罪名，涵摄现行刑法的包庇罪、包庇毒品犯罪分子罪、帮助毁灭证据罪[2]等罪名？笔者认为，包庇一词，其实可以理解为行为人的主观目的、意图，在此主观目的、意图支配下，行为人实施的各种各样的包庇行为，触犯的是多个罪名。广义的包庇犯罪等价于“故出罪（故意出人罪）”，例如伪证罪（出罪型伪证罪）、帮助犯罪分子逃避处罚罪、徇私枉法罪（出罪型徇私枉法罪）等罪名。《刑法》第310条“作假证明包庇”的言外之意是，还存在着“不作假证明包庇”的情形，所以，从语法而言，“作假证明包庇”中的“包庇”是中心语，而“作假证明”是修饰动词“包庇”的副词，那么，从形式逻辑进行分类的话，包庇犯罪就包括“作假证明包庇”的犯罪和“不作假证明包庇”的犯罪两大类，前者是现行刑法的包庇罪、伪证罪等，后者是现行刑法的帮助犯罪分子逃避处罚罪、徇私枉法罪（出罪型徇私枉法罪）等。但是无论是哪一种，行为人都是在实施包庇犯罪。而这个广义的涵摄力更强的包庇犯罪，其实就是古代刑法的“隐”，还可能涉及“纵”。而帮助毁灭证据罪未必是为了出罪，所以，说它是一种包庇犯罪，不够全面。因此，第四个层次并不存在。

---

〔1〕 本书认为，伪证罪是一般主体构成的罪名。因为，有义务作证的人，是一种自然身份，这一自然身份来自于其知道案件事实，就像性别、民族、种族等一样，这样的身份严格说来不属于身份犯的身份。

〔2〕 有学者认为，“帮助当事人毁灭证据的行为也属于包庇”。参见谢望原、赫兴旺主编：《刑法分论》，中国人民大学出版社2016年版，第370~371页。

2. 故入罪（陷害罪）、故出罪（包庇罪）的建构并非空想，而是有历史基础的。法医等人虚假鉴定，意图使他人受到刑事追究，意图陷害他人，触犯的是现行刑法的伪证罪（入罪型伪证罪）、徇私枉法罪（入罪型徇私枉法罪）、诬告陷害罪（帮助犯）等罪名。而如果其目的恰恰相反，是为了隐匿罪证，则属于故意出罪的犯罪行为。侵犯人身权利罪一章、妨害司法活动罪一节和渎职罪一章中，大量罪名的属性无非就是入罪或者出罪。例如，辩护人、诉讼代理人毁灭证据、伪造证据、妨害作证罪，属于故出罪。诬告陷害罪，属于故入罪。徇私舞弊不移交刑事案件罪、放纵制售伪劣商品犯罪行为罪等，属于故出罪。笔者认为，故入罪、故出罪，就是涵摄力大的犯罪类型，古代刑法分别表述为故不直、故纵，值得借鉴与继承。

3. 从“隐藏”这一动词出发，可以重新表述现有罪名，帮助理解各个罪名的实质。首先，窝藏包庇罪，包庇毒品犯罪分子罪，帮助犯罪分子逃避处罚罪，放行偷越国（边）境人员罪，私放在押人员罪，是隐藏人的犯罪类型。其次，洗钱罪，掩饰、隐瞒犯罪所得及其收益罪，是隐藏物的犯罪类型。〔1〕最后，徇私枉法罪（出罪型徇私枉法罪）、放纵走私罪、放纵制售伪劣商品犯罪行为罪，是隐藏犯罪行为的犯罪类型。当然，徇私枉法罪（出罪型徇私枉法罪）既可以解释为隐藏人，也可以解释为隐藏犯罪行为。徇私舞弊不移交刑事案件罪既可以解释为隐藏人，也可以解释为隐藏犯罪行为。

4. 从“包庇”这一动词出发，同样可以重新表述现有罪名。如，放纵制售伪劣商品犯罪行为罪可以表述为包庇制售伪劣商品犯罪行为罪，帮助犯罪分子逃避处罚罪可以表述为包庇犯罪分子罪。

“包庇”在不同历史时期，语言外壳各不相同。大清律例中的“勘合之外，如敢多给一夫一马，许前途州县据实揭报，都察院纠，倘容情不揭，别经揭报，一并治罪”〔2〕。“容情”就是隐匿实情，“容情不揭”就是知情不报，就是知情容止，就是包庇。包、庇、容、隐、纵、掩、护、藏、匿，都是指称包庇犯罪的动词。包庇纵容、匿意隐情、掩饰隐瞒、藏匿庇护、隐匿罪证等词语，就表明它们之间的内在一致性。

---

〔1〕 意大利刑法有人身包庇和物品包庇，隐藏人和隐藏物都使用了“包庇”。参见黄风译注：《最新意大利刑法典》，法律出版社2007年版，第134页以下。

〔2〕《大清律例·兵律·多乘驿马》（第3册），中华书局2015年版，第190页。

现行刑法中的“包庇”，出现过四次，含义都不完全一样。一是包庇、纵容黑社会性质组织罪，二是包庇罪，三是包庇毒品犯罪分子罪，四是徇私枉法罪中的“对明知是有罪的人而故意包庇不使他受追诉”。在这四处之中，有时“包庇”等价于“放纵”，有时“包庇”等价于“窝藏”，有时“包庇”既可能是“放纵”也可能是“窝藏”，有时“包庇”只能是作为（包庇罪），有时“包庇”只能是不作为（放纵），有时“包庇”作为、不作为均可。

如果顾名思义，会认为包庇罪是普通法条，另外两个包庇罪名属于特殊法条。其实不然。因为三个包庇罪名中“包庇”的含义不同。包庇、纵容黑社会性质组织罪和包庇毒品犯罪分子罪的“包庇”分别是黑社会性质组织罪和毒品犯罪的下游犯罪，理论上应该是有身份者的渎职行为。而实际上，包庇毒品犯罪分子罪是一般主体的犯罪，有身份者从重处罚而已。这两个“包庇”既可能是窝藏行为，也可能是故意纵容、怠于职守的不作为行为，后者更为多见。而包庇罪的“包庇”是隐匿、藏匿、隐避、藏隐、潜隐的意思，也就是窝藏，关键点就是“藏人”，相当于意大利刑法的“人身包庇”[1]，把我国的窝藏翻译成包庇，也能证明二者的内在一致性。

包庇罪中的“包庇”，有学者认为是“向公安、司法机关提供虚假证明掩盖犯罪的人”[2]。笔者认为不妥，理由有：其一，从语法上分析，该学者的理解有误。法条中“或者作假证明包庇的”一句，“作假证明”明显是状语，修饰“包庇”，表明包庇的方式除了“作假证明”，还有其他方式。不“作假证明”也可以包庇，比如选择沉默，知情不举，知情不言。因此，罪名归纳为包庇罪不妥，应该归纳为“作假证明包庇罪”。其二，从形式逻辑的要求分析，该学者所说的“包庇罪，是指明知是犯罪的人而作假证明包庇的行为”[3]一句话存在着定义项之中含有被定义项的问题。其三，从一个法条中的一款的容量一般不会规定两个罪名分析，不宜认为《刑法》第310条第1款存在着窝藏罪、包庇罪两个罪名。所以，理解为窝藏包庇罪一个罪名似乎更好。换句话说，第310条第1款实际上是对明知是犯罪的人进行的各种“掩护”行为，是一个犯罪。其四，该学者区别了多组近似罪名，唯独没有区别窝藏罪与包庇罪，而是称为窝藏、包庇罪，但

---

〔1〕 黄风译注：《最新意大利刑法典》，法律出版社2007年版，第134页以下。

〔2〕 张明楷：《刑法学》，法律出版社2003年版，第829页。

〔3〕 张明楷：《刑法学》，法律出版社2003年版，第828页。

又认为“窝藏、包庇罪，可分解为窝藏罪与包庇罪”[1]。到底是两个罪名还是一个罪名，似乎不够明确。不过，该学者后来的教材中认为“包庇应是与窝藏相同性质的行为”[2]，又倾向于二者是一个罪名。

至于徇私枉法罪中的“对明知是有罪的人而故意包庇不使他受追诉”的“包庇”，既可能是作假证明隐藏犯罪人（如法医虚假鉴定），更可能是基于职务便利“故纵”犯罪人，至于窝藏犯罪人的可能性就很小了。

至于几种含义的包庇有无竞合，还不能确定。例如，国家工作人员利用职务便利做假证明隐藏毒品犯罪人，以使其逃脱追究，到底触犯上述哪个罪名？笔者以为，竞合的可能性在现实中是存在的。

5. 纵与隐的关系。“纵”是有身份者利用职务便利放纵罪犯、嫌疑人的行为以及犯罪类型，意图就是出罪，一般是负有特定职责的人所为，例如警察、法官、检察官、缉毒人员。放纵走私罪，放行偷越国（边）境人员罪，徇私舞弊不移交刑事案件罪，放纵制售伪劣商品犯罪行为罪，包庇、纵容黑社会性质组织罪，都应该是不作为犯。私放在押人员罪是私自释放，主要是作为犯，也可能是不作为犯。随着罪名数量的膨胀和刑法观念的变迁，“纵”作为一个大类逐渐被细化。例如，公安局的法医作虚假鉴定、出具虚假鉴定报告，帮助请托人达到出罪、罪轻的目的，构成伪证罪，同时也触犯了徇私枉法罪，实质上也是纵。再如，海关人员放纵走私，构成放纵走私罪，当然也是纵。

“隐”是无身份者窝藏、转移罪犯、嫌疑人的行为以及犯罪类型，一般是其亲友、律师所为，这是狭义的“隐”。同时，广义的“隐”又可以涵摄“纵”，这是我国刑法的一个历史传统和基本观念。所以，广义的“隐”与狭义的“隐”需要区分清楚。

例如，缉毒人员等国家机关工作人员实施的包庇毒品犯罪分子的行为，构成包庇毒品犯罪分子罪，同时也可能触犯了窝藏罪。假如司法工作人员利用职务便利渎职，包庇毒品犯罪分子，还触犯了徇私枉法罪。由于立法的特殊原因（本罪是将此前的特别刑法规范照搬到1997年《刑法》的），本罪并未被现行刑法归入“纵”这一类型，而是属于“隐”这一类型。实际上，本罪是窝藏罪的特别法条而已，当主体是国家机关工作人员时，又是“纵”与“隐”的竞合。

---

[1] 张明楷：《刑法学》，法律出版社2003年版，第828页。

[2] 张明楷：《刑法学》，法律出版社2011年版，第963页。

6. 根据笔者的理解以及我国约定俗成的刑法观念，包庇罪就是窝藏罪，二者是等价的，往往合称为“窝藏包庇罪”。例如1945年《惩治汉奸条例》第6条规定：“明知为汉奸而藏匿不报，或有包庇，或纵容之行为者，处1年以上7年以下有期徒刑。”[1]现行刑法的包庇罪并不是另外两个包庇罪名的普通法条。在此前提下，包庇、纵容黑社会性质组织罪实际是黑社会性质组织罪的下游犯罪，上下游犯罪行为一般不存在共犯，是渎职犯罪。

《意大利刑法》的“人身包庇”是这样表述罪状的：“……虽然没有参与该犯罪，但帮助某人躲避主管机关的调查或者摆脱该机关的搜寻的……”[2]相当于我国现行刑法的窝藏罪。译者如此翻译，也足以表明，至少在他本人的观念里，现行刑法的包庇罪就是窝藏罪。《保加利亚人民共和国刑法典》第226条“隐匿行为”是指“帮助犯罪人逃避刑事追诉、终止刑事追诉或者免除处罚”，相当于我国现行刑法的窝藏罪。[3]历史学者更是直截了当，认为知情藏匿罪人是“帮助罪人逃避司法缉查，属于包庇罪”[4]。可见，中国传统的刑法语境也认为包庇罪就是窝藏罪。我国台湾地区“刑法”也没有包庇罪，台湾地区“刑法”第164条藏匿人犯或使之隐避、顶替罪：“藏匿犯人或依法逮捕拘禁之脱逃人或使之隐避者，处2年以下有期徒刑、拘役或500元以下罚金。意图犯前项之罪而顶替者，亦同。”其中“隐避”一语直接来自《唐律疏议》，表明我国台湾地区“刑法”对古代刑法用语的继承。“顶替”行为在我国司法实践中是按照包庇罪处断的，我国台湾地区“刑法”把“顶替罪”与窝藏罪同列，也表明无须单设包庇罪。

有鉴于此，一些论者的观点是值得商榷的。如认为“本罪属于选择性罪名”，但是具体如何选择却往往语焉不详——“旅馆业等单位的人员，在公安机关查处卖淫、嫖娼活动时，为犯罪分子通风报信，情节严重的，以窝藏、包庇罪定罪处罚”[5]。那么，到底是定窝藏罪还是包庇罪？笔者以为，这就是窝藏罪，也是包庇行为，二者是等价的，就是唐律的“知情藏匿罪人”。

---

〔1〕《审讯汪伪汉奸笔录》（下），凤凰出版社2004年版，第1443页。

〔2〕黄风译注：《最新意大利刑法典》，法律出版社2007年版，第134～135页。黄风译：《意大利刑法典》，中国政法大学出版社1998年版，第113～114页。

〔3〕中国科学院法学研究所译：《保加利亚人民共和国刑法典》，法律出版社1963年版，第60页。

〔4〕刘俊文：《唐律疏议笺解》，中华书局1996年版，第2007页。

〔5〕高铭暄、马克昌主编：《刑法学》，北京大学出版社、高等教育出版社2005年版，第614页。

英语中的窝藏是habour[1]，包庇是habour、shield[2]，可见窝藏与包庇也是一样的意思。同样，"警方认为有人把杀人凶手窝藏了起来"被翻译为"Police believe that somebody is shielding the killer"。[3]既然窝藏与包庇可以互相解释对方，二者就是一样的意思。

当然，在不同语境中，有时包庇涵摄了窝藏，是上位概念。有时包庇等同于窝藏，是同一关系。这是要注意的。

7. 放纵、纵容与包庇的关系。放纵，意思是纵容、不加约束。[4]纵容，意思是对错误行为不加制止，任其发展。[5]不加约束、不加制止，表明放纵、纵容属于一个意思，都是不作为，是负有特定义务的有身份者实施的包庇犯罪。

"放纵"的本质也是"包庇"，"放纵"是有身份者实施的包庇行为。照此逻辑，《刑法》第411条的放纵走私罪其实就是"包庇走私犯罪分子罪"，第414条的放纵制售伪劣商品犯罪行为罪其实就是"包庇制售伪劣商品犯罪行为罪"，第415条的"放行偷越国（边）境人员罪"就是"包庇偷越国（边）境人员罪"，第400条私放在押人员罪就是"包庇在押人员罪"。如此进行用语替换，对于各罪名的行为性质理解更准。宋代的"纵死囚逃亡"是指"死罪囚犯在押，主管官员故意纵放逃亡"[6]，既是放纵、私放在押人员，也是包庇、窝藏行为，更是徇私枉法。在这里，因为"放纵"除了有包庇的内涵，还有渎职的内涵，内涵更为丰富，所以，"放纵"是包庇的下位构成要件。

但是，我国台湾地区"刑法"在特定罪名中，将"放纵"与"包庇"进行了界分。1958年，台湾地区有一则判例："《惩治走私条例》第8条所谓包庇走私，系指对于走私犯罪加以相当保护，以排除其外来之阻力者而言，与同条例第7条仅明知为走私物品而放行或为之销售或藏匿之情形有别。"[7]那么，现行刑法的放纵走私罪是不是"对于走私犯罪加以相当保护"，确实不很明确。笔者以为，司法实务中，海关人员或者缉私警察对走私犯罪的"故纵"与"包庇"是

---

〔1〕北京外国语大学英语系词典组编：《汉英词典》，外语教学与研究出版社1997年版，第1300页。
〔2〕北京外国语大学英语系词典组编：《汉英词典》，外语教学与研究出版社1997年版，第36页。
〔3〕《牛津高阶英汉双解词典》，商务印书馆、牛津大学出版社2014年版，第1902页。
〔4〕《现代汉语词典》，商务印书馆2012年版，第372页。
〔5〕《现代汉语词典》，商务印书馆2012年版，第1734页。
〔6〕周密：《宋代刑法史》，法律出版社2002年版，第416页。
〔7〕《"最高法院"刑法判例要旨》，[判例字号]47台上1305。

等价的。我国台刑的这一则判例难以适用于现行刑法。

《刑法》第415条的放行偷越国（边）境人员罪："边防、海关等国家机关工作人员，对明知是偷越国（边）境的人员，予以放行的"，该如何解释？首先，行为人不是偷越国（边）境罪、组织偷越国（边）境罪的共犯。其次，行为人是故意行为。再次，行为人是放纵，也是包庇、掩护、隐匿。复次，"放行"应该解释为不作为，即不加制止、不加阻止。最后，行为人的该行为往往牵连受贿犯罪，属于枉法"赃"罪。

包庇、纵容黑社会性质组织罪中包庇，外延较大，可能包括作为与不作为两种。而纵容，就是放纵，是不作为。

8. 现行刑法的几处包庇，之所以含义不同，主要是处在犯罪乃至诉讼的不同阶段所致。像徇私枉法罪中的"对明知是有罪的人而故意包庇不使他受追诉"的"包庇"，由于行为人已经被司法机关采取强制措施，窝藏他的可能性就几乎为零了。于是，这一罪状中的"包庇"，既可能是作假证明隐藏犯罪人，例如法医的伪证、虚假鉴定（但是可能性也比较小），更可能是基于职务便利"故纵"、放纵。前面提到的公安局的法医作虚假鉴定、出具虚假鉴定报告，帮助请托人达到出罪、罪轻的目的，构成伪证罪，同时也触犯了徇私枉法罪。由于已经进入诉讼阶段，所以一般不会选择窝藏包庇罪。

《刑法》第310条、第379条两个窝藏罪名的"窝藏"外延不一样。第310条窝藏罪包括"指示逃跑路线"的情形。第379条战时窝藏逃离部队军人罪不包括"指示逃跑路线"的情形，只限于"提供隐蔽处所""提供财物"两种情形。而有学者认为，事后型的抢劫罪中的窝藏赃物，其实不是窝藏、藏匿，而是"保护已经取得的赃物不被追回"。[1]笔者认为，这是词语选择的问题，第269条中"窝藏赃物"表述的确不够精准。回溯清末刑法对于事后型抢劫罪的表述，使用的词语不是"窝藏赃物"，而是"防护赃物"即"护赃"。[2]可见，"保护已经取得的赃物不被追回"与"护赃"具有等价性，但是很明显，"护赃"这一表述更好。

9. 区分"纵""隐""枉"的关键点有如下几个：一是是否共犯，二是主体

---

〔1〕 张明楷：《刑法分则的解释原理》，中国人民大学出版社2011年版，第820页。

〔2〕 高汉成主编：《〈大清新刑律〉立法资料汇编》，社会科学文献出版社2013年版，第168、575、765页。

的身份，三是诉讼阶段，四是行为是积极还是消极、作为还是不作为。

司法工作人员等有身份者的包庇，在排除共犯基础上，往往是“纵”“枉”，构成徇私枉法罪或者前面提及的“包庇走私犯罪分子罪”（放纵走私罪）、“包庇制售伪劣商品犯罪行为罪”（放纵制售伪劣商品犯罪行为罪）、“包庇偷越国（边）境人员罪”（放行偷越国（边）境人员罪）等。

亲友事后的藏匿、资助、指示逃跑路线、作假证帮助其隐匿等，由于尚未进入诉讼，只能构成窝藏包庇罪。

诉讼中的伪证行为，可能触犯不同罪名。一般主体的伪证、试图包庇的，构成伪证罪；特殊主体如法医等的伪证、试图包庇的，构成徇私枉法罪与伪证罪的竞合。此时基本不会涉及窝藏包庇罪罪名。“纵”“枉”二者的区别，看其行为是积极还是消极。纯粹的不作为，属于“纵”，但是可能性几乎为零——谁会无缘无故“纵”？要么是受人请托，要么是有利害关系。所以，“纵”本身一定就是“枉”法，从这一点看，区分“纵”“枉”只具有犯罪学的意义，并无多少刑法学的意义。[1]

掩护、掩蔽、隐蔽、掩藏、庇护、藏匿、隐藏、隐匿、“亲亲相隐”、容隐、纵容等行为，与窝藏、包庇是一样的，只是语言外壳不同罢了。这些构成要件中，上位构成要件仍然是隐、隐避、掩护。放纵、纵容则是不作为的包庇，是其下位构成要件。窝藏则是作为的包庇，也是其下位构成要件。故出罪（故意出人罪）的建构，意义在于把不作为的包庇、作为的包庇、任何主体身份的包庇、任何对象的包庇都能够涵摄进去，更深刻地理解这 14 个罪名实质及其内在联系。

二、构成要件之间的复杂关系与上位构成要件的建构

罪名之间的上下位关系，显然是建立在构成要件之间的上下位关系上的，是建立在动词、名词及其组合的上下位关系上的。所以，上位构成要件与下位构成要件，是颇有价值的一种分类，也是从微观层面、技术层面解析犯罪的前提。涵摄力大的构成要件，就是上位构成要件。相反，涵摄力小的构成要件，就是下位构成要件。众所周知，由于名物关系的复杂性和语言的复杂性，立法者从来不会指明各个构成要件之间的关系和上下位阶，而是将这一任务留待刑法学者和刑事司法者的解释活动。上位构成要件与下位构成要件之间丰富的排列组合，共同组

〔1〕胡先锋：《刑法的历史与逻辑》，中国政法大学出版社2015年版，第165页以下。

成刑法构成要件系统，共同架构起、指称着各个犯罪类型，使得罪名系统是一种体系化的存在而不是杂乱无章的支离破碎的东西。例如，非法提供国家秘密，非法提供国家考试试题及答案，非法出售国家秘密，非法出售国家考试试题及答案这四种表述方式中，涵摄力最大的是非法提供国家秘密（即泄露国家秘密），涵摄力最小的是非法出售国家考试试题及答案。

“事实上，犯罪构成要件之间存在广泛的重合，构成要件要素之间也普遍存在规范性包含关系。”〔1〕可是，构成要件之间的重合、交叉关系并不等于就是罪名之间的重合、交叉关系，搞清楚构成要件之间的重合、交叉关系，仅仅是为厘清罪名之间的关系打下基础，由于构成要件的搭配和排列组合的丰富性，导致罪名之间的关系会更复杂一些。不仅如此，构成要件之间“存在广泛的重合”往往是一种个人化的判断，与刑法解释、刑法语言息息相关，这意味着对于一个构成要件以及构成要件之间关系的解读，可能会出现多种解释结论。这导致构成要件之间的关系非常复杂。因此，在建构构成要件体系化、层次性之前，很有必要梳理一下构成要件之间的关系，为找寻上位构成要件打下基础。

（一）明显的属种关系

1. 电信设施与公用电信设施。本书认为，《刑法》第 124 条的公用电信设施与第 265 条的电信设施（设备），应该做相同的解释。甚至所谓的“专用电信设施”，也应该解释为公用电信设施、电信设施（设备）。实际上，我国并不存在“私用电信设施”。假如给出一个它们共同的上位概念，应该是“通讯设施（设备）”或者“通信设施（设备）”或者“电信设施（设备）”。无论是广播电视，还是中国电信、中国移动、中国联通、中国海事卫星；无论是民航系统的，还是铁路系统的，还是军事的，都属于“通讯设施（设备）”或者“通信设施（设备）”。第 288 条的无线电台（站），也隶属于这个上位概念——“通讯设施（设备）”或者“通信设施（设备）”。例如，近年频发的设置、使用伪基站犯罪，是诈骗集团、诈骗团伙的犯罪工具之一，而行为人设置背包式移动伪基站的行为，如果孤立地进行刑法评价而不考虑牵连犯的话，构成第 288 条扰乱无线电通讯管理秩序罪，也就是一种扰乱公用电信管理秩序的犯罪。刑法文本中的电信、通讯、通信等应该作为一个所指的不同能指来看待，是具有上位构成要件地位的。

〔1〕陈洪兵：“犯罪构成要件之间的重合与竞合”，载《法学评论》2016 年第 3 期。

在此基础上，第287条之一的通讯群组、第287条之二的通讯传输、第288条的无线电通讯，以及多处出现的信息网络、信息系统、广播电视、公用电信等，都是其下位构成要件。

进一步地，在公用设施、交通设施、军事设施、教育设施、工程、法庭设施、广播电视设施、公用电信设施这一组构成要件中，公用设施（公共设施）包括信息设施（电信设施）、交通设施、基础设施、卫生设施、教育设施、文化设施等。尽管不同种类的设施承载着不同的法益，如军事设施承载着国防利益，法庭设施承载着正常的司法活动秩序，但这并不影响"设施"作为一个上位构成要件，它可以涵摄交通设施、军事设施、教育设施、法庭设施等下位构成要件，设施是一个上位构成要件，包括了建筑、场地和设备。

由于语言的约定俗成因素，有时，立法者在表达"专用电信设施"的时候，是有意把它与"公用电信设施"进行区别的。那么，可以"通讯设施（设备）"或者"通信设施（设备）"或者"电信设施（设备）"作为上位构成要件，以公用设施（公共设施）作为最上位的构成要件。"通讯设施（设备）"下面再分为"专用电信设施"与"公用电信设施"。

2. 土地、水体、大气与环境。《刑法》第338条污染环境罪中，原来有"土地、水体、大气"等表述，2011年《刑法修正案（八）》将其删除，实际上是把"土地、水体、大气"改为了本罪名中的"环境"。于是，"环境"作为上位构成要件，"土地、水体、大气"作为其下位构成要件。第342条的农用地则是"土地、水体、大气"的下位构成要件。耕地、林地等是农用地的下位构成要件。所以，环境、土地、农用地、耕地，共同组成一个清晰的上下位构成要件层次。

3. 毒品原植物与毒品原植物种子或者幼苗。《刑法》第351条中的毒品原植物、第352条中的毒品原植物种子或者幼苗。第351条非法种植毒品原植物罪中的种植包括播种和栽植，播种是对种子而言的动词，栽植是对幼苗而言的动词，所以，第351条中的毒品原植物是个上位构成要件，包括了第352条中的毒品原植物种子、毒品原植物幼苗。现代汉语认为，种植是"把植物的种子埋在土里"和"把植物的幼苗栽到土里"。[1]前者就是播种，后者就是栽植。非法种植毒品原植物罪的实行行为是种植毒品原植物，也就是把毒品原植物种子播种在土里或

〔1〕《现代汉语词典》，商务印书馆2012年版，第2492页。

者把毒品原植物幼苗栽植在土里，那么，非法种植毒品原植物罪就包括了非法播种毒品原植物种子和非法栽植毒品原植物幼苗两种情形，也具有上下位的层次性。当然，随着农业科技的发展，作物的种植已经不需要“埋在土里”或者“栽到土里”了，例如无土栽培模式下，是不需要有“土”的，有栽培介质[1]即可。所以，现代汉语词典对“种植”的解释已经滞后于社会生活了。此时，把“种植”这一构成要件英译为“grow”比“plant”更准确。

4. 军事禁区与军事管理区。《刑法》第371条有两个罪名，一个是聚众冲击军事禁区罪，一个是聚众扰乱军事管理区秩序罪。军事禁区罪与军事管理区是什么关系？笔者认为，一般社会公众所理解的军事禁区应该是军事管理区中的一部分，这也符合2014年修订后的《军事设施保护法》的规定：“国家根据军事设施的性质、作用、安全保密的需要和使用效能的要求，划定军事禁区、军事管理区。本法所称军事禁区，是指设有重要军事设施或者军事设施具有重大危险因素，需要国家采取特殊措施加以重点保护，依照法定程序和标准划定的军事区域。本法所称军事管理区，是指设有较重要军事设施或者军事设施具有较大危险因素，需要国家采取特殊措施加以保护，依照法定程序和标准划定的军事区域。”可见，军事禁区是一种更为重要的军事管理区。所以，假如行为人并未聚众冲击军事禁区，只是聚众扰乱军事禁区秩序，则应当处断为聚众扰乱军事管理区秩序罪。军事管理区是指这一区域的管理权归军队所有，军事禁区则是非特许不可进入的区域。军事管理区不一定是禁区，但军事禁区一定是军事管理区。可见，军事管理区是军事禁区的上位构成要件。军事禁区与军事管理区比较而言，军事管理区外延更大；聚众冲击与聚众扰乱比较而言，聚众扰乱外延更大，所以，聚众扰乱军事管理区秩序罪是上位罪名，聚众冲击军事禁区罪是下位罪名。在有的城市，驻地解放军把部队家属院明确划为军事管理区，也有的只是标明“部队营院禁止入内”。不过，最高人民法院的确定罪名“聚众冲击军事禁区罪”与刑法典的罪状“聚众冲击军事禁区，严重扰乱军事禁区秩序”之间有差距。笔者认为，既然聚众扰乱军事管理区秩序都是犯罪，那么，根据入罪举轻以明重的规则，聚众扰乱军事禁区秩序当然也是犯罪，应当处断为聚众扰乱军事管理区秩序罪。同理，聚众冲击军事管理区秩序也应是犯罪，也应当处断为聚众扰乱军事管理区秩

---

〔1〕“关于加强进口货物土壤、栽培介质查验的警示通报”，载 http://www.customs.gov.cn/customs/jyjy/dzwjyjy/jsxx/1481504/index.html.

序罪。同时，因为刑法典罪状是“聚众冲击军事禁区，严重扰乱军事禁区秩序”，所以罪名应该表述为“聚众扰乱军事禁区秩序罪”。总而言之，聚众扰乱军事管理区秩序罪涵摄了聚众冲击军事管理区秩序的行为、聚众冲击军事禁区的行为、聚众扰乱军事管理区秩序的行为、聚众扰乱军事禁区秩序的行为，一个聚众扰乱军事管理区秩序罪足以规制。

根据《军事设施保护法》，军事禁区分为陆地军事禁区、水域军事禁区、空中军事禁区。第 23 条规定：“没有划入军事禁区、军事管理区的军事设施，军事设施管理单位应当采取措施予以保护；军队团级以上管理单位也可以委托当地人民政府予以保护。”2014 年修订后的《军事设施保护法》规定：“本法所称军事设施，是指国家直接用于军事目的的下列建筑、场地和设备：①指挥机关，地面和地下的指挥工程、作战工程；②军用机场、港口、码头；③营区、训练场、试验场；④军用洞库、仓库；⑤军用通信、侦察、导航、观测台站，测量、导航、助航标志；⑥军用公路、铁路专用线，军用通信、输电线路，军用输油、输水管道；⑦边防、海防管控设施；⑧国务院和中央军事委员会规定的其他军事设施。前款规定的军事设施，包括军队为执行任务必需设置的临时设施。”这比修订前增加了边防、海防管控设施和军队临时设施两类。根据《军事设施保护法》的规定，作战工程外围，边防、海防管控设施，军用机场净空，军用电磁环境，武警部队和重要国防科工设施都属于军事设施。顺便提及的是，军队管辖之下的道路、机场、码头、航站、塔台、灯塔、隧道、掩体、营房、桥梁、碉堡、工事等建筑物、构筑物、场地等固定资产，不应该解释为军用物资，也不应该解释为武器装备，而应该解释为军事设施。

5. 国有资产。国有资产、罚没财物、国有土地使用权这一组之中，国有资产（国资）是上位构成要件。国有资产包括国有固定资产和国有流动资产两大类。国有资产不限于国有资产产权登记证上的“国家资本”，诸如粮食专项收购资金、发行彩票所得的募捐款、税款、罚没款物、国有土地使用权、国有银行的贷款债权、国有股权、出租车经营权、承包权、客运班车线路运营权、国有物权、债权、股权、用益物权、担保物权等，都属于国有资产。所以，《刑法》第 169 条徇私舞弊低价折股、出售国有资产罪与第 410 条非法低价出让国有土地使用权罪是上下位罪名关系，出让国有土地使用权，俗称“卖地”，那么非法低价出让国有土地使用权当然可以解释为徇私舞弊低价出售国有资产罪。私分国有资产罪、私分罚没财物罪虽然属于一个法条（第 396 条），但是国有资产与罚没财物并非并列关系，而是属种关系，国有资产（国资）是上位构成要件。

（二）不明显的关系

由于语言的复杂性，一个法条中的各个列举式构成要件之间，除了并列关系，还存在着属种关系（包容关系）。有学者已经注意到这一现象并进行了研究，例如持有对私藏的包容，猥亵对侮辱的包容，绑架他人作为人质对以勒索财物为目的绑架他人的包容，等等。[1]此外还有，拒不支付劳动报酬罪中“有能力支付而不支付”对“逃避支付”的包容，等等。[2]

不过，关于这一问题，该学者不同时期的论述是矛盾的，我们比较一下。2016 年的观点是：“从解释论上说，当两个概念并列规定在一个法条中时，其中的一个概念不可能包括另一个概念，但当法条仅使用其中一个概念时，就完全可能使这个概念的外延包括另一概念的内容。”[3]而 2011 年的观点是：“有的条文所表述的罪状或规定的要素，表面上看是一种并列关系，分则条文甚至使用‘或者’一词表示了选择关系，但实际上，条文所并列规定的几种罪状或者要素之间，是一种包容关系，即其中一种行为包含了另一种行为。”[4]

笔者认为，以并列关系形式出现于法条的各个构成要件之间居然具有非并列关系的实质，既可能是刑事立法者的无能或者粗疏，也可能是现代汉语本身的复杂性、指称对象的复杂性等所致。作为以现代汉语来表达的一个实际作品，刑法典文本更像是一个活生生的人的创作，这个作品未必都完全符合形式逻辑的要求，事实上也不可能完全符合形式逻辑的要求。

假如换个视角来理解这里的属种关系（包容关系），其实是一个法条内同时出现了上位构成要件和下位构成要件。这可能是立法者意料之外的，是刑法语言客观文义与立法者主观文义（实际上是解释者所认为的立法者原意）之间的不一致造成的。同时，也可能是立法者意料之内的，是一种特别提示，如武装叛乱、暴乱罪中的国家机关工作人员与人民警察的关系，人民警察虽然也是国家机关工作人员，但把人民警察特别规定出来，表明立法者对人民警察的格外关注。

1. 焚烧、毁损、涂划、玷污、践踏。《刑法》第 299 条侮辱国旗、国徽罪

〔1〕 张明楷：《刑法分则的解释原理》，中国人民大学出版社 2011 年版，第 758 页以下。

〔2〕 张明楷：《刑法学》，法律出版社 2011 年版，第 912 页。

〔3〕 张明楷：“论盗窃财产性利益”，载《中外法学》2016 年第 6 期。

〔4〕 张明楷：《刑法分则的解释原理》，中国人民大学出版社 2011 年版，第 758 页。

中，焚烧、毁损、涂划、玷污、践踏这五个词语。立法者在罗列这些犯罪的具体手段的时候，不会刻意考察各个动词之间的关系，但是作为客观法律文本呈现出来之后，各个动词之间的关系就成为一个刑法解释的问题。例如，行为人以焚烧方式侮辱国旗，除了解释为焚烧，能否解释为毁损？笔者认为，是可以解释为毁损的。也就是说，在此处，毁损与焚烧并非并列关系，而是属种关系、上下位关系。毁损涵摄焚烧，焚烧是毁损的一种方式而已。同样，玷污和涂划的关系也值得深究。行为人故意泼洒污物、颜料、油漆、泥巴、粪便、呕吐物等，可以解释为玷污。而如果故意使用画笔、刷子、喷枪、喷壶、裱花袋等工具，使用墨水、颜料、油漆、奶油、巧克力、椰丝、麦芽糖、芝麻酱、辣椒酱、炼乳等涂划国旗、国徽，当然也可以解释为玷污。此时，玷污和涂划并非并列关系，而是属种关系、上下位关系，玷污涵摄了涂划。

现代汉语本身的复杂性、指称对象的复杂性等因素导致了词语的并列使用并不一定就是逻辑上的并列关系。现代汉语的实际使用未必都完全符合逻辑的要求，事实上也不太可能完全符合逻辑的要求。侮辱国旗、国徽罪中各个动词的列举，只是对于有限度的犯罪现象的概括，是一种不太严谨的“随手列举”，焚烧、毁损、涂划、玷污、践踏都是立法者当时所能想到的常见的犯罪方式、犯罪行为罢了，至于其中的列举项之间的逻辑关系是否严谨、周延，并不在其重点考察范围之内。假如完全符合逻辑的要求，本罪罪状也许就表述成了：“在公共场合故意以焚烧、非焚烧的毁损、涂划、非涂划的玷污、践踏等方式侮辱中华人民共和国国旗、国徽的……”这当然是令人无法接受的，也是不符合刑事立法的语言习惯和语言传统的。

玷污是弄脏，使有污点，多用于比喻，如玷污名声，玷污光荣称号。[1]在实际语言习惯中，玷污很少表达“把衣物或者建筑物墙面弄脏”的意思，而是用于精神、贞操、名誉等方面，指的是对操守、道德、尊严、荣誉、神圣等的亵渎。这样一来，侮辱国旗、国徽、国歌罪中，玷污一词外延就比较大，既可表达对实体物的弄脏，也可表达对非实体物的弄脏。

有实际案例表明，“玷污”一词未必“限于物质上的玷污”，这是不是为了入罪而进行的刑法扩大解释，其结论是否合理，值得进一步研究：“港独”组织热血公民主席、立法会议员郑松泰涉嫌2016年10月在香港立法会倒插国旗及区

〔1〕《现代汉语词典》，商务印书馆2012年版，第297页。

旗，被控侮辱国旗及侮辱区旗两罪。经民联主席卢伟国曾表示，郑松泰倒插国旗的行为令许多建制派议员十分愤怒，认为这是对国家的侮辱。2017 年 9 月 29 日，案件经审讯后在香港东区法院裁决，郑松泰两项罪名皆成立，罚款 5000 港币。控方在结案陈辞指出，根据《国旗及国徽条例》和《区旗及区徽条例》，"玷污"是指与旗帜有实体接触的污辱性行为，而"玷污"也不限于物质上的玷污，"玷污"的方式不一定只是弄污或践踏，而即使郑松泰没有弄污和损毁旗帜，但倒插旗帜都会损坏国家及地区的独有尊严，请法庭以常识作出判断。在结案陈词中，辩方狡辩称，郑松泰当时是希望通过倒插国旗及区旗的行为吸引离席的议员返回座位，以免造成流会（会议因人数不满定数而停开）。辩方还妄称，相反郑松泰可能极尊重国旗及区旗，国旗及区旗并未有实质上弄污及损坏，并非倒插就等于侮辱。由于郑松泰没有被判入狱，这次定罪将不会影响其立法会现有议席或将来的参选资格。根据香港有关国旗及区旗的法律规定，任何人公开及故意焚烧、毁损、涂划、玷污、践踏等方式侮辱国旗、国徽、区旗及区徽，即属犯罪，一经定罪，最高可判罚款 5 万港元及监禁 3 年。[1]

笔者认为，香港法律规定中的焚烧、毁损、涂划、玷污、践踏，与现行刑法中的规定完全一致。为了规制新型侮辱国旗、国徽案件，应该对法条中的"以焚烧、毁损、涂划、玷污、践踏等方式侮辱中华人民共和国国旗、国徽"进行新的解释、实质的解释。侮辱国旗、国徽的具体方式在实践中得到不断扩展，除了上述倒插方式，还有"摘旗"方式：2017 年，俄罗斯与美国之间的外交冲突中发生了"摘旗辱俄"事件，俄罗斯认为美国的做法侮辱了俄罗斯。2017 年 10 月 2 日，美方人员进入俄驻旧金山总领馆设施搜查曾遭到俄罗斯的强烈抗议。10 月 11 日，美方摘除了俄驻旧金山总领馆与华盛顿商务代表处的俄罗斯国旗。此前，这两处外交机构已经关闭。俄罗斯外交部发言人扎哈罗娃 10 月 12 日说，美国擅自摘除俄驻旧金山总领馆与华盛顿商务代表处的俄罗斯国旗是侮辱俄罗斯的行为，俄方对此表示强烈抗议并将采取回应措施。[2]

倒插国旗、"摘旗"，被解释为对国旗的侮辱、对国家的侮辱，应无问题。但是，把倒插国旗、"摘旗"等新型方式解释为"玷污"，进而得出"侮辱""污

---

〔1〕"香港'倒插国旗'议员侮辱国旗罪成立　被罚 5000 港币"，载 http://news.ifeng.com/a/20170929/52226943_0.shtml.

〔2〕"俄罗斯：将回应美国摘旗辱俄行为　或取消美方访俄"，载 http://news.163.com/17/1012/23/D0J8VFMT00018AOQ.html.

辱性行为”的结论，是不是一个正确的解释路径，值得商榷。笔者认为，如果对“玷污”一词外延任意扩展，恐怕会侵入其他语词的指称范围，是越界。倒插国旗、“摘旗”的目的当然是侮辱、亵渎、轻慢、轻侮、不尊重，但是这两种手段行为能否解释为构成要件的“以焚烧、毁损、涂划、玷污、践踏等方式侮辱中华人民共和国国旗、国徽”，是个语言的难题。“玷污”一词不是焚烧、毁损、涂划、玷污、践踏的上位构成要件。从域外立法经验来看，有的直接规定了“除去”作为行为方式[1]，有的直接规定了“撤除”作为行为方式[2]，有的极为笼统地规定了“以任何方式侮辱”[3]，有的规定了“以言语、文字或者行为公然侮辱”[4]，有的规定了“公然侮辱”“不对之给予其应受之尊重”[5]，有的规定了“触犯”“侵犯”[6]，等等，并没有特别好的语言表达方式。“触犯”“侵犯”，其实是冒犯。而冒犯与亵渎，即为冒渎，用于冒渎神灵[7]等场合，可见，冒犯与亵渎有语义的重合。“以焚烧、毁损、涂划、玷污、践踏等方式侮辱”，表明除了上述方式，肯定还会有其他的方式，立法者难以一一列举，诸如把国旗、国徽图案制作在内裤上、印制在厕纸上、印制在卫生巾上，在奏唱国歌时故意制造嘘声、背对国旗显示其鄙夷、鄙视心态，等等。

侮辱国歌罪是“在公共场合，故意篡改中华人民共和国国歌歌词、曲谱，以歪曲、贬损方式奏唱国歌，或者以其他方式侮辱国歌，情节严重的”。篡改、歪曲、贬损是什么关系？笔者认为，对于国歌的侮辱，实际上是对于国歌的亵渎、仇视或轻视，亵渎、仇视或轻视的具体方式只有两种，一是歪曲歌词即篡改歌词，一是歪曲曲谱即篡改曲谱，其目的都是贬损、亵渎国歌。亵渎，英文是blaspheme，profane，pollute[8]，blaspheme 有亵渎神灵的意思，profane 有亵渎（圣物）、玷污的意思，pollute 有弄脏、污染、玷污的意思。[9]侮辱，英文是 insult，

---

〔1〕 中央人民政府法制委员会编译室译：《捷克斯洛伐克共和国刑法典》，法律出版社 1956 年版，第 55 页。

〔2〕 张明楷译：《日本刑法典》，法律出版社 2006 年版，第 152 页。

〔3〕 中国科学院法学研究所译：《保加利亚人民共和国刑法典》，法律出版社 1963 年版，第 24 页。

〔4〕 潘灯译：《西班牙刑法典》，中国政法大学出版社 2004 年版，第 192 页。

〔5〕 澳门政府法律翻译办公室译，中国政法大学澳门研究中心、澳门政府法律翻译办公室编：《澳门刑法典澳门刑事诉讼法典》，法律出版社 1997 年版，第 114 页。

〔6〕 米良译：《越南刑法典》，中国人民公安大学出版社 2005 年版，第 124、206 页。

〔7〕《现代汉语词典》，商务印书馆 2012 年版，第 878 页。

〔8〕 北京外国语大学英语系词典组编：《汉英词典》，外语教学与研究出版社 1997 年版，第 1380 页。

〔9〕《新英汉词典》，上海译文出版社 2013 年版，第 155、1224、1185 页。

humiliate，都是针对具体人的。比较而言，侮辱是针对世俗事物、世俗的人，而亵渎往往针对精神层面的事物如神灵、国家、国家的标志物、上帝、圣物、坟墓、祖先等。因此，侮辱国歌罪的侮辱其实不同于侮辱罪的侮辱，也不同于强制猥亵、侮辱罪的侮辱，使用亵渎一词更为准确。也有学者认为，凡任何亵渎行为而足以表示侮辱之意，如果是公然为之，都是公然侮辱。[1]这是把亵渎与侮辱同等看待，也值得借鉴。

从其他法域来看，大多规定了针对国旗、国徽等主权标志的犯罪。但是对于涉及国歌的犯罪，则较少见。主要是因为，针对国旗、国徽等主权标志的犯罪，其实行行为如践踏、焚烧、玷污、取走、移除等，容易认定。而对于是否为故意歪曲国歌，则不易认定，行为人的错误奏唱行为，到底是因为无知、无能、陌生，还是因为对于音乐的天赋不够，还是因为恶意歪曲、亵渎贬损，确实不好认定。从侦查角度而言，这需要委托专业音乐鉴定机构和人员来进行，而且未必奏效。

2. 猎捕、杀害。《刑法》第 341 条非法猎捕、杀害珍贵、濒危野生动物罪中的猎捕与杀害的关系，并非并列关系，而是属种关系（包容关系）。猎捕是上位构成要件，杀害是下位构成要件。猎捕，就是捕猎、狩猎、打猎，分为单猎和围猎（集体狩猎）。猎捕之后或者猎捕的同时，可能杀害动物，也可能不杀害动物（饲养起来），所以，猎捕就是杀害的上位构成要件，猎捕、杀害是属种关系。因为立法者在并列使用猎捕与杀害两个构成要件的时候，并无过于复杂、周密的考虑，所以，需要刑法学者结合社会事实仔细甄别词语之间的细微差异和内在关系。第 341 条第 1 款和第 2 款分别使用的猎捕与狩猎，就是生活用语中的“打猎”。而猎捕与杀害，前者是指野生动物没死，或者是指野生动物死亡，二者的共同点在于都是基于行为人的非法打猎行为、狩猎行为、猎捕行为，不同点只是野生动物是否死亡罢了。所以，第 341 条非法猎捕、杀害珍贵、濒危野生动物罪，可以替换为非法猎捕珍贵、濒危野生动物罪，致死或者杀害的，从重处罚即可。当然，“杀害”也可以解释为包括故意杀害和过失致死两种情形，但是不包括意外事件致死。“猎捕”一词是可以涵摄“杀害”的。例如，易某携带捕鸟弩弓、脚钩等工具，从四川省蒲江县前往石渠县猎捕野生动物，先后在石渠县虾扎乡、起坞乡、德格县竹庆乡和丹巴县水子乡用工具猎捕金雕和隼。两天时间，易

〔1〕 林山田：《刑法特论》，三民书局 1979 年版，第 752 页。

某一路猎捕金雕 13 只、猎隼 1 只。在运输过程中，其中 4 只金雕和猎隼死亡。丹巴县人民法院以非法猎捕、杀害珍贵、濒危野生动物罪，判处易某有期徒刑 14 年，并处罚金 1000 元。本案就是猎捕后过失致死野生动物论以非法猎捕、杀害珍贵、濒危野生动物罪的实例。本罪的构成要件之一是猎捕，只要实施了猎捕行为，就已经构成本罪了。至于猎捕后，行为人对野生动物是杀死杀害、饲养还是食用，在所不论，不影响本罪实行行为“猎捕”的成立。有些案件，被告人购买了野生动物后，并没有将其杀害，而是将其作为宠物进行饲养，笔者认为应该处断为非法收购珍贵、濒危野生动物罪。

3. 国家机关工作人员、公共场所、破坏交通秩序。《刑法》第 104 条武装叛乱、暴乱罪第 2 款“策动、胁迫、勾引、收买国家机关工作人员、武装部队人员、人民警察、民兵进行武装叛乱或者武装暴乱的，依照前款的规定从重处罚”。其中，国家机关工作人员是人民警察的上位概念，二者是属种关系。“人民警察”与“国家机关工作人员”分别是下位构成要件和上位构成要件，却存在于一个法条之中，足见刑法用语的复杂性。

《刑法》第 130 条非法携带枪支、弹药、管制刀具、危险物品危及公共安全罪中，罪状为“进入公共场所或者公共交通工具”，公共交通工具当然也是公共场所中的一类〔1〕，公共场所是上位构成要件。所以，这个法条内的各个列举式构成要件之间，就是属种关系。“公共交通工具”与“公共场所”分别属于下位构成要件和上位构成要件，却存在于一个法条之中，足见刑法用语的复杂性。

《刑法》第 291 条聚众扰乱社会秩序、交通秩序罪中的“堵塞交通”与“破坏交通秩序”的关系。“堵塞交通”当然属于一种特殊的“破坏交通秩序”的行为，所以，“破坏交通秩序”属于上位构成要件，而“堵塞交通”则属于下位构成要件。确定罪名是聚众扰乱交通秩序罪，其实也就是“聚众破坏交通秩序罪”。“堵塞交通”与“破坏交通秩序”分别属于下位构成要件和上位构成要件，却存在于一个法条之中，足见刑法用语的复杂性。

4. 航空器、飞机、水上飞机。有些构成要件之间其实并不具有上下位关系，但是表面上却具有上下位关系。例如，从一般社会观念判断，航空器应该是飞机的上位概念，飞机应该是水上飞机的上位概念，水下飞机应该是水下滑翔机的上位概念。其实不尽然。

〔1〕 1987 年国务院《公共场所卫生管理条例》。

根据《民用航空器国籍登记规定》，航空器是指任何能够凭借空气的反作用力获得在大气中的支承力并由所载人员驾驶的飞行器械，包括固定翼航空器、旋翼航空器、载人气球、飞艇以及中国民用航空总局认定的其他飞行器械。而民用航空器，是指除用于执行军事、海关、警察飞行任务外的航空器。无人机因为没有“所载人员驾驶”，所以不属于这里的航空器。

而刑法典中的航空器，实际上是飞机的同义语，如《刑法》第121条劫持航空器罪、第123条暴力危及飞行安全罪。在第131条重大飞行事故罪中，法条表述为“航空人员违反规章制度……造成飞机坠毁或者人员死亡的”，而不是表述为“航空人员违反规章制度……造成航空器坠毁或者人员死亡的”，说明在当时立法者的观念里，航空器实际上是飞机的同义语，按照现在的观念，此处的航空器是狭义的。现在仍然有效的1974年施行的《海关对国际民航机监管办法》第2条中也有“本办法所称的国际民航机，系指一切进出国境的民用航空器。国家元首和政府首脑乘坐的专机不包括在内”的规定。

众所周知，社会生活发展很快，航空器的种类在不断增加，除了飞机，飞艇、热气球也开始成为有限范围内使用的公共交通工具、公共游乐设施。所以，刑法典中的航空器，也可能随着生活的改变，变成飞机的上位概念。这需要时间来观察。

飞机包括水上飞机和水下飞机吗？水下飞机又包括水下滑翔机（水下潜航器）吗？答案是否定的。水上飞机，名为飞机，实为船舶。水下滑翔机，名为飞机，实为水下航行器（水下潜航器）。根据我国《海上交通安全法》，船舶包括排水船、非排水船、筏、水上飞机和移动平台。因此，行为人劫持水上飞机的，构成劫持船只罪，不构成劫持航空器罪。而暴力危及飞行安全罪，不应该包括暴力危及水上飞机的飞行安全这一情形，因为水上飞机的所谓飞行安全，实际上是船只的航行安全。航行，包括船舶的行驶、飞机的行驶和飞船的行驶[1]，涵摄力较大。航，本意是船，本用于船舶的行驶，现在则扩大到指称船舶的行驶、飞机的行驶和飞船的行驶，所以，航次、航程、航班、航路、航速等词语，都不限于船舶的行驶了。

（三）变动中的关系

由于构成要件的多层次是一个客观事实，所以，上位构成要件与下位构成要

---

〔1〕《现代汉语词典》，商务印书馆2012年版，第515页。

件只是相对的划分。上位构成要件与下位构成要件不是固定不变的，立法者会随情势而修改，使得上位构成要件成为下位构成要件。

1. 军用物资与武器装备。军用物资与武器装备之间的关系。1979 年《刑法》第 97 条资敌罪的构成要件是“供给敌人武器军火或者其他军用物资的”，此时，军用物资与武器军火之间是属种关系。1997 年《刑法》第 112 条资敌罪的构成要件是“战时供给敌人武器装备、军用物资资敌的”，此时，武器装备与军用物资之间是并列关系。军用物资就从一个上位构成要件变成了下位构成要件。

（1）“武器军火”改成了“武器装备”，表面上看只是说法略微不一样，实际上，“武器装备”包括武器和装备，不限于带火的、冒火的军火，所以外延变得更大了。“武器军火”改成了“武器装备”，反映出我国军事改革的重要内容之一就是武器装备，并不局限于传统的兵器，这是为了适应现代战争的需要。

（2）“军用物资”在 1979 年《刑法》中是涵摄“武器军火”的上位构成要件，武器军火是军用物资的一部分，军用物资与武器军火是属种关系。而到了 1997 年《刑法》中，军用物资与武器装备成了并列关系，军用物资不再包括武器装备。这在第 438 条盗窃、抢夺武器装备、军用物资罪中也得到证实，该条中，武器装备与军用物资同样是并列关系。所以，在解释第 436 条武器装备肇事罪中的“武器装备”时，不能把“武器装备”限定为武器、军火、枪支、弹药、大炮、炸药包、坦克、火箭炮、火焰喷射器等“带火”的事物，还应包括运输机、雷达、预警机、侦察机、加油受油机、军车、起重机等“不带火”军事装备。所以，某士兵违规驾驶装甲运兵车而发生的致死致重伤的责任事故可以认定为武器装备肇事罪，违规操作雷达而发生的致死致重伤的责任事故也可以认定为武器装备肇事罪，但是其违规指挥交通等情形而发生的责任事故则不应认定为武器装备肇事罪。

（3）武器是枪支、弹药的上位构成要件；同时，武器又是武器装备的下位构成要件。所以，武器装备、武器、枪支弹药组成一个相关构成要件的上下层次，主要涉及军职罪和危害国防利益罪等。武器装备包括武器及其附属物，例如炮弹属于武器，炮弹的发射架和发射车属于武器装备。战机属于武器装备，飞行员逃生装备属于武器装备，战机所挂弹药属于武器。同时，武器还是管制物品的下位构成要件。因此，管制物品、武器、枪支弹药也组成了一个相关构成要件的上下层次，主要涉及妨害社会管理秩序罪和危害公共安全罪等。

2. 专用间谍器材与窃听、窃照专用器材。在 2015 年《刑法修正案（九）》

修正之前，《刑法》第283条非法生产、销售专用间谍器材罪，是“非法生产、销售窃听、窃照等专用间谍器材”的行为，此时，专用间谍器材是窃听、窃照器材的上位概念，两者属于属种关系。此时的司法实践中，往往是把“具有专用间谍器材的技术特征和功能”的定性为“专用间谍器材”，处断为非法生产、销售专用间谍器材罪。以下三起案件都是《刑法修正案（九）》颁布前判决的。

辽宁的案件是：2014年5月16日，沈阳市东陵区人民法院公布了一起非法销售间谍专用器材案。经辽宁省特种器材技术鉴定中心鉴定，苏某所出售的器材为窃听专用器材。法院认为，苏某已构成非法销售间谍专用器材罪，鉴于其犯罪后认罪态度较好，并积极上缴非法所得，从轻判处有期徒刑1年，缓刑1年，违法所得12 000元予以罚没。湖北的案件是：2013年11月，在武汉某高校读大一的江某和胡某因为非法销售间谍专用器材罪被湖北省荆门市掇刀区法院一审判处有期徒刑10个月，案件涉及2个发射器、90个橡皮擦式接收器。河北的案件是：张某、刘某夫妻每天都在互联网上寻找商机。2014年5月的一天，王某在QQ上向张某推销一些具有窃听、窃照功能的电子产品。张某从王某那里批发了些产品，虽然知道国家对此类产品是进行严格管制的，但为了挣钱，夫妻俩还是铤而走险。2014年12月，两人被群众举报并由公安机关在其柜台查获多功能摄像钥匙、微型摄像机、拍照录像笔、电子追踪器等窃听、窃照器材10件。经鉴定，上述器材具有专用间谍器材的技术特征和功能，均为国家严格管控的产品，是不可以在市场自由进行销售的。新华区法院以非法销售间谍专用器材罪一审判决两人有期徒刑6个月，缓刑1年。〔1〕

《刑法修正案（九）》颁布实施后，《刑法》第283条修改为非法生产、销售专用间谍器材、窃听、窃照专用器材罪。专用间谍器材指的是暗藏式窃听、窃照器材，突发式收发报机，一次性密码本，密写工具，用于获取情报的电子监听、截收器材，其他专用间谍器材等。此时，暗藏式窃听、窃照器材是窃听、窃照专用器材的下位概念。显然，非暗藏式窃听、窃照器材也是窃听、窃照专用器材的下位概念。但是由于专用间谍器材不仅限于窃听、窃照器材，还包括定位、追踪、传递等功能的器材，所以，专用间谍器材与窃听、窃照专用器材之间属于交叉关系。

---

〔1〕“石家庄80后夫妻销售间谍专用器材双双获刑”，载 http://hebei.hebnews.cn/2015-06/17/content_4846900.htm.

前述三起案件都发生在修正之前，而之所以本条修正为非法生产、销售专用间谍器材、窃听、窃照专用器材罪，是因为上述案件涉及的器材还不能算是严格意义上的间谍专用器材或者专用间谍器材，在技术指标上达不到间谍专用器材或者专用间谍器材的标准，所以只能算是窃听、窃照专用器材。立法者考虑到非法生产出来的这些器材的实际技术指标和功能高低，初衷是扩大本罪的打击范围，但是由于语料选择的原因，把窃听、窃照专用器材的文理关系搞得很复杂。因为，有的专用间谍器材不是窃听、窃照专用器材，有的窃听、窃照专用器材又不是专用间谍器材。还有，既然是“间谍专用器材”，那么就意味着使用者是间谍身份，这当然与犯罪实际不符，所以，增加了“窃听、窃照专用器材”来打击。笔者认为，在专用间谍器材与窃听、窃照专用器材的基础上，应该有一个更好的上位构成要件如“非法器材”等。同时，应该把窃听、窃照专用器材中的“专用”二字去掉，直接表述为“窃听、窃照器材”，否则，“窃听、窃照专用器材”就变成了犯罪器材也就是犯罪工具。“间谍专用器材”就是“间谍器材”，“专用”二字可以去掉。新的非法器材一定会层出不穷，立法者和司法者难以定性它们到底属于专用间谍器材还是窃听、窃照专用器材，如手机定位卡、手机定位器等追踪功能的器材，肯定不是窃听、窃照专用器材，也算不上专用间谍器材。

专用间谍器材与窃听、窃照专用器材之间，从属种关系变为交叉关系，这种变化的物质技术基础和社会生活实际就是，窃听、窃照专用器材已经被大量运用于私人侦探、偷窥隐私、非法取证、新闻采访、商业竞争、考试作弊等领域，用来进行非法偷拍、跟踪、定位、窃听等。例如，考场作弊器材中的发射器和接收器属于“能够获取无线通信信息的电子接收器材”，即属于窃听专用器材。在高科技的考试舞弊案中，使用的可能是间谍专用器材。

根据2014年颁布的《禁止非法生产销售使用窃听窃照专用器材和“伪基站”设备的规定》第3条规定：本规定所称窃听专用器材，是指以伪装或者隐蔽方式使用，经公安机关依法进行技术检测后作出认定性结论，有以下情形之一的：①具有无线发射、接收语音信号功能的发射、接收器材；②微型语音信号拾取或者录制设备；③能够获取无线通信信息的电子接收器材；④利用搭接、感应等方式获取通讯线路信息的器材；⑤利用固体传声、光纤、微波、激光、红外线等技术获取语音信息的器材；⑥可遥控语音接收器件或者电子设备中的语音接收功能，获取相关语音信息，且无明显提示的器材（含软件）；⑦其他具有窃听功能的器材。第4条规定：本规定所称窃照专用器材，是指以伪装或者隐蔽方式使用，经公安机关依法进行技术检测后作出认定性结论，有以下情形之一的：①具有无线发射功能的照相、摄像器材；②微型针孔式摄像装置以及使用微型针孔式摄像装置的照相、摄像器材；③取消正常取景器和回放显示器的微小相机和摄像机；④利用搭接、感应等方式获取图像信息的器材；⑤可遥控照相、摄像器件或者电子设备中的照相、摄像功能，获取相关图像信息，且无明显提示的器材（含软件）；⑥其他具有窃照功能的器材。

此外，比较一下非法生产、销售专用间谍器材、窃听、窃照专用器材罪和非法使用窃听、窃照专用器材罪，可以发现，立法者并未设置非法使用专用间谍器材罪，那么，根据入罪举轻以明重的解释规则，行为人非法使用窃听、窃照类的专用间谍器材的，当然构成犯罪，应该处断为非法使用窃听、窃照专用器材罪。那么，就意味着窃听、窃照专用器材是窃听、窃照类的专用间谍器材的上位概念。至于行为人使用非窃听、窃照类的专用间谍器材的，除非其在实施间谍等行为，否则暂时无法处理。

（四）定语与中心词的关系

现代汉语中的定语，分为限制性定语和描写性定语，这是所谓的两分法。一般而言，限制性定语和描写性定语之间的界限是清晰的。例如，《刑法》第169条之一背信损害上市公司利益罪，上市公司中的“上市”就是限定“公司”范围的限制性定语，高级管理人员中的“高级”就是限定“管理人员”范围的限制性定语。第450条中，“具有军籍的学员”中的“具有军籍的”就是限定“学员”范围的限制性定语，因为中国人民解放军军校的学员和中国人民武警部队军校的学员包括有军籍的学员和没有军籍的学员两大类，国防科技大学2018年起在湖南等省招收无军籍本科学员。第198条中的虚假的证明文件，“虚假的”就是限定“证明文件”范围的限制性定语，第241条中的“被拐卖的”就是限定“妇女、儿童”范围的限制性定语。总的来说，刑法中限制性定语在数量上远多于描写性定语。

但是，有的时候，两分法中的限制性定语和描写性定语之间也没有明显的界限，不同的学者对相似的语义关系可能有不同的理解。例如，在修饰中心语的语法作用上，同样是表示质地材料的短语“木头桌子”和“石头房子”，“木头”被归类为描写性定语，而“石头”被归类为限制性定语。之所以有时候限制性定语和描写性定语之间没有明显的界限，是因为限制性定语和描写性定语的两分法不是坚持形式逻辑分类的结果，而是列举式的分类。按照形式逻辑的分类，应该分为限制性定语和非限制性定语，或者描写性定语和非描写性定语。

刑法中也存在限制性定语和描写性定语难以区别的例证。在刑法典中，在解释“定语+中心词”类型的构成要件的时候，首先需要从文理上搞清楚定语与中心词的关系，搞清楚构成要件的内涵外延，厘定其文义射程，才能为论理和逻辑演绎打下基础。

1. 随身携带的武器。前已述及，1989 年非法携带武器、管制刀具、爆炸物参加集会、游行、示威罪与 1997 年非法携带枪支、弹药、管制刀具、危险物品危及公共安全罪，前者的“武器”与后者的“枪支”应该等同看待，也就是说，对前者的“武器”应该进行限制解释，把飞机、大炮、坦克、装甲车、火焰喷射器、重武器、大规模杀伤性武器、核武器等排除出去，把“装备”例如军车、雷达、望远镜、夜视仪等也排除出去。这是因为，“非法携带武器”这一表述已经限制了武器的范围——是能够随身携带的武器而非所有武器。“非法携带武器”中的“武器”，换个说法，把携带这个动词和谓语改为定语，就是随身携带的武器。提供虚假的证明文件，换个说法，把虚假这个定语改为谓语和动词，就是伪造证明文件。定语和谓语可以转换，形容词和动词可以转换。定语与中心词的关系，有时可以转换为动词与宾语（中心词）的关系。

2. 未经灭活的毒品原植物种子或者幼苗。《刑法》第 352 条非法买卖、运输、携带、持有毒品原植物种子、幼苗罪中的“未经灭活的毒品原植物种子或者幼苗”。一般而言，会把“未经灭活”解释为是限定“毒品原植物种子或者幼苗”范围的限制性定语。换言之，如果非法携带经过灭活的毒品原植物种子，则不构成本罪。但是，“未经灭活的毒品原植物种子或者幼苗”这一表述也可能进行另外的解释。因为，所谓种子或者幼苗，一般而言都指的是未经灭活的、能够发芽的。如果经过灭活、不能发芽，就根本无法进行种植，也不成其为“种子”了。从这个角度看，“未经灭活”也可以解释为描写性定语，是强调“毒品原植物种子或者幼苗”的属性的。

3. 不满 14 周岁的幼女。《刑法》第 236 条强奸罪中的不满 14 周岁的幼女。这里的“不满 14 周岁”是描写性定语，说明幼女就是不满 14 周岁的。所以，“不满 14 周岁的幼女”中的“不满 14 周岁”也是非限制性定语。第 262 条之一组织残疾人、儿童乞讨罪中的不满 14 周岁的未成年人。这里的“不满 14 周岁”是限制性定语，表明不满 14 周岁的未成年人指的是儿童，表明本条并不适用于以暴力、胁迫手段组织已满14周岁的未成年人乞讨的行为。根据我国《未成年人保护法》的规定，未成年人是指未满18周岁的公民。所以，刑法出现的不满14周岁的未成年人，也就意味着还存在已满14周岁的未成年人，也就是已满14周岁但是不满18周岁的公民。

应该重审现有构成要件的语言表述方式。例如“不满14周岁的幼女”。第236条强奸罪第2款“奸淫不满14周岁的幼女的，以强奸论”。难道除了存在着“不满14周岁的幼女”，还存在着“已满14周岁的幼女”？显然，“不满14周岁的幼女”这一表述容易引起误解。这是因为“不满14周岁”容易被理解为一个限制性定语，而实际上立法原意是一个描写性定语，也就是幼女的属性之一是“不满14周岁”。1997年《刑法》的“不满14周岁的幼女”，在1979年《刑法》中表述为“不满14周岁幼女”。1977年版《辞海》（语词分册）中，无“幼女”一词。1979年版《现代汉语词典》中，无“幼女”一词。2012年版《现代汉语词典》中，无“幼女”一词，只有“幼儿”。有关司法解释使用的也是儿童、幼儿、婴儿等，不使用“幼女”，例如，自2017年1月1日起施行的《最高人民法院关于审理拐卖妇女儿童犯罪案件具体应用法律若干问题的解释》第9条规定：“刑法第240条、第241条规定的儿童，是指不满14周岁的人。其中，不满1周岁的为婴儿，1周岁以上不满6周岁的为幼儿。”在我国社会生活中，男婴、女婴、婴幼儿、婴儿、幼儿、儿童、男童、女童、童男、童女、少女，都在使用或者曾经使用，唯独不会使用“幼女”一词（也不会使用“幼男”）。“幼女”一词并没有赖以生存的社会基础，词典中不收录，刑法典无专门解释，使得公众对“幼女”的理解与刑法学界的认识产生巨大差距。笔者认为，不如把“不满14周岁的幼女”改为“不满14周岁的女性”，把“不满14周岁”与“幼女”的描述性定语与中心词的关系，改为“不满14周岁”与“女性”的限制性定语与中心词的关系。同理，《刑法》第262条之一中的“不满14周岁的未成年人”不如改为“不满14周岁的人”。

明代之前的法典中没有“幼女”，例如《元典章·刑部七》曰“十岁以下女”，并未使用“幼女”。“幼女”一词最初可能来自明律。《明律·卷第二十五》曰：“奸幼女十二岁以下者虽和同强论。”[1]清末立法沿用“幼女”一词。1907年《大清刑律草案》第274条规定：“凡用暴行、胁迫，或用药及催眠术并其余

[1]（清）薛允升：《唐明律合编》，法律出版社1999年版，第701页。

方法，至使不能抗拒，而奸淫妇女者，为强奸罪，处二等以上有期徒刑。奸未满十二岁之幼女者，以强奸论。”[1]1910年《修正刑律草案》第285条规定：“凡以暴行、胁迫、药剂、催眠术及其余方法，致使不能抗拒而奸淫妇女者，为强奸罪，处一等或二等有期徒刑。奸未满十二岁之幼女者，以强奸论。”[2]1911年《钦定大清刑律》第285条规定：“对妇女以强暴、胁迫、药剂、催眠术或他法，至使不能抗拒而奸淫之者，为强奸罪，处一等或二等有期徒刑。奸未满十二岁之幼女者，以强奸论。”[3]到中华民国时期的立法仍然有“幼女”，例如1915年《修正刑法草案理由书》第297条规定：“奸未满十二岁幼女者，以强奸论。”[4]

我国台湾地区“刑法”没有使用“幼女”一词，第227条规定：“对于未满十四岁之男女为性交者，处三年以上十年以下有期徒刑。对于未满十四岁之男女为猥亵之行为者，处六个月以上五年以下有期徒刑。对于十四岁以上未满十六岁之男女为性交者，处七年以下有期徒刑。对于十四岁以上未满十六岁之男女为猥亵之行为者，处三年以下有期徒刑。”第222条（加重强制性交罪）规定：“犯前条之罪而有下列情形之一者，处七年以上有期徒刑：二人以上共同犯之者；对未满十四岁之男女犯之者……”《新加坡刑法》第376条“不满14岁妇女”[5]，英文是“a woman under 14 years of age”[6]。可见，使用“幼女”并非刑法的规范用语，应该进行修改。

4. 离职的国家工作人员。《刑法》第388条之一中的“离职的国家工作人员”与“国家工作人员”的关系。“离职的国家工作人员”已经没有职务，没有职务便利，所以不是国家工作人员。所以，此时，“离职的国家工作人员”与“国家工作人员”并非种属关系，而是并列关系。还要注意，“离职的国家工作人员”未必就是退休的国家工作人员，只要离开职务以及与职务相连的职权，就属于“离职的国家工作人员”。可见，离职是与在职相对应的，强调的是行为人是否具有职务以及职务上的便利。“离职的国家工作人员”中的“离职”表面上是一个限制性定语，而实际上，在刑法学中，是对“国家工作人员”的彻底否

〔1〕 高汉成主编：《〈大清新刑律〉立法资料汇编》，社会科学文献出版社2013年版，第135页。
〔2〕 高汉成主编：《〈大清新刑律〉立法资料汇编》，社会科学文献出版社2013年版，第552~553页。
〔3〕 高汉成主编：《〈大清新刑律〉立法资料汇编》，社会科学文献出版社2013年版，第755页。
〔4〕 何勤华、魏琼编：《董康法学文集》，中国政法大学出版社2005年版，第66页。
〔5〕 刘涛、柯良栋译：《新加坡刑法》，北京大学出版社2006年版，第85页。
〔6〕 刘涛、柯良栋译：《新加坡刑法》，北京大学出版社2006年版，第296页。

定，是一个否定性定语，由于没有更好的表达方式，只能使用“离职的国家工作人员”，表示该主体实施危害行为前是国家工作人员，而实施危害行为时已经不是国家工作人员。这一点必须注意。

享受国家工作人员待遇的人不等于有国家工作人员职权的人。享受国家工作人员待遇的人，包括享受国家工作人员待遇并且在职的人和享受国家工作人员待遇但是已经离职的人。离职，也许是退休，也许是离休，也许是退二线，等等。有军籍的军人不等于有军人职责的军人。有军籍的军人，包括有军籍并且在职的军人和有军籍但是已经不在职的军人两大类。不在职，就是离开职务、离职，也许是退休，也许是离休，也许是退二线，等等。以上，也是我国特殊国情所造成的国家工作人员的复杂身份种类。军队更复杂一些，军队离休退休干部、职工由民政部门主管，各级政府设立军休干部安置管理办公室，负责军队离休退休干部、退休士官（志愿兵）、军队无军籍离休职员、退休退职职工的接收安置工作。[1]上述虽然统称为“军休人员”，但是有的保留军籍，有的没有军籍。民政部《军队无军籍退休退职职工服务管理办法》是2016年2月1日起施行的，《军队离休退休干部服务管理办法》是2014年9月施行的。各省级政府也有配套细则来保障其待遇，例如2015年湖北省就出台了《湖北省军队离休退休人员接收安置工作基本标准（试行）》等。[2]

（五）上位构成要件的建构：以武装力量、军人等为例

整个刑法文本究竟使用了多少具有层级关系、属种关系的构成要件，需要认真进行梳理。这可以为今后科学、合理地使用刑法词语打好基础，也有利于刑法解释的发展。因为只有在具体构成要件这个最微观的层面上具备了层次性、层级性，才能在罪名这个相对宏观的层面上具备层次性、层级性。尤其是动词与动词之间的层次性，名词与名词之间的层次性，跨法条的构成要件之间的属种关系，需要引起更多的关注。例如，《刑法》第335条医疗事故罪中的医务人员、第336条非法行医罪中的取得医生执业资格的人、医生、执业医师的属种关系；国家机关、军事禁区与军事管理区的属种关系；冲击与扰乱的关系；危害与破坏的关系；提供与出售的关系；等等。这里，以武装力量、军人等一组构成要件为例，予以说明。

---

〔1〕 湖北军休网，http：//www.hbjxb.com/home/context/2944.

〔2〕 湖北军休网，http：//www.hbjxb.com/home/context/2944.

1. 武装力量、武装部队、军队、部队、人民解放军、武警部队。根据我国《兵役法》的规定，中华人民共和国的武装力量，由中国人民解放军、中国人民武装警察部队和民兵共三类组成。根据《人民武装警察法》的规定，中国人民武装警察部队（以下简称武警部队）担负国家赋予的安全保卫任务以及防卫作战、抢险救灾、参加国家经济建设等任务。具体而言，武警部队执行下列安全保卫任务："国家规定的警卫对象、目标和重大活动的武装警卫；关系国计民生的重要公共设施、企业、仓库、水源地、水利工程、电力设施、通信枢纽的重要部位的武装守卫；主要交通干线重要位置的桥梁、隧道的武装守护；监狱和看守所的外围武装警戒；直辖市，省、自治区人民政府所在地的市，以及其他重要城市的重点区域、特殊时期的武装巡逻；协助公安机关、国家安全机关、司法行政机关、检察机关、审判机关依法执行逮捕、追捕、押解、押运任务，协助其他有关机关执行重要的押运任务；参加处置暴乱、骚乱、严重暴力犯罪事件、恐怖袭击事件和其他社会安全事件；国家赋予的其他安全保卫任务。"

武装部队、军队、部队，这三者应该是同义词。民兵不属于武装部队、军队、部队。武装部队、军队、部队包括人民解放军部队与武警部队两大类。可见，武装力量、武装部队、军队、部队、人民解放军、武警部队这一组构成要件中，武装力量是涵摄力最强的名词性构成要件。《刑法》第439条非法出卖、转让武器装备罪中的"非法出卖、转让军队武器装备"，完全可以改为"非法出卖、转让部队武器装备"。在几个有关的罪名中，刑法典均使用了"部队"，保持了用语的一致，值得肯定，如逃离部队罪、战时窝藏逃离部队军人罪、煽动军人逃离部队罪、雇用逃离部队军人罪。但是，1993年以及2015年《国家安全法》使用的是"武装力量"。所以，武装力量、武装部队、军队、部队这一组名词中，武装力量属于外延最大的构成要件，是上位构成要件。

实际中很普遍的一个提法是"全军和武警部队"。这种提法既是为了区分人民解放军与武警部队，也是为了把二者本质上的一致性揭示出来。"全军和武警部队"，加上民兵，共同组成了我国的武装力量的整体。军队是"为政治目的服务的武装组织"[1]，所以在本质上，中国人民解放军、中国人民武警部队、民兵等武装力量都是实质意义的军队。合法军队就是合法武装，非法军队就是非法武装。当前国际新闻中的所谓"民间武装""民间武装力量"，是明显带有倾向性

[1]《现代汉语词典》（汉英双语），外语教学与研究出版社2012年版，第1063页。

的语词，使用这一词语的人或者媒体，不愿意将其直接称为“反政府武装”或者“非法武装”，表明了他们对于所谓“民间武装”的支持态度或者暧昧态度而已。从合法武装角度来看，所谓“民间武装”，本质上就是非法武装。

总之，武装力量是这一组构成要件中的最上位概念，武装力量下分为武装部队和民兵组织。武装部队分为现役的武装部队和预备役的武装部队。现役的武装部队包括人民解放军和武警部队。预备役的武装部队（即预备役部队）只涉及人民解放军，武警部队没有预备役。

现行《国防法》第22条规定：“中华人民共和国的武装力量，由中国人民解放军现役部队和预备役部队、中国人民武装警察部队、民兵组成。中国人民解放军现役部队是国家的常备军，主要担负防卫作战任务，必要时可以依照法律规定协助维护社会秩序；预备役部队平时按照规定进行训练，必要时可以依照法律规定协助维护社会秩序，战时根据国家发布的动员令转为现役部队。中国人民武装警察部队在国务院、中央军事委员会的领导指挥下，担负国家赋予的安全保卫任务，维护社会秩序。民兵在军事机关的指挥下，担负战备勤务、防卫作战任务，协助维护社会秩序。”

民兵组织分为基干民兵和普通民兵。

2. 公安现役部队、人民警察、人民武装警察。

（1）2018年3月前的武警部队。武警部队（或者叫做列入武警部队序列的部队）包括四种：

第一种是武警机动师，军事主官称师长，隶属武警总部。

第二种是武警内卫部队，一般称：武警××省（市、自治区）总队，军事主官称司令员。另有武警新疆生产建设兵团指挥部，军事主官称司令员，隶属武警总部。

第三种是武警警种部队，包括：武警黄金部队、武警交通部队、武警水电部队、武警森林部队，军事主官均称司令员，隶属武警总部，是受武警总部和国务院有关业务部门双重领导的专业警种部队。武警黄金部队于1985年起编入武警部队序列，2011年底，国务院、中央军委调整了武警黄金部队的基本任务，由原来单一的黄金地质勘探，调整为区域矿产地质调查、多金属勘查、地质灾害应急救援、维稳处突四项任务。[1]武警交通部队，1985年编入武警部队序列，受交

---

〔1〕“武警黄金部队挺近九寨沟震区”，载http：//news.ifeng.com/a/20170815/51633098 _0.shtml.

通部和武警总部的双重领导，1999 年转隶武警总部统一管理，主要担负因自然灾害、恐怖袭击和战争等因素导致损毁的江河堤防、水库、水电站、变电站、输电线路等水利水电设施应急排险、抢修抢建任务。武警森林部队，是担负森林防火、灭火任务的武警部队，1988 年编入武警部队序列并改现名。1999 年，国务院、中央军委决定组建武警森林指挥部，实行武警总部和国家林业主管部门双重领导体制。〔1〕

第四种是改革前的公安现役部队，包括消防、边防和警卫三大类，列入武警序列，但是直接归公安部领导和管理〔2〕，属于公安部的业务局。公安消防，一般称：省（市、自治区）公安消防总队或省（市、自治区）公安厅（局）消防局，简称省（市、自治区）公安消防局，军事主官称总队长、局长。公安边防，一般称：省（市、自治区）边防总队或省（市、自治区）公安厅（局）边防局，简称省（市、自治区）公安边防局，军事主官称总队长、局长。公安警卫，一般称：省（市、自治区）公安厅（局）警卫局，简称省（市、自治区）警卫局，军事主官称局长。两块牌子、一套人马，两块牌子指的是同时悬挂武警和公安两块牌子，例如北京市公安消防总队，又称“中国人民武装警察部队北京市消防总队”“北京市公安局消防局”。宁夏回族自治区公安消防总队，又称“中国人民武装警察部队宁夏回族自治区消防总队”“宁夏回族自治区公安厅消防局”。等等。

（2）2018 年 3 月前的公安现役。公安现役包括公安现役部队与公安现役院校。之所以叫做公安现役部队，是因为被列入武警部队序列，是现役军人；同时由公安部直接领导。公安现役部队是区别于武警总部外的另一套系统，虽然穿武警外衣，但其性质是人民警察。但是，加入公安现役部队不叫“参警”，而是称为“入伍”“服役”。

公安现役部队及其人民警察参加“我最喜爱的人民警察”的评选活动，但“中国武警十大忠诚卫士”始终没有公安现役人员，可见，公安现役是人民警察而非人民武装警察。武警系统晋衔仪式是由武警总部领导宣读命令并颁发，而公安现役晋衔仪式是由公安部领导宣读命令并颁发。

我国公安现役部队院校主要有：中国人民武装警察部队学院、公安海警学院

〔1〕 笔者认为，承担非作战任务的军人，实为“役兵”。宋代厢军是“役兵”，战斗力较弱，是兵制史上“不打仗的军人”或者“主要任务不是打仗的军人”的典型。参见淮建利：《宋朝厢军研究》，中州古籍出版社 2007 年版。

〔2〕 李星主编：《边防学》，军事科学出版社 2004 年版，第 252 页。

（公安部边防管理局管理）、公安边防部队广州指挥学校、公安边防部队乌鲁木齐指挥学校、公安边防部队呼和浩特指挥学校、公安消防部队昆明消防指挥学校、公安消防部队西安指挥学校、公安消防部队乌鲁木齐指挥学校、南京消防士官学校等。而武警警官学院是武警总部直管的军事院校，不是公安现役院校。例如，在中国人民武装警察部队学院的招生简章中，明确指明其属于公安现役院校："中国人民武装警察部队学院，简称武警学院，直属于公安部，是一所为公安边防、消防、警卫部队培养指挥管理和专业技术警官的现役院校。新生入学后，经政治复审、体格复检合格，即取得学籍、军籍，成为公安现役院校学员，享受现役军人待遇。学习期间免交学费、住宿费，统一发放武警警服、津贴和伙食费，并视成绩状况发放奖学金，家属享受军属待遇；在校期间考试成绩合格，发给本科毕业证书，符合学位授予条件的，授予学士学位；毕业后统一分配到公安边防、消防、警卫部队工作。"〔1〕中国人民武警部队学院曾经隶属公安部，后又隶属武警总部，目前隶属公安部，属于公安现役院校。

列入人民武装警察部队序列中的消防、边防和警卫，属于实质意义的人民警察，而不属于实质意义的武警部队。他们履行部分刑事案件的侦查职能，具有司法机关的性质。同时，享有行政权，具有行政机关的性质。例如消防部队的行政许可权与行政处罚权，边防部队的办理《出海证》的行政许可权，等等。既然拥有行政权，有行政相对人、管理对象，当然就不可能是一个纯粹的军事机关。

实质意义的武警、狭义的武警、真正的武警，指的是武警机动师、武警内卫部队、武警警种部队三种。在中国武警网上，不涉及边防、消防和警卫；而中国警察网则涉及边防、消防和警卫。可见，边防、消防和警卫是实质意义的人民警察，而不是实质意义的武警。在公安部通报的违反中央八项规定精神问题当事人中，就涉及了公安边防检查和公安消防人员：2017 年 9 月 1 日，广州出入境边防检查总站黄埔边检站三队干部张某锋在重大安保活动期间饮酒并严重影响执勤工作。2017 年 1 月 6 日，湖北省宜昌市西陵区公安消防大队大队长廖某群违规公款购买消费高档白酒。〔2〕

有一个例子也可以表明公安现役部队不属于实质意义的武警部队。武警部队

〔1〕 中国人民武装警察部队学院 2017 年招生简章，载 http：//www. wjxy. edu. cn/tzgg/1491209. jhtml.

〔2〕 "公安部通报曝光三起违反中央八项规定精神问题"，载中央纪委监察部网站，http：//www. ccdi. gov. cn/yw/201709/t20170924 __107776. html.

招生办就2016年招收士兵学员答记者问：今年统考继续划片组织，每个省（自治区、直辖市）总队设一个考区，机动师、兵团指挥部、警种部队、院校和总部参谋部、政治工作部、后勤部的考生，纳入当地（或就近）总队考区参加统考。这里涉及了上述武警四大类中的三类（兵团指挥部属于武警内卫部队），唯独不涉及公安现役部队，可见，公安现役部队不属于实质意义的武警部队。

公安边防的性质。公安边防比较复杂，目前是现役制为主、现役制与职业制结合，北京、上海、天津、深圳、珠海、广州、海口、厦门、汕头九个城市的边检站是职业制，其余都是现役制。[1]在多集专题片《公安边防维和纪实》中显示，我国维和警察防暴队的派出是经过国务院批准的、由各省级行政区的公安边防部队成建制单独组建的，其服装上的英文是“police”，维和任务包括清缴、抓捕、缉毒、缉枪、警卫、安保等。公安部设有维和领导小组负责管理、组织。当然，现代汉语中的“边防”，包括人民解放军边防部队和公安边防部队两种，性质上要注意区别。公安边防具有行政机关、军事机关、司法机关三重性质：行政机关的公安边防，实际就是警察。军事机关的公安边防，是因为编入武警序列。司法机关的公安边防，负责侦查偷越国（边）境方面的案件。

公安消防的性质。消防也具有行政机关、军事机关、司法机关三重性质。例如，北京市公安消防总队是北京市消防工作行政管理部门和公安机关行政执法机构的组成部分，执行中国人民解放军三大条令和兵役制度，纳入武警序列，同时又作为“北京市防火安全委员会办公室”和“北京市消防安全应急指挥部”，接受北京市委市政府、北京市公安局和公安部消防局的双重领导，主要承担我国《消防法》及其他相关法律法规赋予的火灾预防、消防行政审批、监督执法、灭火和应急救援等社会管理、公共服务职能。[2]也就是说，北京市公安消防总队具有行政机关、军事机关的双重性质。作为行政机关的消防，颁发《公众聚集场所投入使用、营业前消防安全检查合格证》等。由于消防官兵服役会有期满后退役的时刻，因此，北京市开始实施专职消防员制度[3]，以避免兵役制下的消防的不足与弊端。消防还对失火案、消防责任事故案等两类刑事案件具有刑事侦查管辖权，还具有侦查机关的性质。根据国务院《消防安全责任制实施办法》第2条

---

〔1〕李星主编：《边防学》，军事科学出版社2004年版，第419页。

〔2〕北京市公安局消防局官网，http：//www. bjxfj. gov. cn/.

〔3〕专职消防员即职业制消防员。根据《消防安全责任制实施办法》第6条的规定，县级以上地方各级政府依法建立公安消防队和政府专职消防队，明确政府专职消防队公益属性。

规定：地方各级人民政府负责本行政区域内的消防工作，政府主要负责人为第一责任人，分管负责人为主要责任人。第3条规定：国务院公安部门对全国的消防工作实施监督管理。可见，消防在实质上是公安机关（行政机关）而不是军事机关的业务职能。

（3）公安现役部队退出现役。2018年3月，中共中央印发了《深化党和国家机构改革方案》，关于“深化跨军地改革”：着眼全面落实党对人民解放军和其他武装力量的绝对领导，贯彻落实党中央关于调整武警部队领导指挥体制的决定，按照军是军、警是警、民是民原则，将列武警部队序列、国务院部门领导管理的现役力量全部退出武警，将国家海洋局领导管理的海警队伍转隶武警部队，将武警部队担负民事属性任务的黄金、森林、水电部队整体移交国家相关职能部门并改编为非现役专业队伍，同时撤收武警部队海关执勤兵力，彻底理顺武警部队领导管理和指挥使用关系。具体包括：公安边防部队、公安消防部队、公安警卫部队不再列武警部队序列，全部退出现役。公安边防部队转到地方后，成建制划归公安机关，并结合新组建国家移民管理局进行适当调整整合，现役编制全部转为人民警察编制。公安消防部队转到地方后，现役编制全部转为行政编制，成建制划归应急管理部，承担灭火救援和其他应急救援工作，充分发挥应急救援主力军和国家队的作用。公安警卫部队转到地方后，警卫局（处）由同级公安机关管理的体制不变，承担规定的警卫任务，现役编制全部转为人民警察编制。武警部队不再领导管理武警黄金、森林、水电部队，武警黄金、森林、水电部队官兵集体转业改编为非现役专业队伍。武警黄金部队并入自然资源部，现役编制转为财政补助事业编制。原有的部分企业职能划转中国黄金总公司。武警森林部队，现役编制转为行政编制，并入应急管理部，承担森林灭火等应急救援任务。武警水电部队组建为国有企业，可继续使用中国安能建设总公司名称，由国务院国有资产监督管理委员会管理。武警部队不再承担海关执勤任务。参与海关执勤的兵力一次性整体撤收，归建武警部队。

公安现役部队退出现役之后，困扰多年的法理问题终于得到厘清。

3. 军警人员、军人、现役军人、民兵、预备役人员、武装部队人员。在这一组构成要件中，军警人员是涵摄力最强的构成要件。军警人员包括军人和人民警察两大类，其中军人就是“武装部队人员”，包括人民解放军军人和武警部队军人。根据《刑法》第450条的规定，军职罪中的军人包括本来的军人和拟制的军人。本来的军人，包括解放军现役军人（军官、文职干部和士兵）和解放军具有军籍的学员，武警部队现役军人（警官、文职干部和士兵）和武警部队具有军籍的学员。拟制的军人，指的是“执行军事任务的预备役人员和其他人员”，包括两大类，一类是执行军事任务的预备役人员，一类是执行军事任务的其他人员。执行军事任务的其他人员，指的是平民身份的战时后勤服务人员，例如送粮食、被服等上前线的民工，运送伤病员的民工等。从身份而论，执行军事任务的其他人员本不属于军人，但是在执行军事任务时，短暂地成了“军人”，这是刑法拟制。这一规定是从“执行军事任务”出发，为了保护军事法益而对军人外延的扩张，与国家工作人员认定中的“公务论”基于同一逻辑。这一规定，与全国人大常委会关于《刑法》第 93 条第 2 款的解释所秉承的逻辑是完全一样的：村民委员会等村基层组织人员协助人民政府从事下列行政管理工作，属于《刑法》第 93 条第 2 款规定的“其他依照法律从事公务的人员”：救灾、抢险、防汛、优抚、扶贫、移民、救济款物的管理；社会捐助公益事业款物的管理；国有土地的经营和管理；土地征用补偿费用的管理；代征、代缴税款；有关计划生育、户籍、征兵工作；协助人民政府从事的其他行政管理工作。

（1）抢劫罪、冒充军人招摇撞骗罪中的军警人员。《刑法》第 263 条抢劫罪中的冒充军警人员中的“军警人员”，外延似乎可以大一些，因为本处的立法目的是打击损害军警形象的抢劫罪犯罪，所以，但凡现役军人、退出现役军人以及预备役的军人，都属于抢劫罪加重处罚情节中的“军警人员”。第 372 条冒充军人招摇撞骗罪中的“军人”的外延，至少包括现役军人和退出现役的军人，至于能否包括“执行军事任务的预备役人员和其他人员”，难以断定。笔者认为，危害国防利益罪一章、军职罪一章中的相同词语，也未必就是相同的构成要件，其外延存在不一致完全是可以理解的。顺便提及，现代汉语中，以“军警”来指称军警人员，增添“人员”二字，有画蛇添足之嫌。

根据《国家情报法》的规定：“国家安全机关和公安机关情报机构、军队情报机构（统称国家情报工作机构）按照职责分工，相互配合，做好情报工作、开展情报行动。冒充国家情报工作机构工作人员或者其他相关人员实施招摇撞骗、诈骗、敲诈勒索等行为的，依照《中华人民共和国治安管理处罚法》的规定处罚；构成犯罪的，依法追究刑事责任。”“国家情报工作机构”包括军队情报机构和警察情报机构两大类，可见，冒充国家情报工作机构工作人员属于构成要件中的冒充“军警人员”。

（2）破坏军婚罪中的现役军人。破坏军婚罪中的现役军人的外延应该大于军职罪一章的军人。具有军籍的运动员、演员等不属于军职罪一章的军人。军职罪一章明显强调的是“执行军事任务”，犯罪主体是与“戎马”“戎机”等具有实质联系的人员，也就是执行作战、救护和支前三大任务的人员才是军职罪的犯罪主体。但是破坏军婚罪中的“现役军人”不仅限于作战、救护和支前的现役军人，也应该包括具有军籍的运动员、演员、军工企业等人员。之所以如此解释，是因为法益的不同，军职罪保护法益是军事的正常活动、军事利益、国防利益，对于犯罪主体外延的划定应结合其职责内容，进行限定；而破坏军婚罪保护法益是军人的民事权利，所以，对于犯罪主体外延范围就应该划定得大一些。

（3）阻碍军人执行职务罪、妨害公务罪。阻碍军人执行职务罪与妨害公务罪本来是互斥关系，妨害公务罪的国家机关工作人员是狭义的、不包括军人的。但是，由于公安现役部队进入武警序列，边防、消防和警卫三种人员既是人民警察，也是军人，这导致阻碍军人执行职务罪与妨害公务罪可能成为交叉关系。刑法分则构成要件之间关系的复杂性，除了词语本身，还在于实际事物本身的复杂性。笔者认为，应该进行实质解释，如果行为人阻碍边防武警、消防武警、武警警卫依法执行职务的，如果没有危害国防利益，不构成阻碍军人执行职务罪，构成妨害公务罪。

（4）投敌叛变罪中的武装部队人员、人民警察、民兵。《刑法》第108条投敌叛变罪中，“带领武装部队人员、人民警察、民兵投敌叛变的”如何理解？“武装部队人员”是否包括人民武装警察？从形式逻辑角度，本罪名中，武装部队人员、人民警察、民兵属于并列关系，“武装部队人员”包括人民武装警察。所以，应该把此处的“人民警察”限定为非武装警察。

（5）现役和预备役。兵役分为现役和预备役。在中国人民解放军服现役的称现役军人；经过登记，预编到现役部队、编入预备役部队、编入民兵组织服预备役的或者以其他形式服预备役的，称预备役人员。现役军人包括现役军官、现役士兵、现役文职干部和具有军籍的学员四种，现役警员包括现役警官、现役武警士兵、现役武警文职干部和具有军籍的武警学员四种。现役军人、现役警员合称现役人员，与预备役人员是并列关系，现役部队、预备役部队、预备役组织也是并列关系。预备役分为预备役部队和预备役组织，预备役部队只涉及人民解放军，不涉及武警部队。预备役组织的主要部分是民兵，民兵是不脱离生产的、群众性的人民武装组织[1]，是中国人民解放军的助手和后备力量。民兵都是预备役，没有现役。

预备役人员必须按照规定参加军事训练、执行军事勤务，随时准备参军参战，保卫祖国。预备役有广义和狭义两种。广义的预备役，指的是前述四种预备役人员，也就是《兵役法》规定的士兵预备役和军官预备役。狭义的预备役，指的是符合条件的退伍军人，不包括民兵，也就是预备役部队这一种。刑法中的“预备役人员”指的是广义的预备役，外延较大。根据《兵役法》的规定：依照本法第13条规定经过兵役登记的应征公民，未被征集服现役的，办理士兵预备役登记。士兵预备役分为第一类和第二类。第一类士兵预备役包括下列人员：预编到现役部队的预备役士兵；编入预备役部队的预备役士兵；经过预备役登记编入基干民兵组织的人员。第二类士兵预备役包括下列人员：经过预备役登记编入普通民兵组织的人员；其他经过预备役登记确定服士兵预备役的人员。预备役士兵达到服预备役最高年龄的，退出预备役。根据我国《预备役军官法》的规定，军官预备役按照平时管理和战时动员的需要，分为两类：在预备役部队任职的和预编到现役部队的预备役军官为第一类军官预备役；其他预备役军官为第二类军官预备役。

我国《兵役法》规定：现役士兵包括义务兵役制士兵和志愿兵役制士兵，义务兵役制士兵称义务兵，志愿兵役制士兵称士官。士兵退出现役时，符合预备役条件的，由部队确定服士兵预备役；经过考核，适合担任军官职务的，服军官预备役。退出现役的士兵，由部队确定服预备役的，自退出现役之日起40日内，到安置地的县、自治县、市、市辖区的兵役机关办理预备役登记。预备役军官包括下列人员：退出现役转入预备役的军官；确定服军官预备役的退出现役的士兵；确定服军官预备役的普通高等学校毕业学生；确定服军官预备役的专职人民武装干部和民兵干部；确定服军官预备役的非军事部门的干部和专业技术人员。可见，民兵中的预备役人员包括预备役士兵和预备役军官。民兵中的预备役士兵包括经过预备役登记编入基干民兵组织的人员、经过预备役登记编入普通民兵组织的人员，分别属于第一类士兵预备役和第二类士兵预备役。

我国《预备役军官法》规定：本法所称预备役军官是被确定为人民解放军预备役排级以上职务等级或者初级以上专业技术职务等级，被授予相应的预备役

---

〔1〕《现代汉语词典》，商务印书馆2012年版，第903页。

军官军衔，并经兵役机关登记的预备役人员。预备役军官按照职务性质分为军事军官、政治军官、后勤军官和专业技术军官。预备役军官军衔设下列三等八级：预备役将官：预备役少将；预备役校官：预备役大校、上校、中校、少校；预备役尉官：预备役上尉、中尉、少尉。中国人民武装警察部队退出现役的人员，服人民解放军军官预备役的，适用本法。也就是说，并不存在武警部队军官预备役这个说法。

预备役人员出现在《刑法》第376条和第450条中。第450条中的“执行军事任务的预备役人员和其他人员”，指的是执行作战、支前、战场救护任务的人员，军事任务包括军事训练、军事勤务和防卫作战三种任务，支前、救护、运输等都属于军事勤务，也就是作战和训练之外的杂务。民兵等预备役人员在执行抗震、救灾、抗洪、抢险等任务时，由于不是执行军事任务，所以，此时，预备役人员和其他人员不是军职罪的犯罪主体。执行军事任务的预备役人员和其他人员可以构成军人叛逃罪、遗弃伤病军人罪、遗失武器装备罪、遗弃武器装备罪、虐待俘虏罪、私放俘虏罪等罪名，这是典型的临时获得的军人身份，是临时监临主守。而军人等现役人员无论执行的是军事任务还是非军事任务，都是军职罪的犯罪主体，是常时监临主守。广义的军人，指的是军职罪一章的犯罪主体，即第450条规定的。其中，解放军和武警是固有身份的军人，执行军事任务的预备役人员和其他人员是临时身份的军人。中间义的军人，是固有身份的军人，包括解放军和武警部队两大类。狭义的军人，仅仅指的是人民解放军一类。

4. 武警部队改革影响构成要件的含义。现行《人民武装警察法》规定，人民武装警察部队由国务院、中央军事委员会领导，实行统一领导与分级指挥相结合的体制。调动、使用人民武装警察部队执行安全保卫任务，应当坚持严格审批、依法用警的原则。改革后，武警部队由国务院、中央军委双重管理调整为军委管理，武警部队也不再是“军警不分”，调整为“军是军”。这将产生一系列效应。

改革前，武警部队由国务院、中央军事委员会领导，公安现役部队成员既是人民警察，也是军人违反职责罪一章的军人。武警部队既有非军事任务，也有军事任务。《人民武装警察法》规定：“人民武装警察执行安全保卫任务使用警械和武器，依照人民警察使用警械和武器的有关法律、行政法规的规定执行。”这是警察。而防卫作战的时候，则是军人。所以，可谓军警合一的特定群体。根据《刑法》第451条的规定，武装警察在执行戒严任务或者处置突发性暴力事件的时候，是战时的军人。在平时，一般而言，武装警察无权实施军事征收和征用。但是在战时，由于武装警察是军人，则与人民解放军一样，有权实施军事征收和征用。[1]改革前，公安现役实际上承担着行政职能，也就是警察职能，但不影响其军人身份，公安现役部队人员违法犯罪，应该按照军法处置。而改革后，不再有公安现役，如果消防人员、边防人员等实施犯罪，则按照国家工作人员、国家机关工作人员犯罪处断即可。

〔1〕根据2017年颁布实施的《国家情报法》的规定：国家情报工作机构工作人员根据工作需要，按照国家有关规定，可以优先使用或者依法征用有关机关、组织和个人的交通工具、通信工具、场地和建筑物。前已述及，国家情报工作机构工作人员只有两种，一种是军队中的，一种是国家安全机关和公安机关中的。改革后，公安机关吸纳了原为武警部队序列的警卫和边防，那么，警卫和边防如果执行情报工作任务，就有权依法征用。

刑法课堂欢乐多（代后记）

刑法课堂上的那些趣闻，别的课堂上哪里会有？

2014 年 1 月 1 日文治楼九层一整天的口试。丹徒女生李泓慧芝，平时从不问我问题，话少人蔫儿，实则内秀低调有智慧。口试时不紧不慢，声音不高不低，言简意赅切中肯綮，我暗自叫好。梅元广平和冲淡，风神俊秀。王怡君上课时两眼贼亮，口试时口若悬河，见地独具。

2018 年 5 月 7 日在文润 212 教室上课，讲到常见犯罪的既遂。盗窃罪，小件物品拿在手里就是既遂，挖掘机开出停放场地就是既遂。绑架罪，实际支配被害人就是既遂，故意说“偷盗婴幼儿类型的绑架罪，小件物品拿在手里就是既遂”。

2018 年 5 月 15 日在文津 404 教室上课，课间时候，2017 级张望走到讲台附近，神情诡异地对我说：“老师，您把行为人因为认识错误而没有完成犯罪解释为犯罪能力低下，认定为未遂，很新颖，很好啊。”居然是肯定我、夸赞我……

6 月 17 日凌晨做梦，吴毅说“老师你是个伟大的思想家”，焦广睿说“老师你是个伟大的法学家”，张望说“老师你是个伟大的教育家”，王绍欣说“老师你是个伟大的语言学家”，张敬朗说“老师你是个伟大的人道主义者”，王若沄说“老师你是个伟大的考试专家”，姚卓滢说“老师你是个伟大的犯罪学家”，郑林静说“老师你是个伟大的爱国主义者”，袁灿说“老师你是个伟大的历史学家”，庚嘉莹说“老师你是个伟大的美食家”，李强说“老师你是个伟大的教练和运动员”，张思文说“老师你是个伟大的观察家”，敏和萱说“老师你是个伟大的‘失足妇女挽救者’，我们上课再也不玩手机了”，饶泊宁说“老师你是‘四大护法之首’，我决定跟着你学”，龚承丰说“老师你是个伟大的哲学家、文学家”，常春说“老师你是个伟大的地理学家、交通路线专家”，马伟说“老师你是个伟大的气味学家”，仰川秋婷说“老师我把耳机送你了”，听到这里，我就乐醒了。

你们试探我，你们质疑我，你们依然相信我。你们依赖我，你们迷恋我，你们不肯“放过”我。唉，你们这些“不厚道”的人啊。你们接近我，你们远观我，你还是你，我还是我。我杯酒长剑飘零，你孤客高楼无计。怨谤毁誉者，心中自有神祇。尘世多扰攘，无碍怀想庄严正义。

忽一日，杨花落尽时节，木兰树下，闻子规啼。

俱往矣。

我想我可以忍住悲伤，假装生命中没有你。

胡先锋
2018 年 6 月 19 日